Joachim von Soosten
Die Sozialität der Kirche

Öffentliche Theologie

Gemeinsam mit John W. de Gruchy, Wolfgang Krötke und Larry L.Rasmussen herausgegeben von Wolfgang Huber

2

Joachim von Soosten

Die Sozialität der Kirche

Theologie und Theorie der Kirche in Dietrich Bonhoeffers »Sanctorum Communio«

Chr. Kaiser

Die Deutsche Bibliothek – CIP-Einheitsaufnahme

Soosten, Joachim von:
Die Sozialität der Kirche : Theologie und Theorie der Kirche in Dietrich Bonhoeffers "Sanctorum Communio" / Joachim von Soosten. – München : Kaiser, 1992
(Öffentliche Theologie : 2)
ISBN 3-459-01942-5

Umschlag: Ingeborg Geith, München.
Satz: Text & Form, Hannover.
Druck und Bindung: Breklumer Druckerei Manfred Siegel KG.
Printed in Germany.

Inhalt

Vorwort

Wenigstens zwei Brennpunkte lassen sich in der gegenwärtigen Diskussion der Ekklesiologie fokussieren. In einer theologieinternen Perspektive steht die Frage nach einer Klärung der erfahrbaren sozialen Verfaßtheit des christlichen Glaubens zur Verhandlung. Zum anderen wartet das Problem der Verknüpfung des theologischen Begriffs der Kirche mit theologieexternen Perspektiven, wie sie von der zeitgenössischen Sozialphilosophie und Soziologie bereitgestellt werden, auf Antwort. In diesem Zusammenhang zieht Dietrich Bonhoeffers akademische Erstlingsschrift "Sanctorum Communio" abermalig ein besonders, wenn auch nicht unumstrittenes Interesse auf sich. Bonhoeffers Arbeit stellt in der deutschsprachigen evangelischen Theologie den ersten wichtigen Versuch dar, die Sozialität der Kirche theologisch zu verstehen und darin mit der Sozialphilosophie und Soziologie in einen konstruktiven Dialog einzutreten. Nicht ohne Grund bewahrt sich Bonhoeffers Studie aus dem Jahr 1927 gegenüber der Ära der 'dialektischen Theologie' ihren höchst eigensinnig eingenommenen Platz. In den Jahren, in denen die Theologie dem Gespräch mit der Soziologie zu öffnen sich begann, wird "Sanctorum Communio" zu einem immer wieder bedachten Ausgangspunkt ekklesiologischer Problemstellungen, die auf eine Einbeziehung soziologischer Perspektiven auf die soziale Realität der Kirche dringen. Ironischerweise lebt das von Bonhoeffer gleichsam singulär eröffnete Gespräch erst in einem Diskussionskontext auf, in dem die von ihm eingearbeiteten sozialphilosophischen und soziologischen Ansätze und Theorien weitgehend an Plausibilität eingebüßt haben. Wenn gleichwohl eine Aktualität von "Sanctorum Communio" behauptet werden darf, dann meines Erachtens aufgrund des Reichtums an Perspektiven, die vor allem aus der dogmatischen Arbeit an der Vergewisserung über den Begriff der Kirche resultieren. Bonhoeffers Ausgangsfrage richtet sich dabei auf das Problem, wie die Ekklesiologie den Aspekten der *Individualität* der gerechtfertigten Person, der *Intersubjektivität* der gemeindlichen Wirklichkeit und der *Institutionalität* der Kirche gleichweise gerecht zu werden vermag, ohne deren innere Bezogenheit aufeinander der Beliebigkeit entgleiten zu lassen. Damit ist zumindest ein Niveau der Formulierung von Schlüsselproblemen formuliert, die eine gegenwärtig zu verantwortende Theorie der Kirche nur schlecht unterschreiten kann. Freilich fallen die von Bonhoeffer in "Sanctorum Communio" entwickelten theologischen Antworten auf diese Problemstellung weitaus überzeugender aus als die soziologischen. Von hier aus ergeben sich die Akzentsetzungen der vorliegenden Untersuchung. In einem ersten

Schritt suche ich die theologische Konzeption des Kirchenbegriffs in "Sanctorum Communio" auf dem Weg der systematischen Interpretation zu rekonstruieren. Zur Profilierung des Bonhoefferschen Entwurfs habe ich sodann systematische Vergleichsperspektiven mit anderen theologischen Konzepten angestrengt, auf die "Sanctorum Communio" explizit oder implizit bezogen ist. Im Anschluß daran nehme ich Konstruktion der Verknüpfung der theologischen Einsichten mit der Soziologie in den Blick. Hier versuche ich zu einem möglichst differenzierten Urteil darüber zu gelangen, warum Bonhoeffers Sichtweise der empirischen Realität der Kirche vom Ergebnis her problematisch anmutet. Im Blick auf eine gegenwärtig zu entwerfende "Theorie der Kirche" bleibt das Fazit der vorliegenden Untersuchung vorläufig. Beschlossen wird die hier vorgelegte Arbeit mit einer Vergewisserung über den Ertrag meiner Auseinandersetzung mit "Sanctorum Communio" und einem relativ schmalen Ausblick. Gleichwohl betrachte ich meine Untersuchung als einen Beitrag zu einer "Theorie der Kirche" im Sinne einer systematischen Vorstudie.

Die hier vorgelegte Arbeit ist als monographische Seitenstudie der von mir verantworteten Neuherausgabe von "Sanctorum Communio" entstanden, die 1986 im Rahmen der "Dietrich Bonhoeffer Werke" im Chr. Kaiser Verlag erschien. Die Arbeit wurde im Sommer 1989 von der Theologischen Fakultät der Universität Heidelberg als Dissertation angenommen. Die hier veröffentlichte Arbeit ist um das Schlußkapitel meiner Dissertation gekürzt. Weitere Überlegungen und nicht zuletzt meine Erfahrungen in der kirchlichen Praxis haben mich darüber belehrt, daß der Schritt von "Sanctorum Communio" zu einer gegenwärtig zu verantwortenden Theorie der Kirche im Dialog mit der zeitgenössischen Sozialphilosophie nicht umstandslos zu gehen ist.

Zu Dank bin ich zuvorderst Wolfgang Huber verpflichtet. Er hat die Arbeit während meiner Assistentenzeit in Heidelberg mit Rat und Tat begleitet und gefördert. An rechtzeitig bekundeter Ungeduld über den Abschluß meiner Dissertation ließ er es nicht fehlen. Dietrich Ritschl steuerte das Korreferat für die Fakultät bei. Gundula Kraus half bei den Korrekturarbeiten, die für die Veröffentlichung notwendig wurden. Der Chr. Kaiser Verlag nahm die Arbeit unter seine Fittiche. Die Evangelische Kirche von Westfalen unterstützte die Veröffentlichung der Arbeit mit einem Druckkostenzuschuß. Danken möchte ich aber vor allem jenen, die mir den Weg in und mit der Kirche eröffnet haben und mich dabei auf unterschiedlichen Wegstrecken begleitet haben.

Joachim von Soosten Bochum, im April 1992

A Einleitung

Fragt man unter den theologischen Entwürfen unseres Jahrhunderts nach Arbeiten zum Verständnis der Kirche, dann stößt man unweigerlich auf das akademische Erstlingswerk Dietrich Bonhoeffers: "Sanctorum Communio"[1]. Bereits der Titel signalisiert das Programm, geht es doch um die Entfaltung des im Dritten Artikel des Apostolischen Symbols zur Sprache kommenden Bekenntnisses der Gemeinschaft der Heiligen. Allerdings konzentriert sich Bonhoeffers Arbeit weder auf eine dogmengeschichtliche Rekonstruktion und Interpretation des Begriffs der sanctorum communio, noch trägt er seine Überlegungen vorrangig im Medium einer Auseinandersetzung mit ekklesiologischen Konzepten der Theologiegeschichte vor. Dort, wo diese Auseinandersetzung erfolgt, begegnet sie eher in zustimmenden oder kritischen Seitenhinweisen sowie knappen Referaten in Anmerkungen oder exkursartigen Einschüben. Schon die Anlage der Arbeit selbst bekundet die ehrgeizige Intention ihres 21jährigen Autors, mit einem eigenständig verantworteten systematischen Entwurf in die theologische Diskussion um den Begriff der Kirche einzutreten.

1. Das Problem

1.1. Der kritische Minimalismus des reformatorischen Kirchenverständnisses in CA VII

Bonhoeffer wendet sich mit seiner Arbeit einem Grundproblem protestantischer Theologie zu, das diese seit den Anfängen der Reformation begleitet. Reformatorische Theologie hatte der Subjektivität des Glaubens zu ihrem Recht verholfen, indem sie das Verständnis der Kirche der Kritik unterzog, nach welchem die Kirche nach Auskunft der Apologie der Augsburger Konfession eine "societas externarum rerum ac rituum"[2] bildet. Nicht die äußeren Merkmale sind für das Wesen der Kirche konstitutiv, vielmehr wird die Kirche begriffen als "societas fidei et spiritus sancti in cordibus, quae tamen habet externas notas, ut agnosci possit, videlicet puram evangelii doctrinam et administrationem sacramentorum

1 Dietrich Bonhoeffer, Sanctorum Communio. Eine dogmatische Untersuchung zur Soziologie der Kirche (1930) [DBW 1, hrsg.von Joachim von Soosten], München 1986. Verweise auf diese Ausgabe werden mit dem Kürzel *SC* in Klammern gegeben.

2 Apologie Art VII, *BSLK* 234.

consentaneam evangelio Christi"[3]. Kirche wird folglich vorrangig von dem Vollzug der Evangeliumsverkündigung und der Darreichung der Sakramente verstanden; die Institutionalität der Kirche wird dabei von dem Auftrag jenes Vollzugs kritisch begrenzt. Durch Evangelium und Sakrament schenkt Gott den Heiligen Geist, "qui fidem efficit, ubi et quando visum est Deo, in his, qui audiunt evangelium"[4]. Nicht ist also die Vermittlungsleistung der Kirche als solche konstitutiv für ihr Wesen, sondern das durch den Heiligen Geist vergegenwärtigte Wirken Gottes in der Predigt des Evangeliums.

Das Kirchenverständnis der Reformation, wie es in der Confessio Augustana zum Ausdruck gelangt, kann man als minimalistisches Kirchenverständnis charakterisieren. Nach dem Urteil Klaus Scholders enthält CA VII "weder eine vollständige, noch eine unvollständige" Definition der Kirche[5]. Zwei Aspekte scheinen für den 7. Artikel der Augsburger Konfession wesentlich: Zum einen ist CA VII bewußt orientiert an der Frage der Einheit der Kirche. Infolgedessen beschränken sich die Aussagen des Artikels 7 vor dem Hintergrund der Artikel 1-6 im wesentlichen auf die notwendigen Grundbestimmungen des reformatorischen Kirchenverständnisses[6]. Man hat daher davon gesprochen, daß CA VII keinen "konstruktiven, sondern nur einen regulativen" Kirchenbegriff enthält, "der Grenzbestimmungen im Blick auf das Problem kirchlicher Einheit formuliert"[7]. Zum anderen besitzt der 7. Artikel der Confessio Augstana aber auch einen eminent institutionenkritischen Sinn: Eine theologische Legitimation der Institutionalität der Kirche allein aus ihr selbst heraus wird ausgeschlossen. Beide Aspekte, der gegen die theologisch legitimierte Verdinglichung der Institutionalität der Kirche gerichtete kritische Sinn von CA VII und sein auf die Einheit der Kirche zielender regulativer Charakter, bergen allerdings eine ungelöste Problematik in sich. Die Frage nämlich nach der der Kirche eignenden Sozialgestalt wird zu einem

---

3 Ebd.

4 CA V, *BSLK* 58.

5 Klaus Scholder, Die Bedeutung des Barmer Bekenntnisses für die Evangelische Theologie und Kirche, in: EvTh 27(1967), (435-461) 444.

6 Die Defintion der Kirche in CA VII sollte daher auch nicht für das Verständnis der evangelischen Bestimmung der Kirche isoliert werden, sondern nur im Gesamtzusammenhang der Confessio Augustana, d.h. vor allem im Rückgriff auf die Artikel 1-6 interpretiert werden. Zu CA VII vgl. Leif Grane, Die Confessio Augustana, 3. Aufl. Göttingen 1986, 70-78.

7 Wolfgang Huber, Folgen christlicher Freiheit. Ethik und Theorie der Kirche im Horizont der Barmer Theologischen Erklärung (Neukirchener Beiträge zur Systematischen Theologie 4), Neukirchen-Vluyn 1983, 143; vgl. auch aaO. 153-156.

nachgeordneten, von CA VII aus nicht konstruktiv zu beantwortenden Problem. Wo der Ausgangspunkt des evangelischen Verständnisses der Kirche bei CA VII gesucht wurde, mußte folglich die Frage nach dem Verhältnis des nicht-institutionellen und des institutionellen Aspekts der Kirche zueinander virulent werden[8].

Hinzu kommt, daß man sich im Zuge der historischen Entwicklung, vor allem durch die Entstehung des landesherrlichen Kirchenregiments, in der die Gestaltung der kirchlichen Rechtsverhältnisse vom Staat übernommen wurde, von der Frage nach der theologischen Klärung des evangelischen Begriffs der Kirche im Blick auf ihre rechtliche und soziale Institutionalität weitgehend entpflichtet sah. "Wenn das werdende landesherrliche Kirchenregiment das evangelische Kirchenverständnis in immer stärkerem Maße praktisch bestimmte, so hatte das seinen Grund eben auch in der theologischen Unklarheit über Wesen und Auftrag der Ecclesia vera."[9]

Wirft man einen Blick auf die ekklesiologischen Überlegungen im Werk Martin Luthers, so stellt man fest, daß Überlegungen zur Sozialgestalt der Kirche – der Gesichtspunkt der Kirche als communio – zwar nicht völlig fehlen, jedoch nur im frühen Abendmahlssermin von 1519 dezidiert ausformuliert sind. Innerprotestantische Kontroversen und Luthers Auseinandersetzung mit der römisch-katholischen Ekklesiologie lassen die Frage nach der Sozialgestalt der Kirche im späteren Werk Luthers in den Hintergrund treten[10]. Dieses Defizit bestimmt nicht nur Luthers, sondern auch Melanchthons und Calvins Kirchenverständnis[11]. Es kann darum nicht als ein Zufall angesehen werden, daß man in den Dogmatiken der altprotestantischen Orthodoxie vergeblich nach einer eigenen Theorie der Sozialgestalt der Kirche sucht. Schon in der Konkordienformel fand das Thema der Kirche keine Behandlung mehr. Insofern sah man sich, was den Kirchenbegriff betrifft, immer wieder auf CA VII verwiesen. Von hier aus ist die Frage nach dem evangelischen Kirchenbegriff immer wieder in maßgeblicher Weise entschieden worden. Der Minimalismus des reformatorischen Kirchenverständnisses, hält man sich an die Bekenntnisschriften, hinterließ aber das Problem, inwiefern die Rechts- und Sozialgestalt

---

8 Vgl. hierzu SCHOLDER, Die Bedeutung des Barmer Bekenntnisses, aaO. 443-451; TRAUGOTT KOCH, Das Problem des evangelischen Kirchenverständnisses nach dem Augsburger Bekenntnis, in: Das Augsburger Bekenntnis von 1530, hrsg. v. Bernhard Lohse u. Otto Hermann Pesch, Mainz 1980, 125-143; ULRICH KÜHN, Kirche (Handbuch Systematischer Theologie 10), Gütersloh 1980, 164-181.

9 SCHOLDER, Die Bedeutung des Barmer Bekenntnisses, aaO. 451.

10 Ausführlicher zu diesem Problem siehe unten C 3.

11 So das zusammenfassende Urteil von ULRICH KÜHN, Kirche, 74.

der Kirche im Sinne der reformatorischen Grundentscheidungen theologisch konstruktiv begriffen werden können[12].

1.2. Ekklesiologischer Pragmatismus und theologische Kirchenkritik nach dem Fortfall des landesherrlichen Kirchenregiments 1918/19

Nach dem Fortfall des landesherrlichen Kirchenregiments 1918/19 wurde die Besinnung der selbständig gewordenen Kirche auf sich selbst, bzw. die Klärung der Ekklesiologie, auf deren Grundlage ihre Entfaltung in der neu gewonnenen Selbständigkeit hätte verantwortet werden können, zu einer vordringlichen Aufgabe. Fragt man nach ausgearbeiteten Ekklesiologien, die der Kirche nach der Neuordnung ihres Verhältnisses zum Staat durch die Weimarer Reichsverfassung als theologisch-ekklesiologische Richtschnur hätten dienen können, so trifft man eher auf pragmatisch ausgerichtete, ausgesprochen kirchenpolitische Konzeptionen, in denen die theologisch ausgewiesenen Maßstäbe eher im Hintergrund verbleiben, als daß man auf Versuche stößt, die auf die durch die historische Umbruchskonstellation ausgelöste Hektik kirchlicher Programmatik mit einer Vertiefung der theologischen Bestimmung der Konstitutionsmomente der Kirche reagiert hätten. Der ekklesiologische Positivismus kirchenpolitisch-pragmatischer Orientierung kann dabei gewiß als Nachwirkung der auf die Anschlußfähigkeit von Kirche und Kultur erpichten Theologie der Vorkriegszeit verstanden werden, die in der Weimarer Republik ihren pronociertesten Ausdruck in dem von Otto Dibelius ausgerufenen "Jahrhundert der Kirche" fand[13]. In Opposition dazu stand eine mit dem "Römerbrief" von Karl Barth inaugurierte theologische Richtung, deren Theologie- und Religionskritik eine vehemente Kritik der Kirche einschloß[14]. Diese von Barth angestoßene Bewegung verstand sich zwar sehr bewußt auf dem Boden der Kirche stehend, entfaltete ihre Theologie aber zunächst vorrangig im Medium einer theologisch angeleiteten Kirchenkritik.

---

12 Eine Geschichte der Auslegung von CA VII in der Geschichte des Protestantismus liegt bisher nicht vor. Vgl. zur Entwicklung des Kirchenbegriffs die immer noch instruktive Studie von ALBRECHT RITSCHL, Die Entstehung der lutherischen Kirche (1876), in: DERS., Gesammelte Aufsätze I, hrsg. v. Otto Ritschl, Freiburg, Leipzig 1893, 170-217.

13 OTTO DIBELIUS, Das Jahrhundert der Kirche, Berlin 1927.

14 KARL BARTH, Der Römerbrief. Völlig neu bearbeitete Ausgabe München 1922.

Zwischen ekklesiologischem Pragmatismus und theologischer Kirchenkritik tritt Bonhoeffer mit seiner Arbeit zum Kirchenverständnis. Der skizzierte historische und theologiegeschichtliche Ort weist auf die systematische Intention der Studie zur Ekklesiologie. Wollte man sie zunächst auf eine knappe Formel bringen, so ließe sich sagen, daß sich in "Sanctorum Communio" der Ruf zur Sache reformatorischer Einsichten mit einer erstaunlich konstruktiven Entfaltung des Kirchenbegriffs verbindet[15].

2. Das systematische Programm Dietrich Bonhoeffers

2.1. Die Sozialität der Kirche

Die Konzentration des systematischen Interesses liegt bei Bonhoeffer auf der Herausarbeitung der Sozialstruktur, die der Kirche ihrem theologischen Verständnis nach eignet. Im Mittelpunkt steht also die Frage nach der Sozialgestalt der Kirche. Wie grundsätzlich Bonhoeffer diese Frage angeht, zeigt sich daran, daß er die Frage nach der dem theologischen Verständnis der Kirche angemessenen Sozialgestalt in dem Nachweis zu fundieren sucht, daß die gesamte theologische Begrifflichkeit bzw. deren Gehalte erst durch die Entfaltung ihrer sozialen Dimension vollständig bestimmt sind. Die Grundlage einer Theorie der Kirche bildet demzufolge eine Theologie, die den sozialen Gehalt ihrer Grundbegriffe durchdekliniert hat.

Bonhoeffer läßt sich von der Überzeugung leiten, daß man den Begriff der Kirche nicht entfalten kann ohne jene systematische Operation, die aufzuzeigen in der Lage ist, daß Sozialität in der Intention sämtlicher theologischer Grundgehalte liegt. So gesehen wird die Theologie von ihm nicht um ein zusätzliches Thema erweitert, sondern Sozialität wird zum Fundament der Entfaltung eines jeden dogmatischen Sachverhalts erhoben. Der kritische Impuls der theologischen Intention Bonhoeffers verdankt sich dabei der Auffassung, daß eine Theologie, in deren Grundbegrifflichkeit der Individualismus kategorial eingelassen ist, um die

15 Zum theologiegeschichtlich-historischen Kontext der Weimarer Republik vgl. KURT MEIER, Volkskirche 1918-1945. Ekklesiologie und Zeitgeschichte (TEH 213), München 1982, 7-46; KLAUS SCHOLDER, Die Kirchen und das Dritte Reich Bd.1, Frankfurt, Berlin, Wien 1977, 3-64; ERNST RUDOLF HUBER, WOLFGANG HUBER, Staat und Kirche im 19. und 20. Jahrhundert. Dokumente zur Geschichte des deutschen Staatskirchenrechts Bd.4, Berlin 1988, 1-59, 107-135 und 740-745.

soziale Dimension ihrer Gehalte verkürzt bleibt und folglich das rechte Verständnis der Kirche vereitelt. Der Begriff von Sozialität, den Bonhoeffer ins Auge faßt, opponiert gegen die individualistische Bestimmtheit der theologischen Kategorien und sucht diese ihrerseits in konstruktiver Absicht zu überwinden. Bonhoeffers Arbeit erschöpft sich dabei nicht im Gestus der Individualismuskritik. Vielmehr unternimmt er den Versuch, über den Individualismus hinauszugelangen, indem Sozialität als die leitende Kategorie der Auslegung theologische Gehalte eingeführt wird. Die Begründung und Explikation einer solchen Theologie, die konstruktiv im Blick auf die Sozialität der Kirche entworfen wird, macht denn auch Bonhoeffers Dissertation zu einem gleichermaßen eigenwilligen wie ambitionierten Unternehmen.

2.2. Theologie und Soziologie

Bonhoeffer schreitet nicht nur im Blick auf die Ekklesiologie über die theologische Tradition hinaus, sondern betritt überdies mit "Sanctorum Communio" Neuland, indem er sozialphilosophische und soziologische Überlegungen in seine theologische Fragestellung integriert. In der deutschsprachigen evangelischen Theologie ist "Sanctorum Communio" das wohl früheste Dokument eines interdisziplinären Dialogs zwischen Theologie und Sozialphilosophie bzw. Soziologie. Die Bezeichnung Dialog ist freilich noch zu unscharf, um die Art der Verknüpfung von theologischer und sozialphilosophischer Betrachtungsweise zu erschließen. Theologie und Sozialphilosophie werden nämlich weder im Sinne eines Anschlußmodells, in dem die soziologischen Begriffe den theologischen Erwägungen einfach hinzugefügt werden, noch im Modell der Koexistenz verknüpft, in dem theologische und soziologische Perspektiven enthaltsam nebeneinander zu stehen kommen. Vielmehr spricht Bonhoeffer von einer "Synthese" (SC 78) von sozialphilosophisch-soziologischer und ekklesiologischer Betrachtungsweise. Theologisch soll die sanctorum communio zwar gänzlich vom Offenbarungsgeschehen her begriffen werden; ihre materiale Entfaltung greift indes auf die im protologischen Vorbau der Dissertation entwickelten sozialphilosophisch-soziologischen Überlegungen zurück und synthetisiert diese zu einem eigenen soziologischen Typus, der die empirische Realität der Kirche adäquat umschreiben soll: Die voneinander unterschiedenen soziologischen Gebilde Gemeinschaft, Gesellschaft und Herrschaftsverband werden im Kirchenbegriff zusammengeschlossen und bilden den originären Typus der Kirche als einer "Gemeinschaftsgestalt sui generis" (SC 185).

Bonhoeffer läßt sich in "Sanctorum Communio" von der Überzeugung leiten, daß der Fragehorizont der traditionellen Ekklesiologie ausgeweitet werden muß, wenn die Kirche in ihrer sozialen Ausformung theologisch in den Blick kommen soll. Da sich die Aktualisierung des in Christus unverfügbaren Grundes der Kirche unter jeweils konkreten historischen und gesellschaftlichen Bedingungen vollzieht, die jeweils empirische Realität der Kirche also immer den Bezugshorizont der theologischen Ekklesiologie bildet, erscheint es geradezu als notwendig, daß sich die theologische Ekklesiologie auf Theorieangebote verwiesen sieht, die ihr dazu verhelfen können, die empirische Gestalt der Kirche in ein Verhältnis zu dem theologisch formulierten Grund und Auftrag der Kirche zu setzen. Bonhoeffers früher Versuch der Verknüpfung theologischer und soziologischer Betrachtungsperspektiven sucht dabei jene Arbeitsteilung zu vermeiden, die zwischen der theologisch zu erschließenden Wirklichkeit der Kirche im Glauben und der soziologischen Thematisierung der empirischen Wirklichkeit der Kirche strikt trennt. Mit diesem Programm markiert "Sanctorum Communio" den Ausgangspunkt derjenigen ekklesiologischen Bemühungen in diesem Jahrhundert, in denen um der unvermeidbaren Institutionalität der Kirche willen theologische und theologieexterne Überlegungen in ein methodisch ausgewiesenes Verhältnis zueinander gesetzt werden.

3. "Sanctorum Communio" im Kontext der Forschungsgeschichte

3.1. Gesamtdarstellungen der Theologie Bonhoeffers

Mittlerweile liegt eine Reihe von Gesamtdarstellungen der Theologie Dietrich Bonhoeffers vor, die – wenn auch mit unterschiedlichen Akzenten und Bewertungen – auf eindrucksvolle Weise den Zusammenhang zwischen der Theologie und dem biographischen Weg Bonhoeffers aufzeigen. Der Natur der Sache nach kommt "Sanctorum Communio" in diesen Gesamtdarstellungen lediglich als Ausgangspunkt der theologischen Entwicklung Bonhoeffers in den Blick. Gleichwohl begegnen in den werkgeschichtlichen Untersuchungen eine Reihe von Urteilen über das Erstlingswerk von Bonhoeffer, an denen wir für unser Vorhaben der Interpretation und Kritik von "Sanctorum Communio" im Blick auf eine gegenwärtig zu verantwortende Theorie der Kirche nicht achtlos vorbeisehen können.

(1) Die erste große Gesamtdarstellung der Theologie Dietrich Bonhoeffer entstammt der Feder von HANFRIED MÜLLER[16]. Müller legt in seiner Untersuchung eine erste ausführliche Darstellung von "Sanctorum Communio" als Ausgangspunkt der theologischen Entwicklung Bonhoeffers vor. Dabei wird von ihm an Bonhoeffers Erstlingswerk vor allem die methodische Verknüpfung von Theologie und Soziologie kritisiert. Statt neben die theologische Erörterung der Kirche die profansoziologische Untersuchung zu stellen, vermenge Bonhoeffer theologische und soziologische Methode[17]. Müller plädiert demgegenüber für eine strenge Unterscheidung der soziologischen, d.h.für ihn "wissenschaftlichen" Fragestellung, deren Thema die Verhältnisbestimmung der Kirche als Religionsgemeinschaft zur Welt bildet, und der theologischen Fragestellung, die nach der Kirche als der geglaubten Gemeinschaft fragt[18]. Bei Bonhoeffer muß hingegen die Vermischung von Soziologie und Theologie, von "Glauben und Wissen" u.a. darin problematisch werden, daß die Kirche zwar begrifflich von der Religionsgemeinschaft abgesetzt werden, sie aber nicht auf die Menschheit (Menschheit steht bei Müller für Gesellschaft) insgesamt bezogen werden kann[19]. In dieser Kritik spricht sich hintergründig Müllers für Bonhoeffer insgesamt in Anspruch genommene Interpretationsperspektive aus, die sich primär für das Verhältnis von Kirche und Gesellschaft interessiert. Diese Sichtweise scheint zu bedingen, daß Müller die von Bonhoeffer vollzogene Unterscheidung zwischen Gemeinschaft und Gesellschaft wieder einzieht, indem er den von Bonhoeffer mit Absicht für die Kirche reservierten Begriff der Gemeinschaft stillschweigend gegen den der Gesellschaft austauscht[20]. Was die Darstellung von "Sanctorum Communio" betrifft, so wird der Begriff der Gesellschaft von Müller äquivok eingesetzt und die Bonhoeffersche Unterscheidung von Gemeinschaft und Gesellschaft dadurch verwischt. Die von Müller unternommene Rekonstruktion der bei Bonhoeffer mit Hilfe der methodischen Verknüpfung von Theologie und Soziologie vorgenommenen Beziehung der theologischen Ekklesiologie auf die empirische Kirche muß aus diesem Grund ebensoviele Fragen provozieren, wie sie Müller umgekehrt an Bonhoeffer stellt.

(2) Die Untersuchung von HANS PFEIFER über das Kirchenverständnis Dietrich Bonhoeffers legt ihren Akzent vor allem auf das wissenschaftliche Frühwerk und vernachlässigt demgegenüber die späteren Texte Bonhoeffers, denen, wo sie gelegentlich erwähnt werden, nur noch eine illustrative Bedeutung zukommt[21]. Pfeifers Arbeit ist also nicht so sehr eine Untersuchung zum Gesamtwerk Bonhoeffers, sondern eine Studie der frühen wissenschaftlichen Veröffentlichungen Bonhoeffers. Unter erstmaliger Bezugnahme auf die Seminararbeiten erschließt Pfeifer die Grundaspekte der

---

16 HANFRIED MÜLLER, Von der Kirche zur Welt. Ein Beitrag zu der Beziehung des Wortes Gottes auf die societas in Dietrich Bonhoeffers theologischer Entwicklung, Hamburg 1961.

17 Vgl. aaO. 73f.

18 Aao 72.

19 Vgl. 74.

20 Für die Interpretation von "Sanctorum Communio" vgl. aaO. 98,114, darüberhinaus vgl. außerdem 47, 49f, 52.

21 HANS PFEIFER, Das Kirchenverständnis Dietrich Bonhoeffers. Ein Beitrag zur theologischen Prinzipienlehre, Diss. Heidelberg 1963.

Ekklesiologie Bonhoeffers unter Berücksichtigung der Einflüsse und Übereinstimmungen, die Bonhoeffers Theologie zu Albrecht Ritschl, seinen Berliner Lehrern Adolf Harnack, Karl Holl und Reinhold Seeberg sowie Karl Barth aufweist. Auch wenn Pfeifer erstmals das theologische Umfeld und die Traditionen ausdrücklich würdigt, in denen Bonhoeffers Frühwerk situiert ist, so bleibt doch die Verknüpfung zur Theologie Bonhoeffers noch weitgehend äußerlich. Darüberhinaus changiert die Untersuchung trotz wichtiger Einzelbeobachtungen beständig zwischen genetischem und systematischem Vergleich, so daß nicht präzis klar wird, wo wichtige Abhängigkeiten und Einflüsse bei Bonhoeffer vorliegen. Insgesamt scheint die Bedeutung der Christologie bei Bonhoeffer unterbetont zu sein. Dies zeigt sich allein daran, daß Pfeifer bei dem Vergleich Bonhoeffers mit Ritschl die Gotteslehre in den Mittelpunkt stellt. Zudem ist die Nähe zu Karl Barth zu befragen, in die Pfeifer die Theologie Bonhoeffers rückt[22]. Weitgehend vernachlässigt wird der von Bonhoeffer hergestellte Bezug der theologischen Ekklesiologie auf die empirische Realität der Kirche sowie die dafür fruchbar gemachte Verknüpfung von Theologie und Soziologie. Bedenkenswert mutet das kritische Resümee von Pfeifer an, Glauben und Geschichte seien bei Bonhoeffer Gegensätze geblieben[23].

(3) Erwähnung muß an dieser Stelle das 1967 erschienene große biographische Werk von Eberhard Bethge über Dietrich Bonhoeffer finden[24]. Bethges Biographie ist für die Kenntnis und rechte Interpretation von Bonhoeffers Theologie von besonderer Bedeutung, wird diese doch ganz in den Kontext seiner Biographie und den der Zeitgeschichte gerückt. Kenntnis der biographischen Hintergründe, Aufhellung entscheidender persönlicher Erlebnisse (Rom-Aufenthalt während des Studiums) sowie die Schilderung der theologischen Einflüsse der Berliner Theologischen Fakultät und der frühen Dialektischen Theologie Karl Barths lassen Bonhoeffers theologischen Ansatz beim Verständnis der Kirche in "Sanctorum Communio besonders deutlich und verständlich werden[25]: darin liegt das Verdienst von Bethges Biographie für die weitere Forschung.

(4) Starke Vorbehalte gegen das wissenschaftliche Frühwerk Bonhoeffers meldet Rainer Mayer in einer Arbeit an, die in der Theologie Bonhoeffers nach dem System einer christologischen Ontologie fahndet, die es erlaube, Weltwirklichkeit und Christuswirklichkeit adäquat in Beziehung zu setzen[26]. Mayer sieht diese Ontologie erst in "Widerstand und Ergebung" erreicht; von hier aus werden dann die vorausgehenden theologischen Bemühungen Bonhoeffers interpretiert. Dabei erhebt Mayer gegen "Sanctorum Communio" den Vorwurf eines dreifachen Monismus: Christologischer Monismus, ekklesiologischer Monismus und sozialer Monismus seien für Bonhoeffers Erstlingswerk charakteristisch[27]. Dieser Vorwurf des Monismus in dreifacher Gestalt wird plausibilisiert vor dem Hintergrund der von Mayer geforderten Ontolo-

---

22 Vgl. aaO. 43-65.

23 Vgl. aaO. 103-124 und 216-219.

24 Eberhard Bethge, Dietrich Bonhoeffer. Theologe-Christ-Zeitgenosse, München 1967.

25 Vgl. aaO. 23-70 u. 71-128.

26 Rainer Mayer, Christuswirklichkeit. Grundlagen, Entwicklung und Konsequenzen der Theologie Dietrich Bonhoeffers, Stuttgart 1969.

gie. Bonhoeffer verkürze nämlich in "Sanctorum Communio" durch die dort eingenommene christologische Perspektive die "Eigenberechtigung und ontologische Eigenart der Weltwirklichkeit"[28]. Vor dem Hintergrund dieser Auffassung äußert Mayer die These, die Weltwirklichkeit sei bei Bonhoeffer gleichsam theologisch ortslos[29]. Ähnlich wie die oben erläuterte Arbeit von Hanfried Müller Bonhoeffers Theologie ganz aus dem retrospektiven Blickwinkel eines erst in "Widerstand und Ergebung" erfolgten qualitativen Sprunges zu einem von Müller einseitig stilisierten Weltverhältnis interpretiert, ähnlich liest auch Mayer das Gesamtwerk Bonhoeffers gänzlich aus der Perspektive der von ihm für die Briefe aus der Haft unterstellten christologischen Ontologie, mit der Bonhoeffer sowohl der Wirklichkeit Christi als auch der Wirklichkeit der mündigen Welt gerecht zu werden vermag[30]. Muß allein schon Müllers Interpretation Rückfragen provozieren, so erst Recht die von Mayer. Bonhoeffer schenkt nämlich in seinen Schriften der von Mayer konstatierten christologischen Ontologie als System oder gar der christologischen Ontologie überhaupt keine Aufmerksamkeit. Sie ist ein Konstrukt und von Mayer in die Theologie Bonhoeffers hineingelesen.

(5) Die Arbeit von Ernst Feil konzentriert sich auf das von der Christologie her zu beantwortende Weltverhältnis der Theologie Bonhoeffers[31]. Da Feil die Theologie Bonhoeffers als kontinuierlich sich entfaltende Einheit begreift, erscheinen in der so gewählten Interpretationsperspektive die späten theologischen Überlegungen Bonhoeffers durch das wissenschaftliche Frühwerk vorbereitet. Feil beschränkt sich im Rahmen seiner werkgeschichtlichen Interpretation auf eine Skizzierung des Ansatzes und der Durchführung von "Sanctorum Communio". Dabei wird der Ansatz von Bonhoeffers Dissertation als "ekklesiozentrisch" charakterisiert[32]: "Trotz der christologischen Aussagen in der Durchführung der Dissertation wird man wohl nicht sagen können, daß ihr Ansatz christologisch bestimmt ist."[33] Erst in "Akt und Sein" korrigiere Bonhoeffer laut Feil diesen "Vorrang der Ekklesiozentrik"[34].

(6) Gegenüber der systematischen Interpretation der Theologie Bonhoeffers durch Ernst Feil sucht Tiemo Rainer Peters Bonhoeffers theologisches Denken vor dem Hintergrund seiner historisch-gesellschaftlichen Voraussetzungen zu verstehen[35]. Peters, der seine Untersuchung als Gegenarbeit zu Feils Bemühungen versteht, liegt mit Bestimmtheit an dem Nachweis, "daß und wie" die politisch-gesellschaftliche Realitäten, in die der biographische Weg Bonhoeffers eingebettet ist, die "eigentliche Struk-

---

27 Vgl. aaO. 71.

28 AaO. 71 Anm 113.

29 Vgl. aaO. 59.

30 Vgl. aaO. 227.

31 Ernst Feil, Die Theologie Dietrich Bonhoeffers (GT. S 6), München, Mainz 1971.

32 Vgl. aaO. 141ff.

33 AaO. 144.

34 AaO. 148.

35 Tiemo Rainer Peters, Die Präsenz des Politischen in der Theologie Dietrich Bonhoeffers (GT. S 18), München, Mainz 1976.

tur und den inneren Duktus seiner theologischen Systematik mitbestimmen"[36]. Vor dem Hintergrund dieses Zugangs lautet seine These über "Sanctorum Communio", daß das romantisch-konservative Gemeinschaftsideal von Bonhoeffer theologisch durch den Kirchenbegriff überboten wird: "Neben ideologischen Unterströmungen zeigen sich Spuren jenes Widerstandspotentials, aus dem heraus er (Bonhoeffer,JvS) später seine Theologie organisiert."[37] So sehr sich nun Peters mit seiner Frage nach dem historisch-gesellschaftlichen Kontext der Theologie Bonhoeffers einem Desiderat der Bonhoefferforschung widmet, so wenig überzeugt die Rekonstruktion der theologischen Grundüberzeugungen Bonhoeffers. Es scheint, als hätte Peters sich mit dem Gegensatz von systematisch-theologischer und historisch-gesellschaftlicher Interpretation einer problematischen Alternative ausgeliefert. So wird die Rekonstruktion der theologischen Grundentscheidungen Bonhoeffers weitgehend mit allzu knappen Schlagwörtern bestritten. Auch wenn Peters auf der einen Seite die sozialphilosophischen und soziologischen Autoren, die Bonhoeffer in "Sanctorum Communio" rezipiert, ausdrücklich in seine Untersuchung aufnimmt, begnügt er sich andererseits mit pauschalisierenden Hinweisen. Obwohl Peters als einer der ersten das Augenmerk auf die kritische Lutherrezeption Bonhoeffers lenkt und überdies die "Nachfolge" von dem Mißverständnis befreit, Bonhoeffers Schrift wäre das Produkt eines unberührten, frommen Refugiums ohne politische Implikationen, wird der theologiegeschichtliche Kontext mit bisweilen unzutreffenden Schlagwörtern umrissen.

Überblickt man die Gesamtdarstellungen und Interpretationen der Theologie Bonhoeffers, so fällt zunächst auf, daß alle Untersuchungen sich der Frage nach Einheit und Entwicklung von Bonhoeffers Theologie zuwenden. Dabei bestimmt entweder eine These über die thematische Einheit (die Ekklesiologie bei Pfeifer, die Christologie bei Feil, der historisch-gesellschaftliche Kontext bei Peters) oder das Interesse an einer systematischen Frage (Wort Gottes und Gesellschaft bei Müller, die christologische Ontologie bei Mayer) die Perspektive der Interpretation[38]. Es kann nicht überraschen, daß der jeweils gewählte Blickwinkel auch das Urteil über "Sanctorum Communio" steuert. So sieht Feil vor dem Hintergrund seines leitenden Gesichtspunkts, die innere Einheit der Theologie Bonhoeffers könne am besten von der Christologie begriffen werden, in "Sanctorum Communio" noch einen Vorrang der Ekklesiologie, der die Christologie nicht genügend zur Geltung kommen ließe. Umgekehrt vernachlässigt

36 AaO. 15.

37 AaO. 29.

38 Verweisen sei an dieser Stelle auf zwei Arbeiten aus dem amerikanischen Kontext, die jeweils auf ihre Weise die Bedeutung des sozialen Umfeldes für Bonhoeffers Theologie sozial-psychologisch akzentuieren: CLIFFORD J. GREEN, The Sociality of Christ and Humanity. Dietrich Bonhoeffer's Early Theology, 1927-1933, Missoula, Montana 1972; THOMAS I. DAY, Conviviality and Common sense. The meaning of Christian Community for Dietrich Bonhoeffer, Michigan/London 1975.

Pfeifer in seiner Untersuchung, die das Kirchenverständnis im Zentrum der Bonhoefferschen Theologie stehen sieht, die Bedeutung der christologischen Passagen in Bonhoeffers Erstlingswerk. Mayer unterwirft Bonhoeffers Dissertation ganz seiner an Bonhoeffer herangetragenen Frage nach einer Ontologie. Ganz auf dieser Folie erlangt denn auch der von Mayer erhobene Monismusvorwurf seine Plausibilität. Müller hingegen konzentriert sich in seiner Darstellung auf die Frage nach den in "Sanctorum Communio" begegnenden Bestimmungen der Gesellschaft und richtet sein Augenmerk dabei vor allem darauf, wie Bonhoeffer von seiner theologischen Fragestellung aus die empirische Kirche in den Blick bekommt. In diesem Zusammenhang fallen seine kritischen Bemerkungen zu der von Bonhoeffer vorgenommenen Verknüpfung von Theologie und Soziologie. Vor dem Hintergrund der These, in "Sanctorum Communio" sei das kritische Potential angebahnt, das Bonhoeffers spätere Theologie im Blick auf die Zeitgeschichte charakterisiert, kommt schließlich Peters zu einem weitaus freundlicherem Urteil über die theologisch-soziologische Interdisziplinarität in Bonhoeffers wissenschaftlichem Frühwerk.

Die vorangegangenen Überlegungen kamen zu dem Urteil, daß die Interpretation von "Sanctorum Communio" in den Arbeiten, die das Gesamtwerk der Theologie Bonhoeffers in den Blick nehmen, über wichtige Einzelbeobachtungen hinaus weitgehend dominiert wird von dem jeweils leitenden Untersuchungsinteresse. Gleichwohl schälen sich aus diesem Durchgang zumindest drei für die vorliegende Arbeit relevante Problemstellungen heraus, die mit den oben erfolgten Bemerkungen zur Rezeptionsgeschichte korrespondieren:

(1) Der sorgfältigen Überprüfung bedarf die für die theologische Argumentation von "Sanctorum Communio" zentrale Verknüpfung von *Christologie und Ekklesiologie.* In diesem Zusammenhang ist vor allem die von Ernst Feil vorgetragene Kritik zu überprüfen, daß Bonhoeffers frühes Kirchenverständnis ekklesiozentrisch angelegt ist.

(2) Eine weiteres Problem liegt in der Frage, wie Bonhoeffer die *empirische Kirche* als Bezugshorizont der theologischen Ekklesiologie in den Blick bekommt. Mit dieser Frage steht unmittelbar das strittig bewertete methodische Verfahren der Verknüpfung von *Theologie und Soziologie* zur Disposition.

(3) Alle bisher besprochenen Darstellungen betonen mehr oder weniger nachdrücklich Bonhoeffers "Zwischenstellung" *zwischen liberaler und dialektischer Theologie*[39]. Indiz dafür sind einerseits Bonhoeffers Verhält-

39 Der Begriff "Zwischenstellung" geht zurück auf FEIL, Die Theologie Dietrich Bonhoeffers, 398.

nis zur Berliner Fakultät und seine Lehrjahre bei Adolf Harnack, Karl Holl und Reinhold Seeberg, andererseits Bonhoeffers Äußerungen in den Briefen aus der Haft, in denen er das "Erbe der liberalen Theologie" als eine Verpflichtung gegenüber der eigenen theologischen Arbeit bezeichnet[40].

3.2. Vergleichende Studien zum theologiegeschichtlichen Kontext

Um das Anliegen Bonhoeffer und seine Durchführung in seinem frühen Werk zu präzisieren, soll im folgenden der theologiegeschichtliche Kontext im Zusammenhang der Fragen und Desiderate der Rezeptionsgeschichte skizziert werden. Diese Vorgehensweise legt sich gerade auch deswegen nahe, weil der systematische Vergleich der Ekklesiologie Bonhoeffers im Kontext der überkommenen und zeitgenössischen Theologie einen wesentlichen Bestandteil der vorliegenden Arbeit bilden wird. Nicht zuletzt spricht sich darin die Überzeugung aus, daß Bonhoeffers systematische Ambition erst vor diesem Hintergrund angemessen konturiert und eingeschätzt werden kann.

(1) Fragestellung und Intention der Arbeit Bonhoeffers sind keineswegs neu, sondern besitzen zumindest seit dem 19. Jahrhundert Vorläufer. Wie bereits Hans Pfeifer in seiner Arbeit zum Kirchenverständnis Bonhoeffers betont, weist vornehmlich die Theologie ALBRECHT RITSCHLS eine Reihe von Konvergenzen zu dem systematischen Entwurf Bonhoeffers auf[41]. Ritschls Theologie lebt unübersehbar von einer oft polemisch zugespitzten Kritik des frommen Individualismus. Diese Individualismuskritik hat freilich ein von Ritschl durchgängig betontes Hauptmotiv seines theologischen Werks zur Kehrseite: Ritschl ist bestrebt, dem Protestantismus einen adäquaten Begriff der Gemeinschaft zurückzugeben, der jeglichen Individualismus als theologisch illegitim zurückweisen soll. Jedoch nicht nur in dieser Aufgabenstellung stimmt Bonhoeffer mit Ritschl zunächst überein, sondern auch in der theologischen Methode. Es wird zu fragen sein, ob in der Hauptsache die Erkenntnistheorie und der Gottesbegriff Ritschls in der Theologie Bonhoeffers nachwirken[42],oder ob nicht vielmehr die Begründung des Gemeinschaftsbegriffes auf der Basis der Christologie sowie deren Entfaltung unter dem Gesichtspunkt der Stellvertretung am auffälligsten die systematische Nähe der Ekklesiologie Bonhoeffers zur Theologie Albrecht Ritschls bekunden. Fragt man von der konstruktiven Intention der Theologie Ritschls aus, so scheinen trotz aller Divergenzen zwischen beiden einige Anhaltspunkte für das theologiegeschichtliche Urteil zu sprechen, das Bonhoeffer in systematischer Hinsicht *im Erbe der*

40 DIETRICH BONHOEFFER, Widerstand und Ergebung. Briefe und Aufzeichnungen aus der Haft, hrsg. v. Eberhard Bethge (Neuausgabe), München 1970, 411, vgl. auch 360.

41 Vgl. PFEIFER, Das Kirchenverständnis Dietrich Bonhoeffers, 1-26 und 80-83.

42 Vgl. ebd.

liberalen Theologie stehen sieht. Zumindest wird die Aufgabenstellung Ritschls im Blick auf den Gemeinschaftsbegriff – wenn auch nicht in unkritischer Adaption – fortgesetzt.

(2) Auch der Einfluß des Berliner Kirchenhistorikers ADOLF VON HARNACK auf Bonhoeffer kann nur schlecht übersehen werden. Die Bedeutung von Harnack dokumentiert sich vornehmlich an dem Befund an patristischen Elementen und deren Verarbeitung in Bonhoeffers Theologie. Dieser Befund weist darauf hin, daß Bonhoeffer nicht nur im Erbe der liberalen Theologie steht, sondern daß es darüberhinaus so etwas gibt wie das "patristische Erbe in der Theologie Dietrich Bonhoeffers"[43].

(3) Daß Bonhoeffers ekklesiologischer Entwurf nicht durch eine generelle Absage an die theologische Tradition des Kulturprotestantismus gekennzeichnet ist, zeigt sich schon an der unmittelbaren Schülerschaft bei dem Lutherforscher KARL HOLL. Verblüffend ist allerdings, daß bisher keine vergleichende Studie zum Verhältnis der Theologie Bonhoeffers zu Holl vorliegt. Wer nach dem Einfluß Holls auf Bonhoeffer fragt, stößt auf einen weißen Fleck in der Forschung. Dieser Umstand ist umso erstaunlicher, als Bonhoeffer seiner Schülerschaft bei Holl an der Berliner Fakultät zwei für seine Arbeiten wesentliche Impulse zu verdanken scheint: Zum einen nimmt er das theologisch-historische Interesse Holls auf, die Kirche als wesentlich in ihrer Gemeinschaftsgestalt zu begründen, zum anderen bildet wie bei Holl die Theologie Luthers die Berufungsinstanz für die Durchführung dieses Vorhabens.

An Bonhoeffers Verhältnis zu Holl läßt sich meiner Überzeugung nach studieren, daß Bonhoeffer im Blick auf sein Anliegen zwar im Erbe der liberalen Theologie steht, von ihr jedoch durch die kritische Transformation der theologischen Kategorien geschieden ist. Ließe sich diese Vermutung bestätigen, so dürfte gerade das Verhältnis zu Holl eine für Bonhoeffers frühe Arbeit zum Kirchenverständnis entscheidende Schlüsselstellung einnehmen. Die Schülerschaft Bonhoeffers bei Holl einer näheren Untersuchung zu unterziehen, erscheint dabei umso dringlicher, als mit diesem Vorhaben eine relevante Lücke in der Bonhoefferforschung geschlossen werden kann.

(4) Bereits die Schülerschaft bei Karl Holl läßt die Bedeutung der Theologie Martin Luthers für Bonhoeffer erahnen. Luther bildet denn auch für die Durchführung des ekklesiologischen Vorhabens von Bonhoeffer den theologischen Hauptzeugen. Mußten wir bereits im Blick auf die Relevanz Karl Holls für Bonhoeffer ein Desiderat der Forschung ausmachen, so erstaunt noch stärker, daß es bisher nur erste Anläufe gibt, das Verhältnis von Bonhoeffer zur Theologie des Reformators zu bestimmen. Zwar

---

43 Vgl. vor allem die reichhaltigen Belege bei REINHARD STAATS, Das patristische Erbe in der Theologie Dietrich Bonhoeffers, in: BTh 5(1988), 178-201. Vgl. daneben DERS., Adolf von Harnack im Leben Dietrich Bonhoeffers, in: ThZ 37(1981), 94-122. Die Arbeit von CARL-JÜRGEN KALTENBORN, Adolf von Harnack als Lehrer Dietrich Bonhoeffers, Berlin 1973, konzentriert sich vor allem auf die späten Gefängnisbriefe Bonhoeffers. Kaltenborn spricht dabei behutsam von dem Erbe Harnacks als einem "Unterstrom" in der Theologie Bonhoeffers (aaO. 110-116). Das Frühwerk Bonhoeffers findet in der Untersuchung von Kaltenborn allerdings keine Beachtung.

haben Regin Prenter[44] und Heinz Joachim Held[45] auf die Bedeutung Luthers aufmerksam gemacht, es existiert eine Würdigung der Lutherrezeption in der erwähnten Arbeit von Peters, die sich auf die späten Schriften Bonhoeffers bezieht[46], aber auch in einem Sammelband unter dem Thema "Bonhoeffer und Luther"[47] vermißt man eine ausdrückliche Erschließung der Relevanz Luthers für das wissenschaftliche Frühwerk Dietrich Bonhoeffers. Hans-Walter Krumwiede hat dies zum Anlaß genommen, auf die grundsätzliche Bedeutung von Bonhoeffers Lutherrezeption zu verweisen und dabei eine erste Übersicht über die Einflüsse Luthers auf Bonhoeffer vorzulegen[48]. Vielleicht ist das zu konstatierende Desiderat dadurch verantwortet, daß wie auch in den späteren Arbeiten Bonhoeffers in "Sanctorum Communio" jegliches Anzeichen eines lutherischen Konfessionalismus fehlt. Bonhoeffers Arbeit zum Kirchenverständnis ist weder kontroverstheologisch angelegt, noch gehört sie in die Schule der "Lutherrenaissance" Karl Holls im engeren Sinne.

Die vorliegende Arbeit wird den Nachweis zu führen suchen, daß die Theologie Luthers die Grundlage bildet, auf der die im Blick auf Bonhoeffer immer wieder betonte enge Verzahnung von Christologie und Pneumatologie, Ekklesiologie und Ethik ermöglicht wird. Es steht zu vermuten, daß hier, wo Bonhoeffer Luther rezipiert, die Wurzeln einer theologisch verantworteten Theorie der Sozialgestalt der Kirche liegen, die dem Protestantismus über weite Strecken seiner Geschichte gefehlt hat.

Es ist vor allem Luthers *Abendmahlssermon von 1519*, den Bonhoeffer für die Entfaltung seiner Ekklesiologie in intensiver Weise nutzt und fruchtbar macht. Die Konstruktivität, die den Entwurf Bonhoeffers kennzeichnet, dürfte aus dieser Schrift ihre theologische Substanz beziehen. Der Abendmahlssermon Luthers zeigt an, daß es der Theologie Luthers keineswegs an Überlegungen zur Sozialgestalt der Kirche auf der Basis reformatorischer Einsichten mangelt. Freilich gilt genauso, daß Luthers Arbeit zur sozialen Wirklichkeit der Kirche keine Fortsetzung im Werk des Reformators gefunden hat. Bonhoeffer knüpft indes in "Sanctorum Com-

---

44 REGIN PRENTER, Bonhoeffer und der junge Luther, in: Mündige Welt IV , München 1963, 33-51.

45 HEINZ JOACHIM HELD, Schuldübernahme als Ausdruck der Christusnachfolge bei Martin Luther und Dietrich Bonhoeffer, in: *Konsequenzen*. Dietrich Bonhoeffers Kirchenverständnis heute, hrsg. v. Ernst Feil u.Ilse Tödt (IBF 3), München 1980, 14o-168.

46 Vgl. PETERS, Die Präsenz des Politischen, 93-118.

47 Bonhoeffer und Luther. Zur Sozialgestalt des Luthertums in der Moderne, hrsg. v. Christian Gremmels (IBF 6), München 1983.

48 HANS-WALTER KRUMWIEDE, Dietrich Bonhoeffers Luther-Rezeption und seine Stellung zum Luthertum, in: *Die lutherischen Kirchen und die Bekenntnissynode von Barmen*, hrsg. v. Wolf-Dieter Hauschild, Georg Kretschmar, Carsten Nicolaisen, Göttingen 1984, 206-223.

munio" genau dort wieder an, wo das Kirchenverständnis in den Ursprüngen der Reformation liegengeblieben war. Das verbreitete Urteil, Luther habe mit seiner Kirchenkritik dem Individualismus den Weg gebahnt, wird von Bonhoeffer mit den Schriften Luthers selbst konfrontiert, der in seinem Abendmahlssermon die Grundstruktur der Sozialgestalt der Kirche zumindest angezeigt hat. Das Ergebnis dieser Konfrontation erbringt – auch darin ist Bonhoeffers Originalität zu erblicken – nichts Geringeres als die Korrektur einer in sich verfestigten Lutherrezeption, die im übrigen auch und gerade über die Arbeiten Karl Holls zum Kirchenverständnis des Reformators hinausführt. Ob man allerdings Bonhoeffers Kirchenverständnis dadurch als erledigt ansehen kann, daß man wie Gerhard Krause Luthers Abendmahlssermon als vorreformatorisch kennzeichnet und von daher Bonhoeffer "katholisierende Züge" unterstellt, wird ausdrücklich zu fragen sein[49].

(5) Der Blick auf die Theologie Luthers, die in Bonhoeffers Ekklesiologie zum Zuge kommt, mag insofern verstellt gewesen sein, als man in Bonhoeffer lange Zeit einen, wenn auch selbständigen und bisweilen kritischen, Schüler Karl Barths gesehen hat[50]. Freilich ist Bonhoeffers auf der Basis einer Theologie der Sozialität erarbeitete ekklesiologische Konzeption sowohl im Blick auf die Intention als auch auf die Entfaltung von der Theologie Karl Barths in den zwanziger Jahren fundamental geschieden. Die Unterschiede sind dabei programmatischer Natur. Der frühe Barth des Römerbriefkommentars ist nämlich weitgehend desinteressiert an einer konstruktiven Klärung des Kirchenverständnisses im Blick auf die theologische Verantwortung der sozialen Institutionalität der Kirche. Die Stoßrichtung seiner Theologie richtet sich vielmehr auf die Kritik der Institution Kirche, die in seinem Urteil in sich selbst als der zutiefst hybride Versuch des Menschen erscheint, die qualitative Unterschiedenheit von Gott und Mensch einzuebnen. In der Konsequenz seiner vehementen Kritik liegt die vollkommene Dekonstruktion der Ekklesiologie unter dem Gesichtspunkt des sich in bezug auf die geschichtlich-soziale Darstellung des Glaubens einzig im Modus der Negation äußernden Souveränität Gottes. Zwar sind die Divergenzen zwischen Barth und Bonhoeffer von der Forschung nicht übersehen worden[51], eine über erste

49 Gerhard Krause, Art.Bonhoeffer, in: TRE 7 (1981), (55-66) 58.

50 Vgl. beispielsweise Pfeifer, Das Kirchenverständnis Dietrich Bonhoeffers, 76-79; Bethge, Dietrich Bonhoeffer, 113 und 114; Wolfgang Huber, Wahrheit und Existenzform. Anregungen zu einer Theorie der Kirche bei Dietrich Bonhoeffer, in: Ders., Folgen christlicher Freiheit, (169-204) 174.

51 Vgl. beispielsweise Müller, Von der Kirche zur Welt, 62 und 65.

Hinweise hinausführende vergleichende Studie zum Kirchenbegriff im Römerbriefkommentar von Barth und in "Sanctorum Communio" liegt allerdings nicht vor. Auch diese Forschungslücke soll in der vorliegenden Arbeit geschlossen werden.

3.3. Arbeiten zur Theorie der Kirche im Medium der Auseinandersetzung mit dem Kirchenverständnis Bonhoeffers

Die Rezeption von Bonhoeffers Dissertation setzt, abgesehen von vereinzelten Erwähnungen und Rezensionen in den dreißiger Jahren, erst mit der Wiederveröffentlichung von "Sanctorum Communio" von Ernst Wolf im Jahr 1954 ein[52]. Als einer der ersten reagierte 1955 Karl Barth auf Bonhoeffers Arbeit zum Kirchenverständnis mit fast überschwenglicher Sympathie: Bonhoeffers Arbeit sei "heute noch instruktiver, anregender, erleuchtender, wirklich erbaulicher zu lesen...als allerlei Berühmteres, was seither zum Problem der Kirche geschrieben wurde"[53]. Barth gibt allerdings in seiner Entfaltung der Ekklesiologie im Rahmen des § 67 der "Kirchlichen Dogmatik" nicht mehr explizit zu erkennen, inwiefern er von Bonhoeffers Kirchenverständnis zu seinen eigenen Überlegungen inspiriert wird[54]. Bei dem offenkundigen Respekt, den Barth "Sanctorum Communio" zollt, ist es freilich nicht geblieben. Bis in die Gegenwart reicht die Reihe von Arbeiten zur Ekklesiologie, die sich an Bonhoeffers Kirchenverständnis abarbeiten. Zwei generell unterschiedliche Einstellungen charakterisieren diese Arbeiten: Zum einen wählt eine Vielzahl von Autoren Bonhoeffers ekklesiologische Überlegungen als Ausgangspunkt einer auf die Gegenwart zielenden Theorie der Kirche oder sieht doch zumindest Bonhoeffers Arbeiten zum Kirchenverständnis durch ein nicht zu unterschreitendes Niveau von Einsichten für eine gegenwärtig zu entfaltende Kirchentheorie gekennzeichnet. Daneben stehen Interpretationen, die sich vor allem kritisch von Bonhoeffer abgrenzen, um im An-

52 Zum unmittelbaren Echo auf Bonhoeffers Dissertation und der Wiederveröffentlichung durch Ernst Wolf vgl. Dietrich Bonhoeffer, Sanctorum Communio (DBW 1, hrsg. v. Joachim von Soosten), München 1986, Vorwort des Herausgebers, 5f.

53 Karl Barth, Die Kirchliche Dogmatik IV/2, Zürich 1955, 725.

54 Eine vergleichende Studie zu Bonhoeffer und der Ekklesiologie Barths in der "Kirchlichen Dogmatik" steht noch aus. Erst sie ermöglichte eine präzise Auskunft über etwaige Einflüsse Bonhoeffers auf Barth.

schluß daran alternative Wege für die Ekklesiologie einzuschlagen. Im folgenden sollen die Interpretationen zum Kirchenverständnis bei Bonhoeffer, die im Medium der Auseinandersetzung mit Bonhoeffer eine gegenwärtig zu verantwortende Theorie der Kirche anvisieren, exemplarisch referiert werden – nicht zuletzt auch deswegen, weil vor ihrem Hintergrund die Problemstellung und das Anliegen der vorliegenden Arbeit präziser konturiert werden können.

(1) Der Frage nach der empirischen Kirche als dogmatischem Problem widmet sich die Untersuchung von MARTIN HONECKER unter dem Titel "Kirche als Gestalt und Ereignis"[55]. Gemäß den Bekenntnisschriften wird der reformatorische Kirchenbegriff von Honecker verstanden als "Ort der Offenbarung Gottes im Vollzug des Verkündigungsgeschehens"[56]. Kirche ist für Honecker wesentlich eschatologisches Ereignis durch ihre "Funktion im Heilsplan Gottes"[57]. Gleichwohl bildet die Kirche einen geschichtlichen Sozialkörper, woraus das dogmatische Problem resultiert, wie der Zusammenhang und in welcher Weise die Beziehungen zwischen der geschichtlichen Sicht der Kirche als eines menschlichen Sozialgebildes und der theologischen Sicht der Kirche als eines Ereignisses der Gegenwart Gottes zu bestimmen sind. Um diese Fragestellung voranzubringen, mustert Honecker eine Reihe von theologischen Entwürfen durch, die sich dem Problem der Spannung von Kirche als Ereignis und Gestalt stellen (Römisch-Katholisches Kirchenverständnis, Troeltsch, Asmussen, Brunner, Bonhoeffer und Barth). Im Zusammenhang der Interpretation von "Sanctorum Communio" werden dabei folgende Vorbehalte geltend gemacht: (1) Honecker sieht bei Bonhoeffer die Gefahr, daß sich durch die in "Sanctoum Communio" vorgenommene Verknüpfung von Heiligem und objektiven Geist die geschichtliche Dynamik der Sozialgestalt der Kirche in "gesetzliche Statik"[58] verfestigt. Durch die Indienstnahme der Kategorie des objektiven Geistes, die es Bonhoeffer ermöglicht, die Kirche soziologisch als Sozialgebilde zu beschreiben, binde Bonhoeffer "das theologische Kirchenverständnis an die empirische, soziologisch zu umschreibende Wirklichkeit der Kirche"[59]. (2) Die ekklesiologische Statik, die Honecker bei Bonhoeffer ausmacht, eskamotiert im Urteil Honeckers das eschatologische Element und bedingt "den in Bonhoeffers Ekklesiologie zu beobachtenden Zug zu einem kirchlichen Positivismus"[60]. Honecker konstatiert bei Bonhoeffer – darin besteht die Hauptkritik – den Fortfall des eschatologischen Vorbehalts, der den positivistischen Zug in dessen Lehre von der Kirche hätte vermeiden helfen[61].

In seinem eigenen, die Korrelation von historisch-soziologischem Sozialgebilde und eschatologischem Ereignis betreffenden Lösungsvorschlag, unterschreitet Honek-

---

55 MARTIN HONECKER, Kirche als Gestalt und Ereignis. Die sichtbare Gestalt der Kirche als dogmatisches Problem (FGLP 25), München 1963.

56 AaO. 12.

57 Ebd.

58 AaO. 143.

59 AaO. 143f.

60 AaO. 145.

61 Vgl. aaO. 156.

ker freilich das von Bonhoeffer anvisierte Programm. Das einzige Verknüpfungsmoment zwischen Gestalt und Ereignis der Kirche macht Honecker im Verkündigungsgeschehen aus, in dem sich die in der Schrift bezeugte Herrschaft Christi selbst beweist. "Im Verkündigungsgeschen wird die eschatologische Kontinuität der Kirche offenbart in der geschichtlichen Diskontinuität ihrer äußeren Gestalt wie ihrer personalen Gemeinschaftsstruktur."[62] Die eschatologische Unverfügbarkeit des Wortes wird dabei im Dual von Amt und Gemeinde festgehalten. Für die empirische Gestalt der Kirche ist dieser Dual von Amt und Gemeinde denn auch das einzig relevante Kennzeichen[63]. Folglich beschränken sich die Überlegungen Honeckers zur gegenwärtigen sichtbaren Gestalt der Kirche lediglich auf Überlegungen, die dem Dual von Amt und Gemeinde zugeordnet sind: auf die Visitation und das Erwachsenenkatechumenat[64]. Die soziale Institutionalität der Kirche, die Bonhoeffer theologisch begreifen und verantworten wollte, bleibt bei Honecker letztlich unbegriffen[65]. Auch die Überlegungen, die Honecker über seine Untersuchung hinaus vorgelegt hat,bestätigen diese Kritik. Da das Evangelium für Honecker keine "unmittelbare gesellschaftliche Relevanz"[66] besitzt, können Überlegungen zur Sozialgestalt und Organisation der Kirche nur Aufgabe vernünftiger Reflexion sein; theologische Kriterien sind für die Klärung dieser Frage nicht vermittelbar[67].

(2) Auf die Aktualität des Kirchenverständnisses von Bonhoeffer zielen die Überlegungen von Ernst Lange. Unter dem programmatischen Titel "Kirche für andere" unternimmt Lange einen Durchgang durch die Stationen der Bonhoefferschen Ekklesiologie von "Sanctorum Communio" bis "Widerstand und Ergebung"[68]. Als Zeuge der Frage nach einer verantwortbaren Gestalt der gegenwärtigen Kirche kommt Bonhoeffers ekklesiologischen Arbeiten entscheidende Bedeutung zu[69]. Am Leitfaden der Lange vorrangig interessierenden Frage nach der Relevanz der sichtbaren Kirche für die Welt wird der biographische und theologische Weg Bonhoeffers durchschritten. Während Bonhoeffers Perspektive in "Sanctorum Communio" noch weitgehend auf die Kirche in ihrem Eigenleben beschränkt bleibt, erreicht erst der späte Bonhoeffer denjenigen Begriff der Kirche, der Lange als Ausgangspunkt seiner eigenen Kirchentheorie dient: "Das Kirchesein der Kirche entscheidet sich in ihrem Fürsein für die Welt."[70]

---

62 AaO. 210.

63 Vgl. aaO. 212-215.

64 Vgl. aaO. 221-230.

65 Vgl. zur Kritik an Honecker Wolf-Dieter Marsch, Institution im Übergang, Göttingen 1970, 156-158.

66 Honecker, Sozialethische Aspekte des Kirchenverständnisses, in: EvTh 30 (1970), (69-96) 87.

67 Vgl. aaO. 92.

68 Ernst Lange, Kirche für andere. Dietrich Bonhoeffers Beitrag zur Frage einer verantwortbaren Gestalt der Kirche in der Gegenwart (1967), in: Ders., Kirche für die Welt. Aufsätze zur Theorie kirchlichen Handelns, hrsg. u. eingeleitet von Rüdiger Schloz, München, Gelnhausen 1981, 19-62.

69 Vgl. aaO. 19f.

70 AaO. 59.

Darüberhinaus sieht Lange die aktuelle Bedeutung der Ekklesiologie Bonhoeffers vor allem darin, "daß alle dogmatischen Grundbegriffe, daß alle Schlüsselworte der Verkündigung soziale Intention haben und nur im Blick auf ein soziales Geschehen in der Wirklichkeit dieser Welt Relevanz haben"[71]. Während "Sanctorum Communio" im Blick auf die Sozialität der dogmatischen Begrifflichkeit die Keimzelle der ekklesiologischen Arbeiten Bonhoeffers darstellt, erreicht Bonhoeffers Programm im Urteil von Lange erst mit "Widerstand und Ergebung" diejenige inhaltliche Bestimmtheit, die Lange für unhintergehbar hält. Gleichwohl attestiert Lange der Erstlingsarbeit von Bonhoeffer vor dem Hintergrund der damaligen Krise der Kirche, wie sie sowohl von der jungen dialektischen Theologie als auch von dem späten Troeltsch ausgerufen wird, eine eminente Bedeutung[72]. Aus der in "Sanctorum Communio" begegnenden kritischen Bestätigung der Volkskirche spricht für Lange das Interesse Bonhoeffers, "die empirische Kirche nicht der Krise anheimfallen zu lassen, sondern sie gegen die Krise durchzuhalten"[73]. Und: "Gegen die Verfechter eines Minimums von Kirche will er ein Maximum von Kirche."[74]

(3) Die auf die gegenwärtige Bedeutung des Kirchenverständnisses von Bonhoeffer abzielende Arbeit von Ernst Lange setzt WOLFGANG HUBER in seiner Abhandlung "Wahrheit und Existenzform" fort[75]. Genauso wie für Lange bildet die Kirche nach der Überzeugung Hubers das Grundthema der theologischen Arbeit Bonhoeffers. In der Ekklesiologie Bonhoeffers werden laut Huber Einsichten formuliert, die für die Aufgabe und Entfaltung einer Theorie der Kirche von nicht zu unterschreitender Relevanz seien. Systematisch gesehen, rückt Huber den Kirchenbegriff Bonhoeffers in die Nähe der 3.These der Barmer Theologischen Erklärung, die unübersehbar durch das gleiche Grundthema bestimmt sei: Den "Zusammenhang und das unumkehrbare Gefälle zwischen Glauben und Gehorsam, zwischen Botschaft und Ordnung, zwischen Wahrheit und Existenzform der Kirche"[76]. Die Bedeutung von Bonhoeffers ekklesiologischen Arbeiten für eine Theorie der Kirche erblickt Huber in der doppelten Perspektive, die Bonhoeffer einnimmt, um die Wirklichkeit der Kirche sowohl im Blick auf ihre götttliche Stiftung und Präsenz als auch hinsichtlich ihrer menschlich-geschichtlichen Gestaltung betrachten zu können. Bonhoeffer entgeht damit derjenigen Tradition, die das Kirchenverständnis am Leitfaden des Duals sichtbare-unsichtbare Kirche entfaltet hatte. Huber profiliert Bonhoeffers Kirchenbegriff vor allem gegen: (1) eine Theorie kirchlichen Handelns, die die Frage nach den Handlungen der Kirche gegenüber der Frage nach dem Grund der Kirche isoliert und daher die Identität der Kirche weithin in ihren Handlungsvollzügen aufgehen läßt[77], (2) die funktionale

71 Ebd.

72 Vgl. aaO. 20f.

73 AaO. 28.

74 Ebd.

75 WOLFGANG HUBER, Wahrheit und Existenzform. Anregungen zu einer Theorie der Kirche bei Dietrich Bonhoeffer (1980), in: DERS., Folgen christlicher Freiheit, 169-204.

76 AaO. 172.

77 Vgl. aaO. 200. Huber konturiert die Kritik an Ernst Langes Theorie kirchlichen Handelns in meinen Augen zu stark. Huber hat allerdings in dem Vorwort zur 2. Auflage von "Folgen christlicher Freiheit" diese Kritik abgemildert.

Kirchentheorie, die die Praxis der Kirche auf gesonderte religiöse Akte beschränkt und damit einen von Bonhoeffer kritisierten Begriff bürgerlicher und partikularisierter Religion zur Voraussetzung besitzt[78], (3) die Beschränkung der Ekklesiologie auf Aussagen über das Wesen der Kirche unter gleichzeitiger Abblendung der Frage nach dem Auftrag sowie der Rechts- und Sozialgestalt der Kirche, deren Beantwortung damit anderen wissenschaftlichen Disziplinen preisgegeben wird[79], (4) eine Theorie der Kirche, die vorrangig der Legitimation einer bestimmten Gestalt von Kirche in Form der Volkskirche verpflichtet ist[80].

In den Überlegungen von Huber nimmt die Analyse von "Sanctorum Communio" einen gewichtigen Abschnitt ein, wobei die Aufmerksamkeit auf dem methodischen Verfahren Bonhoeffers liegt, hier wiederum vor allem auf der Verknüpfung von Theologie und Soziologie. Im Urteil von Huber ist diese Verknüpfung durch ein "deduktives Gefälle"[81] bestimmt, das in der Konsequenz dazu führt, daß bei Bonhoeffer "die vorfindliche Realität der Kirche unterbestimmt bleibt"[82]. Huber mahnt ferner an, daß die Aufnahme der Unterscheidung von Gesellschaft und Gemeinschaft dafür verantwortlich ist, "daß die Elemente zweckrationaler Organisation in der Kirche unberücksichtigt bleiben"[83]. Was Martin Honecker als positivistischen Zug in Bonhoeffers Kirchenverständnis moniert hatte, kann Huber allerdings ähnlich wie auch bereits Ernst Lange als "kritische Bestätigung" der zeitgenössischen volkskirchlichen Realität Bonhoeffers würdigen[84]. Freilich ist jedoch die Frage nach der Kirche als Institution sowohl in "Sanctorum Communio" als auch im Gesamtwerk Bonhoeffers nur unzureichend beantwortet[85]. Huber macht dafür die zuweilen zu enge Verknüpfung von Christologie und Ekklesiologie verantwortlich. "Der wichtigste Einwand heißt, daß in manchen Formulierungen die Differenz zwischen Christus und den Glaubenden, die Differenz zwischen der Kirche als einer Offenbarungsform Jesu Christi und der Kirche als der Gemeinschaft der Glaubenden, die Differenz also zwischen der geglaubten und der erfahrenen Kirche unterbestimmt bleibt."[86] An dieser im Blick auf die Frage nach der Institutionalität konstatierten Grenze des Kirchenverständnisses von Bonhoeffer dürfte denn auch eine der wichtigsten Aufgaben für eine gegenwärtig zu verantwortende Theorie der Kirche liegen, die Huber im Blick hat.

(4) Daß Bonhoeffers theologisches Erstlingswerk trotz aller Kritik im Detail keine einmütige Wertschätzung innerhalb der gegenwärtigen Debatte um eine Theorie der Kirche genießt, zeigt nicht zuletzt eine Studie von FRIEDRICH WILHELM GRAF[87]. Graf meldet starke Vorbehalte gegen die in "Sanctorum Communio" geübte Kritik des

78 Vgl. aaO. 200f.
79 Vgl. aaO. 169.
80 Vgl. aaO. 179 u.183.
81 AaO. 173.
82 Ebd.
83 Ebd.
84 AaO. 179.
85 Vgl. aaO. 202.
86 AaO. 202.
87 FRIEDRICH WILHELM GRAF, Innerlichkeit und Institution. Ist eine empirische Ekklesiologie möglich?, in: PTh 77 (1988), 382-393.

Individualismus an und zielt damit auf das systematische Zentrum von Bonhoeffers ekklesiologischer Arbeit. Die Kritik von Graf entzündet sich dabei an der auch schon von Wolfgang Huber monierten Dichotomie von Gemeinschaft und Gesellschaft, die Bonhoeffer dazu verleitet, die Kirche ganz auf Seiten der Gemeinschaft zu situieren. Graf geht aber insofern über die Kritik von Huber hinaus, als er bereits in den theologischen Grundentscheidungen Bonhoeffers den "Vergemeinschaftsdruck" angebahnt sieht, der seine "Gefährlichkeit" darin besitze, daß die Theorie der Kirche in ein "potentiell totalitäres Sozialkonzept" umzuschlagen drohe[88]. Die Gefahr, ja Gefährlichkeit, die Graf "Sanctorum Communio" unterstellt, liegt nach seinem Urteil vor allem an dem Schillern der Bonhoefferschen Begrifflichkeit zwischen theologischer Normativität und sozialer Faktizität, die laut Graf besonders auffällig an der von Bonhoeffer vorgenommenen Verknüpfung zwischen objektivem Geist und Heiligem Geist abgelesen werden kann. Hatte Martin Honecker in dieser Verknüpfung noch den Grund für die positivistische Tendenz in Bonhoeffers Ekklesiologie ausgemacht, geht Graf in seiner Kritik einen erheblichen Schritt weiter, indem er hier im Ergebnis die Differenz von Individuum und Institution aufgehoben sieht[89]. Letztlich wird von Bonhoeffer damit der Affekt gegen die Moderne und die Liberalismuskritik – von Graf durchgehend synonym verwendet – fortgesetzt, die bereits die ekklesiologischen Debatten des 19. Jahrhunderts prägte[90].

So sehr man nun Grafs Kritik an einer Überdogmatisierung der Kirche zustimmen mag, die der Komplexität der empirischen Kirche hinsichtlich ihrer Organisationsstruktur, der Frömmigkeitsprofile, die sich in ihr finden, sowie ihrer Stellung im gesellschaftlichen Kontext nicht gerecht zu werden vermag, so sehr muß man allerdings seine Bonhoefferinterpretation danach befragen, ob er die differenzierten Überlegungen Bonhoeffers nicht auf ein bedenkliches Resultat stilisiert, auf dessen Folie ein in sich selbst fragwürdiges Plädoyer für ein "prinzipielles Eigenrecht des Individuums" etabliert wird, das für die Frage nach der sichtbaren Kirche "dogmatische Unbestimmtheit" für die Ekklesiologie fordert[91]. Grafs Kriterium für einen Kirchenbegriff im Sinne der reformatorischen Theologie steht dabei ganz im Dienst seines Plädoyers: Das Verständnis der Kirche wird darauf beschränkt, daß der Vollzug der Wortverkündigung und der Darreichung der Sakramente nicht behindert werden darf. Daß diese Bestimmung sich aufmacht, den Minimalismus des evangelischen Kirchenbegriffs nach den Bekenntnisschriften fortzusetzen, zeigt die erstaunliche Warnung von Graf: "Jede darüber hinausgehende *theologische* Bestimmung der Ordnung der Kirche führte zu einem substantialistischen Institutionenverständnis, zur Definition der Institution rein aus ihr selbst heraus."[92]

Aus dem vorangehenden Überblick haben sich eine Reihe von Anfragen und kritischen Vorbehalten gegenüber "Sanctorum Communio" herauskri-

---

88 AaO. 390f.
89 Vgl. ebd.
90 Vgl. 386f.
91 AaO. 393.
92 AaO. 385, Hervorhebung von Graf.

stallisiert, die im Rahmen der vorliegenden Arbeit einer eingehenden Überprüfung unterzogen werden sollen:

(1) Einspruch wird gegen die von Bonhoeffer geäußerte *Individualismuskritik* erhoben (Graf). Bonhoeffers Konzeption wird damit insgesamt zur Disposition gestellt – vor allem das, was Ernst Lange als Bonhoeffers Interesse an einem " Maximum von Kirche" bezeichnet hat[93]. Diese Kritik berührt in jedem Fall das Konzept einer Theologie der Sozialität bei Bonhoeffer, das in der vorliegenden Untersuchung in den Mittelpunkt der systematischen Rekonstruktion und Interpretation von "Sanctorum Communio" gerückt wird. Es wird zu überprüfen sein, ob *Individualität und Sozialität* von Bonhoeffer zu Alternativen erhoben werden und damit, wie die Kritik unterstellt, einem "potentiell totalitäre[m] Sozialkonzept" der Weg geebnet wird[94], oder ob sich Bonhoeffers Ekklesiologie nicht gerade dadurch auszeichnet, daß sie beide, Individualität und Sozialität, in einem gleichursprünglichen Verhältnis zu denken erlaubt.

(2) Bonhoeffers Verknüpfung von *Christologie und Ekklesiologie*, die gemeinhin als das systematische Zentrum seiner Arbeit angesehen wird, wirft zum einen die Frage auf, ob im Zuge dieser Verknüpfung die Christologie nicht gleichsam durch die Ekklesiologie absorbiert wird. Zum anderen stellt sich das Problem, ob die Verbindung von Christologie und Ekklesiologie von Bonhoeffer nicht so eng angelegt ist, daß er sich den Zugang zu der institutionellen Dimension der emprischen Kirche versperrt (Huber).

(3) Überhaupt beansprucht Bonhoeffers Thematisierung der *empirischen Kirche* unter dem Blickwinkel der theologischen Ekklesiologie einen Hauptteil des Interesses seiner Interpreten. Strittig ist, ob die vorfindliche Realität der Kirche bei Bonhoeffer lediglich unterbetont (Huber) oder ob gar für Bonhoeffers wissenschaftliches Frühwerk insgesamt die Tendenz zum ekklesiologischen Positivismus kennzeichnend ist (Honekker). Strittig ist überdies die Bewertung der Gründe, die zu solchen Urteilen berechtigen. Symptomatisch für die Interpretation Bonhoeffers erscheint dabei eine von Dieter Schellong beiläufig geäußerte Bemerkung: "Bonhoeffer war immer eine Vertreter von identifizierenden theologischen Sätzen, besonders bezüglich der Kirche – ich vermute, daß er deshalb so beliebt geworden ist und man deshalb an ihn immer wieder anknüpfen möchte (wie verworren auch immer es geschehen mag)."[95] Auch der

93 LANGE, Kirche für andere, 28.

94 GRAF, Innerlichkeit und Institution, 391.

95 DIETER SCHELLONG, Barth lesen, in: Einwürfe 3, München 1986, 75.

desöfteren begegnende Vorwurf der katholisierenden Tendenz von Bonhoeffers Kirchenverständnis scheint auf dieser Linie zu liegen[96].

(4) Rückfragen löst bei eigentlich allen Interpreten die methodische Kombination von theologischer und soziologischer Fragestellung aus. Als besonderes Problem hat sich in diesem Zusammenhang die Dichotomie von *Gemeinschaft und Gesellschaft* erwiesen, mit der Bonhoeffer operiert. Da eine Theorie der Kirche sich gegenüber der traditionellen Ekklesiologie dadurch auszeichnet, daß sie mit Hilfe soziologischer Einsichten einen Zugang zur empirisch-institutionellen Realität der Kirche erschließen möchte, gebührt hierbei der methodischen Verknüpfung von *Theologie und Soziologie* bei Bonhoeffer besondere Aufmerksamkeit[97]. Im Kontext dieses Problems wird sich die Frage stellen, ob zwischen der theologischen Explikation der Kirche und der sozialwissenschaftlichen Analyse der kirchlichen Empirie "strikt" unterschieden werden sollte[98], oder ob sich nicht ausgehend von Bonhoeffer und über diesen hinaus Verfahrensweisen begründen lassen, die eine methodisch sinnvolle Verknüpfung und Beziehung von theologischer und sozialwissenschaftlicher Perspektive erlauben.

3.4. Untersuchungen zum Verhältnis von Theologie und Soziologie in Sanctorum Communio

Die oben referierte Rezeption von "Sanctorum Communio" signalisiert unübersehbar, daß der von Bonhoeffer begonnene Dialog zwischen theologischen und sozialwissenschaftlichen Betrachtungsweisen zu den als vordringlich erachteten Aufgabenstellungen einer gegenwärtig zu verantwortenden Theorie der Kirche zählt. Wir werfen darum in einem weiteren Abschnitt den Blick auf Untersuchungen, die sich vorrangig Bonhoeffers theologischer Kontaktaufnahme mit der Sozialphilosophie bzw. der Soziologie widmen.

(1) PETER L. BERGER sieht in "Sanctorum Communio" eine "tendency of theological imperialism" walten, "incorporating different elements of philosophical thought into a

96 Von "katholisierenden Zügen" in "Sanctorum Communio" spricht beispielsweise Gerhard Krause in seinem Bonhoeffer-Artikel in der Theologischen Realenzyklopädie: GERHARD KRAUSE, Art. Bonhoeffer, in: TRE 7 (1981), (55-66) 58.

97 Vgl. die Bestimmung einer Theorie der Kirche, die nach dem Verhältnis und der methodischen Verknüpfung von theologischen, soziologischen und juristischen Aspekten der Kirche fragt, bei HUBER, Wahrheit und Existenzform, 170.

98 So GRAF, Innerlichkeit und Institution, 392.

dogmatic framework"[99]. Im Sog von Hegels Konzept des objektiven Geistes neige Bonhoeffer stärker zu einem nominalistischen statt zu einem realistischen Konzept der sozialen Wirklichkeit der Kirche, in welchem sozialen Gebilden ein ontologischer Status unterschoben werde, der diese Konzeptionen denn auch für konservative Ideologien anfällig werden lasse[100]. Berger plädiert demgegenüber für eine Soziologie der Religion im Gefolge von Durkheim und Weber, die die Dialektik zu schärfen helfe "between what ist believed and what is seen in terms of our conception of the church"[101]. Daher auch sein Rat, Bonhoeffers Ekklesiologie "in isolation form its dubious prolegomena" zu rezipieren[102]. Bergers Fazit: "We shall have to turn to other sources to find the sociological partner. We would content that a Weberian sociology is likely to be the best choice for such an enterprise."[103]

(2) Während Berger Bonhoeffers Arbeit bei aller Kritik noch als ersten Aufbruch in das Neuland des interdisziplinären Gesprächs zwischen Ekklesiologie und Soziologie würdigen kann, steht Bonhoeffer in den Augen von Joachim Matthes generell für die Unfähigkeit der Kirchen, in ein konstruktives Verhältnis zur säkularen Gesellschaft zu treten[104]. Matthes bescheinigt Bonhoeffer eine geradezu verhängnisvolle Wirkung auf die deutsche Kirchensoziologie – womit er diese, nebenbei gesagt, weit überschätzt. Suspekt an Bonhoeffer ist Matthes vor allem die Integration der Soziologie aus theologischer Perspektive, die zu einer Eingrenzung der Fragestellung auf das Problem des Wesen und der Wahrheit der Kirche führe. Auch wenn man Bonhoeffers Arbeit in ihren Ergebnissen als problematisch ansieht und Kritik an der von ihm rezipierten Soziologie anmeldet[105], so muß man jedoch gegen Matthes einwenden, daß Bonhoeffer durchgehend bestrebt ist, die Frage nach der Wahrheit und dem theologisch auszumachenden Grund der Kirche nie von der Frage nach ihrer Wirklichkeit zu trennen. Während Berger dafür plädiert, die ekklesiologische Problematik eher von der Religionssoziologie her aufzurollen – eine Vorgehensweise, der ja gerade Bonhoeffers Einspruch in "Sanctorum Communio" gilt –, scheint Matthes bestrebt zu sein, theologische Ekklesiologie und Religionssoziologie im Gegenzug zu dem von ihm kritisierten Verfahren Bonhoeffers zu einem Nebeneinander zu ermäßigen.

(3) Eine aufschlußreiche Analyse des wissenschaftlichen Frühwerks von Bonhoeffer im Blick auf dessen geistesgeschichtliche Voraussetzungen bietet die Untersuchung von Joachim Schwarz[106]. Das christologische Modell, das für Bonhoeffers Theologie nach Schwarz charakteristisch ist, richtet sich kritisch auf die Gesellschaft, das sie im "Umbruch der Versöhnung" zeigt[107]. In dieser theologischen Deutung von

99 Peter Berger, Sociology and Ecclesiology, in: The Place of Bonhoeffer, ed.by Martin E.Marty, New York 1962, (53-80) 63.

100 Vgl. aaO. 78.

101 AaO. 79.

102 AaO. 76.

103 Ebd.

104 Joachim Matthes, Die Emigration der Kirche aus der Gesellschaft, Hamburg 1964, 80ff.

105 Vgl. aaO. 81.

106 Joachim Schwarz, Christologie als Modell der Gesellschaft. Eine Untersuchung zu den ersten Schriften Dietrich Bonhoeffers, Diss.Wien 1968.

107 AaO. 121.

Gesellschaft sieht Schwarz denn auch vorrangig Bonhoeffers Bedeutung. Die Leitthese seiner Arbeit ist darin zu sehen, daß der Kirche als Teil der Gesellschaft eine polemische Funktion zukommt, insofern diese in ihrer Zerissenheit und Entfremdung in jener schon aufgehoben ist. Theorie der Kirche ist im Urteil von Schwarz bei Bonhoeffer Theorie der Gesellschaft[108]. Schwarz übersieht freilich, daß Bonhoeffer in "Sanctorum Communio" die Kirche als Gemeinschaftsgebilde schlechthin versteht und nicht als Gesellschaft, wie Schwarz fortlaufend unterstellt. Überdies kommt in "Sanctorum Communio" die Schwarz interessierende Exzentrizität der Kirche auf die Gesellschaft nur am Rande in den Blick. Der spannungsreichen und zuweilen problematischen Komplexität der Ausführungen Bonhoeffers, gerade auch was dessen Verknüpfung von theologischer und soziologischer Betrachtunsgweise betrifft, vermag Schwarz unter der Dominanz seiner Leitthese nicht gerecht zu werden.

(4) "Sanctorum Communio" als "Dokument einer ekklesiologischen Sackgasse": zu diesem Ergebnis kommt eine Studie von EBERHARD HÜBNER, die die Ekklesiologien seit Schleiermacher im Blick auf die Frage des Zusammenhangs von theologischem Kirchenverständnis und empirischer Kirche durchmustert[109]. Nach Hübner fixiert Bonhoeffer die Ekklesiologie vom Ansatz her auf die wesentliche Kirche und überlagert mit ihr eine wirkliche Soziologie der Kirche. Die Frage, wo die von Bonhoeffer theologisch ins Auge gefaßte Kirche empirisch anzutreffen sei, kann nach Hübner nicht beantwortet werden, weil Bonhoeffer Sozialphilosophie und Soziologie auf das Wesen der Kirche zuschneide und die "empirische Soziologie nur so weit zu Wort kommen läßt, wie sie daran partizipiert"[110]. Hübners Fazit: "Bonhoeffers auf das Wesen der Kirche gerichtetes ekklesiologisches Denken verschließt sich" der emprischen Realität der Kirche und ihrer praktischen Herausforderung[111]. So gesehen, gehört Bonhoeffer nach Hübner in die Reihe derjenigen Theologen, die im Verständnis der Theologie als wesenszentrierter Geisteswissenschaft gefangen sind und aus diesem Grund das theologisch erarbeitete Kirchenverständnis mit der empirischen Kirche identifizieren[112].

Gerade der zuletzt referierte Beitrag wirft für uns die Frage auf, ob man in Bonhoeffer einen Vertreter einer *ekklesiologischen Identitätsphantasie* sehen kann, der theologische Ekklesiologie und empirische Kirche miteinander identifiziert[113] – eine Kritik, der man auch andernorts begegnet[114].

---

108 Vgl. aaO. 88ff.

109 EBERHARD HÜBNER, Theologie und Empirie der Kirche. Prolegomena zur Praktischen Theologie, Neukirchen-Vluyn 1985, (116-126) 126.

110 AaO. 123.

111 AaO. 125.

112 Vgl. aaO. 143-148.

113 Den Begriff der ekklesiologischen Identitätsphantasie entlehne ich einem Aufsatz von GERHARD RAU, Volkskirche heute – im Spiegel ihrer theologischen Prolematisierung, in: VF 32 (2/1987), (2-31) 25.

114 Vgl. beispielsweise SCHELLONG, Barth lesen, 75. Auch OSWALD BAYER zielt in diese Richtung, vgl. DERS., Christus als Mitte. Bonhoeffers Ethik im Banne der Religionsphilosophie Hegels, in: BThZ 2(1985), 259-276.

Stellt man sich die Beiträge von Berger und Matthes vor Augen, wird eine weitere Frage sein, ob Bonhoeffers Verknüpfung von Theologie und Soziologie derart mißlungen ist, daß man für eine *Trennung von theologischer Ekklesiologie und religionssoziologischer Betrachtungsweise* plädieren sollte. Jedenfalls entscheidet sich nach Bonhoeffer die Frage nach der Verknüpfung von Theologie und Soziologie auch und gerade daran, ob der Ekklesiologie eine Zugangsweise zur empirischen Realität der Kirche ermöglicht wird, die "mehr sein darf denn Theologie des gesellschaftlich bereits rezipierten, festgelegten und entsprechend soziologisch standardisierten Christentums"[115].

4. Anliegen und Vorgehensweise

Die vorliegende Arbeit stellt einen Beitrag zur Rekonstruktion, Interpretation und Kritik von "Sanctorum Communio" dar. Sie läßt sich von der Überzeugung leiten, daß in Bonhoeffers Erstlingsarbeit wesentliche Einsichten bereitgestellt werden, die für eine Theorie der Kirche von Bedeutung sein können. Betrachtet man Bonhoeffers systematisches Programm vor dem oben skizzierten Problemhorizont, so scheinen für die vorliegende Untersuchung folgende Aufgabenstellungen von besonderem Interesse:

(1) Die Frage nach der Sozialgestalt der Kirche entscheidet sich nach Bonhoeffer bereits daran, ob es der Theologie gelingt, den sozialen Gehalt ihrer Grundbegifflichkeit herauszuarbeiten. Darin spricht sich die Einsicht aus, daß die reformatorische Kritik der der Kirche zueigenen Anstaltsinstitutionalität im Namen der nicht einzuschränkenden Individualität des Glaubens gleichermaßen eine Kritik des Individualismus verlangt, sollen Individualität und Sozialität nicht zu einer bedenklichen Alternative verfestigt werden. Bonhoeffer nimmt diese durch die reformatorische Theologie im Blick auf die Ekklesiologie nur unzureichend gelöste Aufgabenstellung dadurch in Angriff, daß er aufzuzeigen versucht, daß Sozialität in der Intention sämtlicher theologischer Gehalte liegt. Das Fundament der Ekklesiologie bildet nach ihm ein Begriff der Sozialität, der zwar gegen eine individualistische Verengung der Theologie opponiert, nicht aber auf Kosten von Individualität entfaltet werden muß. Der Interpretation der von Bonhoeffer entwickelten Überlegungen zur Sozialität der Kirche gilt denn auch das Hauptinteresse des Kapitels in der vorliegenden Arbeit, das die theologischen Grundentscheidungen in "Sanctorum Communio" zu rekonstruieren sucht. (Teil B)

---

115 So jedenfalls PETERS, Die Präsenz des Politischen, 189f.

(2) Wer eine rechte Anschauung von dem Selbstbewußtsein, der Entschiedenheit sowie der systematischen Ambition Bonhoeffers bekommen möchte, muß seinen Entwurf in dem Spannungsfeld zwischen liberaler Theologie, Lutherrezeption und der frühen Dialektischen Theologie diskutieren. Es macht die Eigenwilligkeit von Bonhoeffers Kirchenverständnis aus, daß es sich gegen eine theologiegeschichtliche Einordnung in bestimmte Schulen sperrt. Indem Bonhoeffer nach einer konstruktiven Entfaltung der geschichtlich-sozialen Darstellung des Glaubens in Gestalt der Kirche fragt, führt er zwar in gewisser Weise das Anliegen der liberalen Theologie fort. Die Grundlagen der Durchführung dieses Vorhabens entdeckt Bonhoeffer indes in der Theologie Martin Luthers, deren Rezeption ihn überdies über die systematischen Kategorien hinausgelangen läßt, mit denen sein Lehrer Karl Holl Luther zu erschließen vermochte. Genauso wie vermittels der eigenständigen Rezeption Luthers die systematische Grundbegrifflichkeit der liberalen Theologie eine Absage erteilt wird, genauso vermag Bonhoeffer in die Bahnen der Theologie Karl Barths nicht einzutreten. Aus theologiegeschichtlicher Sicht geurteilt, setzt sich Bonhoeffer damit zwischen alle Stühle. In systematischer Perspektive ist diese Beobachtung insofern von Relevanz, als die Unabhängigkeit Bonhoeffers von den schulbildenden theologischen Traditionen geradezu sein theologisches Ergebnis zu ermöglichen scheint. Bonhoeffer verhilft der protestantischen Theologie noch vor der Barmer Theologischen Erklärung zu der geforderten Theorie der Sozialgestalt der Kirche.

Es wird die These der vorliegenden Arbeit sein, daß Bonhoeffer den institutionenkritischen Minimalismus des reformatorischen Verständnisses der Kirche um das notwendige Korrelat eines konstruktiven Maximums hinsichtlich der auf der Basis reformatorischer Einsicht zu erfolgenden Reformulierung der sozialen Gestalt der Kirche ergänzt. Diese These soll in einem eigenen Abschnitt der Arbeit entfaltet werden, in dem eine Interpretation des theologiegeschichtlichen Kontextes angestrengt wird. Bonhoeffers Konzept soll dabei mit den Überlegungen Albrecht Ritschls, der Lutherinterpretation Karl Holls, dem für Bonhoeffer zentralen Abendmahlssermon Luthers von 1519 sowie der Ekklesiologie im "Römerbrief" von Karl Barth verglichen werden. Dieser Abschnitt, der gewissermaßen eine Theoriegeschiche in systematischer Absicht darstellt, die mehr oder weniger auf das Werk von Bonhoeffer zentriert ist, soll den Blick und das Urteil über die systematische Leistungskraft des Erstlingswerks von Bonhoeffer schärfen helfen. (Teil C)

(3) Bonhoeffers ekklesiologische Überlegungen bescheiden sich nicht mit Aussagen über den Grund und das Wesen der geglaubten Kirche, sondern sind bezogen auf die emprische Realität und Gestalt der Kirche. Kir-

che wird in "Sanctorum Communio" unter der doppelten Perspektive des der Kirche in Christus vorgegebenen und unverfügbaren Grundes und ihrer konkreten Erscheinungsform in der Wirklichkeit der Welt thematisiert. Bonhoeffer sucht dieser zwiefachen Perspektive auf die Wirklichkeit der Kirche durch eine Erweiterung der Ekklesiologie gerecht zu werden, insofern er sozialphilosophische und soziologische Theorieangebote in seine Fragestellung integriert. Da unter der Aufgabe einer Theorie der Kirche die Frage nach der methodischen Verknüpfung, nach Unterscheidung und Zusammengehörigkeit von theologischer und soziologischer Betrachtungsweise verstanden wird, sollen Bonhoeffers systematischen Grundoperationen, mit denen er Theologie und Soziologie verknüpft, im Mittelpunkt eines weiteren Abschnittes der vorliegenden Arbeit stehen[116]. (Teil D)

(4) Auch wenn "Sanctorum Communio" in der vorliegenden Arbeit im Mittelpunkt der systematischen Aufmerksamkeit steht, so reicht doch das systematische Anliegen der vorliegenden Untersuchung über die Erstlingsschrift Bonhoeffers hinaus, insofern "Sanctorum Communio" als relevante Vorarbeit zu einer gegenwärtig zu entfaltenden Theorie der Kirche begriffen wird. Dabei lasse ich mich von der Überzeugung leiten, daß eine auf die Aktualität der Einsichten Bonhoeffers abzielende Arbeit, die in den Horizont der Frage nach einer zu entwerfenden Theorie der Kirche einzutreten sucht, sich freilich auch der Grenze der Möglichkeiten jener Vergegenwärtigung bewußt bleiben muß. Schließlich wäre eine systematische Exegese problematisch, die den vorgegebenen Theorieentwurf so stilisierte, daß aus ihm unmittelbar evidente Argumente für eine eigenständig zu verantwortende Theorie der Kirche entspringen würden. Diese Stilisierung ist denn auch weder nötig noch überhaupt möglich. "Only hagiographers will expect their subjects to be equally important on all problems and in all their utterances."[117] Freilich soll die Einsicht in die Grenzen der Aktualisierungsfähigkeit von "Sanctorum Communio" so präzisiert werden, daß aus ihr gleichsam über Bonhoeffer hinaus für eine Theorie der Kirche gelernt werden kann. Der kritische Befund wird also nicht in der Absicht erhoben, die Vorbehalte gegenüber Bonhoeffer zu verstärken, um schließlich mit einem wiederum unpräzisen Verdikt zu enden. Vielmehr zielt die Kritik darauf, daß sich ein Spielraum für Argumente eröffnet, für die interpretative Belege an "Sanctorum Communio" fehlen. Das Schlußkapitel der vorliegenden Arbeit wird diesen Versuch unternehmen. (Teil E)

---

116 Zur Aufgabenstellung einer Theorie der Kirche vgl. HUBER, Wahrheit und Existenzform, 170.

117 BERGER, Sociology and Ekklesiology, 75.

B Die Sozialität der Kirche

Die theologische Entfaltung des Kirchenbegriffs in "Sanctorum Communio"

1. Die Architektur von "Sanctorum Communio"

1.1. Logik der Methode und Logik der Darstellung

Dem unbefangenen Leser bereitet die erste Lektüre von "Sanctorum Communio" nicht geringe Schwierigkeiten. Zunächst muß er sich einen Weg durch die komplexe und verschlungene Argumentation bahnen, in der Bonhoeffer theologische, sozialphilosophische und soziologische Überlegungen miteinander kombiniert. Der Nachvollzug des Argumentationsganges wird dabei dadurch erschwert, daß Bonhoeffer seine Überlegungen innerhalb eines umfassenden systematischen Schemas vorträgt, dessen Struktur überdies nur schwer, jedenfalls nicht auf Anhieb zu durchschauen ist. Durch den Aufbau der Arbeit drängt sich dem Leser der Eindruck auf, Bonhoeffer folge an nicht wenigen Stellen dem begrifflichem Zwang, den die systematischen Schemata auf seine Überlegungen ausüben. Überdies trägt Bonhoeffer eine Reihe von Argumenten in einem eher thetischen Stil vor; der diskursive Argumentationsstil in "Sanctorum Communio" ist jedenfalls nicht vorherrschend.

Erste Fragen wirft bereits der Untertitel von Bonhoeffers Dissertation auf. "Sanctorum Communio" versteht sich als eine "dogmatische Untersuchung zur Soziologie der Kirche". Schon im Untertitel seiner Arbeit signalisiert Bonhoeffer die theologische Methode, mit der er den Kirchenbegriff zu entfalten sucht. Der Zugang zur Sozialgestalt der Kirche wird von Bonhoeffer nicht von der Soziologie her gesucht, sondern die Sozialgestalt der Kirche erschließt sich offensichtlich durch den theologisch-dogmatischen Charakter seiner Untersuchung. Im Verlauf seiner Arbeit präzisiert Bonhoeffer diesen Zugang in der grundlegenden These, daß man nur vom Begriff der Offenbarung Gottes in Christus aus zum christlichen Kirchenbegriff gelangt (vgl. SC 84). "Es handelt sich also darum, die in der Offenbarung in Christus gegebene Wirklichkeit einer Kirche Christi sozialphilosophisch und soziologisch strukturell zu verstehen." (SC 18) Methodisch gesehen verweist Bonhoeffer die Ekklesiologie also ganz auf ihre im Begriff der *Offenbarung* gegebene Voraussetzung (vgl. SC 38f, 77-85), von der aus eine sozialphilosophische wie soziologische Explikation der Sozialstruktur der Kirche möglich werden soll.

Nun ist allerdings auffällig, daß die *Darstellungslogik* von “Sanctorum Communio” nicht der *Logik der methodischen Grundlegung* folgt. Die Darstellungslogik von Bonhoeffers Dissertation ist dem traditionellen ordo docendi der Dogmatik verpflichtet. Die Kirche weist nach Bonhoeffer eine innere Geschichte auf, “wie sie durch die Begriffe des Urstands, der Sünde und der Versöhnung bezeichnet wird” (SC 36). Entsprechend dieser inneren Geschichte werden die Hauptabschnitte von “Sanctorum Communio” aufgebaut. Im Kapitel 3 wird “der Urstand und das Problem der Gemeinschaft” verhandelt (SC 36ff), im 4.Kapitel “Die Sünde und die gebrochene Gemeinschaft” (SC 69ff) und schließlich wird im 5.Kapitel die “Sanctorum Communio” entfaltet, wie sie sich auf der Voraussetzung des Versöhnungsgeschehen im stellvetretenden Handeln Jesu Christi darbietet (SC 77ff). Dabei ist zu beachten, daß die Eschatologie bei Bonhoeffer keineswegs ausfällt, sondern die eschatologische Vollendung der Kirche, wenn auch inkosenquenterweise in keinem eigenen Kapitel, so aber doch in Kapitel 5 Abschnitt IV behandelt wird (SC 193ff).

Durch die Einbeziehung sozialphilosophischer und soziologischer Erwägungen verdichtet und kompliziert sich die bisher skizzierte Struktur. Einerseits insistiert Bonhoeffer darauf, daß die sozialphilosophischen und soziologischen Überlegungen, “weil in der Offenbarung vorausgesetzt und mitgesetzt” (SC 39), sich nur auf der Basis des theologischen Kirchenbegriffs behandeln und verstehen lassen. Nachdem in Kapitel 1 von “Sanctorum Communio” (SC 15ff) der sozialphilosophische und soziologische Theorietyp vorgestellt wird, mit dem Bonhoeffer theologisch zu arbeiten gedenkt, werden Sozialphilosophie und Soziologie im Rahmen der angesprochenen Darstellungslogik sodann am Ort der Urstandslehre situiert (Kapitel 3, SC 36ff) und dort weitgehend frei von theologischen Argumenten entfaltet. Auffällig ist, daß die sozialphilosophischen und soziologischen Bestimmungen der Struktur der Gemeinschaft, die Bonhoeffer vornehmlich im Rahmen der Urstandslehre in Kapitel 3 seiner Arbeit trifft, in den theologischen Erwägungen zum Kirchenverständnis wiederkehren, die Bonhoeffer in Kapitel 5 seiner Arbeit entwickelt. So scheint sich die Methode von “Sanctorum Communio” bei näherer Betrachtung geradezu umzukehren: Die theologische Entfaltung des Kirchenbegriffs auf der Basis der Offenbarung Gottes in Christus scheint entgegen der beteuerten Behauptung abhängig zu sein von den vorangehenden, protologisch verorteten sozialphilosophischen und soziologischen Annahmen. Bei nicht wenigen Auslegern, die in ihrer Paraphrase von “Sanctorum Communio” der Darstellungslogik Bonhoeffers folgen, erscheint daher die von Bonhoeffer explizit dargelegte Ekklesiologie in Kapitel 5 als nahezu vollständig gesteuert von der sozialphilosophischen und soziologischen Konzeptualisierung, die jener im Rahmen der Urstandslehre vorgelagert ist. Das Urteil, das in diesen Interpretationen explizit oder implizit zugrunde gelegt ist, könnte man dahingehend zusammenfassen, daß Bonhoeffer die Ekklesiologie zwar auf Offenbarung verwiesen, aber hinsichtlich ihrer Explikation ganz von einem spezifischen Konzept von Sozialphilosophie und Soziologie habe abhängen lassen.

1.2. Organisation des Materials: Das triadische Schema zur Erfassung der Struktur der Sozialität

Liest man "Sanctorum Communio" aus der Perspektive der im protologischen Abschnitt von "Sanctorum Communio" vorangeschickten sozialphilosophischen und soziologischen Einsichten, so entsteht der Eindruck der Abhängigkeit der theologischen Entfaltung des Kirchenbegriffs von der sozialphilosophisch-soziologischen Argumentation. Dieser Eindruck verstärkt sich, wenn man berücksichtigt, daß in allen Kapiteln und Abschnitten von "Sanctorum Communio" eine dreigliedrige Struktur wiederkehrt, mit deren Hilfe Bonhoeffer die Struktur der Sozialität begreifen möchte. Gleich zu Beginn seiner Arbeit stellt Bonhoeffer das Paradigma vor, durch das sowohl das sozialphilosophisch-soziologische wie auch das theologische Material organisiert wird und das infolgedessen den inneren Zusammenhang aller Kapitel und Abschnitte gewährleisten soll. Die "Struktur der Gemeinschaft" ist nach Bonhoeffer erst dann vollständig bestimmt, wenn drei Elemente berücksichtigt werden: (1) "die Personeinheiten als Aktzentren", (2) die der Gemeinschaft eigentümlichen "Wechselwirkungen" zwischen den Personen und schließlich (3) die "Einheit" der Gemeinschaft als "Gebilde" (SC 16)[1]. Zunächst entfaltet Bonhoeffer in seiner

1 Bonhoeffer selbst hat an keiner Stelle seiner Arbeit zu erkennen gegeben, woher er die Inspiration zu diesem Schema empfangen hat. Offensichtlich ist der Strukturschematismus, in dem die Gemeinschaft nach Bonhoeffer gefaßt werden muß, im Anschluß an Hegel entwickelt. Im Kontext der Religionsphilosophie behauptet Hegel eine triadische Struktur der Gemeinde, deren Nähe zu Bonhoeffer nicht zu übersehen ist (Vgl. Georg Friedrich Wilhelm Hegel, Vorlesungen über die Philosophie der Religion [Theorie-Werkausgabe Bd.17, hrsg. v. Karl Markus Michel und Eva Moldenhauer], Frankfurt 1968, 299: "Die Einzelheit der göttlichen Idee, die göttliche Idee als *ein* Mensch, vollendet sich erst in Wirklichkeit, indem sie zunächst in ihrem gegenüber die *vielen* Einzelnen hat und diese zur Einheit des Geistes, zur *Gemeinde* zurückbringt und darin als wirkliches, allgemeines Selbstbewußtsein ist."). Zur Funktion desselben Schematismus vgl. auch den Abschnitt über den Schluß des Daseins in Hegels Logik (in: Ders., Logik [Theorie-Werkausgabe Bd. 6], 364ff). Vgl. zu dem

Arbeit in höchst eigenwilliger Weise jedes einzelne Element der von ihm vorgestellten Struktur der Gemeinschaft.

(1) Mit Hilfe dialogphilosophischer Einsichten und in kritischer Abgrenzung von der Subjektphilosophie des deutschen Idealismus wird noch vor der Urstandslehre in Kapitel 2 von "Sanctorum Communio" eine *Theorie der Person* entwickelt. Bonhoeffers These lautet: Wirkliche Personalität gibt es nur auf der Basis der dialogischen Reziprozität von Individuen. Diese philosophische These wird noch einmal theologisch eingeholt, insofern Bonhoeffer davon ausgeht, daß die Personalität im Zusammenhang des Ich-Du Verhältnisses wiederum in der Gottesrelation gründet. Mit anderen Worten: In der Gottesrelation ist die wechselseitige Reziprozität der von Gott gewollten "Lebendigkeit, Ganzheit und Einzigartigkeit" der Person immer schon mitgesetzt (SC 33).

Auffällig ist, daß das Kapitel 2 von "Sanctorum Communio" der Darstellung der Lehre von dem Urstand, der Sünde, der Offenbarung Gottes in Christus und der Eschatologie vorgeschaltet wird. Dabei irritiert zunächst die Beobachtung, daß in der "Urstandslehre" (Kapitel 3) ebenfalls in Anknüpfung an die zeitgenössische Sozialphilosophie eine Theorie der Person, diesmal allerdings aus dem Blickwinkel der Gemeinschaft vorgetragen wird. Man wird sich den Unterschied zwischen Kapitel 2 und Kapitel 3 von Bonhoeffers Dissertation nur so erklären können, daß der am Leitfaden des Dialogismus theologisch eingeholte Begriff der Person aus Kapitel 2 für die Gesamtuntersuchung die Funktion der theologischen *Prolegomena* ausübt, innerhalb deren und auf deren Grundlage sich die folgende Darstellung erst verstehen läßt. Daß dieses Kapitel die Funktion der theologischen Prolegomena ausübt, läßt sich an der von Bonhoeffer entwickelten *Theorie der Anerkennung* zeigen. Die wechselseitige Anerkennung von Personen, durch die die Besonderheit der Personalität der Einzelpersonen erst ermöglicht wird, ist nämlich aus der Struktur der dialogischen Reziprozität als solcher nicht zu erkennen, sondern durch eine dritte Instanz gesetzt und vermittelt, derzufolge im anderen ein ganz Anderes Anerkennung erheischt. Im Du des anderen Menschen begegnet nach Bonhoeffer das göttliche Du. Die solchermaßen gefaßte Theorie der Anerkennung führt zu der sich durch die gesamte Untersuchung ziehenden Leitthese von dem unlöslichen Zusammenhang von Gottesgemeinschaft

---

Strukturschema im Anschluß an Hegel auch WOLFGANG HUBER, Wahrheit und Existenzform. Anregungen zu einer Theorie der Kirche bei Dietrich Bonhoeffer, in: DERS. Folgen christlicher Freiheit (Neukirchener Beiträge zur Systematischen Theologie 4), Neukirchen-Vluyn 1983, (167-204) 174f.

und sozialer Gemeinschaft. Mit anderen Worten: Genauso wie mit der Gottesgemeinschaft des Menschen soziale Gemeinschaft, ist auch mit der sozialen Gemeinschaft die Gottesgemeinschaft wesentlich mitgesetzt – "jene ist nicht ohne diese, wie diese nicht ohne jene" (SC 37).

Das Kapitel 2 kann auch insofern beanspruchen, Prolegomenon der Untersuchung zu sein, als die Theorie der Anerkennung theologisch in der zweifachen Perspektive von *Gesetz und Evangelium* inhaltlich näherbestimmt wird. Der Begriff der christlichen Person ist nach Bonhoeffer nämlich erst dort erreicht, wo das göttliche Du nicht mehr als Forderung an das Ich herantritt (Gesetz), sondern der Person sich selbst als Ich in der Offenbarung seiner Liebe schenkt (Evangelium) (vgl. SC 34). Im Kapitel 2 wird der methodische Grundsatz im Auge behalten, die Begriffe der Person und der Gemeinschaft und folglich der Begriff der Kirche ließen sich erst auf der Grundlage der Offenbarung der Liebe Gottes in Christus wirklich bestimmen.

(2a) Das zweite Theorieelement, das zu einer umfassenden Theorie der Sozialität beitragen soll, entwickelt Bonhoeffer im Kapitel 3 seiner Dissertation. Im Anschluß an die zeitgenössische Sozialphilosophie wird dort eine *Theorie der Gemeinschaft* vorgestellt, die nach dem Verhältnis von Individualität und Sozialität fragt. Bonhoeffers These heißt an dieser Stelle: Weder entsteht Gemeinschaft auf der Basis des individuellen Selbst noch läßt sich die Genese der Person aus der Voraussetzung der Sozialität ableiten. Vielmehr stehen Individualität und Sozialität in einem gleichursprünglichen Verhältnis zueinander.

Nicht geringe Schwierigkeiten der Interpretation entstehen dadurch, daß Bonhoeffer hierzu die in Kapitel 2 seiner Arbeit kritisierte bewußtseinsphilosophische Fragestellung rehabilitiert, indem er nach dem Verhältnis von Individuum und Gemeinschaft auf der Basis menschlicher Geistigkeit fragt. Während die Theorie der Person in der Sphäre der realen Beziehungen von Personen angesiedelt ist, wie sie sich empirisch darstellen (Bonhoeffer nennt diesen Bereich auch die ethische Sphäre), so fragt die sozialphilosophische Konzeption einer Theorie der Gemeinschaft nach den Beziehungen sozialer Art, die in der menschlichen Geistigkeit "vor allem Wissen und Wollen zur empirischen Gemeinschaft" beschlossen liegen (SC 16, vgl. 39). Bonhoeffer gibt nun in seinen Ausführungen zu erkennen, daß die schöpfungstheologisch am Ort der Urstandslehre situierten und mit Hilfe der Bewußtseinsphilosophie entfalteten sozialphilosophischen Überlegungen in Kapitel 3 die Voraussetzung sowohl der dialogphilosophischen Theorie der Person in Kapitel 2 als auch der Theorie empirischer Sozialgebilde in Kapitel 3 Abschnitt C bilden.

(2b) Bevor Bonhoeffer sich der Theorie empirischer Sozialgebilde widmet, fragt er in Kapitel 3 B II nach der *Einheit* der Gemeinschaft im Verhältnis zur Einzelperson (vgl. SC 48-50). Seine These lautet hier: In genetischer Perspektive wird die Gemeinschaft zwar konstituiert durch den reziproken Bezug ihrer einzelnen Glieder aufeinander, gleichwohl ist die Gemeinschaft in phänomenologischer Perspektive mehr als die Summe der sie bildenden Einzelpersonen. Wie auch die Einzelperson besitzt die Gemeinschaft nach Bonhoeffer ein eigenes Aktzentrum (vgl. SC 49). Genausowenig wie nun die Gemeinschaft aufgrund ihres eigenen Aktzentrum a-personal, genausowenig kann sie a-sozial gedacht werden. Insofern der Gemeinschaft auf der einen Seite eine eigene Personalität zukommt, erschöpft sich also ihre Struktur nicht in den Beziehungen von Ich und Du; insofern auf der anderen Seite aber das eigene Aktzentrum der Gemeinschaft nicht asozial vorgestellt wird, ist sie selbst in den – wie Bonhoeffer sagt – "sozialen Wechselverkehr" vollständig miteinbezogen (SC 50). Kurzum: Nach Bonhoeffer muß die Struktur der Gemeinschaft analog der Einzelperson aufgefaßt werden. Bonhoeffer nennt die Gemeinschaft in ihrer so gearteten Struktur eine "*Kollektivperson*" (dieser Terminus begegnet zum ersten Mal SC 48). "Die Kollektivperson ist metaphysisch gegenüber den Einzelpersonen selbständig, wenn auch genetisch abhängig; sie steht in dem Gefüge der Personen nicht anders als jede Einzelperson." (SC 67)

(3) Im Abschnitt C des 3.Kapitel von "Sanctorum Communio" wendet sich Bonhoeffer schließlich der *Theorie empirischer Sozialgebilde* zu (vgl. SC 51-68). Während bisher auf sozialphilosophischer Grundlage nach Personalität, Sozialität und Einheit der Gemeinschaft *vor* dem Prozeß empirischer Vergesellschaftung gefragt worden ist, wird jetzt die Soziologie in die Untersuchung integriert als die "Wissenschaft von den Strukturen der empirischen Gemeinschaften" (SC 16). Dies geschieht am Leitfaden einer voluntaristischen Anthropologie, die mit Hilfe einer Theorie des objektiven Geistes auf eine Typologie der empirischen Sozialgebilde zielt. Diese Typologie sozialer Vergesellschaftung präzisiert und differenziert dabei den bisher verwendeten Begriff der Gemeinschaft in empirischer Perspektive. In diesem Zusammenhang wird der bewußtseinsphilosophische Begriff der Kollektivperson wieder eingeholt, mit dem die Einheit der Gemeinschaft analog der Einzelperson aufgefaßt werden soll. Auch in der soziologischen Perspektive läßt sich nach Bonhoeffer annehmen, daß man dem objektiven Geist einer Gemeinschaft einen eigenständigen personalen wie auch sozialen Charakter zuschreiben kann (vgl. SC 65-68).

1.3. Fazit

Die Struktur der Sozialität ist nach Bonhoeffer nur dann hinreichend bestimmt, wenn sie die drei nicht gegeneinander auszuspielenden Elemente der Einzelheit der Person, der Personengemeinschaft sowie der Einheit der Gemeinschaft aufweist. So lautet die Programmthese, die im protologischen Vorbau von "Sanctorum Communio" zunächst *sozialphilosophisch* entfaltet wird. Im Blick auf die Struktur der empirischen Vergesellschaftung bestätigt Bonhoeffer dieses Schema in *soziologischer* Hinsicht und erweitert den Aspekt der Einheit der Gemeinschaft im Horizont der dreigliedrigen Struktur der Sozialität um die Fragestellung einer Theorie empirischer Sozialgebilde. Zusammenfassend läßt sich sagen, daß eine *Theorie* der Sozialität nach Bonhoeffer so konzipiert werden muß, daß sie drei Theorien in sich vereinigt und ihr Verhältnis zueinander klärt: eine Theorie der *Individualität*, eine Theorie der *Intersubjektivität* und eine Theorie der *Institutionalität* (Theorie empirischer Sozialformationen als Gebilde der objektivierten sozialen Realität).

Wenn auch die von Bonhoeffer herangezogenen Theorieelemente ihre materiale Plausibilität in mehr oder minder starkem Maße eingebüßt haben, so erscheint vor dem Hintergrund der derzeit avanciertesten sozialphilosophisch-soziologischen Entwürfe das Bonhoeffersche Theoriekonzept als solches doch von unverminderter Aktualität. Auch die zeitgenössische Sozialphilosophie müht sich um eine Verhältnisbestimmung der für ein Konzept von Sozialität als unverzichtbar erscheinenden Themen der Individualität, der Intersubjektivität und der Institutionalität[2]. Doch nicht dieser Gesichtspunkt soll uns hier beschäftigen, sondern vielmehr der Umstand, daß Bonhoeffers Arbeit zur Ekklesiologie eine *Theologie* der Sozialität auszuarbeiten beansprucht, insofern auch die sozialphilosophisch-soziologischen Überlegungen nach Bonhoeffers methodischem Grundsatz nur im Horizont und auf der Grundlage der Offenbarung Gottes in Christus hinreichend verstanden und entfaltet werden können.

---

2 Für den deutschsprachigen Bereich seien folgende Protagonisten und deren Hauptwerke genannt: (1) Aus der Perspektive der Individualität, ohne diese egoitätslogisch aufzulösen: MANFRED FRANK, Die Unhintergehbarkeit von Indivdualität, Frankfurt 1986; (2) Aus der Perspektive der Intersubjektivität, die die Frage nach der Individualität der Person wie auch die institutionelle Seite sozialer Vergesellschaftung (Systemrationaliät) zu integrieren sucht: JÜRGEN HABERMAS, Theorie des kommunikativen Handelns 2 Bde., Frankfurt 1981; (3) Aus der Perspektive des systemrationalen Institutionalisierungsprozesses sozialer Formationen: NIKLAS LUHMANN, Soziale Systeme, Frankfurt 1984.

Vor dem Hintergrund der bisherigen Ausführungen scheint sich der Eindruck zu bestätigen, daß die theologische Entfaltung des Kirchenbegriffs in Kapitel 5 von "Sanctorum Communio" sich in nahezu vollständiger Weise der vorausgehenden sozialphilosophisch-soziologischen Theorie der Sozialität verdankt. So kehrt das von uns skizzierte dreigliedrige Schema, mit Hilfe dessen Bonhoeffer die Theorie der Sozialität konzipiert, sowohl in der christologischen Fundierung als auch in der pneumatologischen Entfaltung der Ekklesiologie wieder[3]. Im Abschnitt über die empirische Kirche wird sodann die Typologie der sozialen Gemeinschaften aus dem Kapitel 3 C aufgegriffen und auf den Kirchenbegriff angewandt.

Wenn auch die theologische Explikation des Kirchenbegriffs unter dem Verdacht der von dem sozialphilosophisch-soziologischen Konzept erzwungenen Plausibilität steht, stellt sich freilich bei jeder Interpretation von "Sanctorum Communio" die Frage, wie die sozialphilosophisch-soziologischen Erwägungen Bonhoeffers selbst zu interpretieren sind. Bonhoeffer nutzt für sein Konzept zum Teil sehr heterogene Elemente unterschiedlicher Theorietraditionen; die Rezeption der zeitgenössischen Autoren ist zuweilen äußerst eklektisch; in manchmal dubiosen Verknüpfungen verleibt sich Bonhoeffer diejenigen Argumente ein, die er gerade für sein Konzept benötigt. Urteilt man aus der Perspektive der rezipierten sozialphilosophischen und soziologischen Entwürfe, so wird Bonhoeffer jedenfalls keinem der von ihm aufgegriffenen Ansätze wirklich gerecht. Bonhoeffers vorrangig in Kapitel 3 seiner Arbeit entwickeltes sozialphilosophisch-soziologisches Konzept stimmt mit keiner der von ihm benutzten Arbeiten überein; oftmals läßt sich noch nicht einmal mit Sicherheit

---

3 So werden die christologischen Passagen der Arbeit Bonhoeffers mit dem Fazit abgeschlossen: "So ist die Kirche in und durch Christus in den drei uns bekannten soziologischen Grundverhältnissen gesetzt: Sein Tod isoliert die *Einzelnen*, jeder trägt seine Schuld, hat sein Gewissen; im Lichte der Auferstehung wird die Kreuzgemeinde als *eine* in Christus gerechtfertigt und geheiligt. Die neue Menschheit wird in *einem* Punkt, in Jesus Christus zusammengeschaut; wie aber die Liebe Gottes in der Stellvertretung Christi die Gemeinschaft zwischen Gott und Mensch wieder herstellt, so ist auch die menschliche *Gemeinschaft wieder wirklich geworden in der Liebe*." (SC 100, Hervorhebungen von Bonhoeffer) Die pneumatologische Entfaltung des Kirchenbegriffs erfolgt "analog den drei soziologischen Grundverhältnissen, die in der in Christus gesetzten Kirche als geltend erkannt wurden: als Geistvielheit, Geistgemeinschaft und Geisteinheit, analog also auch den von uns als wesenhafte Struktur jeder Gemeinschaft erkannten soziologischen Grundgegebenheiten. Beide Analogien sind von größter Wichtigkeit" (SC 103).

angeben, welcher der Autoren ihn für Einzelelemente seiner Theorie maßgeblich inspiriert hat. Allein dieser für Bonhoeffer charakteristische Modus der Aneignung zeitgenössischer Autoren weist darauf hin, daß wir es mit Bonhoeffers sozialphilosophisch-soziologischer vorgestellten Theorie der Sozialität mit einem eigenwilligen, höchst originären Konzept zu tun haben.

Ausgehend von den letzten Beobachtungen wird man meines Erachtens die These von der Abhängigkeit der theologischen Entfaltung des Kirchenbegriffs in "Sanctorum Communio" von der vorangeschickten Sozialphilosophie und Soziologie korrigieren müssen. Die folgende Paraphrase und Interpretation der theologischen Entfaltung der Ekklesiologie auf der Basis einer von Bonhoeffer konzipierten Theologie der Sozialität verfolgt jedenfalls die Absicht, folgende Vermutung zu überprüfen: Auch wenn Bonhoeffer sich durch die zeitgenössische Sozialphilosophie und Soziologie hat inspirieren lassen, so weist doch die theologische Entfaltung des Kirchenbegriffs eine aus sich selbst heraus verständliche Plausibilität auf, die aus den genuin theologischen Grundentscheidungen Bonhoeffers resultiert. Vielleicht läßt sich die Einheit jener in Kapitel 3 vorangeschickten sozialphilosophisch-soziologischen Theorie der Sozialität in ihrer unvergleichlichen Orginialität erst dann verständlich machen, wenn man sie aus dem Blickwinkel der in Kapitel 5 von "Sanctorum Communio" entfalteten Theologie der Sozialität versteht. Zumindest sind beide Teile wechselseitig voneinander inspiriert und abhängig.

Die folgenden Abschnitte orientieren sich an dem Aufbau des Kapitels 5 von "Sanctorum Communio". In einem ersten Schritt wird noch einmal der methodische Ansatz im Blick auf die theologische Vorgehensweise gewürdigt. Sodann wird der Kirchenbegriff in den drei Schritten der christologischen Grundlegung, der pneumatologischen Entfaltung und der Bestimmung der Differenz von communio sanctorum und communio peccatorum dargestellt. Diese drei Schritte der Explikation ergeben Bonhoeffers *Lehre von der Sozialgestalt der Kirche auf der Basis einer Theologie der Sozialität.* Die Verknüpfung des ekklesiologischen Konzepts mit der Theorie des objektiven Geistes, derzufolge Bonhoeffer die Kirche als ein Sozialgebilde eigenen Typs charakterisiert, wird dann weiter unten in einem eigenen Kapitel unter dem Blickwinkel der von Bonhoeffer vorgenommenen Verknüpfung der theologischen mit der soziologischen Betrachtungsweise aufgenommen. (Siehe unten Teil D)

2. Der methodische Ansatz

2.1. Die theologische Methode Bonhoeffers

Bonhoeffer spricht von einer "*theologischen Methode*" (SC 39. Hervorhebung JvS), mit der er sowohl den Kirchenbegriff entfalten als auch Sozialphilosophie und Soziologie in seine Untersuchung integrieren möchte. Bonhoeffers Methode beansprucht, darin eine theologische Vorgehensweise zu sein, daß nach ihm die Theologie Aussagen nur aus dem Glauben heraus formulieren kann. Da der Glaube der Erkenntnis immer schon vorausgeht, betont die theologische Methode den Vorrang des Glaubens vor der und für die Erkenntnis. Nicht gibt es ein Prae der theologischen Erkenntnis vor dem Glauben, sondern das Denken folgt vielmehr erst dem Credo der Kirche. Nur wer sich im Glauben dem Anspruch der Kirche unterstellt, Gemeinde Gottes zu sein, kann nach Bonhoeffer die Kirche auch adäquat begreifen (vgl. SC 80f, 84f). Bevor Bonhoeffer sich der theologischen Entfaltung des Kirchenbegriffs zuwendet, schärft er ein, daß die Gegenstände der Theologie weder durch die menschliche Vernunft als solche noch durch eine unbeteiligte Außenansicht, sondern nur "von innen heraus cum ira et studio" (SC 18) angemessen verstanden werden können.

Seinen Grund besitzt der Glaube in der *Offenbarung* Gottes. Diese bildet denn auch für Bonhoeffer den alternativlos gebotenen Ansatzpunkt der theologischen Überlegungen zur sanctorum communio. "Nur aus dem Offenbarungsbegriff kommt man zum christlichen Kirchenbegriff." (SC 84) Weil die Offenbarung Gottes, wie sie sich dem Glauben erschließt, den Grund aller Theologie darstellt, argumentiert diese allein aus und mit der inneren *Notwendigkeit*, die aus der glaubenden Anerkennung der *Wirklichkeit* der Offenbarung rührt. "Nur aus der Wirklichkeit kann in der Dogmatik die Notwendigkeit geschlossen werden." (SC 85) Die ratio der Theologie läßt sich allein von innen erweisen; sie erschließt sich einzig von der Offenbarungswirklichkeit her. "Erst dadurch, daß der Sinn der Erlösung glaubend angeeignet wird, wird deutlich, was diese Wirklichkeit notwendig macht." (SC 85)

Theologische Erkenntnis, die dem Glauben folgt, der seinen Grund in der Offenbarungswirklichkeit Gottes besitzt, richtet sich auf das, was im Glauben gehorsam bekannt wird. Im Bekenntnis der Kirche ist diese selbst Gegenstand. Im Dritten Artikel des Apostolischen Symbols bekennt sich die Kirche zu sich selbst als geglaubter. Die Ekklesiologie hat daher die Kirche als Gegenstand des Dritten Artikels zum Thema. Mit Bedacht hat Bonhoeffer seiner Arbeit daher den Titel "Sanctorum Communio" verliehen. Mit diesem Titel kommt nicht nur das Thema seiner Arbeit zum Ausdruck, sondern ebenso die theologische Methode. Nur wer die sanctorum communio im Glauben bekennt, ist nach Bonhoeffer auch in der Lage, sie theologisch angemessen zu bestimmen.

Bonhoeffer bestimmt das Verhältnis der Offenbarungswirklichkeit Gottes in Christus zur Kirche als Bestandteil des Glaubensbekenntnisses so, daß die Kirche selbst als *Offenbarungsrealität* aufgefaßt wird. Zweiter und Dritter Artikel rücken aufs Engste zusammen. Die zu glaubende Wirklichkeit der Kirche ist nach Bonhoeffer eine Realität, die in der Offenbarungswirklichkeit Gottes in Christus selbst mitinbegriffen ist. Das Verhältnis zu Christus impliziert nach Bonhoeffer mit Notwendigkeit das Verhältnis zur Kirche. Bündig stellt Bonhoeffer fest: "Die Realität der Kirche ist eine Offenbarungsrealität, zu deren Wesen es gehört, entweder geglaubt oder geleugnet zu werden." (SC 80) Die Kirche verdankt sich also nicht einem historischen Gründungsakt nachösterlichen Datums, sondern ist bereits in der Offenbarung Gottes in Christus mitgesetzt.

Für die theologische Methode, die Bonhoeffer in der Anerkennung der Offenbarungswirklichkeit fundiert, resultiert daraus die Forderung, daß die Ekklesiologie ihren Ausgang nur von der "Anerkennung der Offenbarungswirklichkeit der Gemeinde Gottes" (SC 81) nehmen kann. Der Glaube als Hören des Offenbarungsanspruchs ist die "Voraussetzung für positive theologische Erkenntnis" (ebd.). Bonhoeffer scheut sich nicht, daraus weitreichende Folgerungen für den Aufbau und die innere Logik der Dogmatik zu ziehen. Der Ekklesiologie kann nicht einfach ein locus im ordo docendi der Dogmatik zugewiesen werden, sondern weil die sanctorum communio in der Offenbarungswirklichkeit Gottes als dem weder durch die ratio zu begründenden noch zu hintergehenden Fundament theologischer Erkenntnis mitinbegriffen ist, rückt die Lehre von der Kirche in den Mittelpunkt der erkenntnistheoretischen Prolegomena der Theologie. Bonhoeffers methodischer Vorschlag heißt deshalb: "Es wäre gut, eine Dogmatik einmal nicht mit der Gotteslehre, sondern mit der Lehre von der Kirche zu beginnen, um über die innere Logik des dogmatischen Aufbaus Klarheit zu stiften." (SC 85)

Bonhoeffer bestreitet mit seinem von der Offenbarung her argumentierenden Konzept anderen Zugangsweisen zum Thema der Kirche ihr Recht. Der spezifisch christliche Begriff der Kirche würde verfehlt, wenn er nicht aus dem Grund bestimmt würde, der in ihm selbst liegt. Wo der Ausgangspunkt der Betrachtung nicht in der Rede von der Offenbarung genommen wird, kann Kirche lediglich als religiöse Gemeinschaft, nicht aber als Gemeinde Gottes begriffen werden. Bonhoeffer geht sogar noch einen Schritt weiter: In einer Art negativer Beweisführung ist ihm an dem

Nachweis gelegen, daß auf der Voraussetzung eines allgemeinen Begriffs der Religion lediglich die Möglichkeit, nicht aber die Notwendigkeit eines Zusammenhangs zwischen Religion und Gemeinschaft angenommen werden kann (vgl. SC 81-84; Anm. 25: 251-254). Bonhoeffer versteigt sich dabei zu der weitreichenden Behauptung, ein allgemeiner Religionsbegriff kenne keine soziale Intention (vgl. SC 84, 253) – ein Urteil, das der Überprüfung kaum standhalten dürfte. Freilich sollte man Bonhoeffer bei allen Vorbehalten gegenüber seinen religionsphilosophischen und religionssoziologischen Urteilen von seiner Intention her zu begreifen suchen: "Nicht von außen her wollen wir Maßstäbe zur Beurteilung der Kirche herantragen, sondern aus sich selbst, aus ihrem eigenen Anspruch nur wird sie voll verstanden, lassen sich sachgemäß kritische Maßstäbe zu ihrer Beurteilung gewinnen." (SC 80) Erst der Ansatz, der die Wirklichkeit der Kirche als Offenbarungsrealität anerkennt und von hier aus die Kirche zu verstehen sucht, erschließt nach Bonhoeffer den theologisch sachgemäßen sowie unverkürzten Begriff der christlichen Kirche als sanctorum communio. Bonhoeffer beharrt gegenüber Religionsphilosophie und Religionssoziologie auf einer strikt *theo-logischen* Auffassung von der Konstitution der Kirche. Wer diese als religiöse Gemeinschaft begreift, der bekommt nur die geschichtliche Außenseite der Kirche in den Blick, nicht aber das für sie konstitutive Moment ihrer Gottgegründetheit.

Bonhoeffers faßt seinen theologischer Ansatz in der prägnanten Formel zusammen : "Nicht Religion, sondern Offenbarung, nicht Religionsgemeinschaft, sondern Kirche." (SC 97) Offenbarungstheologischer Zugang und religionsphilosophischer bzw. religionssoziologischer Ansatz werden strikt voneinander geschieden. Kirche als Kirche Jesu Christi kann nur verstanden werden von ihrer fundamentalen Beziehung auf ihren Grund in der Offenbarung Gottes in und durch Christus selbst, der die konstituierende und richtungsweisende Konstante ihrer Wirklichkeit ausmacht. Erst von hier aus, dem für Bonhoeffer einzig sachgemäßen kritischen Maßstab her, kann die geschichtliche Existenz der Kirche zum Thema werden. Offenbarungstheologischer Ansatz und religionsphilosophische bzw. religionssoziologische Betrachtungsweise werden also von Bonhoeffer unterschieden, nicht aber – wie es auf den ersten Blick scheinen könnte – exklusiv gegeneinander ausgespielt. Vielmehr bestimmt Bonhoeffer das Verhältnis beider als unumkehrbares Gefälle: Der Zugang zum Verständnis der Kirche bei der Offenbarung Gottes in und durch Christus schließt die Betrachtung der Kirche als eines Gebildes religiöser Vergemeinschaftung im Medium der Geschichte nicht aus, sondern bestimmt allererst die Perspektive, von der aus diese in den Blick genommen werden kann.

Bonhoeffer beharrt mit Nachdruck darauf, daß die Vorordnung der offenbarungstheologischen vor die religionssoziologische Betrachtungsweise keine Umkehrung erlaubt, soll das Verständnis der Kirche als Gemeinde Gottes nicht verfehlt werden. Die theologische Methode, nach der das Verständnis der Kirche erschlossen werden kann, ist laut Bonhoeffer also nur insofern sachgemäß, als sie der Frage nach der *Darstellung* der Kirche in ihrer jeweiligen geschichtlichen Existenz die Frage nach der *Konstitution* der Kirche in der Christusoffenbarung ausdrücklich *vorordnet*. Weder die offenbarungstheologische noch die religionssoziologische Perspektive kann exklusiv für die Bestimmung des Begriffs der Kirche favorisiert werden. Erst recht erlaubt die Vorordnung der Frage nach dem Grund der Kirche vor die Frage nach ihrer geschichtlichen Existenz – formal gesprochen – weder unterschiedslose Identität noch zusammenhangslose Verschiedenheit beider Betrachtungsweisen.

Nach Bonhoeffer vermag die religionssoziologische Betrachtung der Kirche als religiöser Gemeinschaft nicht anzugeben, was die Gemeinschaft der an Jesus Christus Glaubenden zur Kirche Jesu Christi qualifiziert, weil sie die konstitutive Abhängigkeit, in der die Wirklichkeit der Kirche zur Offenbarung Gottes in Christus steht, aus methodischen Gründen ignorieren muß. Die Religionssoziologie argumentiert weitgehend historisch, nicht aber theologisch. Darum nennt Bonhoeffer den von der Religionssoziologie gewonnenen Begriff der Kirche ein "historisierendes" Mißverständnis der Kirche (SC 79). Allerdings übersieht Bonhoeffer nicht die Probleme, die hinsichtlich der Frage nach der Wirklichkeit der Kirche auf dem Boden der Theologie selbst entstehen. Die historische Wirklichkeit der Kirche, die die religionssoziologische Betrachtung zum Thema macht, kann nämlich in der Theologie selbst eine Quelle von Mißverständnissen werden. Präziser gesagt beziehen sich diese im Kern auf die Verhältnisbestimmung der Wirklichkeit der Kirche im Blick auf ihre offenbarungstheologisch gedachte Konstitution zu der Wirklichkeit der Kirche in ihrer geschichtlichen Darstellung. Folgt man Bonhoeffers Argumenten, so hängt diese Verhältnisbestimmung ihrerseits fundamental ab von der Präzisierung des Verhältnisses von Offenbarung und Geschichte.

Bonhoeffer skizziert zwei Extreme, welche sein eigenes Konzept zu vermeiden sucht. Entweder wird das Verhältnis von Offenbarung und Geschichte so bestimmt, daß die Geschichte "gegenständlich vergöttlicht" wird – wie Bonhoeffer pauschalisierend dem Katholizismus unterstellt (SC 79) –, oder aber die Offenbarung wird zur Geschichte in ein Verhältnis des ausgeschlossenen Widerspruchs gesetzt, weil diese, die Geschichte, nur unter der Perspektive des "Todes und der Sünde" (ebd.) in den Blick kommt. Das theologische Mißverständnis besteht also darin, daß die

Geschichte und damit die Geschichtlichkeit der Kirche entweder *verdinglicht* oder aber *verflüchtigt* wird. Das eine Mißverständnis bildet die Kehrseite des anderen; beide verfehlen den Charakter der Offenbarung Gottes in Christus in der Verborgenheit des "geschichtlichen Lebens", wie Bonhoeffer sagt, auf fatale Weise (ebd.). Wird in dem einen Fall die Geschichte unzulässig aufgewertet und das Faktum der Sünde, durch die Geschichte gekennzeichnet ist, weitgehend abgeblendet, dominiert in dem anderen Fall der Sündenbegriff den Begriff der Geschichte so stark, daß die Offenbarung Gottes nur in einem kontradiktorischen Gegensatz zur Geschichte aufgefaßt werden kann. Bonhoeffer schlägt demgegenüber eine *doppelte Perspektive* vor, in der die Wirklichkeit der Kirche als "geschichtliche Gemeinschaft und gottgesetzt zugleich" aufgefaßt werden kann (ebd.). Allein diese doppelte Perspektive vermag dem Begriff der Offenbarung gerecht zu werden, der die Verborgenheit Gottes im Medium der Geschichte als den schlechthinnigen Modus seiner Offenbarung begreift. Mit diesem präzisierten Offenbarungsverständnis sollen ekklesiologische Fehldeutungen ausgeschlossen werden. Das Kirchenverständnis kann nach Bonhoeffer nur dann adäquat entfaltet werden, wenn die *Kopräsenz von theologischem Konstitutionsaspekt und geschichtlichem Darstellungsaspekt der Wirklichkeit der Kirche* beachtet wird. Mit anderen Worten: Kirche ist in der "Wirklichkeit Gottes und seiner Offenbarung begründet" (SC 80) und darin zugleich eine "geschichtliche Gemeinschaft" (SC 79), die im Medium ihrer historischen Existenz zur Darstellung gelangt.

2.2. Bonhoeffers Bezugnahme auf die Auseinandersetzung zwischen Karl Barth und Erik Peterson

Die für den Bonhoefferschen Ansatz grundlegende Unterscheidung von Religion und Offenbarung gehört in die Reihe derjenigen Einsichten, die Bonhoeffers frühe Arbeit zum Kirchenverständnis mit der Theologie Karl Barths zu verbinden scheinen. Barth hat die angesprochene Unterscheidung vor allem seit der zweiten Auflage seines Römerbriefkommentars zu einer Grundfigur der Kritik an einer Theologie erhoben, die sich ganz von menschlicher Seite aus entwerfen zu können meint. Präziser: Barths Angriff auf die zeitgenössische Theologie besitzt sein treibendes Motiv in der These, daß der Mensch von sich aus Gott gar nicht erreichen kann, sondern vielmehr notorisch verfehlen müsse. In sachlicher Übereinstimmung mit der Kritik der Religion im 19. Jahrhundert zeigt Barth den monologischen Charakter einer Theologie auf, deren Bemühung, Aussagen über Gott auf der Basis menschlicher Erkenntnis zu machen, sich als

Selbstgespräch erweist. Da Barth im Gegensatz zur klassischen Kritik der Religion die monologische Struktur einer solchen Theologie selbst noch einmal der theologischen Kritik aussetzt, wertet er diese als eine gänzlich der Sünde verfallene und dem Gericht Gottes ausgesetzte menschliche Bemühung.

Das Verhältnis Gottes zum Menschen wird von Barth im "Römerbrief" als unendlicher qualitativer Unterschied begriffen[4]. Nichts liegt jedoch Barth ferner als die Behauptung einer beziehungslosen Diastase zwischen Gott und Mensch. Der unendliche qualitative Unterschied zwischen Gott und Mensch soll vielmehr hinsichtlich "seiner negativen und positiven Bedeutung möglichst beharrlich im Auge" behalten werden[5]. Die negative Bedeutung des Unterschieds liegt in der durch Gottes Widerspruch und Gericht heraufgeführten Krise aller menschlichen Möglichkeiten gegenüber Gott. Die positive Bedeutung besteht in der Souveränität des dem Menschen frei gegenüberstehenden Gottes, die sich gerade in dem Widerspruch Gottes gegen die Wirklichkeit des Menschen zeigt. Gott ist nach Barth gerade als Welt und Menschen verwerfender Richter auch ihr Retter. Es kennzeichnet nun Barths Entwurf, daß die Theologie als menschliche Bemühung, die Beziehung Gottes zur Welt zu verstehen und auszulegen, konsequent in die Figur des diastatischen Verhältnisses von Gott und Mensch eingezeichnet wird. Theologie, die den Widerspruch Gottes zur Welt auslegt, befindet sich selbst im Widerspruch zu Gott und wird wie die religiöse Hybris des Menschen dem Gericht Gottes unterstellt. Einen der Dialektik von Verwerfung und Rettung, von Gericht und Gnade enthobenen Status genießt sie nicht. Da sie den logos Gottes in menschlicher Sprache und mit Hilfe menschlicher Vernunft auslegt, ist Theologie denselben Gefährdungen, derselben Not und demselben Gericht ausgesetzt wie die menschliche Existenz in ihrem Verhältnis zu Gott als solche. Mit anderen Worten: Barth integriert die Lehre von der Theologie konsequent in die Lehre von der Sünde[6].

---

4 Karl Barth, Der Römerbrief, 2. völlig neu bearbeitete Aufl. München 1922, XIII. Zitiert wird nach dem 13. Abdruck der neuen Bearbeitung von 1922, Zürich 1984.

5 Ebd.

6 Es kennzeichnet gerade den Übergang von der ersten zur zweiten Auflage des Römerbriefkommentars, daß Barth die theologische Rede von Gott in die Bewegung des durch Gott gerichteten Menschen hineinnimmt und sie somit von einem positiven Standpunktdenken in das "bewegte Verharren in der Negation" (Römerbrief, aaO. 17) zurückstellt. Darauf hat zuletzt hingewiesen Dietrich Neuhaus, Ist prophetische Kritik institutionalisierbar? Beobachtungen zur Entwicklung der Figur der Kritik in der Theologie Karl Barths, in: "Wenn nicht jetzt, wann dann?" (FS Hans Joachim Kraus), hrsg.v. Hans-Georg Geyer u.a., Neukirchen-Vluyn 1983, 305-317.

Theologie ist nach Barth lediglich "Vorarbeit", insofern sie die Rede Gottes nicht durch ihre eigene ersetzen kann[7]. Einfache, d.h. positive Rede von Gott steht nicht am Anfang des theologischen Weges, sondern am "Ende unsrer Wege", nämlich dort, wo "Gott selbst sein Wort redet"[8]. Da die Theologie der Fragwürdigkeit menschlicher Existenz unterstellt wird, bestreitet Barth vehement die Möglichkeit der Formulierung positiv-theologischer Sätze. Theologie gehört auf die Seite der Religion. Weil die menschliche Erkenntnis ebenso wie alles menschliche Werk in die Krisis verwickelt ist, und weil sich der Mensch in der Erkenntnis Gottes aus dem Status des Sünders nicht herausbewegen kann, besteht Theologie allein in der Einübung der Unterscheidung des Menschenwerks von dem, was allein Gottes Werk ist[9]. "Erkenntnis Gottes nun wäre die nie zu unterlassende, nie schon erledigte, in keinem Sinne jemals hinter uns liegende Anerkennung dieser Souveränität Gottes, sie wäre das unablässig geübte kritische Unterscheiden zwischen der Gerechtigkeit Gottes und allen (allen!) Menschengerechtigkeiten."[10] Theologische Erkenntnis bestünde also in der selbstkritischen Übung des Unterscheidens zwischen Gott und Mensch, zu dem die Unverfügbarkeit desjenigen nötigt, der erkannt werden soll. Aus dieser Beschränkung heraus bleibt der Theologie nicht mehr übrig als der *Hinweis* auf die Offenbarung Gottes in Jesus Christus als die "äußerste Grenze menschlichen Bemühens und Gelingens"[11]. Bleibt sich die Theologie der Krisis aller Erkenntnis bewußt, so erweist sie sich als wahrhaft demütig: "Wissenschaftliche Theologie ist Buße"[12].

Nachdem ein Blick auf den Ansatz der Theologie Karl Barths geworfen worden ist, kann ein erster Vergleich zwischen der theologischen Methode Bonhoeffers und Barths vorgenommen werden: Während bei Barth die Theologie den Makel ihrer Vorläufigkeit gegenüber dem frei ergehenden Wort Gottes nicht abstreifen kann, und ihr aufgrund der Krisis unter dem

---

7 "Nur Vorarbeit ist alles menschliche Werk und ein theologisches Buch mehr als jedes andere Werk!" (BARTH, Römerbrief, aaO. VI)

8 AaO. IX.

9 "Daß er an Gott gemessen ist, sich gemessen weiß, daß ist des Menschen Elend. Es besteht aber dieses Elend selbst wiederum in nichts anderem als in der Bedrängnis, der Not, der Krisis, in der sich seine Erkenntnis Gottes befindet und von der Schuld an dieser Krisis kann er sich nicht freisprechen ... Es läßt sich zeigen, daß er in der Erkenntnis Gottes nicht nur ein Leidender, ein Kranker, sondern ein Fehlender, ein Sünder ist." (AaO. 347)

10 AaO. 357.

11 AaO. 408.

12 AaO. 515.

Wort Gottes die Formulierung positiv-theologischer Sätze verwehrt bleibt, gilt es für Bonhoeffer als ausgemacht, daß "positive theologische Erkenntnis" (SC 81) dort möglich ist, wo die Anerkennung der Offenbarungswirklichkeit Gottes im Glauben die maßgebliche Voraussetzung bildet. Bei Barth schlägt die Sündenlehre auf die Möglichkeit theologischer Erkenntnis und Rede so durch, daß jene zu deren Begrenzung führt. Hingegen kann sich die Theologie bei Bonhoeffer auf der Basis ihrer Voraussetzung in der glaubenden Anerkennung der Offenbarung Gottes uneingeschränkt entfalten. Kurzum: *Bonhoeffers Gegenüberstellung von Religion und Offenbarung weist die Theologie auf die Seite der Offenbarung, Barth verweist umgekehrt die Theologie vollständig auf die Seite des sündigen Menschen.* Theologie kann bei Barth im besten Fall auf die Offenbarung Gottes verweisen, nicht aber kann die Offenbarung wie bei Bonhoeffer den Ausgangspunkt theologischer Erkenntnis bilden, der unter der Voraussetzung der Anerkennung im Glauben positiv entfaltet und verstehbar gemacht werden kann. Unübersehbarbar resultieren also aus der Gegenüberstellung von Religion und Offenbarung unterschiedliche theologische Ansätze, die mit der differierenden Stellung und der kategorialen Fassung des Theologiebegriffs sowie der jeweils unterschiedlichen Bestimmung der Möglichkeit theologischer Erkenntnis zusammenhängen.

Ich vermute, daß Bonhoeffer sich bereits in der Darlegung seines methodischen Ansatzes implizit mit Barth auseinandersetzt. Bonhoeffer wendet sich in der Grundlegung seiner Konzeption gegen das in der Theologie begegnende religiöse "Mißverständnis der Kirche" (SC 79), welches die Geschichtlichkeit der Kirche unter das Gesetz "des Todes und der Sünde" (ebd.) subsumiert und infolgedessen als vollständig kontingent beurteilt. Wie bereits oben ausgeführt wurde, macht Bonhoeffer die Ursache dieses Mißverständnisses in einem problematisch gefaßten Begriff der Offenbarung Gottes aus, der die Geschichtlichkeit des Offenbarungsgeschehens mißachtet. Bonhoeffer schließt an diese Überlegung einen Satz an, der voll von unausdrücklichen Anspielungen ist: "Anders ausgedrückt: Der 'Ernst', von dem man soviel redet, wird soweit getrieben, daß er seinen realen Charakter verliert und formalistisch wird." (Ebd.)

Drei Stichwörter springen in diesem Satz von Bonhoeffer ins Auge: Zum einen der in Anführungsstriche gesetzte, aber gleichwohl nicht nachgewiesene Begriff des *Ernstes*, von dem nach Bonhoeffer in der Theologie soviel geredet werde, ferner der Verlust des *realen Charakters* theologischer Erkenntnis, schließlich drittens der Vorwurf des *Formalismus*, der mit diesem Verlust einhergehe. Ich vermute, daß Bonhoeffer mit seiner kritischen Einwendung auf eine Kontroverse Bezug nimmt, die sich 1925 zwischen dem Bonner Theologen Erik Peterson und Karl Barth über die erkenntnistheoretische Grundlegung der Theologie entspann[13]. Bonhoeffer hat die Schrift "Was ist Theologie?", mit der Peterson die Auseinandersetzung mit Barth aufnahm, gekannt, wie die für "Sanctorum Communio" von Bonhoeffer angeführte Sekundärliteratur zeigt[14]. Meine Vermutung läßt sich an der Beobachtung erhärten, daß die drei Begriffe, die Bonhoeffer in seiner Anspielung zusammendrängt, in der Auseinandersetzung zwischen Peterson und Barth die Rolle von zentralen polemischen Stichworten spielen, in denen Peterson seine Kritik an dem theologischen Ansatz Barths gipfeln läßt.

In seiner Streitschrift gegen Barth steht Peterson vorrangig Barths Vortrag "Das Wort Gottes als Aufgabe der Theologie" vor Augen[15]. An ihm entzündet sich die Kritik Petersons an der frühen dialektischen Theologie Barths, welche in das Urteil mündet, der *Ernst* der Theologie Karl Barths sei nur "scheinbarer Ernst"[16]: "Das ist die Nemesis, die den Dialektiker erreicht, daß er vor lauter Ernstnehmen nicht zum Ernst kommt."[17] Peterson wirft Barth vor, er verkenne den "*Realcharakter* der Offenbarung", der reale theologische Erkenntnis sowie konkrete Rede von Gott in der Theologie ermögliche[18]. Schließlich erhebt Peterson den auch in Bonhoeffers Anspielung wiederkehrenden Vorwurf des *Formalismus*, indem er Barths Theologie formale Inhaltsleere bescheinigt[19]. Alle drei in Bonhoeffers Anspielung verwendeten Begriffe finden sich also in der Streitschrift von Peterson gegen Barth wieder. Doch worin besteht die Kritik in ihrer inhaltlichen Substanz? Warum nimmt das Wort "Ernst" in

---

13 Vgl. ERIK PETERSON, Was ist Theologie?, Bonn 1925 (Nachdruck in: DERS., Theologische Traktate, München 1951, 9-43 und: Theologie als Wissenschaft, hrsg.v.Gerhard Sauter (TB 43), München 1971, 132-151 (Nach diesem Nachdruck wird im Folgenden zitiert). KARL BARTH antwortete auf die Herausforderung Petersons in dem Aufsatz: Kirche und Theologie, in: ZZ 4 (1926), 18-40. Vgl. ferner die Bemerkungen über Peterson in dem Briefwechsel zwischen Karl Barth und Rudolf Bultmann aus dem Jahr 1925, in: KARL BARTH – RUDOLF BULTMANN. Briefwechsel 1922-1966 (GA V.Briefe Bd.1, hrsg. v. Bernd Jaspert), Zürich 1971, 46-58.

14 Vgl. SC 192 Anm. 141.

15 KARL BARTH, Das Wort Gottes als Aufgabe der Theologie, in: CW 36 (1922), 858-873 (Nachdruck in: DERS., Das Wort Gottes als Aufgabe der Theologie [Gesammelte Vorträge Bd.1], München 1924, 156-178 und: Anfänge der dialektischen Theologie Bd.1 [TB 17], hrsg.v. Jürgen Moltmann, 4. Aufl. München 1962, 197-218 [Nach diesem Nachdruck wird im Folgenden zitiert]).

16 Peterson, Was ist Theologie? 133.

17 AaO. 133f.

18 AaO. 136, Hervorhebung JVS.

19 Vgl. aaO. 137f.

der Auseinandersetzung zwischen Peterson und Barth einen solch hohen Signalwert ein?

Das Wortgefecht, das um den Begriff des Ernstes kreist, wird erst nachvollziehbar, wenn man beachtet, daß in Barths Vortrag "Das Wort Gottes als Aufgabe der Theologie" der Begriff "Ernst" an prominenter Stelle rangiert. Barth leitet nämlich seine Vortragsthese über die gleichzeitige Notwendigkeit wie Unmöglichkeit menschlicher Rede von Gott mit dem Hinweis ein, daß die Frage nach der Möglichkeit dieser menschlichen Rede von Gott das einzig ernsthafte Thema und der einzig wirklich ernsthafte Gegenstand sei, mit dem die Theologie sich auseinanderzusetzen habe[20]. Daß die Frage nach der Möglichkeit der Theologie zuvorderst eine Frage ist, die aus der Bedrängnis und Not der menschlichen Existenz gestellt ist, macht nach Barth den ganzen "Ernst" seines theologischen Ansatzes aus[21]. "Verstanden ist hier auf alle Fälle die Not, in der der Mensch als Mensch sich befindet. Verstanden die Frage, die er in dieser Not erhebt. An diese Not und an diese Frage wird der Versuch, von Gott zu reden, angeknüpft, nicht anderswo, zerstreut aller Schein, die sie etwa als Not und Frage verhüllen könnte. Das ist seine *Ernsthaftigkeit*."[22] Barth hat auch in anderen Vorträgen und Aufsätzen wiederholt vom Ernst gesprochen, der der Theologie bei ihrem Thema geboten sei[23]. Wenn Barth den "Ernst" für seinen theologischen Anspruch bemüht, dann spricht sich darin nicht nur das stürmische Pathos seiner Theologie aus. Vielmehr weist der Begriff des Ernstes unübersehbar eine Kierkegaardsche Färbung auf[24].

Peterson greift in seiner Schrift die zentrale These Barths an, nach der der Theologe in der Situation ausharren muß, in der mit Notwendigkeit die Rede von Gott gefordert ist, gleichzeitig diese aber ein unmögliches Unterfangen darstellt. Die aporetische Lage, in der das Wissen um Notwendigkeit wie Unmöglichkeit theologischer Rede von Gott nicht aufgegeben werden darf, begründet für Barth die dialektische Rede der Theologie. Dialektisch ist nach Barth diese Rede insofern, als der Gottesbegriff an der

---

20 Vgl. KARL BARTH, Das Wort Gottes als Aufgabe der Theologie, 199.

21 Ebd.

22 AaO. 206, Hervorhebung JVS.

23 Vgl. KARL BARTH, Not und Verheißung der christlichen Verkündigung, in: ZZ 1 (1923), (3-25) 3f, 23, 15f, 18f.

24 Zu Kierkegaard vgl. MICHAEL THEUNISSEN, Der Begriff Ernst bei Sören Kierkegaard, 3. Aufl. Freiburg/München 1982. Zum Verhältnis von Barth zu Kierkegaard vgl. zuletzt WERNER M.RUSCHKE, Enstehung und Ausführung der Diastasentheologie in Karl Barths zweitem "Römerbrief" (Neukirchener Beiträge zur Systematischen Theologie 5), Neukirchen-Yluyn 1987, 62-66.

Negation der menschlichen Möglichkeiten gegenüber Gott verdeutlicht wird, und gleichermaßen umgekehrt die Negativität der menschlichen Existenz begriffen wird von der "Positivität Gottes"aus, von der sie immer schon herkommt[25]. Die dogmatisch-positive Rede von Gott wird damit von Barth ebenso ausgeschlossen wie die Möglichkeit des negativ-kritischen Wegs theologischer Gotteserkenntnis[26].

Gegen den von Barth als einzig möglich hingestellten Weg der dialektischen Rede von Gott protestiert Peterson mit aller Vehemenz. Insbesondere meldet er Bedenken gegen die Auffassung Barths an, die dialektische Rede lebe von der Voraussetzung der Wahrheit der Rede Gottes selbst, die für die Theologie unaussprechlich in der Mitte zwischen Position und Negation stehe und diesen erst Sinn verleihe[27]. Da nach Barth Gott selbst in dieser Mitte redet, muß die theologische Rede diese 'unfaßliche' und 'unanschauliche' Mitte aussparen und kann im besten Fall lediglich Zeugnis von ihr geben, indem sie, die Theologie auf jenes Wort Gottes selbst hinweist[28]. Die Möglichkeit, daß Gott selbst aus dieser Mitte spricht, auf die die Theologie nur hinweisen kann, liegt dabei für Barth " nicht auf dem dialektischen Weg als solchem, sondern dort, wo auch dieser Weg abbricht"[29]. Diese Konzeption Barths ist in Petersons Urteil reiner Schein, "ebenso Schein, wie das dialektische Fragen Schein ist und die Antwort des Dialektikers Schein ist und wie Gott selbst in dieser Dialektik nur eine dialektische Möglichkeit ist"[30]. Für Peterson ist die dialektische Rede von Gott seit und aufgrund der Offenbarung Gottes in Christus obsolet geworden. Theologie kann und muß über die Gestalt der Dialektik von Position und Negation aufgrund der Offenbarung notwendig hinausgehen; nach Peterson ist sie in der Lage, auf die Frage nach Gott konkret Antwort zu geben. Die dialektische Methode Barths bleibt letztlich unkonkret, weil sie die Menschwerdung Gottes als Ermöglichungsgrund realer und analoger Gotteserkenntnis nicht wirklich ernst nimmt. Aus diesem Grund erweist sich Barths Pathos vom Ernst theologischer Erkenntnis für Peterson als leerer Schein. Während Barth damit beschäftigt ist, die Theologie zu

---

25 BARTH, Das Wort Gottes als Aufgabe der Theologie, 211.

26 Vgl. aaO. 208-211.

27 Vgl. aaO. 212.

28 Ebd.

29 AaO. 215. Unmißverständlich stellt Barth fest: "Denn von Gott reden würde, wenn es einmal ernst gelten soll, heißen, auf Grund der Offenbarung und des Glaubens reden. Von Gott reden würde heißen Gottes Wort reden, das Wort, das nur von ihm kommen kann, das Wort, daß Gott Mensch wird." (AaO. 207)

30 PETERSON, Was ist Theologie? 133.

einem "Notzeichen einer Verlegenheit" zu ermäßigen[31], weil die theologische Aufgabe der Auslegung des Wortes Gottes "die sichere Niederlage aller Theologie und aller Theologen" bedeutet[32], besteht Peterson auf der Möglichkeit realer Gotteserkenntnis. Bündig faßt er zusammen: "Nur unter der Voraussetzung, daß Gott Mensch geworden ist und uns dadurch eine Teilnahme an der scientia divina ermöglicht hat, nur unter dieser Vorausssetzung ist es sinnvoll in der Theologie von einem realen, wenn auch nur analogen, Erkennen Gottes zu sprechen."[33]

Nachdem die Auseinandersetzung zwischen Erik Peterson und Karl Barth dargestellt wurde, kann nun zu Bonhoeffer zurückgekehrt werden[34]. Auch wenn nicht mit letzter Gewißheit eine Bezugnahme Bonhoeffers auf die skizzierte Kontroverse postuliert werden kann, so gibt es allerdings eine nicht zu ignorierende Reihe von Indizien, die meine Vermutung bestätigen dürften. Nicht nur ist aus Bonhoeffers Wortwahl die Kritik Petersons an Barths deutlich herauszuhören. Auch systematisch stellt sich Bonhoeffer im Blick auf die Frage nach der Möglichkeit theologischer Erkenntnis auf die Seite Petersons. Während nach Barth die theologische Erkenntnis den dialektischen Weg einzuschlagen hat, drängt Bonhoeffer wie Peterson geradezu darauf, daß mit der Offenbarung Gottes in Christus und ihrer Anerkennung im Glauben nichtdialektische Rede von Gott möglich ist. Barth bleibt skeptisch gegenüber der Frage, ob die Theologie über die Prolegomena zur Christologie je hinausgelangen kann[35]. Wo Barth im vorbehaltlichen Konjunktiv verharrt, um die Theologie in der Position zu belassen, in der ihr einzig Verweisfunktion im Blick auf Christus zukommt, spricht Bonhoeffer selbstgewiß im Indikativ. Bonhoeffer – so kann zusammengefaßt werden – sieht keinen Grund, sich auf bloße Prolegomena zu beschränken, weil die Theologie in der Menschwerdung Gottes auch den Realgrund ihrer Erkenntnismöglichkeit verliehen bekom-

---

31 BARTH, Das Wort Gottes als Aufgabe der Theologie, 201.

32 AaO. 217.

33 PETERSON, Was ist Theologie? 136.

34 Petersons Kritik an Barth dürfte eine nicht zu unterschätzende Bedeutung für die Entwicklung der Barthschen Theologie besitzen, da Barth seinen Ansatz unter dem Eindruck der Einwände von Peterson weiterentwickelt und transformiert hat. Eine zentrale Rolle spielt dabei die von Peterson ins Auge gefaßte Möglichkeit der *analogen* Erkenntnis Gottes. Vgl. bereits die Replik von Barth auf Peterson: Kirche und Theologie, in: ZZ 4 (1926), 18-40. Auf den Stellenwert der Kritik Petersons an Barth weist hin EBERHARD JÜNGEL, Von der Dialektik zur Analogie. Die Schule Kierkegaards und der Einspruch Petersons, in: DERS., Barth-Studien (Ökumenische Theologie Bd.9), Zürich/Köln/Gütersloh 1982, 127-179.

35 BARTH, Das Wort Gottes als Aufgabe der Theologie, 216.

men hat, vorausgesetzt, dieser Grund wird in dem der Erkenntnis vorangehenden Glauben anerkannt. Auf dieser Basis ist für Bonhoeffer eine hinreichende Begründung für die Entfaltung der inhaltlichen Bestimmungen der Offenbarung Gottes in Christus gegeben.

3. Chistologische Grundlegung: Die Realisierung der Kirche in und durch Christus

Die für das Kirchenverständnis Bonhoeffers schlechterdings zentrale theologische Grundentscheidung wird in der These gefällt, daß es kein Verhältnis zu Christus gibt, "in dem nicht notwendig das Verhältnis zur Kirche mitgesetzt wäre" (SC 81). Der Begriff der Kirche wird erst dort erreicht, wo sie als in der Offenbarungswirklichkeit Gottes in Christus mitinbegriffen aufgefaßt wird. Die Verankerung des Begriffs der Kirche in der Christologie besitzt dabei ihren Grund darin, daß Bonhoeffer die Offenbarung Gottes in Christus nicht in ihrer konstitutiven Bedeutung für das einzelne Subjekt, sondern für das Gattungssubjekt Menschheit im ganzen auslegt.

In den folgenden Abschnitten wende ich mich der Rekonstruktion der christologischen Grundlegung der Ekklesiologie in "Sanctorum Communio" zu. Im Vordergrund steht dabei die für Bonhoeffers Konzeption fundamentale Struktur der Lehre von der Stellvertretung Christi. Sie wird hinsichtlich ihrer systematisch relevanten Bestimmungen und Implikationen untersucht werden. Dabei soll der neutestamentliche Horizont im Blick behalten werden, in dem Bonhoeffer seine Überlegungen zum Verhältnis von Christus und der Gemeinde zu verantworten sucht. Ich lasse mich von der Überzeugung leiten, daß Bonhoeffers Leitformel "Christus als Gemeinde existierend", in der er das Verhältnis von Christus und Gemeinde zusammenfaßt, erst dann zu interpretieren und gegen Mißverständnisse zu sichern ist, wenn die komplexe Struktur von Bonhoeffers Stellvertretungstheologie hinreichend aufgehellt ist.

3.1. Die Stellvertretung Christi

"Die Kirche ist der neue Wille Gottes mit den Menschen." (SC 87) Dieser neue Wille Gottes mit dem Menschen manifestiert sich nach Bonhoeffer in der in Christus fleischgewordenen Liebe Gottes zu den Menschen "zur Erneuerung des Bundes, zur Aufrichtung der Gottesherrschaft und damit zur Gemeinschaft" (SC 98). Die Liebe Gottes wiederum erweist sich im stellvertretenden Handeln Jesu Christi. Bonhoeffer rückt damit die Vorstellung von der *Stellvertretung* in das Zentrum seiner Christologie. "Als Unschuldiger nimmt Jesus Schuld und Strafe der Anderen auf sich, und indem er selbst als Verbrecher stirbt, ist er verflucht, denn er trägt die Sünden der Welt und ist für sie gestraft; am Verbrecherkreuz aber triumphiert die stellvertretende Liebe, der Gehorsam gegen Gott über die Schuld, und damit ist Schuld tatsächlich gestraft und überwunden. Dies ist die knappe Anschauung von der Stellvertretung Christi." (SC 99)

Mit Nachdruck wird eingeschärft, daß Stellvertretung kein "ethischer, sondern ein theologischer Begriff" (ebd.) ist, d.h. die Möglichkeit der Schuld- und Strafstellvertretung Christi beruht für ihn einzig und allein auf der Liebe Gottes, nicht aber auf der ethischen Haltung eines Menschen. Bonhoeffer argumentiert in diesem Zusammenhang gegen einen ethischen Individualismus, der davon ausgeht, daß sowohl Verdienst als auch Schuld und Strafe jeweils selbstverantwortet und folglich nicht übertragbar sind[36]. Die Stellvertretung Christi hat gerade darin ihre exklusive wie universale Bedeutung, daß sie den "ethischen Selbstverantwortungsstandpunkt" (ebd.) des Menschen qualitativ überbietet. Überboten wird dieser aber nicht aufgrund menschlicher Möglichkeiten, sondern aufgrund der Wirklichkeit der Liebe Gottes, die sich in dem stellvertretenden Leiden Christi dokumentiert. Als den Horizont menschlicher Möglichkeit übersteigend, ereignet sich Christi stellvertretende Schuld- und Strafübernahme am Kreuz *extra nos* – als den Menschen wiederum geltendes "Geschenk Gottes" (ebd.) geschieht sie *pro nobis*. Gottes neuer Wille mit den Menschen, so können wir zunächst zusammenfassen, gewinnt für Bonhoeffer Gestalt in der Einzigartigkeit der der Versöhnung der Menschen mit Gott wie untereinander geltenden Stellvertretung Christi. Sie ist Stellvertretung extra nos pro nobis.

Ausdrücklich beharrt Bonhoeffer mit Verweis auf Luther auf dem Strafcharakter der Stellvertretung Christi: "Stellvertretung findet statt für Schuld und Strafe" (SC 99). Wenn Bonhoeffer die Stellvertretung als *Straf- und Schuldübernahme* Christi interpretiert, so nicht aus dem Grund,

---

36 Den Gedanken der Nichtübertragbarkeit von Schuld, Strafe und Verdienst wird von Socinus und der Theologie der Sozinianer vertreten. Albrecht Ritschl hat deren Kritik an der Stellvertretungs- bzw. Versöhnungslehre in der Tendenz zugestimmt. Vgl. ALBRECHT RITSCHL, Die christliche Lehre von der Rechtfertigung und Versöhnung Bd. III, 3. verb. Aufl. Bonn 1888, (250-256) 255f. Bonhoeffer dürfte sich in seinen Überlegungen mit dieser Auffassung auseinandersetzen, vgl. SC 99, Anm. des Hrsg. 80 und 83 (SC 262).

daß er den Aspekt einer Genugtuungsleistung Christi, also das Motiv der Satisfaktion für die Versöhnungslehre herausstellen möchte. Ganz in Einklang mit der paulinischen Auffassung sieht Bonhoeffer einen unlöslichen Zusammenhang zwischen Sünde und Strafe. Die Sünde ist bereits in sich selbst Strafe. Insofern erklärt Bonhoeffer denn auch ausdrücklich, daß stellvertretende Schuld- und Strafübernahme nicht etwa bedeutet, "Folgen der Sünde auf sich nehmen" (ebd.), sondern diese selbst in ihrem Charakter als Strafe zu übernehmen. "Sündenfolgen auf sich zu nehmen ist auch im bürgerlich-ethischen Leben denkbar, die Eigenart des christlichen Stellvertretungsgedankens ist eine Schuld- und Strafstellvertretung im prägnanten Sinne." (Ebd.) In und durch Christus selbst wird die Sünde überwunden, insofern er als der Sündlose für die von Gott getrennte und in sich zerrissene Menschheit um ihrer Versöhnung willen die Sünde der Menschheit auf sich nimmt. In der gehorsamen Übernahme von Schuld und Strafe stirbt Christus "für uns zur Sünde gemacht" (SC 95) und versöhnt darin die in sich zerrissene und von Gott getrennte Menschheit mit Gott. Dabei ist darauf zu achten, daß Bonhoeffer den Gehorsam Jesu Christi nicht als Genugtuungsleistung interpretiert, sondern vielmehr als Triumph der Liebe über die Wirklichkeit der Sünde (vgl. ebd.). Im *Gehorsam* des Sohnes gegen Gott überwindet die stellvertretende *Liebe* die Schuld – so lassen sich Bonhoeffers Aussagen über die Bedeutung der Stellvertretung Christi zusammenfassen. Der Unterschied zur klassischen Satisfaktionslehre liegt u.a. darin, daß der Gehorsam Christi nicht als Genugtuungsleistung an Gott adressiert wird, die ihn vom Zorn zur Liebe umzustimmen vermag. Vielmehr gilt die in der stellvertretenden Schuld- und Strafübernahme Christi zum Zuge kommende Liebe umgekehrt den Menschen als den Adressaten des Versöhnungsgeschehens Christi.

Aus dieser Fassung der Lehre von der Stellvertretung Christi resultiert, daß die Wiederherstellung der Gemeinschaft des Menschen mit Gott sowie der Gemeinschaft der Menschen untereinander in keinem Fall als eine bloße Folge der mit der Stellvertretung Christi geschehenen Vergebung der Sünden bewertet werden kann. Die Wiederherstellung unbeschädigter und zwangloser Sozialität muß nicht erst nachträglich zu der Lehre vom stellvertretenden Handeln Christi und der Sündenvergebung hinzugefügt werden. Vergebung der Sünden durch die Schuld- und Strafübernahme Christi heißt für Bonhoeffer vielmehr: In Christus selbst ist die unversehrte Gemeinschaft der Menschen mit Gott und untereinander restituiert.

Im Anschluß an Eph 1,4f erläutert Bonhoeffer diesen Sachverhalt mit einem Zitat von Johann Chr.K.von Hofmann folgendermaßen: "Sollen wir, die Glieder der christlichen Gemeinde, glauben, daß Gott in Christus uns, die christliche Gemeinde, mit sich versöhnt hat, so muß in dem Mittler der Versöhnung nicht bloß die versöhnende göttliche Liebe, sondern zugleich die zu versöhnende Menschheit, die Menschheit des neuen Adam gesetzt sein." (SC 88)[37] Christus ist demnach nicht nur der *Versöhnungsmittler*, sondern darin zugleich immer auch die *zu versöhnende Menschheit*. Insofern er in der gleichursprünglichen Bedeutung als Versöhnungsmittler und als die zu versöhnende Menschheit in den Blick kommt, kann er sowohl als derjenige verstanden werden *durch* den Gott seine Liebe, als auch als derjenige, *an* und *in* dem Gott seine der Versöhnung der ganzen Menschheit geltende Liebe offenbart.

Indem Christus Schuld und Strafe der Anderen auf sich nimmt und die Sünden der Welt trägt, ist nach Bonhoeffer die Menschheit in Christus real in die Gottesgemeinschaft hineingezogen (vgl. SC 91). Die neue Menschheit ist "ganz zusammengezogen auf den einen einzigen historischen Ort, auf Jesus Christus, und nur in ihm wird sie als Gesamtheit begriffen" (ebd.). Christus ist der Kristallisationspunkt der neuen Menschheit. Sie kann nur deshalb in ihm als realisiert gelten, weil sie in Christus – wie Bonhoeffer immer wieder unterstreicht – "real" (SC 100) zusammengefaßt ist. Bonhoeffer beharrt dabei auf dem Aspekt der Menschheit in Christus, weil nur dadurch gesichert ist, daß die Kirche nicht erst dann wirklich wird, wenn sie durch wie auch immer geartete Handlungsvollzüge empirische Gestalt annimt. Vielmehr ist die Kirche in und durch Christus *konstituiert und vollendet*. Insofern in der stellvertretenden Passion des Einen, der für alle gestorben ist, damit alle in ihm leben können, die Adamsmenschheit umgebildet wird zum "Leben in der Liebe" (SC 92), ist der jeweiligen geschichtlichen Aktualisierung der Kirche ihre *Einheit* immer schon *vorgegeben* in dem sie konstituierenden Grund. In und als Wirklichkeit Christi gilt die Kirche für Bonhoeffer als eine suffiziente, d.h. in sich vollendete Realität, die insofern und nur so nun auch die richtungsweisende Konstante ihrer Aktualisierung bezeichnet. "Christus hat nicht die Kirche ermöglicht, sondern für die Ewigkeit realisiert. Ist dem so, dann muß in der zeitlichen Aktualisierung der Kirche die Bedeutung Christi in den Mittelpunkt gerückt sein." (SC 100)

Um Bonhoeffers christologische Fundierung der Ekklesiologie in der Lehre von der stellvertretenden Schuld- und Strafübernahme Christi möglichst vollständig zu rekonstruieren, müssen wir noch einen weiteren, schlechterdings zentralen Aspekt aufnehmen, der Bonhoeffers Stellvertretungstheologie kennzeichnet. Die Stellvertretung Christi ist nach Bon-

37 Bonhoeffer entlehnt das Zitat von Hoffmann aus ALBRECHT RITSCHL, Rechtfertigung und Versöhnung I, 2. verb. Aufl. Bonn 1882, 620.

hoeffer nämlich nicht nur grundlegend für die Restitution der Gemeinde Gottes, sondern Stellvertretung macht auf der Grundlage des stellvertretenden Handelns Christi auch die “materiale Besonderheit” (SC 100) der mit sich selbst versöhnten menschlichen Sozialität aus. “(W)ie aber die Liebe Gottes in der Stellvertretung Christi die Gemeinschaft zwischen Gott und Mensch wieder herstellt, so ist auch die menschliche Gemeinschaft wieder wirklich geworden in der Liebe.” (ebd.) Stellvertretung, so erklärt Bonhoeffer, ist das “Lebensprinzip der neuen Menschheit” (SC 92).

Die Stellvertretung Christi ist mithin nicht nur ein *exklusives*, sondern auf der Grundlage ihrer Exklusivität in Christus auch ein *inklusives* Geschehen. Das, was Christus für uns getan, hat einerseits einen schlechterdings nicht ersetzbaren, in der Liebe Gottes und nicht im Bereich menschlicher Möglichkeit gründenden, einen weder zu überholenden noch gar einzuholenden Gehalt. Andererseits eignet der Stellvertretung Christi inklusiver Sinn, insofern Stellvertretung auf der Grundlage des Versöhnungswerks Christi zum Prinzip der materialen Besonderheit menschlicher Sozialität wird. Bonhoeffer konzipiert also eine zugleich exklusive wie auch inklusive Stellvertretungslehre. Für das Verhältnis von Exklusivität und Inklusivität der Stellvertretung ist wichtig, daß Bonhoeffer Christus als Subjekt beider Dimensionen ansieht. Die Stellvertretung Christi ist exklusiver Konstitutionsgrund der Gemeinde Gottes, und nur auf dieser Grundlage kann Stellvertretung auch das Lebensprinzip der neuen Menschheit ausmachen (vgl. SC 92). Bonhoeffer drückt diesen Sachverhalt in einer doppelten Bestimmung aus: Die Beziehung Christi zur Gemeinde ist einerseits “gemeinschaftlich”, d.h. Christus trägt “das neue Lebensprinzip seiner Gemeinde in sich”, andererseits ist diese Beziehung aber zugleich “herrschaftlich”, d.h.Christus ist in seiner gemeinschaftlichen Beziehung unverrückbar Herr und Haupt seiner Gemeinde (ebd.). Stellvertretung Christi ist für Bonhoeffer Schuld-und Strafübernahme *extra nos pro nobis et nos in Christo.* Auf der Grundlage ihrer Exklusivität eignet der Stellvertretung Christi zugleich inklusive Bedeutung.

Die bisherigen Ausführungen kamen zu dem Ergebnis, daß *Exklusivität und Inklusivität des Stellvertretungsgeschehen bei Bonhoeffer die Ekklesiologie auf dem Fundament der Christologie begründen.* Dabei läßt sich nicht übersehen, daß Bonhoeffer die systematische Struktur seiner Argumente im Horizont der neutestamentlichen Aussagen über die Beziehung von Christus und seiner Gemeinde verantwortet. Aus diesem Grund sollen in den folgenden Abschnitten die wesentlichen Motive in den Blick genommen werden, die Bonhoeffer für seine Konzeption der christologischen Grundlegung der Ekklesiologie fruchtbar macht. Insbesondere interessiert in diesem Zusammenhang die Frage nach Bonhoeffers Verhältnisbestimmung von Christus und der Gemeinde.

3.2. Die Adam-Christus Typologie

Die Beziehung, die Bonhoeffer zwischen der Christusoffenbarung und dem Gattungssubjekt Menschheit herstellt, muß nicht überraschen, wenn man beachtet, daß Bonhoeffer sein Christusverständnis an denjenigen neutestamentlichen Texten verantwortet, in denen Paulus die Geschichte der Menschheit in der Typologie von *Adam und Christus* entfaltet. Bonhoeffer versteht die Gemeinde nach 1.Kor 15,22 und 45 sowie Röm 5,12f und 19f als "die neue Menschheit in dem neuen Adam" (Leitsätze über die Anschauung des Neuen Testaments von der Kirche: SC 85). In und durch Christus wird die alte Menschheit, die infolge der Wirklichkeit der Sünde von Gott getrennt ist, wieder mit Gott versöhnt. Da Gottes- und Menschengemeinschaft nach Bonhoeffer wesensmäßig miteinander verknüpft sind, wird mit der Gottesgemeinschaft des Menschen auch die in sich zerrissene Gemeinschaft der Menschen rekonstituiert. "Zerfällt die alte Menschheit in zahllose isolierte Einzelheiten, Adame, die als Gesamteinheit nur durch jeden Einzelnen hindurch aufgefaßt werden, so ist die neue Menschheit ganz zusammengezogen auf den einen historischen Ort, auf Jesus Christus, und nur in ihm wird sie als Gesamtheit begriffen." (SC 91)

Während die Adamsmenschheit – wie Bonhoeffer sagt – nicht nur von Gott getrennt lebt, sondern ebenso durch die Trennung der Menschen untereinander gekennzeichnet ist, wird die Isolierung der Menschen von Gott wie voneinander durch Christus aufgehoben. Und zwar wird sie *durch* Christus aufgehoben, insofern sie *in* ihm aufgehoben ist. Die neue Menschheit ist also nicht eine Folge der versöhnenden Liebe Gottes, die durch Christus offenbart wird, sondern kann – sofern die neue Menschheit in Christus zusammengefaßt ist – als in Christus selbst rekonstituiert gelten. In Christus ist sowohl die Gottesgemeinschaft als auch die soziale Gemeinschaft der Menschen wiederhergestellt. Da nach dem Urteil Bonhoeffers Christus die neue Menschheit in sich birgt, kann er als "Christus als Gemeinde existierend" begriffen werden[38]. Bonhoeffers Aussagen können also zunächst dahingehend zusammengefaßt werden, daß die Gemeinde Christi als *Christus als Gemeinde existierend* in dem Versöhnungsgeschehen unmittelbar verankert wird.

---

38 Diese Formel begegnet zum ersten Mal in den "Leitsätzen über die Anschauung des Neuen Testaments von der Kirche", SC (85-87) 87.

Überblickt man Bonhoeffers Darstellung, so springt die *soziale* Interpretation der paulinischen Adam-Christus-Typlogie sofort ins Auge. Bonhoeffer spricht auffälligerweise nicht von dem einen Adam, sondern von der adamitischen Menschheit und der Welt der Sünde, in der diese gefangen ist. Konsequent steht auch Christus für die neue Menschheit. Nicht geht es um den in Adam und Christus gemeinten neuen und alten Menschen, sondern um die alte und neue Menschheit. Adam steht nicht so sehr für ein Urverhängnis, sondern als Repräsentant aller Sünder steht er für die Universalität der Sünde des Gattungssubjektes Menschheit. In seiner Revision der Erbsündenlehre nimmt Bonhoeffer explizit Abschied von der Auffassung eines durch Adam verschuldeten Urverhängnisses. Vielmehr ist jeder in seiner Person Adam, d.h. jeder ist als "'erster' Sünder" zu verstehen (SC 72; vgl. 70-73). Da Sozialität ein wesentliches Kennzeichen des Menschen darstellt, verfehlt dieser mit der Erhebung wider Gott nicht nur seine persönliche, sondern auch seine Bestimmung als Gattungssubjekt. Diese Auffassung stellt die Voraussetzung der Bonhoefferschen *Revision* der Erbsündenlehre dar, nach welcher weder die Einzelsünde noch deren Allgemeinheit zum Grund der jeweils anderen erklärt werden können (vgl. SC 72). Ausgeschlossen wird also sowohl die Vorstellung, daß die Übertretung Adams zum Grund der Erbsünde wird, als auch der Gedanke, daß die Erbsünde die Voraussetzung der Sünde des Einzelnen ist. Hiervon ausgehend kann Bonhoeffer Adam als Repräsentanten aller Sünder wie zugleich umgekehrt jeden Einzelnen als ersten Sünder verstehen. In dieser Fassung der Lehre von der Sünde liegt die systematische Begründung von Bonhoeffers Rede von der Adamsmenschheit[39].

Wird das Verhältnis der Menschheit zu Gott, dessen Zerbrechen Adam repräsentiert, durch Christus wiederhergestellt, liegt es nahe, den Gegensatz zwischen Adam und Christus im Blick auf die Sozialität des Menschen in analoger Weise zu thematisieren. Bonhoeffer zieht jedoch zwischen Adam und Christus eine fundamentale Differenz ein. Christus versöhnt nämlich die Menschheit mit Gott und damit diese mit sich selbst, sofern er die Isolierung der einzelnen von Gott als auch untereinander nicht kraft *menschlicher*, kraft ethischer, sondern kraft *göttlicher* Möglichkeit aufhebt. Wären Adam und Christus symmetrisch gegenübergestellt, so müßte

---

39 Bonhoeffer hat diese Gedanken in "Schöpfung und Fall" weiter ausgearbeitet. Der Zusammenhang von Gottes- und Menschengemeinschaft wird hier als die Struktur der "analogia relationis" entfaltet, die erheblichen Einfluß auf das Konzept der Schöpfungslehre bei Karl Barth ausgeübt hat. Vgl. DIETRICH BONHOEFFER, Schöpfung und Fall. Theologische Auslegung von Genesis 1-3, München 1933, insb. 28-34; KARL BARTH, Die Kirchliche Dogmatik III/1, Zürich 1945, 218ff.

der menschliche Ungehorsam Adams als durch die ethische Leistung Christi aufgewogen gelten. Das Versöhnungsgeschehen Christi geht aber nach Bonhoeffer über jede ethisch-menschliche Möglichkeit hinaus: Im Gegensatz zu Adam verkörpert Christus die "Realität der göttlichen Liebe zur Gemeinde" (SC 99). Christus kommt unter dem Gesichtspunkt des barmherzigen und versöhnenden Wirkens Gottes in den Blick, nicht aber wie Adam unter dem der menschlichen Möglichkeiten gegenüber Gott. Die Menschheit ist in Christus also nicht kraft menschlicher Möglichkeit zusammengefaßt, sondern – wie Bonhoeffer sagen kann – aufgrund des Angebotes Gottes, welches in Christus in Geltung gesetzt wird (vgl. SC 99). "Der Faden, den der erste Adam zwischen Gott und Mensch zerschnitt, wird von Gott aus neu geknüpft, und zwar indem er in Christus seine Liebe offenbart ..." (SC 91)

Wenn Bonhoeffer gemäß 1.Kor 15 und Röm 5 Christus als die neue Menschheit bezeichnet, so wie für ihn sich in Adam die alte Menschheit zusammenfaßt, so ist in der Gegenüberstellung von Adam und Christus eine Differenz festzuhalten: Besteht die Adamsmenschheit kraft menschlicher Möglichkeit, so löst die Christusmenschheit die alte Menschheit einzig und allein kraft der Liebe Gottes ab, die die sündige Menschheit in Christus zusammenschließt. Die Umbildung der in sich zerissenen und gegenüber Gott getrennten Adamsmenschheit zur mit Gott und sich selbst versöhnten Menschheit in Christus hat ihren Grund ausschließlich in der Gnade Gottes. Bonhoeffer interpretiert die Adam-Christus-Typologie also nicht nur unter dem Gesichtspunkt der Sozialität, sondern begreift das antithetische Verhältnis von Adam und Christus unter verschiedenen Perspektiven. Während die Adamsmenschheit sub specie *menschlichen Ungehorsams* thematisiert wird, wird die in Christus zusammengefaßte Menschheit unter dem Gesichtspunkt des *göttlichen Gnadenangebots* zum Gegenstand des theologischen Urteils. Hier besteht für Bonhoeffer die "grundsätzliche Verschiedenheit zwischen Adam und Christus" (SC 91).

3.3. Die Vorstellung vom Leib Christi und Christus als Haupt der Gemeinde

Für die enge Zuordnung von Christus und Gemeinde macht Bonhoeffer einen zweiten neutestamentlichen Vorstellungskreis geltend, indem er auf die dort begegnende Vorstellung vom Leib Christi zurückgreift. "Christus und Gemeinde werden von Paulus mehrfach identifiziert", heißt es im Hinblick auf die Leib-Christi Vorstellung im dritten Leitsatz über die neutestamentliche Anschauung von der Kirche (SC 86).

Wörtlich genommen, legt Bonhoeffers Formulierung den Gedanken der Identifizierung von Christus und der Gemeinde nahe. Freilich betont Bonhoeffer, daß der Leib Christi "nur durch Christus" (SC 87) konstituiert ist. Damit trägt er der Uminterpretation des Organismusgedankens durch Paulus in 1.Kor 12,12ff und Röm 12,5ff Rechnung. Für Paulus ist die Kirche nicht von sich aus, sondern einzig und allein in Christus Leib Christi. Die Kirche bildet mithin nicht selbst bereits den Leib Christi, sondern umgekehrt ist die Kirche Leib Christi nur insofern, als sie ein Prädikat des Seins Jesu Christi ist. Aus diesem Grund spricht Paulus auch nicht vom Leib der Kirche, sondern vom Leib Christi. Kirche gibt es nur als diejenige Form von Sozialität, zu der Christus die Glieder seines Leibes in den Dienst nimmt. Nicht von sich aus partizipiert die Gemeinde an Christus, sondern "der uns regierende Christus ... führt uns zu dem Dienst aneinander" (SC 87). Der Leib ist kein gegenüber Christus selbständiger Organismus, sondern ein *Funktionsbegriff*, d.h. der Organismus der Gemeinde ist nur Leib kraft der Funktion, die Christus ihm verleiht (vgl. ebd.). Der Gemeinde ist ihre Einheit in Christus immer schon vorgegeben. Aus diesem Grund kann die Beziehung von Christus und Gemeinde, darin ist Bonhoeffer mit Paulus einig, nicht umgekehrt werden. Von hier aus können wir nun Bonhoeffers mißverständliche Aussage interpretieren, Christus und Gemeinde würden von Paulus mehrfach identifiziert werden. Christus und Gemeinde werden nur insofern identifiziert, als diese Identifikation durch Christus konstituiert ist : Die Gemeinde existiert nur als Christusleib, sofern *Christus* als Gemeinde existiert. Bonhoeffer betont die *Vorordnung der Christologie vor die Ekklesiologie*, indem er hervorhebt, daß Paulus die Kirche nicht von ihrer empirischen Vorfindlichkeit, sondern von "Christus als Gemeinde existierend" aus ansieht.

Bonhoeffer unterstreicht die Vorordnung der Christologie vor die Ekklesiologie weiterhin dadurch, daß er zwei unterschiedliche neutestamentliche Vorstellungskreise miteinander kombiniert. Christus ist als Leib Christi zugleich auch das *Haupt* seines Leibes. Dieser Sachverhalt wird folgendermaßen zusammengefaßt: "Er (Christus, JvS) ist der Schöpfer des auf ihm ruhenden Gesamtlebens, der Baumeister der Kirche, er ist aber auch jederzeit in seiner Kirche real gegenwärtig, denn die Kirche ist sein Leib, er herrscht über sie, wie das Haupt über den Leib." (SC 256) In der Vorstellung, daß Christus als Gemeinde existiert, waltet nach Bonhoeffer folglich eine Differenz, mit der die Kirche als Leib Christi zugleich begriffen werden muß als konstituiert und beherrscht durch Christus als das Haupt seines Leibes. Insofern kann gesagt werden: Wenn Bonhoeffer die mißverständliche Aussage über die Identifikation von Christus und Gemeinde macht, dann ist diese nur zu verstehen, wenn man die christologische Begründung dieses Sachverhalts nicht vergißt. Die Existenz der Gemeinde ist Folge der Existenz Christi und nicht umgekehrt. Als Leib ist Christus zugleich und zuvorderst das Haupt seines Leibes. Nur in diesem doppelt bestimmten Verhältnisses von Christus und Gemeinde bleibt die Unterschiedenheit beider gewahrt. Bonhoeffers weitgehende These vom Zusammenhang von Christus und der Gemeinde ist nur dann gegen Mißverständnisse zu sichern, wenn man seine neutestamentliche Interpretation beachtet, in der er die Vorstellung vom Leib Christi mit der von Christus als Haupt der Gemeinde verknüpft. Liegt hier der hermeneutische Schlüssel zum Verhältnis von Christologie und Ekklesiologie, so können wir mit guten Gründen behaupten, daß Bonhoeffer eine unterschiedslose Identifikation fern gelegen haben dürfte, die keine Differenz zwischen Christus und Gemeinde kennt.

Nicht von der Vielheit der Glieder der Gemeinde blickt Bonhoeffer auf ihre Einheit in Christus, sondern er schaut umgekehrt von Christus auf die Glieder des Leibes Christi. Christus als Gemeinde existierend bleibt zugleich immer auch und zuvorderst Gegenüber und Haupt seines Leibes. Christus wird nicht in die Kirche aufgelöst, sondern bleibt Konstitutionsgrund und Gegenüber der Kirche. Oder anders: *Das Verhältnis der Identifikation von Christus und Gemeinde ist nach Bonhoeffer zugleich und zuvorderst auch ein unumkehrbares Verhältnis der Konstitution der Gemeinde durch Christus.* Enger läßt sich das Verhältnis von Christologie und Ekklesiologie nicht fassen.

3.4. "Christus als Gemeinde existierend"

Die Struktur der Stellvertretungstheologie wird von Bonhoeffer in der Formel "*Christus als Gemeinde existierend*" zusammengefaßt[40]. In Rückbezug auf die paulinische Theologie und das neutestamentliche Verständnis des Verhältnisses von Christus und der Gemeinde enthält diese Formel folgende Bestimmungen: (1) Christus ist der sowohl vorgegebene als auch vorgängige Konstitutionsgrund der Gemeinde (Stellvertretung Christi *extra nos*). Es ist *Christus*, der als Gemeinde existiert – das Verhältnis von Christus und Gemeinde ist unumkehrbar (Christus als Haupt seines Leibes). (2) In der Einheit von Individualität und Universalität Jesu Christi ist die Einheit der Kirche in suffizienter Weise realisiert, insofern in der

40 Den Gehalt dieser Formel in seiner Bedeutung für das Gesamtwerk Bonhoeffers arbeitet heraus Regin Prenter, Jesus Christus als Gemeinde existierend. Ein Beitrag zum Verständnis Dietrich Bonhoeffers, in: LM 4 (1965), 262-267.

Stellvertretung Christi das soziale Gefüge von Gottes- und Menschengemeinschaft restituiert wird (Stellvertretung Christi extra nos *pro nobis*). Da die Universalität Christi von Bonhoeffer dahingehend zum Ausdruck gebracht wird, daß in ihm die Menschheit zusammengefaßt ist, existiert Christus *als Gemeinde*. Mit anderen Worten: Insofern die Einheit der Gemeinde in der Identität des gekreuzigten Christus gründet, bildet sie in unumkehrbarer Weise ein Prädikat seines Seins (Die Kirche als Leib Christi). (3) Auf der Grundlage des exklusiven Verständnisses der Stellvertretung Christi kann deren inklusiver Gehalt gedacht werden, insofern die Stellvertretung Christi als Prinzip der Konstitution der Gemeinde Christi die Stellvertretung als Prinzip der materialen Besonderheit der in Christus wiederhergestellten Sozialität ermöglicht (Stellvertretung Christi extra nos pro nobis et *nos in Christo*). Die Gemeinde existiert als Leib Christi in der Struktur der Stellvertretung in Entsprechung zu dem durch die stellvertretende Liebe gekennzeichneten *Christus als Gemeinde existierend*. Erst in diesen drei Bestimmungen ist Bonhoeffers Stellvertretungstheologie hinreichend erfaßt[41].

Mit der Formel "Christus als Gemeinde existierend" variiert Bonhoeffer einen Ausdruck Hegels. Hegel spricht in seiner Religionsphilosophie von "Gott als Gemeinde existierend"[42]. Das Urteil, Christus und Gemeinde würden bei Bonhoeffer miteinander identifiziert bzw. die Christologie werde von der Ekklesiologie absorbiert[43], rührt anscheinend daher, daß Bonhoeffers Formel von Hegel aus interpretiert wird. Dieses Mißverständ-

41 Die Bedeutung der Stellvertretungstheologie für alle Phasen des theologischen Werks von Bonhoeffer stellt heraus MICHAEL PLATHOW, Schuldübertragung oder Schuldübernahme. Stellvertretung als dogmatisch-ethische Theorie, in: ZKTh 104 (1982), (411-422) 412-415. Zur Bedeutung des Stellvertretungsgedankens in Bonhoeffers "Ethik" und vor hier aus rückbetrachtend in "Sanctorum Communio" vgl. auch JÜRGEN MOLTMANN, Herrschaft Christi und soziale Wirklichkeit nach Dietrich Bonhoeffer (TEH 71), München 1959, 21-25 und 55f.

42 Nachweis nach der von Bonhoeffer benutzten Ausgabe: GEORG WILHELM FRIEDRICH HEGEL, Vorlesungen über die Philosophie der Religion Bd. II (Werke Bd.XIII, hrsg.v.Philipp Marheineke), Berlin 1832, 261 (Vgl. SC 133 Anm. 68). Auf der Grundlage der Werke 1832-1845 heißt es in der neu edierten Hegel-Theorie-Werkausgabe: "Gott in der Gemeinde wohnend" (G.W.F. Hegel, Vorlesungen über die Philosophie der Religion II [Theorie-Werkausgabe Bd. 17, hrsg. v. Eva Moldenhauer und Karl Markus Michel], Frankfurt 1969, 305). Der Begriff "Gott als Gemeinde existierend" fällt auch in der Besprechung der Religionsphilosophie Hegels bei REINHOLD SEEBERG, Christliche Dogmatik Bd. 2, Erlangen/Leipzig 1925, 299.

43 Vgl. beispielsweise ERNST FEIL, Die Theologie Dietrich Bonhoeffers, München/Mainz 1971, 147 Anm. 26.

nis kann man jedoch erst dann korrigieren, wenn man Bonhoeffers Entfaltung des Verhältnisses von Christus und Gemeinde vor dem Hintergrund seiner christologisch bestimmten Stellvertretungstheologie rekonstruiert[44].

4. Pneumatologische Entfaltung: Die Aktualisierung der Kirche durch den Heiligen Geist

4.1. Zum theologischen Gehalt der Unterscheidung von Realisierung und Aktualisierung der Kirche

Die Lehre von der Kirche hebt für Bonhoeffer nicht mit der Ausgießung des Heiligen Geistes an, sondern Kirche ist in suffizienter Weise in und durch das stellvertretende Handeln Christi realisiert. Bereits in seinem Rekurs auf die neutestamentlichen Anschauungen von der Kirche hatte Bonhoeffer eine in sich zwiefache Aussagenreihe bemerkt. Die eine redet von der Kirche, die in Christus ihren Anfang nimmt, die andere spricht von der Kirche, die in ihm vollendet ist (vgl. SC 85f). "So versteht sich das Verhältnis Jesu Christi zur christlichen Kirche in doppeltem Sinne. 1.Die Kirche ist vollendet in ihm, die Zeit ist aufgehoben. 2.Die Kirche soll auf ihm als dem festen Grund aufbauen in der Zeit. Er ist das historische Prinzip der Kirche." (SC 97) Vor dem Hintergrund dieser am Neuen Testament gewonnenen Beobachtung wird der Kirchenbegriff in den zwei aufeinander bezogenen Hinsichten der *Realisierung* der Kirche in und durch Christus und der geschichtlichen *Aktualisierung* der Kirche durch den Heiligen Geist entfaltet. Die Pneumatologie wird von Bonhoeffer somit aus ihrer traditionellen Funktion für die Konstitution der Kirche entlassen. Nicht geht es um die Verwirklichung der Kirche durch den Heiligen Geist, sondern um die Aktualisierung der vorgängig in und durch Christus vollendeten Kirche; das Geschehen des Heiligen Geistes vergegenwärtigt die in und durch Christus definitiv vollzogene Realisierung der Kirche.

"Die Kirche wird nicht erst dadurch real, daß sie empirische Gestalt annimmt, wenn der heilige Geist sein Werk tut" (SC 90), sondern sie ist ein

---

44 BONHOEFFER selbst kritisiert an Hegels Religionsphilosophie u.a. dessen "immanenten Gottesbegriff" bzw. die "Identität zwischen Menschengeist und Gottesgeist" (SC 132 Anm. 68). Allerdings dürfte die These von der Weltimmanenz Gottes bzw. der Abhängigkeit Gottes von der Welt einer sorgfältigen Interpretation der Religionsphilosophie Hegels nicht standhalten: Vgl. hierzu HEIMO HOFMEISTER, Überlegungen zu Hegels Begriff der "Gemeinde", in: EvTh 41 (1981), 300-309.

integriertes Moment der Offenbarung Gottes in Christus, insofern in ihm die Gottesbeziehung der Menschen als auch die menschliche Sozialität wiederhergestellt werden. Das Versöhnungsgeschehen Gottes in Christus wird dabei weder als eine Fortsetzung der Inkarnation noch als zweite Fleichwerdung Christi gedacht (vgl. SC 258), sondern als eine sich in und durch das stellvertretende Handeln Christi vollziehende Realisierung unversehrter Sozialität. Insofern kommt die Vergegenwärtigung der Kirche durch den Heiligen Geist immer schon von ihrer Realisierung in Christus her. Die Realisierung der Kirche in und durch Christus geht ihrer Aktualisierung voraus.

Die *Unterscheidung* von Realisierung und Aktualisierung der Kirche ist nur dann richtig gefaßt, wenn der Vergegenwärtigung der Kirche durch den Heiligen Geist nicht die *Potentialität* der Kirche in Christus gegenübersteht, sondern deren *Vollendung*. Infolgedessen wird der Anfang der Kirche in Christus (ihre Möglichkeit) ihrer Vollendung in ihm (ihre Wirklichkeit) nachgeordnet (vgl. SC 89). "Christus hat nicht die Kirche ermöglicht, sondern für die Ewigkeit realisiert." (SC 100) Das Vergegenwärtigungsgeschehen der Kirche ist demnach nicht Aktualisierung eines Noch-Nicht-Wirklichen, sondern Aktualisierung eines Schon-Wirklichen. Stünde der Aktualisierung der Kirche lediglich ihre Potentialität in Christus gegenüber, so wäre diese durch den Mangel eines Noch-Nicht-Wirklichen geprägt. Dies kann nach Bonhoeffer schon deswegen nicht angenommen werden, weil dieser Mangel an Wirklichkeit der Geschichtlichkeit der Offenbarung Gottes in Christus widersprechen würde, in dem "konkrete Innerzeitlichkeit und das 'für alle Zeiten'" zusammenfallen (SC 99). Die durch den Heiligen Geist aktualisierte Kirche kommt also *in der Zeit* von dem her, was in und durch Christus in der Zeit *für alle Zeit* realisiert ist.

Das pneumatologisch gefaßte Aktualisierungsgeschehen der Kirche kann in der Zeit nur dasjenige zum Vorschein bringen, was in und durch Christus vollständig verwirklicht ist. Für Bonhoeffer steht also die Bedeutung Christi im Zentrum der zeitlichen Aktualisierung der Kirche (vgl. SC 100). Die *Bezogenheit* der Aktualisierung auf die Realisierung wird dabei durch das "Wort vom gekreuzigten und auferstandenen Herrn der Gemeinde" (ebd.) gewährleistet. "Das Wort aber ist qualifiziertes Wort, indem es Wort Christi selbst ist, wirkungskräftig durch den Geist ans Herz der Hörenden gebracht." (SC 101) In dem vom Geist getriebenen Wort als dem Wort von und über den Gekreuzigten und Auferstandenen ist also Christus selbst gegenwärtig – der Christus, in dem die Gemeinde realisiert ist. Genauso nun wie im Wort die in Christus vollendete Gemeinde präsent ist, genauso manifestiert sich im Wort auch die aktualisierte Gemeinde, weil nach Bonhoeffer "jedes Wort von Christus aus der Gemeinde kommt und nur in ihr besteht" (ebd.). Durch das vom Heiligen Geist getriebene Wort sind realisierte und aktualisierte Kirche unlöslich miteinander verschränkt. Die *Verschränkung* von Realisierung und Aktualisierung besitzt ihren Grund dabei darin, daß der Heilige Geist "keinen anderen Inhalt [hat] als die Christustatsache" (SC 102) – Gottesgemeinschaft gibt es nur durch Christus. Die Gegenwärtigkeit Christi wird aber wiederum nur dort aktuell, wo das durch Christus qualifizierte Wort laut wird – die Präsenz der in Christus realisierten Kirche gibt es folglich nur in der durch den heiligen Geist aktualisierten Gemeinde. Mit einem Zitat von Irenaeus bündelt Bonhoeffer diese Verschränkung in der Aussage: "Ubi enim ecclesia ibi et spiritus; et ubi spiritus dei, illic ecclesia et omnis gratia" (SC 90) – denn wo die Kirche ist, da ist auch der Geist, und wo der Geist Gottes ist, dort ist die Kirche und jegliche Gnade.

Durch die Verschränkung der christologischen Fundierung mit der pneumatologischen Aktualisierung der Kirche schließt Bonhoeffer ein Wirken des Heiligen Geistes aus, das nicht durch die Kirche vermittelt wäre. "Gäbe es ein unvermitteltes Geistwirken, dann wäre der Kirchengedanke schon im Ursprung individualistisch aufgelöst." (SC 100f) Einerseits führt das qualifizierte Wort Christi den Einzelnen allererst in die Gemeinde hinein und bildet somit die Voraussetzung der Gegenwart von Gemeinde. Andererseits muß der Einzelne immer schon in der Gemeinde stehen, da der Heilige Geist nur in der Kirche als der Gemeinde der Heiligen wirkt. Die Beziehung von Einzelnem und Gemeinde ist also auf der Basis der Verschränkung von Realisierung und Aktualisierung der Kirche ein Verhältnis *wechselseitiger Voraussetzung*: Die Gemeinde setzt den Einzelnen voraus wie umgekehrt der Einzelne die Gemeinde. Die Auffassung von der *Gleichursprünglichkeit* von Einzelnem und Gemeinde im Aktualisierungsgeschehen der Kirche ist gerade deswegen von systematischer Relevanz, weil Bonhoeffer durch sie sowohl eine systematische Priorität des Einzelnen vor der Gemeinde als auch eine den Einzelnen absorbierende Priorität der Gemeinde verhindert. Bonhoeffers systematische Grundoperation läßt sich also dahingehend zusammenfassen, daß Individualität und Sozialität sich nicht alternativ zueinander verhalten, sondern sich aufgrund ihres gleichursprünglichen Grundes in der Bezogenheit von Realisierung und Aktualisierung der Kirche wechselseitig voraussetzen.

In einem weiteren Schritt soll nun verfolgt werden, wie Bonhoeffer das Aktualisierungsgeschehens der Kirche in der triadischen Struktur "Geistvielheit, Geistgemeinschaft, Geisteinheit" theologisch entfaltet und verantwortet.

4.2. Die sanctorum communio als Vielheit von Einzelpersonen

Das Wirken des Heiligen Geistes richtet sich zum einen auf die Einzelperson. Jede Person bildet vor Gott in ihrer besonderen Individualität eine unvertretbare "letzte Gegebenheit" (SC 104). "Jeder glaubt und erfährt seine Rechtfertigung und Heiligung in Einsamkeit, jeder betet in Einsamkeit, jeder ringt sich in Einsamkeit zur Gewißheit der ewigen Erwählung durch, jeder 'besitzt' den heiligen Geist und Christus in ihm ganz 'für sich'." (SC 103) Bonhoeffer sieht sehr deutlich, daß von hier aus in bezug auf die Kirche nur eine Umfangsbestimmung derselben möglich ist. Kirche ist in dieser Perspektive bestimmt als der Umfang und die Summe der durch den Heiligen Geist bewegten Einzelnen bzw. als die "Mehrzahl einzelner Prädestinierter" (SC 104).

Das Wirken des Heiligen Geistes erschöpft sich nach Bonhoeffer aber nicht in der Zueignung der in Christus erfolgten Erwählung des Einzelnen. Insofern nämlich der Heilige Geist im Wort von Christus die in Christus restituierte Sozialität vergegenwärtigt, erstreckt sich das Aktualisierungsgeschehen des Heiligen Geistes nach Bonhoeffer vielmehr auf den Einzelnen und die Gemeinde Christi in "*einem Akt*" (SC 105, Hervorhebung von Bonhoeffer). Bonhoeffer unterscheidet dabei zwei Betrachtungsweisen: Aus der Perspektive des Menschen erscheint die Zueignung Christi in seinem Wort als individueller Akt, aus der Perspektive Gottes hingegen erscheint sie als Zueignung, die – obwohl individuell angeeignet – auf die jeweils besondere Individualität der Einzelperson im Zusammenhang seiner Gliedschaft am Leib Christi gerichtet ist. Individualität und Sozialität, Einzelperson und Persongemeinschaft, stehen folglich in einem gleichursprünglichen Verhältnis zueinander; weder wird die sanctorum communio der Einzelperson vorgeordnet noch umgekehrt der Einzelne der Persongemeinschaft des Leibes Christi. Bonhoeffer spielt also hinsichtlich der Vergegenwärtigung des Versöhnungswerks Christi pro me und pro nobis der Verheißung Gottes nicht gegeneinander aus. Insofern lediglich der Einzelne als Objekt der Erwählung Gottes in Betracht kommt, muß die Auffassung von der Prädestination zwangsläufig einen individualistisch gefaßten Begriff der Kirche nach sich ziehen. Erstreckt sich aber die Erwählung des Menschen in Christus auf die Einzelperson und die Persongemeinschaft in einem Akt, so kann die indivdualistische Version des prädestinatianischen Kirchenbegriffs als überwunden gelten (vgl. SC 104f).

4.3. Die sanctorum communio als Liebesgemeinschaft

Die Exklusivität der stellvertretenden Versöhnungstat Christi schließt für Bonhoeffer deren Inklusivität in sich. Die Gemeinde wird aufgrund der Offenbarung der *Liebe* Gottes in Christi Kreuz und Auferstehung selbst in diese Liebe Gottes hineingezogen. Wie die Liebe Gottes aufgrund seiner Offenbarung in Christus vermittels des Heiligen Geistes in der Gemeinde lebendig wird, so lebt die Gemeinde nun umgekehrt in und aus der sie selbst tragenden Gottesliebe. Bonhoeffer spricht dabei auch davon, daß Gott sein *Herz* vermittels des Heiligen Geistes in die Herzen der Menschen hineingibt, so daß die Menschen nun kraft ihres in und durch Christus erneuerten und durch den Heiligen Geist zugeeigneten Herzens zu leben vermögen (vgl. SC 106f). Oder anders: Indem die Menschen durch die Offenbarung der Liebe Gottes in Christus zum Gegenstand der Liebe Gottes werden, ermöglicht die vergegenwärtigende Zueignung dieser Liebe durch den Heiligen Geist für den Menschen ein Doppeltes: die Gewißheit, in Christus selbst *geliebt zu werden*, und aufgrund dieser in Christus gründenden Gewißheit das Vermögen, selbst *lieben zu können* (vgl. SC 107). Weil in der "Kraft des Glaubens an Christus" (ebd.) die selbstbezügliche Egoität des Einzelnen aufgelöst wird, erwächst aufgrund dieser Auflösung die Fähigkeit, sich liebend auf den Andern zu beziehen: "Die Tatsache, daß mir mein Anspruch vom andern mich liebenden Ich – d.h. freilich von Christus – erfüllt wird, beugt mich, löst mich von meiner Ichgebundenheit und läßt mich den Andern – freilich wieder nur in der Kraft des Glaubens an Christus – lieben, mich ihm ganz geben, offenbaren." (SC 107)

4.3.1. Zum Begriff der christlichen Liebe

Christliche Gemeinschaft bildet sich nach Bonhoeffer durch die im Glauben tätige Liebe (vgl. SC 135). Um die soziale Bedeutsamkeit christlicher Liebe zu ermessen, erscheint es Bonhoeffer notwendig, zunächst den Begriff der christlichen Liebe zu klären (vgl. SC 107-117). Der grundlegende Schritt der Entfaltung des Begriffs der christlichen Liebe besteht in der Unterscheidung zwischen menschlicher Liebe und Liebe Gottes: "1.positiv bestimmt: die in Christus geoffenbarte *Gottesliebe*, 2.negativ bestimmt: unsere *Selbstliebe*" (SC 108, Hervorhebung von Bonhoeffer). Bonhoeffer reißt zunächst eine Kluft zwischen amor hominis und amor dei auf[45]. Diese Unterscheidung wird freilich nicht zu einer starren Alternative

45 Bonhoeffer thematisiert diese Auffassung als Unterscheidung von eros und agape

verfestigt, sondern dient dazu, den wahrhaften Grund der Möglichkeit christlicher Liebe herauszustellen: Christliche Liebe besitzt nach Bonhoeffer nicht ihren Grund in sich selbst, sondern einzig und allein in der geoffenbarten Liebeswirklichkeit Christi; sie stellt keine menschliche Möglichkeit dar, sondern ist "nur möglich aus dem Glauben an Christus und aus dem Wirken des heiligen Geistes" (ebd.). Alle weiteren Bestimmungen des Liebesbegriffes beziehen sich zurück auf den von Bonhoeffer herausgestellten Grund der Möglichkeit christlicher Liebe in der in Christus geoffenbarten Liebe Gottes. Soll also der Begriff der christlichen Liebe bestimmt werden, haben wir "nicht von unserer Liebe zu Gott oder zu den Menschen" auszugehen (ebd.), sondern von der Liebe Gottes zu uns.

Aus der Perspektive der sich auf den Menschen richtenden Liebe Gottes wird auch das telos der christlichen Liebe bestimmt. Gottes Liebe will die Gemeinschaft; die Gemeinschaft bildet den Zweck der Offenbarung seiner Liebe in Christus. Dieser Zweck wird aber von Gott dadurch verfolgt, daß er sich in Christus selbst an den Menschen hingibt. Gottes Liebe ist nach Bonhoeffer "Hingabe und Wille zur Gemeinschaft zugleich" (SC 113), und zwar in derjenigen Weise, in der sich Gott in der Dahingabe seines Sohnes Jesu Chisti selbst zum Mittel des von ihm intendierten Zwecks der Gemeinschaft mit den Menschen bestimmt. *Analog* zu dieser Struktur der Liebe Gottes thematisiert Bonhoeffer die Nächstenliebe des Menschen. Von Nächstenliebe kann erst dort gesprochen werden, wo der Mensch sich als Mittel des Zwecks der Liebe hingibt. Nicht ist also die Liebe Mittel zur Verwirklichung eines ihr fremden Zwecks, sondern das Mittel der Liebe bildet auch ihren Zweck. Das telos der Liebe liegt folglich bereits in ihrem Mittel beschlossen. *Im Begriff der christlichen Liebe fallen Zweck und Mittel miteinander zusammen.* Genauso wie Gott sich in Christus als Mittel, eben als Liebe, zur Realisierung seines eigenen Zwecks, eben der Liebesgemeinschaft, offenbart, genauso wird aufgrund der durch den Heiligen Geist gewirkten Vergegenwärtigung der Liebeswirklichkeit Christi die Liebe des Menschen möglich, in der er selbst sich in der liebenden Hingabe an den Anderen zum Mittel des Zwecks der Liebe macht.

Die aufgrund der Offenbarung der Liebe Gottes möglich gewordene

---

(SC 108). Bonhoeffers Distinktion ist offensichtlich orientiert an SÖREN KIERKEGAARD, Leben und Walten der Liebe (Erbauliche Reden Bd.III. Übersetzt von A.Dorner und Chr.Schrempf), Jena 2. Aufl. 1909 (Sören Kierkegaard, Der Liebe Tun Bd.1 [Gesammelte Werke 19. Abtl.,hrsg.v.Emanuel Hirsch und Hayo Gerdes], Düsseldorf/Köln 1966). Zur Unterscheidung von eros und agape vgl. auch den seinerseits von Kierkegaard inspirierten KARL BARTH, Römerbrief, 435ff.

Nächstenliebe steht im Dienst der Aufrichtung der Gottesherrschaft über die Menschen. Bonhoeffer sieht dabei sehr deutlich ein mögliches Mißverständnis, das sich mit dieser Auffassung einstellen könnte. Ist die Nächstenliebe ein Mittel zur Durchsetzung der Herrschaft Gottes, so steht sie in der Gefahr, den konkreten Nächsten nicht um seiner selbst willen zu lieben, sondern um der "Unterwerfung unter die Gottesherrschaft" (SC 109) willen zu verdinglichen. Der Andere wäre demzufolge nichts anderes als ein Werkzeug, mittels dessen der Mensch für Gott und die Etablierung seiner Herrschaft tätig ist. Bonhoeffer schließt diese Instrumentalisierung des Anderen zum Zweck der Verwirklichung der basileia tou theou aus. Gott kann nach Bonhoeffer nur geliebt werden, indem der Mensch kraft der durch den Heiligen Geist zugeeigneten Liebeswirklichkeit Christi dasjenige tut, was Gott selbst von ihm fordert, nämlich seinen Nächsten zu lieben[46]. "Nächstenliebe ist der Wille des Menschen zum Willen Gottes mit dem anderen Menschen." (SC 111) Bonhoeffer hält dabei die *Einheit des Doppelgebots der Liebe* nicht im Sinne einer Verschmelzung oder Identifizierung von Gott und Nächstem fest. Der Andere soll weder "an Gottes Stelle" (SC 111) noch soll "Gott im Nächsten" (SC 109) geliebt werden[47]. Vielmehr erweist der Mensch seine Liebe gegenüber der freimachenden Liebe Gottes nur darin, daß er den "wirklichen Nächsten" (SC 109) liebt. Ohne die Liebe zu Gott als den tragenden Grund der christlichen Liebe wird es nach Bonhoeffer keine Nächstenliebe geben können – darum müssen Gottes- und Nächstenliebe unterschieden werden. Gottes- und Nächstenliebe sind aber unlöslich aufeinander bezogen, weil die liebende Hingabe Gottes an den Menschen diesen kraft des Heiligen Geistes dazu befähigt, die Nächstenliebe analog der Liebe Gottes zu vollziehen.

---

46 Vgl. die von Bonhoeffer hierzu angemerkte Erläuterung in Bultmanns Jesusbuch: "Wie ich den Nächsten nur lieben kann, wenn ich meinen Willen ganz hingebe an Gottes Willen, so kann ich Gott nur lieben, indem ich will, was er will, indem ich den Nächsten wirklich liebe." (SC 111 Anm. 28: RUDOLF BULTMANN, Jesus, Berlin 1926, 106).

47 Im Zusammenhang seiner Argumentation übt Bonhoeffer an dieser Stelle scharfe Kritik an Karl Barth. Bonhoeffer zufolge vergleichgültigt Barth den konkreten Nächsten, indem dieser im Nächsten nicht seine konkrete Gestalt, sondern lediglich das Gleichnis Gottes sieht. "Woher nimmt Barth das Recht zu sagen, der andere sei "an sich unendlich gleichgültig", wenn Gott befiehlt, gerade ihn zu lieben." (SC 110 Anm. 28; Bonhoeffer bezieht sich auf eine Äußerung in Barths Römerbrief, aaO. 437.) Bonhoeffer kritisiert ferner, daß Barth den Begriff der communio verfehlt: "Wo freilich nur der eine im anderen geliebt wird, da kann es keine communio geben, da läuft letztlich die Gefahr der Romantik unter." (SC 111 Anm. 28)

Die christliche Liebe entzündet sich weder an der Liebenswürdigkeit des Anderen – "weil sie Gefallen hätte an seiner Indivdiualität" (SC 109) – noch intendiert sie die Gegenliebe. Genausowenig wie zum Zwecke der Erwiderung der Liebe durch den Anderen geliebt wird, genausowenig wird geliebt, weil die Liebe Gefallen am Anderen findet. Vielmehr ist nach Bonhoeffer der Liebe Tun durch ein *einseitiges* Verhalten gekennzeichnet, das den letzten "Rest des Egoismus" (SC 112) hinter sich läßt. Aus diesem Grund spricht Bonhoeffer wiederholt von der "restlosen Hingabe" an den Nächsten, die frei von jeglichem Egoismus ist (vgl. SC 113, 115). Im asymmetrischen Verhältnis zwischen dem Liebenden und dem konkreten Nächsten gründet demzufolge auch die Universalität der Nächstenliebe: Christliche Liebe kennt keine Grenzen, durch die sie außer Kraft gesetzt werden könnte (vgl. SC 110).

Die Vorstellung der restlosen Hingabe an den Nächsten, durch die der Begriff der Nächstenliebe bei Bonhoeffer näher bestimmt wird, ist unmittelbar mit der Auffassung des Perspektivenwechsels verknüpft, zu dem der Glaube an die Liebesgemeinschaft Gottes mit den Menschen befähigt. Hingabe heißt nämlich für Bonhoeffer, den Anderen "an Stelle meiner selbst zu setzen und zu lieben" (SC 111). Der Andere ist also nicht mehr ein dem Liebenden gegenüberstehendes Objekt der Liebe, sondern rückt an die Stelle des Liebenden selbst und ist somit folglich – wie Bonhoeffer mit einem Lutherzitat unterstreicht[48] – an der Stiftung der Identität des nichtselbstbezüglichen Subjektes unmittelbar beteiligt. Ein Perspektivenwechsel ist insofern mit dieser Bewegung verbunden, als sich das liebende Subjekt die Sichtweise des Anderen auf sich selbst zueigen macht. Der Liebende wird in seiner Hingabe nun selbst zum Mittel wie zum Zweck der Liebe des Nächsten. Bonhoeffer macht im Zusammenhang seiner These sogleich deutlich, daß die Haltung der Hingabe keine dem Menschen zueigene Möglichkeit ist, sondern allein in der Wirklichkeit Gottes in Christus gründet. Die Hingabe Gottes an den Menschen erfolgt in der Dahingabe Christi, in der Christus an die Stelle des Menschen tritt und so die Liebesgemeinschaft Gottes mit den Menschen realisiert. Die Liebesgemeinschaft des Menschen mit dem Nächsten besteht für Bonhoeffer folglich nur im geistgewirkten Glauben an Gott, "der in Christus für mich

---

48 Vgl. SC 111: "homo diligit se ipsum perverse et solum quae perversitas non potest dirigi nisi loco suo ponat proximum" ["Der Mensch liebt sich selbst auf verkehrte Weise, nur sich allein. Dieses verkehrte Wesen kann nicht zurecht gebracht werden, es sei denn, daß einer an seine Stelle den Nächsten setzt"]. Zitat aus: MARTIN LUTHER, Vorlesung über den Römerbrief 1515/1516 Bd. 1, hrsg. v. Johannes Ficker, Leipzig 3. Aufl. 1925, 118.

das Gesetz erfüllt und den Nächsten geliebt hat, der mich in die Gemeinde, d.h. in die Liebe Christi und in die Verbundenheit mit dem Nächsten hineinzieht" (SC 114). Hingabe an den Nächsten ist "nicht vom Menschen erschwingbar" (SC 111), sondern besitzt ihren Grund einzig und allein in der in und durch Christus realisierten Gemeinschaft der Liebe. Die Nächstenliebe des Menschen kommt also nur dort zum Vorschein, wo sie selbst von der Liebe Christi getragen wird. "Christliche Liebesgemeinschaft der Menschen bedeutet restlose Hingabe aneinander aus Gehorsam gegen Gottes Willen. Sie ist nur möglich durch das Wirken des heiligen Geistes." (SC 115)

Bonhoeffer sieht sich im Anschluß an die bisher erläuterten Bestimmungen des Begriffs der christlichen Liebe in die Lage versetzt, die Struktur der sanctorum communio als Liebesgemeinschaft zu bestimmen. Im Blick auf ihr *telos* gilt: Die sanctorum communio aktualisiert sich in der wechselseitigen Liebe ihrer Glieder. Diese Gemeinschaft besitzt keinen Zweck, der außerhalb ihrer selbst läge und ist infolgedessen Selbstzweck. Die sanctorum communio als Liebesgemeinschaft ist aber auch in bezug auf die Verwirklichung des Willens Gottes mit den Menschen Selbstzweck, insofern "die Gemeinschaft diese Verwirklichung selbst darstellt" (SC 116). Die sanctorum communio ist also weder aus der Perspektive der kraft des Heiligen Geistes in sie hineingezogenen Glieder noch aus der Perspektive der sie allererst konstituierenden Liebe Gottes Mittel eines außerhalb ihrer selbst liegenden Zweckes, sondern Zweck und Mittel der Liebe Gottes wie der Liebe der Menschen in einem. Im Blick auf den die sanctorum communio ermöglichenden *Konstitutionsgrund* gilt: Die Gemeinschaft der Heiligen "ist Gemeinschaft nur in der Herrschaft des göttlichen Willens in ihr" (ebd.). Die Herrschaft Gottes kommt aber nach Bonhoeffer nur darin zum Zuge, daß er in Christus seine Liebe offenbart. Insofern kann Bonhoeffer auch sagen: "Gottes Herrschaftswille ist Liebeswille zu seiner Gemeinde." (ebd.) In Christus tritt Gott seiner Gemeinde nicht mehr als fordernder Anspruch gegenüber (als Gesetz), sondern indem sich Gott in Christus selbst in den Dienst der Verwirklichung der Liebesgemeinschaft stellt, ist Christus die Gabe (das Evangelium), durch die die Möglichkeit der Liebesgemeinschaft unter den Menschen gewährt wird. Der Begriff der Herrschaft Gottes wird also von Bonhoeffer durch den Dienst bestimmt, in den sich Gott selbst in Christus zur Aufrichtung seiner eigenen Herrschaft stellt. Mit Bonhoeffers Worten: "Gott herrscht, indem er dient" (ebd.). Und schließlich: Nur wo die Unumkehrbarkeit dieser Aussage festgehalten wird, ist der theologische Gehalt der Rede von der Liebe Gottes gewahrt.

4.3.2. Die soziale Struktur der Liebesgemeinschaft

Nachdem Bonhoeffer vor dem Hintergrund der Präzisierung des christlichen Liebesbegriffs das telos und den Konstitutionsgrund der sanctorum communio hervorgehoben hat, wendet er sich in einem weiteren Schritt den *Kennzeichen der sozialen Struktur* bzw. der Eigenart des kommunikativen Gefüges der sanctorum communio als Liebesgemeinschaft zu. Zwei soziale Verknüpfungen werden dabei unterschieden: (1) Das *Miteinander* von Gemeinde und Gemeindeglied und (2) das tätige *Füreinander* der Glieder der Gemeinde (vgl. SC 117-128)[49].

Bonhoeffer eröffnet die Entfaltung der sozialen Struktur der sanctorum communio mit dem programmatischen Satz: "Die Gemeinde ist derartig strukturiert, daß dort, wo eins ihrer Glieder ist, sie in ihrer Kraft, d.h. aber in der Kraft Christi und des heiligen Geistes auch ist."(SC 117) Ohne daß die konkrete Individualität des Einzelnen aufgehoben wird, existiert doch ein unverbrüchlicher Zusammenhang zwischen Einzelnem und Gemeinde. Dieser Zusammenhang wird zum einen dadurch gestiftet, daß Gottes Liebe sich auf die Gemeinde Christi und den Einzelnen in einem Akt erstreckt. Soweit der Einzelne immer als Glied der Gemeinde Christi angesehen wird, ist er selbst in seiner Einzel-Einsamkeit Gott gegenüber nicht von der Gemeinde abgeschnitten. Zum anderen existiert das Verhältnis zwischen Einzelperson und Gemeinde darin, daß die Gemeinde im Miteinander mit dem Einzelnen verbunden ist. Dieses Miteinander wird nun nicht vorgestellt als eine gefühlsmäßige Verbundenheit, sondern ist dadurch charakterisiert, daß die Gemeinde sich den Standpunkt der jeweils besonderen Individualität des Einzelnen selbst zueigen macht, oder – wie Bonhoeffer sagt – die "Standpunkte" zwischen Einzelperson und Gemeinde "gleichsam ausgewechselt" werden (SC 118). Die Gemeinde ist mit dem Einzelnen, "in welcher Lage und Not seines Lebens er sich befindet" (SC 119), weil sie sich selbst an Stelle des Einzelnen, seiner konkreten Lage und Not, setzt. Dieser *Wechsel* und Tausch ist nach Bonhoeffer wiederum nur möglich, weil die Gemeinde in der ihr durch den Heiligen Geist zugeeigneten Liebe Gottes lebt, die sie mit der Kraft der Liebe

---

49 Bonhoeffer orientiert sich bei der Entfaltung der sozialen Struktur der sanctorum communio als Liebesgemeinschaft wesentlich an zwei Schriften Martin Luthers: MARTIN LUTHER, Tesseradecas consolatoria pro laborantibus et oneratis 1520, WA 6, 106-134; DERS., Sermon von dem hochwürdigen Sakrament des heiligen wahren Leichnams Christi und von den Bruderschaften 1519, WA 2, (738) 742-758 (Zur Relevanz der Rezeption des Abendmahlsermons von Luther durch Bonhoeffer siehe unten Teil C 3.).

Christi "erfüllt" (vgl. SC 121)[50]. Die Möglichkeit des Miteinanders von Gemeinde und Gemeindeglied ist also keine menschlich mögliche noch gewollte, sondern eine – wie Bonhoeffer wiederholt unterstreicht – in dem Aktualisierungsgeschehen der sanctorum communio gewährte Möglichkeit. "Wo nun die Gemeinde ist, da ist Christus" (SC 120) – und wo Christus ist, da ist die Möglichkeit des Miteinander, in dem der Einzelne von der Gemeinde kraft der Liebe Christi getragen wird.

Das Füreinanderwirken in der sanctorum communio konkretisiert sich in drei Möglichkeiten: in der tätigen Liebe für den Nächsten, in der Fürbitte und dem gegenseitigen Spenden der Sündenvergebung im Namen Gottes (vgl. SC 121). Wie schon das Miteinander von Gemeinde und Gemeindeglied auf dem Prinzip der *Stellvertretung* ruhte, indem sich die Gemeinde an die Stelle des Einzelnen setzt, so sind auch die Möglichkeiten des Füreinander durch die Stellvertretung gekennzeichnet. "Einer trägt den andern in tätiger Liebe, Fürbitte und Sündenvergebung in der völligen Stellvertretung, die nur in der Gemeinde Christi möglich ist, die als Ganze auf dem Prinzip der Stellvertretung, d.h. auf der Liebe Gottes ruht." (SC 128)

Insofern die Gemeinde in der Offenbarung der Liebe Gottes in dem stellvertretenden Handeln Christi in die Liebe Gottes hineingezogen wird, sind nun auch für die Gemeinde Taten der Liebe möglich, in denen die Glieder des Leibes Christi miteinander, aneinander und füreinander handeln können, wie Christus für sie gehandelt hat. Hinsichtlich des stellvertretenden Handelns der Gemeindeglieder füreinander bleibt Christus dabei "Maß und Norm" (SC 120). Aufgrund dieser in und durch Christus eröffneten Möglichkeit stellvertretenden Handelns der Gemeinde, und das heißt, einzig und allein auf dieser Grundlage, kann und soll "jeder dem anderen ein Christus werden" (SC 121). Oder anders: *Weil* Christus vor Gott an unsere Stelle trat, können wir an die Stelle unserer Brüder treten, *wie* Christus an unsere Stelle trat. Mit anderen Worten: Für Bonhoeffer begründet die Exklusivität der Stellvertretung Christi die Möglichkeit der

---

50 Das Motiv des stellvertretenden Tausches orientiert sich an Luthers Auffassung vom "seligen Tausch". Eine mystische Verschmelzung der Glieder der Gemeinde ist bei Luther wie auch bei Bonhoeffer nicht intendiert, vielmehr bleibt die personale Struktur der Gemeinschaft erhalten. Vgl. hierzu ALBRECHT PETERS, Gegenwart Gottes-Wort Gottes, in: Zur Auferbauung des Leibes Christi (FS Peter Brunner, hrsg. v. Albrecht Peters und Edmund Schlink) Kassel 1965, 201-222; Luthers Rede vom fröhlichen Wechsel verfolgt durch das Gesamtwerk Luthers THEOBALD BEER, Der fröhliche Wechsel und Streit. Grundzüge der Theologie Martin Luthers, 2. Aufl. Einsiedeln 1980; siehe auch unten Teil C 3.

Inklusivität der Stellvertretung als soziales Strukturprinzip der sanctorum communio. Demzufolge ist das Tun der Liebe nach dem Vorbild Christi kein eigensinnig heroischer Akt, sondern Nachfolge Christi aufgrund des Lebens in der Liebe Christi. Es ist nicht ein Geschehen, in dem sich die Gemeinde konstitutiert, sondern *konsekutives* Geschehen, oder wie Bonhoeffer sagt, "Folge" (SC 120) des in Christus realisierten Seins der Gemeinde in der Liebe Gottes. "Nichts kann die Gemeinde tragen, wenn nicht Christus sie trüge." (ebd.) Nur auf dieser Grundlage kann das Glied der Gemeinde die Lasten seines Bruders tragen, so wie Christus in seinem stellvertretenden Tun die Lasten der anderen übernahm, wie Bonhoeffer in Berufung auf Gal 6,2 ("Einer trage des anderen Last, so werdet ihr das Gebot Christi erfüllen.") hervorhebt[51].

Auch die *Fürbitte* ruht auf dem Prinzip der Stellvertretung[52]: "Ich rücke in der Fürbitte an des anderen Stelle, wobei zwar mein Gebet das meine bleibt, aber doch aus seiner Not und seinem Bedürfnis heraus gebetet ist; ich trete wirklich in den anderen hinein, in seine Schuld und seine Not, ich werde angefochten von seinen Sünden und Gebrechen ..." (SC 124) So wie der Mensch in der tätigen Liebe dem Nächsten ein Christus werden kann, so auch in seiner Fürbitte (vgl. SC 121, 125). Auch hier ist zu beachten: *Weil* Christus sich vor Gott zum Fürsprecher der von Gott getrennten Menschheit macht, kann die Gemeinde im priesterlichen Dienst des fürbittenden Gebets *wie* Christus Schuld und Leiden des einzelnen Gemeindeglieds vor Gott bringen. Die Gemeinde ermächtigt sich in der stellvertretenden Fürbitte in keinem Fall in eigensinniger Aktion zum Substituten der Stellvertretung Christi, sondern bewährt in der Kraft des Heiligen

---

51 Bonhoeffer denkt die Struktur der sanctorum communio implizit auf der Grundlage der Theologie Luthers, der im Blick auf die Stellvertretung Christi Christus als *sacramentum und exemplum* unterscheidet. Mit Hilfe dieser Unterscheidung wird zum einen auf dem exklusiven Charakter der Stellvertretung Christi beharrt (Christus als sacramentum oder Gabe). Das sacramentum ist zum anderen jedoch Voraussetzung des exemplum, das die richtungsweisende Konstante der Christusnachfolge der in der Kraft des Heiligen Geistes in Christus lebenden Gemeinde bildet. Vgl. hierzu ERWIN ISERLOH, Sacramentum et exemplum. Ein augustinisches Thema lutherischer Theologie, in: Reformata reformanda Bd.1 (FS Hubert Jedin, hrsg.v.Erwin Iserloh und Konrad Repgen) Münster 1963, 247-264; WERNER JETTER, Die Taufe beim jungen Luther. Eine Untersuchung über das Werden des reformatorischen Sakraments- und Taufanschauung (BHTh 18), Tübingen 1954, 142-159; THEOBALD BEER, Der fröhliche Wechsel und Streit, 43-63. Zur Relevanz der Unterscheidung von sacramentum und exemplum für Bonhoeffer siehe auch unten Teil C 3.

52 Bonhoeffer orientiert seine Erörterungen über die Bedeutung der Fürbitte an MARTIN LUTHER, Von den guten Werken 1520, WA 6, (196)202-276, bes.232-243.

Geistes die Liebe Gottes. In der Fürbitte erkennt sich die Gemeinde in Gott "als Werkzeug seines Willens" zur Gemeinde (SC 125).

Das Füreinander im stellvertretenden Tun der Gemeinde verdichtet sich nach Bonhoeffer in der gegenseitigen Schuldübernahme und *Sündenvergebung* im Namen Christi. Indem Bonhoeffer mit Luther die Kirche als nova creatura in Christus versteht[53], kann er auch von der Möglichkeit der Gemeinde kraft des Wortes Christi sprechen, die Schuld und die Sünden der Einzelnen zu tragen. Sie tut dies, indem sie diese wiederum auf Christus legt. Die Gemeinde vermag also nach Bonhoeffer die Schuld ihrer Glieder nur insofern zu tragen, als Christus dieselbe trägt (vgl. SC 126f). Die Übernahme der Schuld durch die Gemeinde ist dabei die Voraussetzung für die Schuldvergebung im Namen Gottes. Demzufolge lebt die Gemeinde im stellvertretenden Dienst miteinander und füreinander, indem sie in der tätigen Liebe sich nicht nur die Situation ihrer Glieder selbst zueigen macht, sondern darin auch deren Schuld übernimmt. Als in Christus neu geborene Kreatur kann und soll sie in der Kraft des Heiligen Geistes im Auftrag und im Namen Jesu Christi die in Christus vollzogene Vergebung der Sünden zusagen.

4.4. Die Einheit der sanctorum communio

Die *Einheit* der Kirche wird nicht konstituiert durch die wie auch immer geartete Einigkeit ihrer Glieder, sondern ist in Christus vor allem "Wissen und Wollen der Glieder" (SC 133) gegeben. Wie die Gerechtigkeit des Sünders iustitia aliena et passiva ist, ist auch die Einheit der Kirche nach Bonhoeffer in und durch Christus gesetzte Beziehung (vgl. SC 128). Unmißverständlich stellt Bonhoeffer fest: "Die Einheit der christlichen Kirche gründet nicht auf menschlicher Geisteinigkeit, sondern auf göttlicher Geisteinheit, und beides ist zunächst nicht identisch." (SC 132f) Die Einheit der Kirche bildet sich also nicht dadurch, daß die Glieder der Gemeinde im gegenseitigen Mit- und Füreinander die gleichen Intentionen verfolgen, sondern umgekehrt: Nur weil die Glieder der Gemeinde am vorgängig realisierten Leib Christi und seiner Liebe partizipieren, besteht die Möglichkeit ihres stellvertretenden Tuns. "Die personale Einheit der Kirche ist 'Christus als Gemeinde existierend'." (SC 133)

Bonhoeffer betont nachdrücklich, daß der Begriff der Einheit der Kirche

---

53 Martin Luther, Tesseradecas consolatoria pro laborantibus et oneratis 1520, WA 6, 130 (Vgl. SC 127 Anm. 65).

in Christus weder die besondere Individualität der Einzelperson noch das soziale Relationsgefüge der sanctorum communio in eine höherstufig gedachte Einheit einschmilzt. Genauso wie die Einheit der Kirche nicht am Ende eines Prozeßgeschehens steht, in dem die Einzelperson in die Persongemeinschaft aufgelöst wird und diese dann von von der Einheit der Kirche absorbiert wird, genauso ist die Einheit der Kirche nicht Resultat eines Individualität und Sozialität in sich verschlingenden Vereinheitlichungsgeschehen. Vielmehr ist sie in Christus vorgegebene und verbürgte Einheit, durch welche die besondere Individualität wie auch die spezifische Sozialität der menschlichen Person nicht ausgetilgt, sondern im Bezugszusammenhang des Leibes Christi bewährt wird.

Die Kirche *bestätigt* die ihr in Christus vorgegebene und geschenkte Einheit in dem Bekenntnis ihres Glaubens, in dem sie sich in der Einheit ihres Glaubens vor Gott stellt. Nach Bonhoeffer ist das Glaubensbekenntnis "von unten gesehen geradezu das Konstituens der Einheit der Kirche" (SC 134). Gleichwohl wäre ein von hier aus abgeleiteter Begriff der Kirche als *Glaubensgemeinschaft* zutiefst unvollständig. Der geistgewirkte Glaube ist für Bonhoeffer "seinem Wesen nach allein Richtung auf Gott" und besagt für sich allein genommen über die communio der Glaubenden nur deren Einheit im Glauben als Einheit des Glaubens aus. Erst die durch den Glauben tätige Liebe bildet die communio sanctorum "im prägnanten Sinne" (SC 135). Demzufolge erfährt die Einheit des Glaubens ihre Ausprägung in der *Gemeinschaft der Liebe*, die im und durch den Glauben möglich wird. So gesehen bestätigt die Kirche in der Kraft des Heiligen Geistes ihre vorgegebene Einheit sowohl im Glauben als auch in der durch den Glauben tätigen Liebe. Das Mittel zur Verwirklichung ihrer Einheit ist nach Bonhoeffer die Liebe. Genauso wie es die Liebe ist, die die Einheit der Kirche in der Perspektive ihrer Bestätigung durch die Gemeinde fordert, genauso stellt auch die Liebe selbst das Mittel dar, das auf die Einheit der Kirche in der Perspektive ihrer Einigung von unten hindrängt.

In der "Unauflöslichkeit des personalen Seins" (SC 137) liegt die Anerkennung der konkreten und unaufhebbaren *Verschiedenheit* und Ungleichartigkeit der Glieder der Gemeinde beschlossen. Die Gemeinde in Christus muß selbst dort in ihrer Einheit gesehen werden, wo zwischen ihren Gliedern Gegensätze walten und Widerstreit herrscht. In der Anerkennung der konkreten Verschiedenheit der Glieder am Leib Christi ist denn auch die Rechtfertigung des "paulinischen Patriarchalismus" begründet (SC 139)[54]. Bonhoeffer läßt sich in diesem Zusammenhang zu der

54 Der Begriff des paulinischen *Patriarchalismus* bei Bonhoeffer dürfte auf Ernst Troeltsch zurückgehen. Vgl. ERNST TROELTSCH, Die Soziallehren der christlichen

Aussage hinreißen, daß die objektive Einheit der Gemeinschaft desto größer ist, "je gewaltiger die Ungleichartigkeit im Kampf zutage tritt" (SC 129). Folgen wir der Argumentation Bonhoeffers, dann erfährt diese problematische Auffassung freilich dahingehend ihre Erläuterung, daß für die christliche Gemeinde im Widerstreit nur das "Kampfmittel" der Liebe in Betracht kommt (SC 135). Verschiedenheit und soziale Ungleichartigkeit werden also nicht theologisch festgeschrieben, sondern indem die Menschen vor Gott in ihrer "Sündhaftigkeit", ihrer "Erlösungsbedürftigkeit" sowie der Partizipation an der Gnade Gottes als Gleiche angesehen werden (SC 137), werden sie in ihrer Verschiedenheit kraft der Liebe Gottes in der Liebe aufeinander und füreinander hingeordnet. Die christliche Gemeinschaft ruht demzufolge auf der gottgesetzten Gleichheit. Der von Bonhoeffer eingeführte Begriff des Patriarchalismus gibt sich insofern in näherer Hinsicht als *Liebespatriarchalismus* zu erkennen[55]. Demzufolge durchdringt die in der Gemeinschaft geübte Liebe die Verschiedenheit und soziale Ungleichartigkeit der Personen, "indem Stärke und Schwäche, Ehre und Schande, Moral und Unmoral, Frömmigkeit und Unfrömmigkeit füreinander da sind, nie aber für sich allein" (SC 138).

Die vorgegebene Einheit der Kirche in Christus ist mit ihrer menschlich-historischen Einheit weder *identisch* noch steht jene zu dieser im Verhältnis *zusammenhangsloser Verschiedenheit*. Vielmehr kennzeichnet die Kirche in der doppelten Perspektive ihrer "Einheit von oben" und ihrer "Einigung von unten" eine spannungsgeladene *Differenz* (SC 136). Die Auflösung dieser Differenz, die zwischen der gottgesetzten Einheit und der menschlich-geschichtlichen Einigkeit der Kirche herrscht, denkt Bonhoeffer dabei im Horizont der Eschatologie (vgl. SC 137). Auch wenn der "Leib Christi in der Geschichte nie zu vollkommener Darstellung gelangt" (SC 133), so vermittelt nach Bonhoeffer doch in der Kraft des Heiligen Geistes die Bewegung der tätigen Liebe zwischen der in Christus gottgesetzten Einheit der Kirche und den kirchlichen Einheitsbestrebungen von Seiten des Menschen. Bonhoeffers Ansatz zielt also nicht auf die *Suspension* der Differenz im Sinne einer dualen Konzeption, die die christolo-

---

Kirchen und Gruppen (Gesammelte Schriften I), Aalen 1965 (Nachdruck der Ausgabe Tübingen 1922), 67-83. Diese Bezugnahme Bonhoeffers auf Troeltsch ist in der Neuausgabe von "Sanctorum Communio" im Apparat des Herausgebers nicht angegeben.

55 Den Begriff *Liebespatriarchalismus* übernehme ich von Gerd Theißen, der damit das Ethos charakterisiert, das von Paulus vor allem in der korinthischen Gemeinde zur Bewältigung der dort begegnenden sozialen Konflikte empfohlen wird. Vgl. GERD THEIßEN, Studien zur Soziologie des Urchristentums, 2. erweiterte Aufl. Tübingen 1983, 270f, 288 und 311f.

gisch bestimmte Gemeinde in ihrem unsichtbaren Wesen von ihrer defizitären sichtbaren Erscheinung trennt. Vielmehr impliziert das von Bonhoeffer entfaltete Kirchenverständnis den konfliktgeprägten *Austrag* der angesprochenen Differenz. Auch wenn Bonhoeffer kein konflikttheoretisches Modell entwirft, das die Art und Weise des Austrags jener Differenz präzisiert, so läßt er doch keinen Zweifel daran, daß aus theologischen Gründen nur ein Mittel des Konfliktaustrags in Betracht kommt: die Liebe.

5. Die Gemeinschaft der Heiligen als Gemeinschaft der Sünder

Durch den Aufbau seiner Arbeit gibt Bonhoeffer zu dem Mißverständnis Anlaß, die Aktualisierung der Kirche durch den Heiligen Geist stehe zwischen ihrer Realisierung in und durch Christus und ihrer empirischen Gestalt. Indes gehört noch das Kapitel über die empirische Gestalt der Kirche (SC 140ff) sachlich zu den Ausführungen über das Aktualisierungsgeschehen der Kirche. Der Grund für die Unterteilung der Kapitel 5.II und 5.III in "Sanctorum Communio" liegt nicht in einer Trennung der pneumatologischen Entfaltung von der Empirie der Kirche, sondern in der doppelten Perspektive, in der Bonhoeffer die Vergegenwärtigung der in Christus realisierten Kirche denkt. Wird in Kapitel 5.II die Kirche zunächst allein aus dem Blickwinkel des vergegenwärtigenden Wirkens des Heiligen Geistes zum Thema, so in Kapitel 5.III unter der Perspektive der geschichtlich-empirischen Wirklichkeit als des Ortes des Wirkens des Heiligen Geistes. Die Ausführungen über die Aktualisierung der Kirche sind also erst vollständig, wenn beide Perspektiven aufeinander bezogen sind. Diese Bezogenheit wird in dem Programmsatz deutlich, mit dem Bonhoeffer das Kapitel über die emprische Gestalt der Kirche eröffnet: "Die durch den heiligen Geist aktualisierte Kirche Jesu Christi ist gegenwärtig wirklich Kirche." (SC 140)

Auch mag die Terminologie Bonhoeffers Anlaß zu dem Mißverständnis geben, Bonhoeffer statuiere letztlich einen doppelten Kirchenbegriff. Kapitel 5.II spricht von der Aktualisierung der "*wesentlichen*" Kirche (SC 100, Hervorhebung JvS), Kapitel 5.III von der Kirche, die empirisch *wirklich* ist. Daneben bewegt sich Bonhoeffer beinahe durchgängig in der terminologischen Unterscheidung von sichtbarer und unsichtbarer Kirche. Interpretiert man Bonhoeffers Kirchenverständnis allein vor dem Hintergrund der von ihm verwendeten Terminologie, so scheint sich der Verdacht einer dichotomischen Konzeption nahezulegen, die die wesentliche oder unsichtbare Kirche der empirischen oder sichtbaren Kirche im Sinne einer bezugslosen Verschiedenheit gegenüberstellt. Nichts liegt Bonhoeffer jedoch ferner als dies. Ausdrücklich warnt er vor den Mißverständnissen, die der Begriff der unsichtbaren Kirche provoziert. "Die Gefahr des Begriffs der Unsichtbarkeit der Kirche liegt besonders darin, daß die sichtbare, d.h.empirische Kirche nicht für Kirche gehalten wird ... Unsichtbare und sichtbare Kirche sind Eine Kirche." (SC 150 Anm. 92)[56] Die Einheit von empirischer und gottgesetzter Kirche ist dabei nicht eine geschichtlich konstatierbare Identität, sondern geglaubte Einheit. "Nicht eine unsichtbare Kirche wird geglaubt, nicht das Reich Gottes in der Kirche als coetus electorum, sondern daß Gott die konkrete empirische Kirche, in der Wort und Sakrament verwaltet werden, zu seiner Gemeinde gemacht hat, daß sie Leib Christi, d.h. Gegenwart Christi in der Welt sei, daß nach der Verheißung Geist Gottes in ihr wirksam werde." (SC 191) Genausowenig wie wesentliche und empirisch wirkliche Kirche nach Bonhoeffer aus geschichtlicher Sicht im Verhältnis unterschiedsloser Identität gesehen werden können, genausowenig stehen sich beide beziehungslos gegenüber.

Die Identität von wesentlicher und empirischer Kirche kann nach Bonhoeffer schon deswegen nicht angenommen werden, weil die Gemeinschaft der Heiligen immer auch eine Gemeinschaft der Sünder "bleibt und stets gewesen ist" (SC 143). Was also für die Glieder am Leibe Christi in ihrer Existenz simul iustus – simul peccator gilt, wird von Bonhoeffer in gleicher Weise für die geschichtlich wirkliche Kirche in Geltung gestellt. Insofern können wir davon sprechen, daß Bonhoeffer die Hamartiologie in das in den vorangehenden christologischen und pneumatologischen Ausführungen entworfene Bild der sanctorum communio einbezieht. Vor dem Hintergrund dieser systematischen Grundentscheidung stellt Bonhoeffer unmißverständlich fest: "Die Möglichkeit, den Einzelnen und die Gemeinschaft als reines Werkzeug des heiligen Geistes aufzufassen, wird illusorisch." (SC 144)

Es verdient festgehalten zu werden, daß die Lehre von der Sünde nicht so auf den Kirchenbegriff durchschlägt, daß die empirische Gestalt der Kirche schlechtweg für sündig erklärt werden müßte. Da die Sünde *in der Vergebung der Sünden*, nicht aber *in der Wirklichkeit* als solcher aufgehoben ist, aktualisiert sich die in Christus realisierte Kirche im permanenten Widerstreit gegen die Sünde (vgl. SC 141). Indem die Sünde freilich in und durch Christi Stellvertretung vergeben ist, lebt die in, mit und unter

56 Bonhoeffer beruft sich hierfür besonders auf MARTIN LUTHER, Von dem Papsttum zu Rom 1520, WA 6, 285-324, bes. 297.

Christus aktualisierte Kirche in der Vergebung der Sünden. Die Existenzform der empirischen Kirche ist also durch die Gleichzeitigkeit des peccator et iustus gekennzeichnet, nicht aber durch schlechthinnige Sündhaftigkeit[57]. Bonhoeffer wehrt sich gleichzeitig dagegen, die Sünde als menschliche Unvollkommenheit zu relativieren, die der Mensch kraft eigener Anstrengung hinter sich lassen könnte[58]. Ein geschichtsphilosophischer oder entwicklungslogischer Entwurf des Kirchenverständnisses wird daher abgelehnt (vgl. SC 142 und 193). Die iustus-peccator-Struktur hilft Bonhoeffer, sich von zwei Extremen abzugrenzen: Wie auf der einen Seite das Gewicht der Sünde nicht zur bloßen Unvollkommenheit ermäßigt werden darf, so darf auf der anderen Seite die Relativität und Unvollkommenheit der empirischen Kirche nicht schon als Ausdruck ihrer schlechthinnigen Sündhaftigkeit angesehen werden. Beide Extreme lösen die *in* der *Einheit* der Kirche festgehaltene *Differenz* von wesenhafter und empirisch wirklicher Kirche auf. Während in dem einen Fall die Kirche in einer Entwicklungslogik gesehen werden kann, an deren Ende unsichtbare und sichtbare Kirche unterschiedlos zusammenfallen, so wird in dem anderen Fall die empirische Gestalt der Kirche infolge ihrer Sündhaftigkeit gegenüber der wesentlichen Kirche vollkommen relativiert und somit gleichgültig. Wie wir bereits in dem Abschnitt über die Einheit der Kirche in Christus ausgeführt haben, soll die in der Einheit der Kirche festgehaltene Differenz so gestaltet werden, daß es zu einer *Entsprechung* von Wesen und Empirie der Kirche kommt ("Nur von einer dem Wesen mehr oder weniger entsprechenden Gestaltung der empirischen Form kann gesprochen werden."[SC 150 Anm. 92]). Mit anderen Worten: Die Differenz von sichtbarer und unsichtbarer Kirche zielt auf Gestaltung, nicht aber auf Suspension.

Die aktualisierte Kirche Jesu Christi als die gegenwärtig wirkliche Kirche hat die communio peccatorum nicht schon vollständig hinter sich gelassen, sondern bleibt dem Zugleich von communio sanctorum und communio peccatorum verhaftet. Die Gemeinschaft der Heiligen ist immer auch Gemeinschaft der Sünder – als mit Christus verbundene Gemeinschaft der Sünder ist sie aber gerade als diese immer auch Gemeinschaft

---

57 Bonhoeffer dürfte bei der Auffassung, die die empirische Gestalt der Kirche als eine schlechthinnige Gestalt der Sünde auffaßt, Karl Barth im Blick haben. Vgl. hierzu ausführlich oben den Abschnitt 2.2.

58 Im Zusammenhang dieses Argumentes kritisiert Bonhoeffer das Kirchenverständnis Immanuel Kants (Vgl. SC 142f Anm. 79). Vgl. auch IMMANUEL KANT, Die Religion innerhalb der Grenzen der bloßen Vernunft (Werke Bd.7, hrsg.v.Wilhelm Weischedel), Darmstadt 1981, 759f.

der Heiligen. Sowenig sie also diese ist, ohne auch jene zu sein, sowenig ist sie jene, ohne auch diese zu sein (vgl. SC 144). Kraft des Heiligen Geistes vollzieht sich inmitten der der Sünde verhafteten Welt die Restitution der menschlichen Individualität und Sozialität. Dieses Transformationsgeschehen ist dabei als Vorfall der erst *eschatologisch* vollständig etablierten Versöhnungswirklichkeit aufzufassen[59]. Als "eschatologische Prolepse" (SC 144) versteht Bonhoeffer die wirkliche Kirche immer nur als Anfang des neuen Lebens in unversehrter Sozialität. Wenn auch in Christus realiter überwunden, so ist die peccatorum communio doch eine actualiter noch vorhandene Wirklichkeit, gegen die das Aktualisierungsgeschehen des Heiligen Geistes streitet. Mit dem eschatologischen Verständnis der Kirche richtet Bonhoeffer einen kritischen Vorbehalt gegen jegliche Spielart der Identifikation der in Christus realisierten mit der empirischen vorfindlichen Kirche auf. Aus theologischen Gründen wird damit sowohl ein *ekklesiologischer Triumphalismus* als auch ein ekklesiologischer *Perfektionismus* im Ansatz ausgeschlossen. "Gemeinde ist, war und bleibt in der Geschichte ekklesia militans, nicht triumphans." (SC 258)

Bonhoeffers Ausführungen über die empirische Gestalt der Kirche (SC 5.Kapitel III, 140-193) sollen in einem weiter unten folgenden Kapitel weiter verfolgt werden (siehe unten Teil D). Zunächst soll jedoch das in "Sanctorum Communio" entwickelte Kirchenverständnis in den Horizont anderer theologischer Konzeptionen eingerückt werden. Dabei werde ich versuchen, die angesprochenen theologischen Grundentscheidungen Bonhoeffers mit Hilfe der im nächsten Kapitel in systematischer Absicht formulierten Vergleichsperspektiven interpretativ zu vertiefen.

59 Vgl. in "Sanctorum Communio" hierzu auch das Kapitel "Kirche und Eschatologie" (SC 193-198).

C Ekklesiologische Konzepte im Vergleich

1. Die teleologische Kongruenz von Gott, Christus und Gemeinde in der Theologie Albrecht Ritschls

In der Optik der Dialektischen Theologie erscheint nicht nur die Theologie, sondern die gesamte Geistesgeschichte des 19. Jahrhunderts als Inbegriff einer auf Subjektivismus und Individualismus zentrierten Epoche[1]. Während die Dialektische Theologie die Geistesgeschichte des 19. Jahrhunderts mit dem pauschalen Verdikt der Anthropologisierung, Subjektivierung und Individualisierung belegte, sehen allerdings auch diejenigen, die der Pauschalität der Absage an die protestantische Theologie des 19. Jahrhunderts durch die Dialektische Theologie widersprechen, *Subjektivität* und *Individualität* als Kategorien an, die zuvorderst den Epochenindex der Neuzeit markieren[2]. Weitgehende Einigkeit herrscht beispielsweise darüber, daß seit Schleiermacher die neuzeitliche Individualitätskultur ihre religiöse Begründung erfahren habe, die seitdem das gemeinsame Grundanliegen und vorherrschende Thema vornehmlich der liberalen Theologie im 19. Jahrhundert bilde[3].

Diese weitgehend im Anschluß an Ernst Troeltsch favorisierte Sichtweise protestantischer Theologie im 19. Jahrhundert bedarf freilich erheblicher Differenzierung[4]. Allein die Theologie Albrecht Ritschls, ohne die die liberale Theologie des 19. Jahrhunderts nur unvollkommen zu verstehen ist, ist auf den Grundton der *Individualismuskritik* gestimmt[5]. So wider-

---

1 Als klassisches Dokument dieser Sichtweise vgl. KARL BARTH, Die protestantische Theologie im 19.Jahrhundert – Ihre Vorgeschichte und ihre Geschichte, Zollikon/Zürich 1947.

2 Vgl. den richtungsbildenden Programmaufsatz von TRUTZ RENDTORFF, Radikale Autonomie Gottes – Zum Verständnis der Theologie Karl Barths und ihrer Folgen, in: DERS., Theorie des Christentums – Historisch-systematische Studien zu seiner neuzeitlichen Verfassung, Gütersloh 1972, 161-181.

3 Vgl. als jüngsten Beleg GUNTHER WENZ, Neuzeitliches Christentum als Religion der Individualität? Einige Bemerkungen zur Geschichte protestantischer Theologie im 19.Jahrhundert, in: Individualität (Poetik und Hermeneutik XIII), hrsg. v. Manfred Frank und Anselm Haverkamp, München 1988, (123-160) 138.

4 Vgl. ERNST TROELTSCH, Die Bedeutung des Protestantismus für die Entstehung der modernen Welt, 2. Aufl. München/Berlin 1911.

5 Zu denken wäre auch an die Theologie RICHARD ROTHES, das *konfessionelle Luthertum* wie die *theologisch-spekulativen Rezipienten Hegels*, für die die generelle

spricht Ritschl ausdrücklich der Aufstellung Schleiermachers, im Protestantismus sei das Verhältnis zur Kirche durch das Verhältnis des Einzelnen zu Christus bestimmt, während umgekehrt der Katholizismus das Verhältnis des Einzelnen zu Christus von dessen Verhältnis zur Kirche abhängig mache (RV III 517)[6]. Ritschl meldet Bedenken gegen die Formel Schleiermachers an, weil er darin eine individualistische Auflösung des Kirchenbegriffs erblickt. In diesem kritischen Vorbehalt scheint unübersehbar das Grundanliegen der Theologie Ritschls durch, das auf eine Fassung des Verhältnisses von *Christus und Gemeinde* zielt, durch die bereits im Ansatz sowohl der Begriff einer Amts- und Bekenntniskirche als auch ein sich durch die fromme Selbstgewißheit des Individuums konstituierender Kirchenbegriff kategorial vermieden werden sollen.

1.1. Die Kritik des Individualismus und des Konfessionalismus

Stichwortartig formuliert, bilden der kirchliche Konfessionalismus einerseits und die pietistische Theologie und Frömmigkeit andererseits die doppelte Frontstellung, in der Ritschl seine Theologie entwickelt. Das in der Innerlichkeit des frommen Individuums situierte unmittelbare Gottesverhältnis, das nach Ritschl den Kern einer jeden Spielart *pietistischer Frömmigkeit und Theologie* ausmacht, bedeutet in Ritschls Augen nichts Geringeres als die Abkehr von den Grundlagen reformatorischer Theolo-

---

Klassifizierung einer von diesen favorisierten "Individualitätskultur" nicht zutrifft. Schon Schleiermacher wird mit dem aufgestellten Epochenindex "Individualität" unzureichend charakterisiert. Das Theorieprogramm Schleiermachers kann geradezu umgekehrt als der Versuch einer theologischen Kommunikationstheorie interpretiert werden, die die Koemergenz von Individualität und Sozialität in freier Kommunikation herauszuarbeiten sucht. Vgl. hierzu MICHAEL WELKER, F.D.E. Schleiermacher, Universalisierung von Humanität, in: Grundprobleme der großen Philosophen. Philosophie der Neuzeit III, hrsg. v. Josef Speck, Göttingen 1983, 9-45. – In der Interpretation der Theologie des 19. Jahrhunderts kommt man m.E. nur weiter voran, wenn man zwischen den Begriffen des *Subjektes*, der *Person* und des *Individuums* kategorial unterscheidet. Eine Untersuchung hierzu ist freilich nicht in Sicht.

6 Die in Klammern begegnende Abkürzung *RV III* bezieht sich im folgenden Text auf ALBRECHT RITSCHL, Die christliche Lehre von der Rechtfertigung und Versöhnung III, Bonn 3. Aufl. 1888. – Zu dem von Schleiermacher aufgestellten Gegensatz zwischen Protestantismus und Katholizismus vgl. FRIEDRICH SCHLEIERMACHER, Der christliche Glaube § 24, (Auf Grund der zweiten Auflage neu hrsg. v. Martin Redeker), Berlin 1960, 137.- Zum Kirchenbegriff Schleiermachers vgl. TRUTZ RENDTORFF, Kirche und Theologie. Die systematische Funktion des Kirchenbegriffs in der neueren Theologie, Gütersloh 1966, 115-167.

gie. Die innerlich gefaßte fromme Selbstgewißheit des individuellen Glaubens laufe der reformatorischen Auffassung der durch die Predigt der Gemeinde verkündigten Rechtfertigung zuwider und müsse notwendig in ein privatistisches, mystisch gefärbtes Christentum münden. In Schleiermachers Kennzeichnung des Protestantismus, in der das Verhältnis zur Kirche als abhängig von der Christusbeziehung des frommen Subjekts vorgestellt wird, drücke sich der Widerschein der "pietistischen Zersetzung des Kirchenbegriffs" aus (RV III 518). Gegen die Gefühlsseligkeit und Erbaulichkeit pietistischer Frömmigkeit hegt Ritschl eine ebenso starke Aversion wie gegen die durch private Übereinkunft gebildeten Konventikel, die mit der reformatorischen Anschauung von der Kirche unvereinbar seien. Auch im Blick auf die praktischen Konsequenzen des Pietismus fällt das Urteil nicht minder scharf aus. Pietismus läuft in Ritschls Augen unweigerlich auf Weltflucht und Quietismus hinaus.

Ebensowenig wie Ritschl der pietistischen Erweckungsfrömmigkeit zuzustimmen vermag, bietet sich der Kirchenbegriff des konfessionellen Luthertums als Alternative zum individualistischen Kirchenverständnis pietistischer Färbung an. Ritschl, der sich selbst als "Polemiker von Natur und Erziehung" charakterisiert[7], verschont auch den *kirchlichen Konfessionalismus* seiner Zeit nicht vor vehementer Kritik. Diejenige Theologie, die dem Amt in der Kirche den autoritativen Vorrang vor dem Priestertum aller Gläubigen einräumt, müsse die Gemeinde geradezu zur Unmündigkeit erziehen. Insbesondere greift Ritschl den expliziten Rückgriff auf die Bekenntnisschriften an, demzufolge das geschichtlich fixierte Bekenntnis gegenüber Schrift und Verkündigung zum primären Konstitutionsmoment der Kirche aufrückt. Das verhängnisvolle Resultat des Bekenntniskirchenbegriffes bilde ein statutarischer Kirchenglauben, der nicht nur zur Grundlage eines eifernden Konfessionalismus wird, sondern auch eine Glaubenshaltung befördert, die allenthalben intellektuelle Unterwerfung verlangt. Ritschls Polemik gegen jegliche Spielart einer so verstandenen kirchlichen Theologie gipfelt in dem Vorwurf, der kirchliche Konfessionalismus sei in Wahrheit nichts anderes als eine Form von Kryptokatholizismus[8].

---

7 *Albrecht Ritschls Leben.* Dargestellt von Otto Ritschl Bd.2, Freiburg 1896, 274.

8 Zum Streit um den Begriff der Kirche in der Theologie des 19. Jahrhunderts liegt keine Gesamtdarstellung vor. Diese Forschungslücke sollte schon deswegen geschlossen werden, weil die ekklesiologischen Kontroversen im 20. Jahrhundert in der Theologie des 19. Jahrhunderts vorgebildet scheinen. Ohne diese Vorgeschichte kann der Streit um den Kirchenbegriff in der Theologie des 20. Jahrhunderts m.E. nur unzureichend verstanden werden. Vgl. im einzelnen: EMANUEL HIRSCH, Geschichte der neuern evangelischen Theologie Bd.V, Gütersloh 3. Aufl. 1964, 145-231; WIL-

Auch wenn Ritschl gegen jede Form des Pietismus und Klerikalismus zu Felde zieht, muß gleichwohl beachtet werden, daß seine theologische Arbeiten einem angemessenen Verständnis von Kirche und Gemeinde dienlich sein möchten. Die theologischen Grundüberzeugungen hat er noch vor der Abfassung seines Hauptwerks "Die christliche Lehre von der Rechtfertigung und Versöhnung" (der erste Band erschien 1870) 1867/68 in Briefen an Ludwig Diestel zu erkennen gegeben. Die leitende Programmthese, die wir den brieflichen Bemerkungen Ritschls entnehmen können, besteht in der Annahme einer *Reziprozität der Lehre von der Versöhnung durch Christus mit der Lehre von der Gemeinde.*[9] Der Begriff der Gemeinde soll als eine Zweckbestimmung so in den Begriff der Versöhnung aufgenommen werden, daß der Einzelne der Gemeinde der Gläubigen in seiner Beziehung auf das Versöhnungswerk Christi logisch nachgeordnet wird. Nur so können der Bekenntniskirchenbegriff wie das individualistische Kirchenverständnis bereits im Ansatz vermieden werden. Ritschl hat in "Rechtfertigung und Versöhnung" seine zentrale These in das Diktum gefaßt: "Aber, so zu sagen, das Christentum ist nicht einer Kreislinie zu vergleichen, welche um Einen Mittelpunkt liefe, sondern einer Ellipse, welche durch zwei Brennpunkte beherrscht ist." (RV III 11) Während der erste Brennpunkt sich auf die Erlösung durch Christus

---

HELM SCHNEEMELCHER, Conf. Aug. VII im Luthertum des 19. Jahrhunderts, in: EvTh 9 (1949/50), 308-333; HOLSTEN FAGERBERG, Bekenntnis, Kirche und Amt in der deutschen konfessionellen Theologie des 19. Jahrhunderts, Uppsala 1952; REINER STRUNK, Politische Ekklesiologie im Zeitalter der Revolution (GT.S 5), München/Mainz 1971.

9 In diesen Briefen sind sowohl die systematischen Leitthesen aufzufinden, die Ritschls Werk fernerhin bestimmen werden, als auch die drastische Kritik an den abgelehnten, ja angefeindeten Positionen. Es heißt dort: "Ich habe jetzt eine große Sicherheit in meinem theologischen Bewußtsein gegenüber allen Parteien, seitdem mir klar geworden ist, daß die Lehre von der Versöhnung durch Christus und die Idee von der erwählten Gemeinde in direktester Wechselwirkung stehen, daß namentlich jene nicht einmal richtig vorgestellt werden kann außer dieser Beziehung. Damit habe ich die Macht über alle, welche die Kirche entweder mit der Sekte und Clique oder mit der Schule (orthodoxer oder häretischer) vertauschen, mögen sie das Wort Kirche noch so stark im Munde führen, und habe die Macht über alle, welche mit konfusen Schlagwörtern in Geschichtsforschung wie Dogmatik den Sisyphusstein wälzen." (Albrecht Ritschls Leben, aaO. 50f) Und: "Wir bringen es nicht eher zur evangelischen Kirche und überwinden nicht eher die pietistische Sekte, sowie die lutherische und die radikale Schule, als bis wir die Vorstellung von der Kirche in unser prinzipielles Glaubensbewußtsein a priori einschließen und sie in der Theologie in allen Fällen als Faktor direkt oder indirekt in Anschlag bringen. Das ist mein Bekenntnis." (AaO. 52f)

bezieht, so der zweite auf die durch Christi Versöhnungstat gegründete Gemeinde.

Die folgenden Überlegungen wollen am Leitfaden des behaupteten Zusammenhangs von Christologie und Gemeinde die systematischen Grundentscheidungen der Theologie Albrecht Ritschls anhand von dessen Hauptwerk "Die christliche Lehre von der Rechtfertigung und Versöhnung" rekonstruieren[10]. Dieses Bemühen erscheint mir im Zusammenhang der vorliegenden Arbeit insofern von Interesse, als unter der Perspektive der Individualismuskritik und der konstruktiven Entfaltung des Gemeindebegriffs die Theologie Albrecht Ritschls und Dietrich Bonhoeffers zumindest von ihrer Intention her übereinzustimmen scheinen. Freilich muß beachtet werden, daß der Begriff der Gemeinde bei Ritschl über den Kirchenbegriff hinausreicht. Er faßt nämlich die Kirche und das Reich Gottes, das sich auf die faktisch vorhandenen Gemeinschaftsformen der Gesellschaft erstreckt, unter sich[11].

1.2. Der systematische Ansatz: Die Bedeutung Jesu Christi im Blick auf die Gemeinde

Theologie vermag nach Albrecht Ritschl nicht Wissenschaft zu sein, wenn sie sich in erster Instanz dem Maßstab der Dogmen oder dem kirchlichen Lehrbegriff unterwirft. Vielmehr muß sich die Theologie auf die Schrift gründen können und von hier aus ihren Ausgang bestimmen. Die authentische Kenntnis der christlichen Religion kann "nur aus Urkunden ge-

10 Aufgrund ihres diskursiven Charakters beziehe ich mich in der Hauptsache auf die 3. erweiterte Auflage des Bandes III von "Rechtfertigung und Versöhnung". Literatur zur Theologie Ritschls: CHRISTIAN WALTHER, Typen des Reich-Gottes-Verständnisses. Studien zur Eschatologie und Ethik im 19. Jahrhundert (FGLP 20), München 1961; PAUL WRZECIONKO, Die philosophischen Wurzeln der Theologie Albrecht Ritschls. Ein Beitrag zum Problem des Verhältnisses von Theologie und Philosophie im 19. Jahrhundert (TBT 9), Berlin 1964; HERMANN TIMM, Theorie und Praxis in der Theologie Albrecht Ritschls und Wilhelm Herrmanns. Ein Beitrag zur Entwicklungsgeschichte des Kulturprotestantismus, Gütersloh 1967; ROLF SCHÄFER, Ritschl. Grundlinien eines fast verschollenen dogmatischen Systems, (BHTh 41), Tübingen 1968; JAMES RICHMOND, Albrecht Ritschl. Eine Neubewertung (GTA 22), Göttingen 1978; STEPHAN WEYER-MENKHOFF, Aufklärung und Offenbarung. Zur Systematik der Theologie Albrecht Ritschls (GTA 37), Göttingen 1988.

11 Die Unterscheidung von Kirche und Reich Gottes wird weiter unten erläutert (siehe 1.5.).

schöpft werden, welche der Stiftungsepoche der Kirche nahe stehen, und aus keinen anderen"[12]. Ritschl nimmt deshalb im zweiten Band von "Rechtfertigung und Versöhnung" einen biblisch-theologischen Rückbezug auf die ursprünglichen Auffassungen des Neuen Testaments über die Bedeutung Jesu im Medium der urchristlichen Zeugnisses von ihm vor, um von hier aus seine systematische Konzeption in Band III von "Rechtfertigung und Versöhnung" zu entfalten. Hierbei beschäftigt ihn zunächst die Frage, welcher "Standpunkt" einzunehmen sei, um die divergierenden biblischen Anschauungen zu beurteilen und zu ordnen, um ein "System der Theologie" auszuführen (RV III 4).

Die Eigentümlichkeit der christlichen Religion gilt Ritschl im Wirken ihres Stifters voll und ganz ausgeprägt; allerdings umfaßt das Wirken Jesu nicht nur dessen persönliches Leben und seine Lehre, sondern auch den "Erfolg" (RV III 1) seines Auftretens. Wird der *Erfolg* des Wirkens Christi auf die Glieder seiner Gemeinde nicht in den Begriff der christlichen Religion hineingenommen, verfehlt man deren spezifische Eigenart, da die Absicht, der Wert und die Bedeutung Jesu nicht ohne dessen Erfolg erkannt werden können. Die Theologie Ritschls basiert also nicht auf der Ermittlung der Lehre und der Person des historischen Jesus, sondern auf dem Verhältnis Jesu zu seiner Gemeinde, die als Erfolg seines Wirkens gewertet werden muß[13].

Das Verhältnis Jesu zu seiner Gemeinde, näherhin: der Erfolg der Absicht Jesu bildet die Grundlage, auf der Ritschl sein System der Theologie meint errichten zu können. Mit dieser Auffassung fallen bereits wichtige Grundentscheidungen. Zum einen scheint Ritschl das Mittel der historischen Biographie, mit dem eine Religion Jesu erhoben wird, untauglich, da die kritische Geschichtsforschung zwangsläufig die Destruktion der religiösen Geltung der Bedeutung Jesu nach sich ziehen müsse. Überdies laufe die Orientierung an der Persönlichkeit Jesu auf einen religiösen Individualismus hinaus, der die Bedeutung des Gemeindegedankens verfehle. Der spezifische Gehalt der christlichen Religion kann erst am Erfolg des Wirkens und Leidens Jesu Christi abgelesen werden; dieser Erfolg besteht wiederum in der Gründung der Gemeinde, die sich

---

12 ALBRECHT RITSCHL, Die christliche Lehre von der Rechtfertigung und Versöhnung II, Bonn 3. Aufl. 1889, 13.

13 Die Bedeutung Jesu für die christliche Religion wird "erst dadurch vollständig klar, wie sie sich in dem Bewußtsein der an ihn Glaubenden reflektieren, und wie die Glieder der christlichen Gemeinde ihr Bewußtsein von Sündenvergebung auf die Person und das Wirken und Leiden Jesu zurückführen" (RV III 1).

durch die mit Jesu Leiden und Tod gegebene Vergebung der Sünden konstituiert[14].

Freilich lehnt Ritschl nicht nur eine Rekonstruktion des christlichen Glaubens ab, die sich in Absehung von den biblischen Auffassungen der Gemeinde über die Bedeutung Jesu Christi unmittelbar auf die religiöse Persönlichkeit Jesu selbst meint stützen zu können. Ebenso wird ein vermeintlich neutraler Standpunkt kritisiert, von dem aus die Theologie unabhängig von ihren Erkenntnisinhalten das Wesen der christlichen Religion meint erschließen zu können. Theologie hat sich auf den "Standpunkt der Gemeinde der Gläubigen" zu stellen (RV III 5)[15]. Ritschl beruft sich für seine Auffassung auf Luther, für den der Ausgangspunkt der Erkenntnis Gottes einzig in dessen Anerkennung in der Form des "unbedingten Vertrauens" (RV III 6) gegeben war. Theologie, die nach Absicht und Bedeutung Christi fragt, kann also nicht eine uninteressierte Position gegenüber ihren Inhalten einnehmen. Dieser Ausgangspunkt theologischer Erkenntnis wird deswegen betont, weil es Ritschl auf die *religiöse Geltung* der Inhalte der christlichen Religion ankommt[16].

Der methodische Ausgangspunkt der Theologie Ritschls ist nicht allein folgenreich im Blick auf die hellsichtige Kritik einer einseitigen Orientierung der Theologie am historischen Jesus, die infolge unterschiedlicher Ergebnisse zu divergierenden Jesusbildern bis hin zur Auflösung der religiösen Wertschätzung Jesu Christi führen muß. Folgenreich ist auch die Vorordnung des Glaubens der Gemeinde vor den Einzelnen, die den religiösen Individualismus im Ansatz zu vermeiden trachtet. Ritschl stellt seine Theologie durch die Ausgangsthese des unlöslichen Verhältnisses zwischen dem Wirken Jesu und dem religiösen Bewußtsein der Gemeinde über ihn also weder auf den schwankenden Boden der Leben-Jesu-Forschung noch auf den Standpunkt der der Gemeinde vorgeordneten religiösen Subjektivität. Da Gotteserkenntnis nur auf der Basis des *religiösen Interesses* möglich ist, welches allein in Form des unbedingten Vertrauens auf das Versöhnungswerk Jesu Christi zu stillen ist, wie es in der und durch

---

14 "Den vollen Umfang seiner (Jesu, JvS) geschichtlichen Wirklichkeit kann man nur aus dem Glauben der christlichen Gemeinde an ihn erreichen" (RV III 3).

15 "Man kann auch Gott, die Sünde, die Bekehrung, das ewige Leben im Sinne des Christentums nur erkennen und verstehen, sofern man mit Bewußtsein und Absicht sich in die Gemeinde, die Christus gestiftet hat, einrechnet" (RV III 4).

16 "Wer jedoch die christliche Theologie mit der vorgeblichen natürlichen Gotteserkenntnis, den Augustinischen Vernunftschlüssen über die Erbsünde und den Anselmischen Vernunftschlüssen über die Art der Erlösung unterbaut, stellt sich dadurch außerhalb des Kreises der Wiedergeburt, welcher mit der Gemeinde der Gläubigen zusammenfällt." (RV III 8)

die Gemeinde vermittelt wird, erteilt Ritschl der Möglichkeit einer philosophisch-metaphysisch orientierten Erkenntnistheorie in der Theologie eine unmißverständliche Absage[17]. Freilich kann hier schon ein Widerspruch in Ritschls Konstruktion bemerkt werden: Einerseits soll die Theologie nicht auf dem Standpunkt der der Gemeinde vorgeordneten *religiösen Subjektivität* begründet werden. Andererseits ist Gotteserkenntnis auf der Grundlage des *religiösen Interesses* möglich. Dieser Widerspruch wird in der Werturteilslehre Ritschls offenkundig werden.

Wenngleich die systematische Theologie auf die Erhebung der religiösen Vorstellungen der ursprünglichen Zeugnisse des gemeindlichen Bewußtseins von der Bedeutung und Wirkung Jesu Christi nicht verzichten kann, so stellen die biblischen Zeugnisse noch keine systematisch-theologische Gedankenreihe dar. Die "systematische Reproduktion der Bibellehre" bildet für Ritschl denn auch nur "ein unzureichendes Surrogat für die dogmatische Theologie"[18]. Folglich ist der Systematiker einerseits darauf verwiesen, den biblischen Stoff zu systematisieren, der im Zusammenhang der neutestamentlichen Überlieferung im Blick auf die religiöse Gedankenbildung zwar nahelegt wird, aber noch keine innere Ordnung aufweist. Andererseits schließt sich an diese Arbeit die Frage an, wie die Besonderheit der exegetisch erhobenen Weltanschauung des biblischen Zeugnisses zu einer Theorie allgemeiner Wahrheit aufgebaut werden kann, ohne daß man gezwungen ist, auf die Begrifflichkeit und die Gehalte des philosophisch-metaphysischen Denkens zurückzugreifen. Um der Theologie ihren Charakter als eigenständige Wissenschaft zu sichern, ohne in die Zwickmühlen des metaphysischen Denkens zu geraten, erweitert Ritschl seit der 2. Auflage von "Rechtfertigung und Versöhnung" die methodische Grundlegung seiner Theologie um die sogenannte *Werturteilslehre*[19].

Auch wenn die für die Grundlegung der Theologie als Wissenschaft zentrale Begründungsfigur des religiösen Werturteils im Zusammenhang der vorliegenden Arbeit nur gestreift werden kann, so sei jedenfalls darauf hingewiesen, daß die Werturteilslehre bei Ritschl in Spannung zu dessen

---

17 Hier liegt auch der Grund dafür, daß Ritschl die Zweinaturenlehre des Chalcedonense, die Lehre von der Präexistenz Christi, die Subtilitäten der Trinitätslehre und die Lehre von der Prädestination als Ausgeburten metaphysisch-philosophischer Spekulation erscheinen, in denen eine letztlich uninteressierte Haltung lediglich theoretischer Erkenntnis zum Ausdruck gelangt, die die Gleichgültigkeit der Laien in der Kirche einerseits wie die Streitsucht der Theologen andererseits nach sich zieht.

18 RV II 25.

19 Vgl. RV III 8-26 und 184-201; fernerhin ALBRECHT RITSCHL, Theologie und Metaphysik, Bonn 2. Aufl. 1887.

Vorordnung der Gemeinde vor das Individuum steht. Die Theorie des religiösen Erkennens nimmt nämlich ihren Ausgang beim *Selbstgefühl der Subjektivität* in ihrem Verhältnis zu Gott einerseits und zur Welt andererseits. Leitgedanke dieser Theorie ist, daß Gott nur in seinen Wirkungen auf das Selbstgefühl des Ich, d.h. auf dessen Empfindungs-, Wahrnehmungs- und Vorstellungsvermögen verstanden werden kann. Diese Wirkungen wiederum können in selbständigen Werturteilen des Ich erfaßt werden und bilden solchermaßen die Grundlage einer wissenschaftlichen Theorie der christlichen Religion[20]. Nach Ritschl richtet sich das religiöse Werturteil auf die sittliche Praxis des Menschen. Der menschliche Geist wird demzufolge mithilfe der werturteilsmäßig erfaßten religiösen Macht dergestaltet gewappnet, daß er gegen die Hemmungen der Natur in eine weltbeherrschende Stellung gehoben wird. Im Kern geht es also in der Werturteilslehre um die durch die christliche Religion ermöglichte sittliche Selbstverwirklichung des Menschen im Gegenüber zur Natur[21]. Auch wenn in der sittlichen Praxis des Menschen eine soziale Verpflichtung miteingeschlossen ist, so ergibt sich diese jedoch allein auf der Basis eines *ethischen Individualismus*, der in der Werturteilslehre kategorial vorausgesetzt wird[22].

---

20 Ritschls Werturteilslehre, die offenkundig Schleiermachers theologischen Ausgangspunkt des "Gefühls schlechthinniger Abhängigkeit" auf eine wissenschaftstheoretische Grundlage stellen möchte, die dem Niveau der zeitgenössischen Diskussion angemessen ist, nimmt Anleihe bei der werttheoretischen Umdeutung des Idealismus durch HERRMANN LOTZE (1817-1881). Einen Überblick über die Position Lotzes gibt HERBERT SCHNÄDELBACH, Philosophie in Deutschland 1831-1933, Frankfurt 1983, 206-218. Vgl. fernerhin die ausführliche Interpretation von PAUL WRZECIONKO, Die philosophischen Wurzeln der Theologie Albrecht Ritschls, aaO. 34-142, insb. 112-120.

21 In diesem Sinn wird bei Ritschl auch die *Funktion der Religion* definiert: "In aller Religion wird mit Hilfe der erhabenen geistigen Macht, welche der Mensch verehrt, die Lösung des Widerspruches erstrebt, in welchem der Mensch sich vorfindet als Theil der Naturwelt und als geistige Persönlichkeit, welche den Anspruch macht, die Natur zu beherrschen. Denn in jener Stellung ist er Theil der Natur, unselbständig gegen dieselbe, abhängig und gehemmt von den anderen Dingen; als Geist aber ist er von dem Antriebe bewegt, seine Selbständigkeit dagegen zu bewähren. In dieser Lage entspringt die Religion als der Glaube an erhabene geistige Mächte, durch deren Hilfe die dem Menschen eigene Macht in irgend einer Weise ergänzt oder zu einem Ganzen in seiner Art erhoben wird, welches dem Drucke der Naturwelt gewachsen ist." (RV III, 189f)

22 Von einem ethischen Individualismus bei Albrecht Ritschl, wenn auch nicht an dessen Werturteilslehre nachgewiesen, spricht WOLFHART PANNENBERG, Wissenschaftstheorie und Theologie, Frankfurt 1987, 426f. Auf dieses Urteil werde ich weiten unter zurückkommen (siehe 1.8).

Mit der Theorie religiösen Erkennens, wie sie in der Werturteilslehre formuliert wird, sucht Ritschl seiner Theologie eine wissenschaftstheoretische Fundierung zu geben, die der spezifischen Eigenart eines jeden religiösen Erkennens Rechnung trägt. Die Theologie kann im Blick auf die zu vollziehende Erkenntnis ihrer Inhalte keinen neutralen Standpunkt beziehen. Vielmehr beruht theologische Erkenntnis ihrer Möglichkeit nach allein auf der fides qua creditur. Es ist die "Form des unbedingten Vertrauens" (RV III 6), die die Bedingung der Möglichkeit der Erkenntnis Gottes abgibt[23]. Das materiale Spezifikum der christlichen Religion wird dabei durch die Bedeutung Jesu Christi für die Gemeinde markiert, wie sie wiederum nur durch die Gemeinde vermittelt wird. Die fides qua creditur richtet sich ausschließlich auf die solchermaßen gekennzeichnete Bedeutung Jesu Christi. Kann man den religiösen Wert Christi also nur dadurch erkennen, daß man sich "in die Gemeinde der Gläubigen" einschließt (RV III 7), so kann wiederum Gott nur durch Christus erkannt werden. Demgemäß formuliert Ritschl im Anschluß an Apol. CA II: "Allein nicht blos Gott und alle seine Gnadewirkungen finden ihren Erkenntnisgrund an der Offenbarung in Christus, sondern auch die Sünde ist nur zu verstehen von der Sündenvergebung aus, welche Christi spezifische Gabe ist." (ebd.) Wird also in der Werturteilslehre eine *allgemeine* Theorie religiösen Erkennens formuliert, so ergibt sich die *Besonderheit* der christlichen Religion ausschließlich aus der durch das Zeugnis der Gemeinde vermittelten Offenbarung Gottes in Christus als dem maßgeblichen Erkenntnisgrund christlicher Weltanschauung. "Wer also in der von Christus beabsichtigten Weise an seiner Religion Theil nimmt, kann um die Schätzung Christi als des Trägers der endgiltigen Offenbarung Gottes nicht herumkommen." (RV III 367)

Wäre der Begriff nicht für die Theologie Barths reserviert, so könnte man bei Ritschl durchaus von einer "christologischen Konzentration" sprechen, die seiner Theologie ihr spezifisches Gepräge verleiht. Christus ist der vollständige Offenbarer Gottes; christliche Erkenntnis ist darum ausschließlich an die Offenbarung Gottes in Christus gebunden. Bevor wir uns der Entfaltung der Christologie in der Theologie Ritschls zuwenden, sei vermerkt, daß Ritschl in dem Aufbau seiner Dogmatik allerdings die Christologie auf die Gotteslehre folgen läßt. Infolgedessen erscheinen Person und Werk Jesu Christi als der *Erkenntnisgrund* des Willens Gottes mit der Menschheit in der Sachanordnung der Dogmatik Ritschls als *Ausdruck* des sich auf die Gründung seiner Gemeinde richtenden Liebes-

---

23 Vgl. dazu auch ALBRECHT RITSCHL, Fides implicita. Eine Untersuchung über Köhlerglauben, Wissen und Glauben, Glauben und Kirche, Bonn 1890.

willens Gottes. Der Zusammenhang von Gotteslehre und Christologie soll in den folgenden Ausführungen aus der Perspektive der Lehre von Christus im Blick behalten werden.

1.3. Die Lehre von Christus

Die Christologie Ritschls ist dem Grundsatz verpflichtet, daß zunächst "Christi offenbare Gottheit" muß nachgewiesen werden können, bevor Aussagen über seine "ewige Gottheit" getroffen werden können (RV III 377). Die Betrachtung der Bedeutung Jesu Christi kann also nicht mit der Lehre von den zwei Naturen Christi einsetzen, sondern muß ihren Ausgang bei dem nehmen, was Christus für uns getan hat. Diese Vorgehensweise knüpft ausdrücklich an die Christologie Luthers an. Diese tritt zwar auf der einen Seite mit der Lehre von der communicatio idiomatum in das theologische Erbe der altkirchlichen Christologie ein, andererseits wird aber der traditionellen Deutung der Christologie dadurch eine spezifische Wendung gegeben, daß – wie Ritschl sagt – die "religiöse Wertschätzung Christi als Gott" (RV III 372) an die Bedeutung des Heilswerkes Christi geknüpft wird[24]. Was also die Gottheit Christi ewig in sich und im Verhältnis zu Gott sei, kann erst im Anschluß an die Erkenntnis des Erlösungswerkes Christi, in dem sich seine offenbare Gottheit dokumentiert, gesagt werden.

Ritschls Christologie erschließt das Prädikat der Gottheit Christi von dessen soteriologischer Bedeutung aus; vor der Soteriologie gibt es keine Christologie. Die Zweinaturenlehre des Chalcedonense stellt demgegenüber eine Zumutung dar, weil sie "von oben herunter" (RV III 377) eine Formel aufstellt, in der unter Absehung von dem Wirken Christi seine göttliche Natur festgestellt wird. Der Zumutung der Zweinaturenlehre kann sich die Theologie nur dann entziehen, wenn sie das Interesse an dem Wirken Christi zur Ausgangsfrage nach Leben, Werk und Bedeutung Christi wählt. "Jede Wirkung Christi aber muß ihren Maßstab in der geschichtlichen Gestalt seines Lebens finden. Also muß die Gottheit oder die Weltherrschaft Christi in bestimmten Zügen seines geschichtlichen Lebens, als Attribut seiner zeitlichen Existenz begriffen werden. Denn was

24 "Luther's Aufstellungen in den Katechismen haben den Sinn, daß unter Voraussetzung der kirchlichen Lehrformel die Gottheit Christi gerade in seinen menschlichen Leistungen für die Gemeinde offenbar, anschaulich, verständlich ist, und den Glauben, nicht als das Fürwahrhalten einer unverständlichen Lehre, sondern als das persönliche Vertrauen um unseres Heiles willen auf sich zieht." (RV III 372)

Christus nach seiner ewigen Bestimmung ist und gemäß seiner Erhöhung zu Gott auf uns wirkt, wäre für uns nicht erkennbar, wenn es nicht auch in seinem zeitlich-geschichtlichen Dasein wirksam wäre." (RV III 383) Mit anderen Worten: Die Erkenntnis der offenbaren Gottheit Christi hat ihr Material, ihre Regel und ihren Anhalt an dem neutestamentlichen Zeugnis der konkreten Existenz und Lebensführung Jesu Christi.

Die religiöse Wertschätzung Christi, die dem biblischen Zeugnis des Lebens und dem Erfolg des Wirkens Christi verpflichtet ist, wird von Ritschl näherbestimmt als *ethische Erkenntnis*, die sich auf den "moralischen Gesamteindruck" (RV III 382) der geschichtlichen Person Christi bezieht. "Eine wissenschaftliche Erkenntnis des in der religiösen Anschauung von Christus ausgedrückten Verhältnisses wird also immer nur als erreichbar erscheinen unter der Voraussetzung, daß man seine geschichtliche Lebenserscheinung in der Form des menschlichen Ich begriffen, d.h. auf ihren Zusammenhang in sich nach ethischen Gesetzen beurteilt hat." (RV III 415) Die Sittlichkeit Jesu Christi ist "Correlat und Probe" (RV III 390) seiner Gewißheit, in einer eigentümlichen Stellung zu Gott zu stehen. Alle religiösen Prädikationen der Gestalt Christi haben in seinem sittlichen Handeln ihren Anhalt und ihre Gewähr.

Betrachtet man den Ausgangspunkt der Entfaltung der Christologie, so ist zu beachten, daß in "Rechtfertigung und Versöhnung" durchgängig zwischen der "ethischen" und der "dogmatischen Betrachtungsweise" unterschieden wird. Während die ethische Betrachtungsweise das Gottesverhältnis wie das auf den Nächsten gerichtete Handeln aus der Perspektive des Menschen ansieht, argumentiert die dogmatische Betrachtungsweise vom Standpunkt Gottes aus[25]. Das Problem der Gottheit Christi ist nicht aus der dogmatischen Perspektive zu beantworten, sondern durch eine "Analyse des Wirkens Christi zum Heile der Menschheit in Gestalt seiner Gemeinde" (RV III 393). Die religiöse Schätzung der Gottheit Christi kann demzufolge allein am "Zusammenhang seines erscheinenden Handelns" (RV III 389) bewährt werden[26]. Alle Aussagen über den erhöhten Christus

25 Beiden Betrachtungsweisen können nach Ritschl Dogmatik und Ethik zugeordnet werden. Die Dogmatik beschreibt den christlichen Glauben unter dem Blickwinkel der göttlichen Verursachung, die Ethik unter dem Gesichtspunkt der menschlichen Erfahrung. Ritschl knüpft hierin an Schleiermacher an. Vgl. FRIEDRICH SCHLEIERMACHER, Kurze Darstellung des theologischen Studiums (1811, 2. Aufl. 1830), hrsg. v. Heinrich Scholz, 4. Aufl. Darmstadt 1961, 27; vgl. ALBRECHT RITSCHL, RV III 14.

26 Ritschl sucht durch diese Vorgehensweise die Einheit zweier neutestamentlichen Gedankenreihen zu erweisen. Die eine Vorstellung über die Bedeutung Christi gelangt dabei im Kyriostitel zum Ausdruck, der sich auf den erhöhten Christus als Herrn der Gemeinde wie der Welt bezieht. Für die andere Vorstellung steht exemplarisch das

müssen also als Attribute der zeitlichen Existenz Jesu Christi begriffen werden können; nur als diese lassen sich jene rechtfertigen.

Die ethische Beurteilung Christi wird zusammengefaßt unter dem Begriff des *sittlichen Berufs*, der der Interpretation des geschichtlichen Wirkens Jesu Christi zum Maßstab dienen soll. Zwei Intentionen gelangen in diesem Begriff zum Ausdruck. Zum einen lehnt Ritschl eine Darstellung des Zusammenhangs der Tätigkeiten Christi unter dem Titel seiner Ämter ab, da "Amt einen besonderen Beruf zur Verwirklichung einer Rechtsgemeinschaft, oder einer sittlichen Gemeinschaft unter den Bedingungen des Rechtes" (RV III 409) bezeichnet. Da das Leben Jesu Christi jedoch nicht auf die Verwirklichung einer Rechtsgemeinschaft, sondern auf die Gemeinschaft des "liebevollen Handelns" (ebd.) gerichtet ist, erscheint der Amtsbegriff unangebracht. Der Maßstab des Rechts verfehlt die spezifischen Kennzeichen sowohl der Tätigkeit Jesu Christi als auch der durch ihn verwirklichten Gemeinschaft, weil er deren sittlichen Charakter einengt. Zum anderen verleiht der Amtsbegriff, wird er auf die privilegierte Stellung der Predigt- und Sakramentsverwalter der Gemeinde übertragen, diesen einen unzulässige theologische Dignität. Das rechtlich hervorgehobene Amt der Gemeinde ist nicht schon ein Organ der Herrschaft Christi. Es empfiehlt sich daher, "dem Wirken Christi den Titel des Amtes zu ersparen, welcher die Träger des kirchlichen Amtes dazu verleiten kann, wegen ihrer formellen rechtlichen Unterscheidung und Privilegirung vor den Gliedern der Gemeinde sich als die Stellvertreter Christi zu benehmen" (RV III 410).

Erst der Begriff des sittlichen Berufs vermeidet sowohl die Einschränkung der Tätigkeiten Christi auf die rechtliche Dimension als auch die mißverständliche Übertragung des Amtstitels auf die Träger kirchlicher Ämter. Folgerichtig rekonstruiert und modifiziert Ritschl denn auch unter dem Titel des Berufs die *Lehre von den drei Ämtern Christi.* Diese wird deswegen aufgegriffen, weil mit ihr das Wirken Christi für die Menschen umfassend analysiert werden kann. Gemäß der ethischen Betrachtungs-

Wort des Johannes, daß die Jünger Jesu das menschgewordene Wort Gottes daran erkannt haben, daß Jesus Christus "voll Gnade und Treue sein Leben geführt hat" (RV III 382; Joh 1,14). Nach Ritschl ergänzen sich beide Vorstellungsreihen notwendigerweise: "Denn was Johannes an Christus erfahren hat, kann nicht blos in der Vergangenheit wirksam gewesen sein, sondern es muß für die religiöse Weltanschauung und Selbstbeurtheilung fortwirken, wenn dieselbe sich danach richten soll. Umgekehrt hängt die Ueberzeugungskraft der Vorstellung von der Gottheit des erhöhten Christus durchaus davon ab, daß die Merkmale derselben auch in dem irdisch-geschichtlichen Dasein der Person aufgezeigt werden können." (RV III 383)

weise der Bedeutung Christi ist dabei die Einheit der drei Ämter in ihrem inneren Zusammenhang durch den sittengesetzlichen Gehorsam Christi gegen Gott gegeben. Die "Wahrhaftigkeit, Weisheit und Besonnenheit" (RV III 406) seiner prophetischen Rede ist genauso Ausdruck dieses Gehorsams wie die Unbestechlichkeit seines priesterlichen Handelns. Priesterliches und prophetisches Amt werden wiederum als Erscheinungsformen des königlichen Amtes gewertet; das Königtum durchdringt sowohl das Propheten- als auch Priestertum Jesu Christi. Da Ritschls Interesse sich darauf richtet, das Wirken Christi aus einer Einheit heraus zu begreifen, soll auch zwischen dem *status exaltationis* und dem *status exinanitionis* Jesu Christi nicht getrennt werden. Zu diesem Zweck greift Ritschl auf den aufgestellten Grundsatz zurück, daß das, was Christus als dem Erhöhten zugeschrieben wird, in dessen geschichtlichen Erscheinung muß nachgewiesen werden können (vgl. RV III 407).

Die Einheit der drei Ämter Christi und die Einheit von status exaltationis und status exinanitionis können nur dann wirklich festgehalten werden, wenn das Leben und Wirken Christi auf seinen "Zusammenhang in sich nach ethischen Gesetzen" (RV III 415) beurteilt werden. Freilich vermag die Dreiämterlehre diesen Weg nur vorzuzeichnen, auf dem der Wahrheitsgehalt der Christologie in Übereinstimmung mit der Wirklichkeit ihres Gegenstandes aufgewiesen werden soll. Erst dort nämlich, wo die Tätigkeiten Christi als Ausdruck seines sittlichen Berufs verstanden werden, läßt sich dieser Wahrheitsgehalt erweisen. Als *Prophet* verfolgt Christus seinen Beruf darin, daß er die unmittelbar bevorstehende Aufrichtung der Herrschaft Gottes verkündigt. Die Besonderheit seines prophetischen Berufs, die ihn von allen anderen Propheten unterscheidet, ist dabei darin zu erblicken, daß er das Reich Gottes nicht nur ankündigt, sondern auch zu verwirklichen beginnt (vgl. RV III 422). Insofern Christus die Gottesgemeinschaft des Reiches Gottes in der Weise zu verwirklichen beginnt, als er diese im unverbrüchlichen Gehorsam gegenüber Gott für sich selbst herstellt, übt er den Beruf des *Priesters* aus. Prophetische und priesterliche Tätigkeit Christi sind aber nichts anderes als Erscheinungsformen des *Königtums* Christi. Die Berufstreue Christi bringt diesen "in Übereinstimmung mit Gott und mit sich" selbst (RV III 424).

Der sittliche Beruf Christi richtet sich darauf, das "Reich Gottes unter den Menschen als den überweltlichen Endzweck derselben zu verwirklichen. Von Gott aus angesehen tritt dieses menschliche Leben unter den Gesichtspunkt der vollendeten Offenbarung Gottes, weil der Endzweck der Welt, welchem das Leben Christi gewidmet ist, in dem Selbstzweck Gottes, oder in seinem wesentlichen Willen der Liebe begründet ist" (RV III 437). Mit anderen Worten: Christi *Herstellung* des Reiches Gottes als

Endzweck der Welt ist nichts anderes als die *Darstellung* des auf die Verwirklichung dieses Reiches gerichteten göttlichen Selbstzweckes. So gesehen stellt Christus durch seinen Beruf als der vollkommene Offenbarer Gottes zugleich die vollständige Offenbarung Gottes selbst dar; die Offenbarung Gottes in Christus (dogmatische Betrachtungsweise) ist zugleich die Offenbarung Gottes durch Christus (ethische Betrachtungsweise). Insofern am Stoff des geschichtlichen Lebens bzw. am sittlichen Beruf Jesu Christi dessen Bedeutung im Blick auf "die Erlösung der Menschen und die Offenbarung der Liebe Gottes" (RV III 392) anschaulich demonstriert werden kann, erscheint auch das theologische Problem der religiösen Wertschätzung der göttlichen Natur Christi (vgl. RV III 377ff), mit dem Ritschl seine Ausführungen über die Christologie begonnen hatte, gelöst. Christus ist der vollkommene Offenbarer Gottes.

Die Lehre von Christus in der Theologie Albrecht Ritschls ist erst dann vollständig rekonstruiert, wenn nicht übersehen wird, daß die Bedeutung Christi im Blick auf die Konstitution der Gemeinde erst dann erschlossen werden kann, wenn Christus als Person in seinem *Fürsichsein* aufgefaßt wird (vgl. RV III 417-426). Sein "Wirken und seine Absichten auf die Menschen" (RV III 418) können als solche erst dann begriffen werden, wenn die selbständige religiöse Subjektivität Christi nicht verdunkelt wird (vgl. RV III 417). Diese Bestimmung ist für Ritschl deswegen von zentraler Bedeutung, weil Christus nicht als unpersönliches Mittel der Offenbarung Gottes vorgestellt werden kann. Das Wirken Jesu Christi wäre lediglich instrumenteller Natur, wann immer der in ihm verfolgte Zweck nicht in notwendiger Beziehung zum eigenen Selbstzweck verstanden wird[27]. Die kategoriale Grundbedingung der ethischen Beurteilung ist also darin zu erblicken, daß Christi Tätigkeit und Wirken nicht einem ihm selbst fremden Zweck gewidmet ist, sondern daß er, Christus, in allen seinen Tätigkeiten einem persönlichen Selbstzweck verpflichtet ist. Der prophetische wie der priesterliche Beruf Christi geschehen in der Form des Selbstzweckes. Der Begriff der sittlichen Berufs Christi, durch den die ethische Betrachtungsweise Christi kategorial gefaßt wird, bietet sich gerade deswegen an, weil ein "Jeder in seiner sittlichen Berufsthätigkeit zugleich seinen sittlichen Selbstzweck" erreicht und damit "seinen sittengesetzlichen Beitrag zu dem gemeinsamen sittlichen Endzweck" leistet

27 "Denn das Handeln tritt aus der ethischen Betrachtungsweise heraus, wenn es für den Handelnden überhaupt nicht Zweck an sich, sondern wenn es von ihm aus blos als Mittel zu anderem Zwecke ausgeübt wird. Ein Gehorsam gegen das Gesetz, in welchem man nicht seinen Selbstzweck erstrebt, ist gar kein sittlicher Gehorsam." (RV III 416)

(RV III 420). Der Begriff des sittlichen Berufs vermag also das Recht des Fürsichseins Christi in seinem selbstzwecklichen Dasein festzuhalten.

Gerade die Überlegungen zur selbständigen Subjektivität der Person Christi sollen die eigentliche Pointe der Lehre von Christus sicherstellen. Diese läßt sich dahingehend festhalten, daß sich in Christi Beruf der *Selbstzweck Gottes* und der *Selbstzweck Jesu Christi* notwendig verschränken. In der Person bzw. in dem sittlichen Beruf Jesu Christi stimmen die religöse Zweckmäßigkeit für Gott (der Gehorsam gegenüber Gott zum Zweck der Verwirklichung des Reiches Gottes als des Selbstzwecks Gottes) und der ethische Selbstzweck Jesu Christi (sein Handeln in Übereinstimmung mit dem allgemeinen Sittengesetz zum Zweck der Verwirklichung des Reiches Gottes als des Endzweckes der Welt) überein. Indem Christus den Zweck Gottes ausführt, dient er nicht nur dem Selbstzweck Gottes, sondern auch seinem eigenen. Umgekehrt dient Christus in der Folgerichtigkeit seiner selbstzwecklich aufgefaßten Berufsaufgabe dem Selbstzweck Gottes. Der göttliche Selbstzweck kommt so gesehen in der Form des menschlichen Selbstzwecks Jesu Christi zur Verwirklichung. Die Gemeinschaft von Gott und Christus nimmt die Gestalt der *teleologischen Kongruenz* beider im Blick auf das Reich Gottes als dem Selbstzweck Gottes und dem Endzweck der Welt an[28]. Die unaufhebbare Eigentümlichkeit einer jeden Person wird dabei insofern gesichert, als sie erst in dem Dritten des teleologisch aufgefaßten Reiches Gottes zusammenstimmen.

1.4. Die Lehre von der Gemeinde

Die selbstzweckliche Berufsaufgabe Christi richtet sich nach Ritschl darauf, andere in das Verhältnis zu Gott aufzunehmen, in dem Christus selbst steht. Dabei wird die Sündenvergebung durch den Tod Christi zum grundlegenden Attribut der Gemeinde (vgl. RV III 512). Die biblisch überlieferten Fälle, “in denen Christus Sündenvergebung ertheilt, entspringen aus seinem Bewußtsein, daß er selbst in dem denkbar innigsten Verhältnis zu Gott steht, und daß er berufen ist, auch Andere in dasselbe so aufzunehmen, daß deren Sünden keine Hemmung des Vertrauens gegen Gott und der Gemeinschaft Gottes mit ihnen ausüben” (RV III 511). Die Erzählung von der Ehebrecherin (Joh 8, 1-11) verdeutlicht in exemplarischer Weise Jesu Verständnis von der Sündenvergebung. Da Jesus die

28 Der Begriff der *Kongruenz* geht auf Ritschl selbst zurück, vgl. beispielsweise RV III 75.

Gnade Gottes und die ungetrübte Gemeinschaft der Menschen mit Gott in seiner Person repräsentiert, kann er der Ehebrecherin den Zugang zu Gottes Gnade eröffnen. Indem Jesus die Sünderin nicht abweist, sondern ihr ein Verhältnis zu Gott ermöglicht, gewährt er ihr vermittels seiner Person Gemeinschaft mit Gott, die nicht durch die Sünde verstellt ist.

Die unmittelbare Stellung zu Gott, wie sie in beispielhafter Weise in der Erzählung von Jesus und der Ehebrecherin zum Ausdruck gelangt, hat Jesus in dem gesamten Verlauf seines Lebens inne. Nach Ritschl ist es infolgedessen nur konsequent, die Vergebung der Sünden als notwendige Folge des Todes Jesu Christi zu interpretieren. Denn der Tod Jesu Christi ist wiederum nur der "compendiarische Ausdruck" (RV III 511) für den Umstand, daß Jesus seiner Lebensbestimmung in seinem ganzen Wirken treu geblieben ist. Die Todesabsicht Jesu Christi ist seiner Lebensabsicht unter keinem Gesichtspunkt entgegengesetzt (vgl. RV III 512); der Tod ist die "Vollendung der Berufsaufgabe Christi" (RV III 511).

Überdies kommt die Erzählung von der Ehebrecherin auch deswegen als exemplarische Illustration des Verständnisses von der Sündenvergebung Jesu Christi in Betracht, weil in dieser Erzählung der Vorstellung der Strafsatisfaktion bzw. des stellvertretenden Strafleidens Christi kein Gewicht zukommt. Daß Jesus der Ehebrecherin die Vergebung der Sünden zusprechen kann, liegt einzig und allein in der doppelten Stellung Christi zu Gott begründet. Als *Repräsentant der Menschen vor Gott* liegt es in Jesu Absicht, die Menschen in dieselbe Stellung vor Gott einzuführen, in der er selbst steht. Als *Repräsentant Gottes vor den Menschen* macht er die Sündenvergebung aus dem Liebeswillen Gottes offenbar. Der Ehebrecherin werden also nicht deswegen die Sünden vergeben, weil Jesus sein stellvertretendes Strafleiden vorweg für die Sünderin geltend macht. Genausowenig wie der Gedanke des stellvertretenden Strafleidens in den biblischen Erzählungen von der Vergebung der Sünden durch Jesus eine Rolle spielt, genausowenig ist unter dem Gesichtspunkt der Einheit von Leben und Tod Jesu Christi der Gedanke des Strafleidens Jesu Christi zulässig. Lebens- und Todesabsicht Christi entsprechen sich vielmehr im Blick auf die *doppelte Stellvertretung Christi*. Die Sündenvergebung kann demzufolge auf den Tod Christi bezogen werden, ohne daß dieser im Sinne der Satisfaktionslehre interpretiert werden müßte[29]. Der Tod Christi ist die

29 Ritschl kritisiert die *Satisfaktionslehre*, weil sie die Beziehung von Gott und Mensch nicht als religiöses, sondern als *Rechtsverhältnis* auffaßt. Diese Auffassung sei aber aus folgenden Gründen unbiblisch (vgl. RV III 444-455): (1) Zwischen Gottes Liebe und seiner Gerechtigkeit existiert kein *Gegensatz*, der durch den stellvertretenden Gehorsam Christi aufgelöst werden müßte. (2) Unbiblisch ist ferner die darin

höchste Probe seiner Berufstreue; allein in dieser Hinsicht wird er bedeutsam für die anderen (vgl. RV III 449).

Nach Ritschl kann keine *Wirkung* Christi vorgestellt werden "außer nach dem Maßstabe der vorausgehenden *Absicht* Christi, eine Gemeinde zu gründen" (RV III 517, Hervorhebung JvS). Vergebung der Sünden und Gründung der Gemeinde liegen dabei gleichursprünglich in der Absicht Jesu Christi beschlossen. Die Auffassung von der doppelten Stellvertretung Christi bildet den Leitfaden, an dem Ritschl die Bedeutung Christi für und dessen Wirkung auf die Gemeinde entwickelt. Vergebung der Sünden wird zum grundlegenden Attribut der Gemeinde, weil sie den "vorbildlichen Maßstab und geschichtlichen Grund" (RV III 514) in der Gemeinschaft Christi mit Gott besitzt, "welche er durch den ganzen Verlauf seines Lebens aufrecht erhalten hat" (ebd.). Die Berufstreue Christi im Blick auf die Stiftung der Gemeinde ist dabei nicht allein "um seiner selbst willen verständlich" (RV III 515), sondern auch hinsichtlich des Zweckes, die Jünger in dieselbe Stellung zu Gott einzuführen. In dieser Hinsicht muß Christus als *Stellvertreter der Gemeinde vor Gott* vorgestellt werden. "Der Sinn dieses Gedankens ist nicht, was Christus als Priester thut, braucht die Gemeinde nicht auch zu thun; sondern vielmehr, was Christus als Priester an der Stelle und als Repäsentant der Gemeinde ihr voraus thut, darin hat demgemäß die Gemeinde ihre Stellung selbst zu nehmen." (RV III 515) Und: "Diese Anwendung der Stellvertretung ist inclusiv gemeint, nicht wie es gewöhnlich geschieht, exclusiv." (Ebd.)

Genauso wie nun Christus als Stellvertreter der Gemeinde vor Gott gelten kann, genauso nun auch als der *Stellvertreter Gottes vor der Gemeinde*. "Denn sofern es darauf ankommt, die Sündenvergebung aus dem Liebeswillen Gottes des Vaters zu begreifen, der die Sünder sich nahekommen läßt, so ist derselbe als die Gnade und Treue offenbar, in welcher Christus Gott für die Menschen vertritt." (Ebd.) Die Vergebung der Sünden läßt sich nur begreifen, wenn Christus als derjenige aufgefaßt wird, der in seiner Person die Treue und die Gnade Gottes den Menschen offenbar macht – als Attribut der Gemeinde kann die Sündenvergebung dann in Betracht kommen, wenn Christus als Repräsentant der Menschen

---

enthaltene Annahme der *Umstimmung* Gottes vom Zorn zur Gnade durch den Opfertod Jesu Christi. (3) Unbiblisch ist schließlich die Vorstellung eines im Tod Christi beschlossenen *Strafaktes*, "dem nicht der Schuldige, sondern das seine Stelle vertretende Opfer unterläge. Die Stellvertretung durch Priester und Opfer hat überhaupt keinen exclusiven, sondern *inclusiven* Sinn." (RV III 446, Hervorhebung JvS). Ritschl eröffnet den ersten Band von "Rechtfertigung und Versöhnung" in programmatischer Absicht mit einer Darstellung und Kritik der Satisfaktionslehre Anselms (Vgl. Rechtfertigung und Versöhnung I, 3. Aufl. Bonn 1889, 31-47).

verstanden wird, der dafür bürgt, daß der Gemeinde die gleiche Stellung zu "Gottes Liebe angerechnet wird, in welcher er sich durch seinen Gehorsam behauptet hat" (RV III 516) Gewißheit der Vergebung der Sünden und Zugehörigkeit der Gemeinde gehören als Folge der Berufstreue Christi unlöslich zusammen. "Mittler dieser sich deckenden Wirkungen ist nun Christus gerade in der *Doppelstellung*, welche er in dem identischen Stoffe seines Lebens einnimmt." (RV III 519, Hervorhebung JvS)[30]

Es sollte nicht übersehen werden, daß Ritschl die Vergebung der Sünden als Folge der Berufstreue Christi nicht als Verdienst Christi gewertet wissen möchte. Wo der Verdienstgedanke Einlaß in die Soteriologie gewinnt, ist man nach Ritschl unvermeidlich auf die von ihm kritisierte Satisfaktionstheologie gewiesen. Aus diesem Grund wird Christus in seiner Funktion als Vertreter der Gemeinde vor Gott seiner anderen Funktion als Vertreter Gottes vor der Gemeinde, der die Gnade und Treue Gottes offenbart, untergeordnet. Erst dieses abgestufte Verhältnis stellt sicher, daß die Stellvertretung Christi als Vertretung der Gemeinde vor Gott nicht in den Rang eines Verdienstes Christi gegenüber Gott erhoben werden kann. Gleichwohl dürfen in diesem abgestuften Verhältnis beide Stellvertretungsfunktionen nicht gegeneinander ausgespielt werden, und zwar genau deswegen, damit der strikt *inklusive* Sinn der Stellvertretungslehre sichergestellt wird. Zwar ist Christus in seiner Funktion als Mittler der Offenbarung Gottes "nothwendig der Einzige in seiner Art" (RV III 438) und demgemäß "qualitativ" (RV III 439) von denjenigen unterschieden, auf die die Offenbarung des wesentlichen Willen Gottes als der Liebe ihrer Absicht und Wirkung nach zielt. Gleichwohl nimmt die unnachahmliche Einzigartigkeit Christi unter der Perspektive seiner Stellvertretung Gottes vor uns nicht auch den Sinn einer exklusiven Stellung Christi an.

Die bisherigen Ausführungen haben ergeben, daß Christus im Blick auf seine Bedeutung für die Gemeinde die Funktion des Mittlers innehat, der das Reich Gottes als das "höchste Gut, welches Gott an Menschen verwirklicht" (RV III 30), und damit den Endzweck der Welt im Selbstzweck Gottes vor den Menschen offenbar macht. Bei Ritschl erschöpft

30 Ritschl weist mit aller Schärfe die Einengung der Absicht und Wirkung Jesu Christi auf den Einzelnen ab. Die Vorstellung von der Vergebung der Sünden als grundlegendem Attribut der Gemeinde soll dabei ein Mißverständnis korrigieren, daß sich nach Ritschls Urteil in der Theologie im Anschluß an Luther eingeschlichen hat. "Unter Melanchthon's Einfluß ist in der lutherischen Theologie die Voraussetzung zur Geltung gekommen, als ob der Einzelne das directe Correlat der Rechtfertigung in der Absicht Gottes sei, und daran knüpft sich die Erwartung, daß man sich dessen ebenso unmittelbar, d.h. ohne Vermittlung des Gedankens der Gemeinde versichern könne." (RV III 517)

sich Christi Bedeutung für uns insofern in dieser Kundgabe des Willens Gottes, als sich in seinem Tun nicht auch das allen Möglichkeiten der Menschen vorausliegende und uneinholbare, eben extra nos vollziehende Werk der Versöhnung Gottes mit den Menschen manifestiert, das dem Menschen als Gabe Gottes zugeeignet wird. Die Bedeutung der Stellvertretung Christi wird bei Ritschl festgeschrieben auf den Status eines der Tätigkeit der Gemeinde *vorausgehenden* Tuns, durch das der Gemeinde der *vorbildliche* Maßstab ihrer eigenen Praxis aufgerichtet wird (vgl. RV III 514f). Lediglich in seiner Funktion der *Kundgabe* der Offenbarung Gottes gewinnt Christus in seiner Heilsmittlerschaft für den Menschen Bedeutung. Zwar bewährt Christus durch seine Berufstreue in Leiden und Tod das Reich Gottes als das höchste Gut in dem Sinne, daß er es als sittliches Ideal auch verwirklicht. Diese Verwirklichung hat aber lediglich den Charakter des *Urbildes* (vgl. RV III 367), das die Gemeinde auf die Verwirklichung des sittlichen Ideals hin maßgeblich orientiert. Mit anderen Worten: Christus wird durch die inklusive Stellvertretungslehre nicht als *Gabe* Gottes extra nos, sondern primär als derjenige verstanden, an dem die *Aufgabe* der Gemeinde im Blick auf die Verwirklichung des Reiches Gottes urbildlich verdeutlicht wird. In dieser Funktion kommt ihm eine für die sittliche Praxis der Gemeinde grundlegende und bleibende Bedeutung zu – in dieser Funktion erschöpft sich aber auch seine Bedeutung, da in der inklusiven Fassung, die Ritschl der Stellvertretungschristologie gibt, das exklusive Verständnis der Stellvertretung Christi schlechterdings ausgeschlossen wird.

Freilich wird man diese Interpretation der Theologie Ritschls nicht zu dem Urteil zuspitzen können, die Sittlichkeit des Menschen würde zum Grund der christlichen Religion überhaupt erhoben. Vielmehr zielt die besondere Pointe von "Rechtfertigung und Versöhnung" auf die wechselseitige *Korrespondenz* der Offenbarung des Reiches Gottes als des Korrelats göttlicher Liebe und der sittlichen Freiheit des Menschen.

Die Freiheit des sittlichen Handelns wird aufgefaßt als "Bestimmtheit der Selbstbestimmung durch allgemeine Zweckgedanken" (RV III 277). Damit von wirklicher Freiheit die Rede sein kann, müssen diese Zweckgedanken in ihrer Besonderheit wiederum einem guten Endzweck untergeordnet sein. Dieser hat seinen Maßstab an dem Gesetz der allgemeinen Menschenliebe (vgl. RV III 278). Beurteilt man das Handeln des Menschen unter dem religiösen Gesichtspunkt, so korrespondiert die Selbstbestimmung des Menschen durch den guten Endzweck, durch den das sittliche Handeln als frei vorgestellt werden kann, mit dem "Verhältnis der Abhängigkeit von Gott" (RV III 279). Die Begründung dieser wechselseitigen Korrespondenz formuliert Ritschl folgendermaßen: "Denn das Reich

Gottes, in welchem wir die Erfahrung der Freiheit machen, weil es der höchste allgemeine Endzweck ist, nach dem wir uns selbst bestimmen können, ist als das Correlat der Liebe Gottes in dessen Selbstzweck eingeschlossen, ist also als Ganzes von Gott abhängig, und deshalb auch in allen einzelnen Beziehungen, aus denen das Ganze entsteht." (ebd.) Das Zusammenspiel zwischen der in Christus offenbaren Wirksamkeit Gottes und der Wirksamkeit des Menschen wird in der gemeinsamen Zweckbeziehung beider vermittelt. Genauso wie Christus in seiner Stellung zu Gott im Sinne der *teleologischen Kongruenz* gedacht wird, genauso wird auch die Stellung der durch die Wirkung Christi in Gottes Liebe und damit in sein Reich eingerechneten Gemeinde zu Gott im Sinne des positiven Verhältnisses der teleologischen Kongruenz zu Gott interpretiert.

Von hier aus gesehen erscheint Ritschls Ablehnung der exklusiven Stellvertretungslehre als folgerichtige Konsequenz seines Ansatzes. Deckt die Exklusivität der Stellvertretung Christi *extra nos* das Sein des Menschen als ein Sein *extra se* auf, welches sich Gott in jeder Hinsicht als sein Werk vorbehalten hat, so wird das Extra der Gnade bzw. der Versöhnung durch Christus von Ritschl so herabgesetzt, daß es vermittels seiner teleologischen Struktur in Korrespondenz bzw. in Kongruenz mit der im liberum arbitrium des Menschen beschlossenen und durch Ausrichtung auf den allgemeinen Endzweck garantierten Möglichkeit freier Selbstbestimmung zu treten vermag[31]. Es überrascht daher auch nicht, daß Ritschl keinen Widerspruch zwischen den Behauptungen sieht, "daß das ewige Leben in der Versöhnung durch Christus von Gott verliehen und in der Folgerichtigkeit dieser Gnade Gottes vollendet wird, *und* daß man die *Vollendung des Heiles durch die Entwicklung des religiös-sittlichen Charakters* und durch die in ihrer Art vollkommene Lebensleistung im Berufe erreicht" (RV III 633, Hervorhebung JvS)[32].

---

31 Folgerichtig wird von Ritschl auch die *Lehre von der Sünde* depotenziert. Die Sünde erwächst nicht – wie noch von Luther aufgefaßt – aus der freien Selbstbestimmung des Menschen, sondern sie ist lediglich Irrtum. Ritschl faßt die Sünde daher kategorial als "Unwissenheit" (RV III 363) gegenüber der durch die Offenbarung Christi einsehbaren teleologischen Ausrichtung des Menschen auf das höchste Gut. Die Sünde bildet demzufolge keinen prinzipiellen Gegensatz gegen das Gute. Wo die Sünde allerdings als bewußter Widerspruch des Menschen gegen Gott und das von ihm bezweckte höchste Gut auftritt, befindet sich der Mensch in einem schlechterdings nicht aufhebbaren Gegensatz zu Gott, durch den er sich selbst von der Liebe Gottes ausschließt. Die Tatsache des bewußten Widerspruchs des Menschen gegen Gott berechtigt allerdings nicht zu der Annahme des Zornes Gottes als einem positiven Begriff der Lehre von Gott. (Zur Begründung vgl. RV III 348f)

32 Sehr deutlich spricht sich diese Überzeugung auch in der Kritik Ritschls an Luthers Schrift "De servo arbitrio" aus. Luther habe die Freiheit Gottes im Sinne einer

Das Verständnis der Inklusivität der Stellvertretung Christi mündet indes nicht, wie man erwarten könnte, in eine Lehre von der imitatio Christi. Der Abstand Christi zu den Gliedern seiner Gemeinde wird von Ritschl dahingehend festgehalten, daß Christi Beruf als schlechterdings einzigartig gelten müsse; "denn dessen Besonderheit ist auf die allgemeine sittliche Aufgabe als solche, oder auf die Gründung des Reiches Gottes und der zu dieser Aufgabe bestimmten Gemeinde gerichtet. Darum kann ihn Niemand direkt nachahmen" (RV III 556). Mit der Abweisung der Möglichkeit der imitatio wird freilich die Vorbildlichkeit Christi als Maßstab der christlichen Lebensführung keineswegs hinfällig. Nicht Christi Beruf als solcher ist nachahmungsfähig, wohl aber die *Treue*, in der er seine Berufsaufgabe erfüllt hat. Die in die Gemeinde Christi eingerechneten Menschen sind aufgerufen, die Treue im sittlichen Beruf in seiner jeweiligen Besonderheit zu bewähren, durch die sie ihren Beitrag zur Vollendung des Reiches Gottes leisten. Im Beruf kommen dabei der allgemeine sittliche Zweck und die sittliche Selbstbestimmung des Menschen zur Deckung, da der Beruf die Weise ist, durch die die Verwirklichung "des allgemein Guten in dem besondern begrenzten Gebiete" (RV III 631) des individuellen Leben möglich wird.

Die Christologie wird in materialer Hinsicht über den Berufszweck Christi mit der Gemeinde verbunden, insofern Christus das Urbild der "vollkommenen Berufstreue" (RV III 630) darstellt, die den Maßstab der sittlichen Praxis der Glieder der Gemeinde bildet. Das inklusive Verständnis der Stellvertretung Christi zielt im Blick auf die von Christus vor Gott vertretene Gemeinde auf die Treue in dem jeweils besonderen Beruf der Glieder der Gemeinde in der Welt. In der sittlichen Berufspraxis sind die Glieder der Gemeinde durch die von Christus ermöglichte Gotteskindschaft dazu befähigt, "dieselbe Herrschaft über die Welt auszuüben, welche Christus aus der Behauptung seines Gottesbewußtseins geübt hat" (RV III 557). Aus den bisherigen Ausführungen ergibt sich folgendes Fazit: Das von Ritschl entwickelte Modell der teleologischen Kongruenz von Gott, Christus und Gemeinde wird in materialer Hinsicht durch den Begriff des Berufes gesichert, durch dessen Erfüllung die Gemeinde wie der ihr vorausgehende Christus das Reich Gottes als Selbstzweck Gottes, der mit dem Endzweck der Welt übereinstimmt, verwirklichen.

Willkürmacht gedeutet, um damit den Menschen die Möglichkeit jeglicher Freiheit zu rauben. Vgl. ALBRECHT RITSCHL, Geschichtliche Studien zur christlichen Lehre von Gott II, in: Jahrbücher für deutsche Theologie 13 (1868), 67-133.

1.5. Reich Gottes und Kirche

Gerade die zentrale Stellung des Berufsbegriffes macht deutlich, daß die Theologie Albrecht Ritschls über die Kirche hinaus auf die praktische Gestaltung der Welt durch die von Christus gestiftete Gemeinde, oder anders, auf die sittliche "Organisation der Menschheit durch das Handeln aus dem Motiv der Liebe" (RV III 12) zielt. Demgemäß ist der von Ritschl durchgängig verwendete Begriff der Gemeinde nicht mit dem der Kirche identisch. Vielmehr unterscheidet Ritschl in dem umfassenden Begriff der Gemeinde zwischen Reich Gottes und Kirche.(Vgl. RV III 270-275)

Reich Gottes und Kirche werden zunächst hinsichtlich ihrer umfänglichen Erstreckung unterschieden. Das Reich Gottes bezeichnet die "extensiv und intensiv umfangreichste Vereinigung der Menschheit durch das gegenseitige sittliche Handeln ihrer Glieder, welches über alle natürlichen und partikularen Bestimmungsgründe hinausgreift" (RV III 270). Davon unterschieden wird der Begriff der gottesdienstlichen Gemeinde, die allein durch ihr Verhältnis zu Gott und das Handeln bestimmt ist, welches in diesem Verhältnis zum Ausdruck gelangt. "Also Kirche sind die an Christus Glaubenden, sofern sie im Gebete ihren Glauben an Gott den Vater oder sich für Gott als die ihm durch Christus wohlgefälligen Menschen darstellen. Reich Gottes sind die an Christus Glaubenden, sofern sie, ohne die Unterschiede des Geschlechtes, Standes, Volkes an einander zu beachten, gegenseitig aus Liebe handeln, und so die in allen möglichen Abstufungen bis zur Grenze der menschlichen Gattung sich ausbreitende Gemeinschaft der sittlichen Gesinnung und der sittlichen Güter hervorbringen." (RV III 271) Reich Gottes und Kirche sind weiterhin durch die Zweckgerichtetheit des sie kennzeichnenden Handelns unterschieden. Während das gottesdienstliche Handeln Zweck in sich ist, ist das sittliche Handeln im Reich Gottes im Blick auf Zweck wie Mittel auf andere bezogen. An dieser Stelle kann lediglich vermerkt werden, daß Ritschl in Luthers Unterscheidung zwischen göttlichem und weltlichem Regiment eine Vorform seiner eigenen Distinktion von Reich Gottes und Kirche erblickt (vgl. RV III 274).

Kirche und Reich Gottes werden im Verhältnis gegenseitiger Bedingtheit aufgefaßt. Die gottesdienstliche Gemeinde sichert und vergegenwärtigt den Anlaß, durch den das "gegenseitige Handeln aus Liebe" (RV III 275) ermöglicht wird. Umgekehrt unterstützt die sittliche Reich-Gottes-Praxis die "Erhaltung und Ausbreitung der gottesdienstlichen Gemeinschaft" (ebd.). Insofern das Reich Gottes den weitesten Horizont des Liebeswillens Gottes bildet, ist die Tätigkeit der Kirche auf die Ermöglichung der sittlichen Reich-Gottes-Tätigkeit gerichtet. Die sittliche Praxis der Gemeinde läßt sich also nicht von der religiösen trennen. Ohne die Vergegenwärtigung der Gottesrelation, deren Darstellung die Aufgabe der Kirche ist, ist die Reich-Gottes-Praxis der Gemeinde nicht denkbar.

Als Proprium kirchlichen Handelns wird der Gottesdienst angesehen, die sittliche Praxis der Gemeinde erstreckt sich hingegen auf das Berufshandeln der Christen. Demzufolge fällt das Berufshandeln der Gemeinde in den Bereich der natürlich bedingten, jeweils vorfindlichen Gemeinschaften: der Ehe, der Familie, der bürgerlichen Gesellschaft und des Staates[33]. In diesen Bereichen wird die Vorbildlichkeit Christi durch die Treue im besonderen sittlichen Beruf der Glieder der Gemeinde bewährt. Die Aufgabe der Kirche liegt demgegenüber in der religiösen Motivierung des sittlichen Handelns im Beruf. Die Kirche selbst ist jedoch nicht jene "Liebesgemeinschaft" (RV III 276) des Reiches Gottes.

Weder wird die Kirche in die Reich-Gottes-Praxis aufgelöst noch diese auf jene eingeschränkt. Damit das Christentum nicht zu einer lediglich partikularen Größe in der Welt herabsinkt, muß es nach Ritschl geradezu notwendigerweise alle sozialen Bedingungen unter sich fassen, "unter denen das geistige Leben der Einzelnen steht" (RV III 128). Umgekehrt geht die Gemeinde nicht in ihrer Erstreckung auf die Totalität sozialer Gebilde auf, da sie als religiöse Gemeinde immer ursprünglicher ist als alle vorfindlichen Gemeinschaften, in denen der univerale Zweck des Reiches Gottes vermittels sittlicher Praxis geltend gemacht wird. Kirche und Reich Gottes stehen somit in ihrer wechselseitigen Bedingtheit im Dienst der *religiös-sittlichen Durchdringung der Welt*, die einzig und allein durch die christliche Religion davor bewahrt wird, der Barbarei des gemeinschaftswidrigen Egoismus oder der materialistischen Selbstüberschätzung anheimzufallen[34].

In dem Verhältnis der wechselseitigen Bezogenheit von Kirche und Reich Gottes drückt sich die *Korrespondenz von Religion und Sittlichkeit* aus, die für die Theologie Albrecht Ritschls insgesamt kennzeichnend ist. Wie bereits erläutert, richtet sich die religiöse Praxis auf Gott, die sittliche hingegen auf die Menschen. Beide stehen im Verhältnis der "eigenthümlichen Wechselwirkung oder gegenseitigen Bedingtheit" (RV III 488) zueinander. Die auf den Endzweck des Gottesreiches gerichtete Sittlichkeit bedarf nach Ritschl der in der religiösen Wertstellung des Menschen vermittelten Freiheit, durch die die Stetigkeit der sittlichen Praxis allererst

33 Vgl. ALBRECHT RITSCHL, Unterricht in der christlichen Religion (Nachdruck der 1. Aufl. von 1875, hrsg. v. Gerhard Ruhbach, Gütersloh 1975), 27-33.

34 Vgl. hierzu die eindringlichen Warnungen Ritschls in RV III 578.

gesichert wird[35]. Die Religion bedarf umgekehrt wiederum der Sittlichkeit, weil die in der religiösen Wertstellung des Menschen gründende Freiheit kein passiver Besitz ist, sondern erst im sittlichen Handeln in ihrer Wahrheit bewährt wird (vgl. ebd.). "Diese Reihen bedingen sich in ihrer Art gegenseitig, daß keine ohne die andere in authentischer Weise vorkommen kann." (RV III 632) Erst die wechselseitige Korrespondenz von Religion und Sittlichkeit (von Kirche und Reich Gottes) vermag den vollständigen Inhalt des Christentums auszudrücken.

Auch im Verhältnis von Religion und Sittlichkeit kehrt die Vorstellung der teleologischen Kongruenz wieder. Der Grund der wechselseitigen Bezogenheit von Religion und Sittlichkeit (Kirche und Reich Gottes) liegt in der Übereinstimmung des Reiches Gottes mit dem Endzweck der Welt. Wie die Wahrheit der religiösen Seite des Christentums erst durch die sittliche Seite demonstriert wird und wie umgekehrt die Wahrheit der sittlichen Seite durch die religiösen Funktionen bewährt wird, so gebührt doch den religiösen Funktionen vor den sittlichen der "Vortritt" (RV III 496). Infolgedessen kann Ritschl von der "religiöse(n) Ordnung des sittlichen Handelns" sprechen[36]. Die wechselseitige Bedingtheit von Religion und Sittlichkeit, von der Ritschl spricht, ist ihrerseits noch einmal bedingt durch die Religion, ohne die die Sittlichkeit ziellos würde. Mit dieser Auffassung möchte Ritschl verhindern, daß das Christentum als Religion zu einer bloßen Sittenlehre ermäßigt wird (vgl. RV III 611). Wie oben erläutert, wird der Gedanke der der Sittlichkeit vorangehenden Religion allerdings kategorial nicht so gefaßt, daß jene als strikt extra nos fundiert gedacht würde. Insofern sieht Ritschl denn auch zwischen der Vorstellung der wechselseitigen Bedingtheit von Religion und Sittlichkeit und der These von der Unumkehrbarkeit von Religion und Sittlichkeit keinen Widerspruch.

Die Korrespondenz von Religion und Sittlichkeit entfaltet Ritschl im Schlußkapitel von "Rechtfertigung und Versöhnung". Dabei tritt der Glaube an die Vorsehung Gottes in Entsprechung zur sittlichen Selbstbestimmung zum Reich Gottes, die Stetigkeit der Geduld korrespondiert dem Handeln in dem sittlichen Beruf. Vorsehungsglaube und Geduld, Demut

---

35 Die sittliche Tätigkeit bedarf zu ihrer Verstetigung "der freudigen Stimmung, welche den lähmenden und beschränkenden Eindruck der Uebel aufhebt" sowie "der Sorglosigkeit über die Zukunft, der Selbständigkeit gegen die gesellschaftlichen Vorurtheile, der Unabhängigkeit gegen den Reiz des Erfolges" (RV III 486).

36 Vgl. das Schlußkapitel von "Rechtfertigung und Versöhnung": "Die religiösen Functionen aus der Versöhnung mit Gott und die religiöse Ordnung des sittlichen Handelns" (RV III 575-634).

und Gebet (religiöse Funktionen) bilden zusammen mit dem berufsmäßigen sittlichen Handeln (sittliche Funktion) den Inbegriff der christlichen Vollkommenheit, "in welcher sich jeder Gläubige als Ganzes oder als Charakter darzustellen hat, der seine bleibende Stellung in dem Reiche Gottes einnimmt und das ewige Leben erlebt." (RV III 634). Es ist dieser Begriff der christlichen Vollkommenheit, durch den die religiös-sittliche Konsistenz der christlichen Weltanschauung zuvorderst ausgesagt werden kann[37].

1.6. Präzisierung des Begriffs der Kirche

Die religiöse und sittliche Praxis der Glieder der Gemeinde wird in "Rechtfertigung und Versöhnung " jeweils den Darstellungssektoren Kirche und Reich Gottes zugeordnet. Indes wird der Begriff der Kirche, der die religiösen Funktionen der Gemeinde unter sich faßt, von Ritschl in seinem dogmatischen Hauptwerk nicht näher entfaltet, sondern vornehmlich in zwei Aufsätzen aus den Jahren 1859 und 1869 präzisiert[38]. Die systematische Grundoperation, mit der der Kirchenbegriff näherbestimmt werden kann, besteht in der in "Rechtfertigung und Versöhnung" wiederkehrenden Unterscheidung der *dogmatischen* von der *ethischen Betrachtungsweise* (vgl. RV III 14). "Die dogmatischen Begriffe, im Unterschied von den ethischen, richten sich darauf, die Größen und Verhältnisse von religiösem Werthe von Gott aus zu erklären, während die ethischen Begriffe unter Voraussetzung der Begründung des christlichen Lebens in Gottes Gnade, sich darauf beziehen, daß der Verlauf des individuellen Lebens und der religiösen und sittlichen Gemeinschaft in den Formen der geistigen Selbstthätigkeit, des selbstbewußten Willen sich vollzieht."[39]

Genauso wie die Unterscheidung der dogmatischen von der ethischen Betrachtungsweise in "Rechtfertigung und Versöhnung" von Ritschl eingeführt wird, um die dogmatische Lehre vor dem Dogmatismus zu bewahren, genauso soll die im Blick auf die Kirche in Rechnung gestellte Unterscheidung eine Überdogmatisierung des Kirchenbegriffs vereiteln.

37 Vgl. hierzu auch ALBRECHT RITSCHL, Die christliche Vollkommenheit, Göttingen 1874.

38 Vgl. ALBRECHT RITSCHL, Über die Begriffe: sichtbare und unsichtbare Kirche, in: Gesammelte Aufsätze I, hrsg. v. Otto Ritschl, Freiburg/Leipzig 1893, 68-99; DERS., Die Begründung des Kirchenrechts im evangelischen Begriff von der Kirche, aaO. 100-146.

39 Die Begründung des Kirchenrechts, aaO. 109.

Nur wenn zwischen dem dogmatischen und dem ethischen Begriff der Kirche unterschieden wird, können die dogmatisch erhobenen Bestimmungen der Kirche nicht umstandslos mit den empirischen Strukturmerkmalen der Kirche identifiziert werden, wie umgekehrt festgehalten werden kann, daß die empirische Realität der Kirche nicht mit dem dogmatischen Begriff der Kirche zusammenfällt. Die Unterscheidung zweier Betrachtungsweisen nimmt also die Kirche als ein *Differenzphänomen* ernst. Ritschl sucht dem Umstand gerecht zu werden, daß zwischen dem dogmatischen Begriff der Kirche und ihrer empirischen Realität eine Differenz herrscht, der die Ekklesiologie Rechnung tragen muß.

Der *dogmatische* Begriff der Kirche wird im Rückgriff auf die Confessio Augustana Art. VII bestimmt. Dabei wird der reformatorische Kirchenbegriff von Ritschl durch die paulinische Charismenlehre ergänzt. "Die Kirche ist die Gemeinschaft der von Gott Geheiligten, welche aus seinem Heiligen Geist durch die Verkündigung des Wortes seiner Gnade in Christus und durch die Sakramente als Einheit hervorgebracht, und durch die Gnadengaben und Berufe, die nach dem Maß des erweckten Glaubens verschieden sind, gegliedert wird."[40] Der *ethische* Begriff der Kirche wird demgegenüber folgermaßen gefaßt: "Die Kirche ist eine ethische selbstthätige Größe, indem ihre Mitglieder ihr gemeinsames Priesterrecht durch das Bekennen Gottes und Christi im Gebet, durch das Bekennen Christi in der Begehung des Abendmahls ausüben, indem sie durch das Opfer der Wohlthätigkeit an ihre bedürftigen Genossen dieselben zum gemeinschaftlichen Gottesdienst fähig machen."[41] Die ethische Bestimmung des Kirchenbegriffs soll den dogmatischen Begriff von der Kirche keineswegs erweitern, sondern die dogmatische Definition der Kirche ist "in ihrer Art durchaus vollständig und deckt alle Functionen, die aus einer anderen Rücksicht, als der der religiösen Auffassung, in der Kirche als nothwendig nachgewiesen werden können"[42]. Vielmehr zielt die Unterscheidung darauf, die Merkmale der "religiösen Selbstthätigkeit"[43] der Gemeinde nicht bereits in der dogmatischen Bestimmung der Kirche zu verankern. Ritschl möchte dadurch verhindern, daß das Bekenntnis und das "gemeinsame Priesterrecht"[44], also die Merkmale der Kirche im Blick auf die religiöse Praxis der Gemeinde, in den dogmatisch gerechtfertigten Status göttlicher

40 Ebd.
41 AaO. 136.
42 AaO. 113.
43 AaO. 116.
44 AaO. 136.

Dignität aufrücken. Auch wenn die gemeinschaftliche Tätigkeit der Gemeinde nicht in Absehung des von Gott aus begriffenen Zusammenhangs der Glaubensgemeinschaft verstanden werden kann, so sollen doch Bekenntnis und Priestertum nicht als Konstitutionselemente der Kirche im dogmatischen Sinne gelten können.

Die Unterscheidung zwischen dem dogmatischen und dem ethischen Begriff der Kirche richtet sich vor allem gegen das Kirchenverständnis des konfessionellen Luthertums. Abgewiesen wird ein Verständnis der Kirche, das Bekenntnis, Amt und Kirchenregiment aufgrund ihres göttlichen Stiftungscharakters theologisch so aufwertet, daß entweder die Bekenntnisurkunden der Kirche oder aber die priviligierte Stellung des priesterlichen Amtes als konstitutive Grundlage der Kirche angenommen werden müssen.[45] Um das genuin reformatorische Verständnis der Kirche zu wahren, schließt Ritschl *Amt, Bekenntnis und Rechtsordnung* aus der dogmatischen Bestimmung der Kirche aus und ordnet sie dem ethischen Begriff der Kirche zu. Diese Zuordnung läßt das Amt, das Bekenntnis und die Rechtsordnung der Kirche nicht hinfällig oder dem dogmatischen Verständnis der Kirche gegenüber indifferent werden. Vielmehr hat die von Ritschl im Rahmen seiner Unterscheidung vorgenommene Zuordnung den Sinn, den *Dienstcharakter* des hervorgehobenen Amtes, des besonderen Bekenntnisses und der spezifischen Rechtsordnung in Beziehung auf den dogmatisch formulierten Gehalt des Kirchenverständnisses zu wahren. Innerhalb des ethischen Begriffs der Kirche wird dabei eine weitere Abstufung vollzogen, insofern das allgemeine Bekennen der Gemeinde dem besonderen Bekenntnis sowie das allgemeine Priestertum der Gläubigen dem amtlich besonderen vorgeordnet wird. Die besonderen Bekenntnisurkunden wie das rechtlich hervorgehobene Priesteramt kommen nur in der Bedeutung eines Mittels zum Zweck der Hervorbringung der Kirche als aktiver und selbsttätiger Gemeinschaft in Betracht. Wie die gesamte Rechtsordnung der Kirche steht auch das Amt im Dienst der Gemeinde.

Zusammenfassend läßt sich feststellen, daß Ritschl die katholisierende Tendenz im Kirchenbegriff des konfessionellen Luthertums seiner Zeit nicht dadurch abwehrt, daß er dem Individualverhältnis des Einzelnen zu Christus gegenüber seinem Verhältnis zur Kirche die Priorität einräumt, sondern daß er konsequent zwischen dem dogmatischen und dem ethischen Verständnis der Kirche unterscheidet. Darin bleibt die Vermittlung

45 Ritschl wendet sich dabei vor allem gegen FRIEDRICH JULIUS STAHL, Kirchenverfassung nach Lehre und Recht der Protestanten, 2. Aufl. Erlangen 1862 und J. WILHELM F. HÖFLING, Die Grundsätze evangelisch-lutherischer Kirchenverfassung, 2. Aufl. Erlangen 1861.

der Christusbeziehung durch die Kirche wesentlich. Dadurch, daß die Vermittlungsfunktion der Kirche nicht ihrem dogmatischen, sondern ihrem ethischen Begriff zugeordnet wird, verhindert Ritschl die theologische Aufwertung der Bedeutung des Amtes, des Bekenntnisses wie der Rechtsordnung der Kirche, durch die das reformatorische Verständnis der Kirche leichtfertig verspielt würde. Überdies wird durch die von Ritschl vorgenommene Zuordnung, die insbesondere die Dienstfunktion der Rechtsordnung der Kirche betont, ein doppelter Kirchenbegriff verhindert, in dem die Beziehung der empirischen Gestalt der Kirche (die Kirche in ihrer religiösen Selbsttätigkeit) zu der durch das Versöhnungswerk Gottes in Christus gestifteten Kirche (die Kirche als die Gemeinschaft der von Gott Geheiligten) in ein indifferentes Verhältnis zusammenhangsloser Verschiedenheit auseinanderbricht. *Liebe* (in Ritschls Begrifflichkeit: sittlicher Dienst) und *Recht* stehen also nicht in in einem unaufhebbaren Gegensatz zueinander, wie wenige Zeit später Rudolph Sohm formulieren und damit die folgerichtige Konsequenz aus den Implikationen des Kirchenverständnisses des konfessionellen Luthertums ziehen wird. Vielmehr wird das Recht so an den dogmatischen Begriff der Kirche als einer Gemeinschaft des wechselseitigen sittlichen Dienstes zurückgebunden, daß dieses nur noch in seiner Dienstfunktion theologisch legitimiert werden kann.

1.7. Fazit

Die Perhorreszierung des religiösen Individualismus bildet den ausgeprägten Grundimpuls der Theologie Albrecht Ritschls. Der Impetus der theologischen Arbeit Ritschls richtet sich auf die Überwindung der mit dem religiösen Individualismus einhergehenden Indifferenz gegenüber der sittlichen Verantwortung der christlichen Gemeinde. Durch "die Lehrurkunden der Reformation berechtigt und verpflichtet" (RV III 7), sucht Ritschl mit seinem dogmatischen Hauptwerk "Die christliche Lehre von der Rechtfertigung und Versöhnung" den kritisch diagnostizierten Defiziten der protestantischen Theologie ein theologisches Konzept entgegenzusetzen. Dieses stellt sich keine geringere Aufgabe, als die nach den reformatorischen Einsichten Luthers zu gestaltende Theologie, die Melanchthon habe liegen lassen – und seither und unter dessen Einfluß die gesamte protestantische Theologie –, auszuformulieren (vgl. ebd.).

Der Erkenntnisweg, den die Theologie zu beschreiten hat, wird durch die Christologie vorgezeichnet. Die natürliche Theologie kann als Fundament der christlichen Lehre nicht in Betracht kommen, da es Gotteserkenntnis nur durch die von der Gemeinde vermittelte *religiöse Wertschätzung Christi* gibt. Die spezifische Bedeutung Christi ist dabei nur aus dem durch die Gemeinde übermittelten "Gesammtumfang seines Wirkens" zu erheben, die ihn als die "vollkommene und erschöpfende Offenbarung Gottes" ausweist (RV III 454). Allerdings bleibt die Erkenntnis der *Bedeutung* Christi defizitär, wenn sie von dessen Absicht und Wirkung absieht. Erkenntnis der Wirksamkeit Jesu Christi ist Erkenntnis seiner *Wirkung*. Da die Absicht und Wirkung Jesu Christi in der *Gründung der Gemeinde* besteht, kann es wiederum nur rechte Christuserkenntnis geben, wenn sich der Erkennende dieser Gemeinde als Resultat der Wirkung Christi einrechnet. Die Gemeinde wird also im Ansatz der Theologie Ritschls so verankert, daß Erfahrung und Erkenntnis Christi ohne die Vermittlung der Gemeinschaft der Gläubigen nicht denkbar sind – "geschichtlich, weil man die letztere immer vorfindet, indem man zum Glauben gelangt, und indem man nicht ohne ihre Einwirkung dieses Ziel erreicht; begrifflich, weil keine Wirkung Christi auf Menschen vorgestellt werden kann außer nach dem Maßstabe der vorausgehenden Absicht Christi, eine Gemeinde zu gründen" (RV III 517).

Absicht und Resultat der Wirksamkeit Christi liegen in dem *Zweck* begründet, den Jesus Christus in dem Gesamtumfang seines Lebens und Wirkens erfüllt. Die Einführung des Zweckbegriffes geschieht bei Ritschl in der maßgeblichen Absicht, die sittliche Seite der christlichen Religion in ein gleichwertiges Verhältnis zur religiösen Dimension der christlichen Weltanschauung zu rücken.[46] Diese ist in ihrer religiös-sittlichen Einheit erst dann gesichert, wenn die Dogmatik Gebrauch von dem Zweckbegriff macht, durch den die Vorstellung der Erlösung durch Christus und "die ethische Auffassung des Christenthums unter der Idee des Reiches Gottes" (RV III 11) als kongruent aufgefaßt werden können.

In der Interpretation der Theologie Ritschls habe ich herauszuarbeiten versucht, daß der Kategorie des Zweckes eine schlechterdings zentrale Bedeutung für die Konstruktion der Theologie Ritschls zukommt. Dabei sollte deutlich werden, daß das Verhältnis von Gott, Christus und Gemeinde im Blick auf ihre gemeinsame Übereinstimmung nur dann verstanden werden kann, wenn man sie unter der Perspektive ihrer Zweckbeziehung auf das Reich Gottes thematisiert. Es erscheint mir daher gerechtfertigt,

46 Die Bedeutung des Zweckbegriffes für die theologische Konzeption Ritschls läßt sich allein daran erkennen, daß dieser insbesondere an der lutherischen Theologie moniert, daß sie keinen "Gebrauch vom Zweckbegriff" gemacht hat (RV III 72).

das kategoriale Gerüst der Theologie Ritschls als ein Modell der *teleologischen Kongruenz von Gott, Christus und Gemeinde* anzusprechen. Gott und Christus werden dabei im Blick auf ihre Übereinstimmung in einem Dritten, dem Reich Gottes als dem Selbstzweck Gottes und dem Selbstzweck Christi gleichgeordnet. Auch die Wirksamkeit Christi findet mit der Wirksamkeit der Gemeinde in der gemeinsamen Zweckbeziehung zusammen. Der durch die Berufstreue Christi offenbare Selbstzweck Gottes fällt mit dem sittlichen Endzweck menschlicher Freiheit zusammen.

In Ritschls Konzeption bilden Gott, Mensch und Welt im Blick auf das ihnen gemeinsame Reich ein zweckvoll geordnetes Ganzes. Unter religiösem Gesichtspunkt erscheint dabei das Reich, auf das hin Gott und Mensch durch Christus gleichgeordnet werden, als "Verhältnis der Abhängigkeit von Gott", unter der sittlichen Perspektive hingegen als "Freiheit des Handelns" (RV III 279). Das Reich Gottes als Selbstzweck Gottes und Endzweck der Welt bildet demzufolge den Einheitsgrund der sittlichen und religiösen Abzweckung der christlichen Religion (vgl. RV III 529). Religion und Sittlichkeit fallen nicht auseinander, sondern die religiöse Seite bildet die "conditio sine qua non" der sittlichen wie umgekehrt die sittliche Seite die "conditio sine qua non" der religiösen Abzweckung (ebd.).

1.8. Systematischer Vergleich

Die Rekonstruktion der Theologie Ritschls sollte mit den vorangegangenen Erwägungen an die Schwelle herangeführt werden, an der sich die Schlüsselprobleme dieser Konzeption dann abzuzeichnen beginnen, wenn man sie im Licht der Theologie Bonhoeffers diskutiert. Bonhoeffer und Ritschl stimmen zunächst darin überein, daß sie die Lehre von der Stellvertretung Christi in das Zentrum der Christologie rücken. Überdies verfolgen beide die systematische Absicht, Christologie und Ekklesiologie (Bonhoeffer) bzw. die Lehre von Christus und die Lehre von der Gemeinde (Ritschl) mit Hilfe der Lehre von der Stellvertretung Christi miteinander zu verknüpfen. Diese systematische Grundoperation soll die individualistische Einengung des christlichen Glaubens bereits im Ansatz vermeiden. Freilich lassen sich die Unterschiede zwischen Ritschl und Bonhoeffer im Blick auf die kategoriale Fassung der Stellvertretungschristologie nicht übersehen.

Während Ritschl die Lehre von der Stellvertretung Christi von ihrem inklusiven Aspekt aus auffaßt, legt Bonhoeffer demgegenüber allen Nachdruck auf die Exklusivität der Stellvertretung Christi. Ritschl befürchtet, daß sich Elemente der Satisfaktionslehre unweigerlich in der Christologie einnisten, wenn man an dem exklusiven Charakter des Stellvertretungsgeschehens festhält. Die Satisfaktionschristologie wird gerade deswegen abgelehnt, weil in ihr Gott, der durch das stellvertretende Strafleiden Christi in seinem Zorn zur Gnade umgestimmt werden muß, als vorrangiges Objekt des Versöhnungswerks Christi angesehen wird. Diese Auffassung ist für Ritschl nicht nur aus dem Grund nicht zu akzeptieren, weil sie mit einem Widerspruch im Wesen Gottes rechnet, sondern sie muß auch deshalb als unannehmbar gelten, weil die Gemeinde als das schlechthinnige Objekt des stellvertretenden Gehorsams Christi aus dem Blick gerät. Die Stellvertretung Christi zielt aber genau auf die Aufnahme der Gemeinde "in ein positives Verhältnis der Congruenz zu Gott" (RV III 75), durch das die Glieder der Gemeinde in die Lage versetzt werden, ihre Freiheit gegenüber den Hemmungen der Natur im Blick auf den Endzweck ihrer sittlichen Praxis zu verwirklichen. Es ist also das Modell der teleologischen Kongruenz von Gott, Christus und der Gemeinde, das durch die inklusive Fassung der Stellvertretungslehre systematisch gesichert werden soll. Aus dieser Perspektive erscheint demgegenüber das exklusive Verständnis der Stellvertretung Christi unweigerlich als Einladung zur sittlichen Indifferenz der christlichen Gemeinde.

Während sich die Lehre von der inklusiven Stellvertretung Christi bei Ritschl im ausschließenden Sinn gegen deren exklusives Verständnis richtet, grenzt die exklusive Fassung der Stellvertretungschristologie Bonhoeffers den inklusiven Aspekt mitnichten aus. Einerseits wird das Stellvertretungsgeschehen in der Theologie Bonhoeffers unmißverständlich im strikt exklusiven Sinn zur Geltung gebracht. Demzufolge verdanken sich Individualität und Sozialität des Menschen restlos der Externität der sich im stellvertretenden Tun Christi manifestierenden Liebe Gottes. Die Versöhnung des Menschen als die Restitution unversehrter Sozialität gründet einzig und allein extra nos in Christus. Andererseits ist im exklusiven Verständnis der Stellvertretung Christi ihr inklusiver Sinn mitinbegriffen. Denn der sich im Stellvertretungshandeln Christi durchsetzende Liebeswille Gottes beinhaltet, daß die Menschheit in sich selbst so werde, wie sie von Gott ungeachtet ihrer eigenen Verfaßtheit angesehen wird. Die *Exklusivität des extra nos* schließt also die *Inklusivität des nos in Christo* notwendig in sich. Die Sittlichkeit der Menschen wird nicht hinfällig, sondern in der Exklusivität der Stellvertretung Christi extra nos neu begründet. Allerdings – und damit ist der Unterschied zwischen der Stellvertretungschristologie Bonhoeffers und der Ritschls markiert – ist der inklusive Sinn des Stellvertretungshandelns Christi in der Theologie Bonhoeffers *unumkehrbar* in der Exklusivität Christi extra nos begründet.

Die Sittlichkeit des Menschen wird von Bonhoeffer nicht wie bei Ritschl in bezug auf das in Christus offenbare Reich Gottes mit dem Selbstzweck Gottes gleichgeordnet, sondern in dem extra nos der Stellvertretung Christi überhaupt erst fundiert. Dabei wird dieses Extra von Bonhoeffer nicht so ermäßigt, daß es als eine teleologische Modifikation der Möglichkeit menschlicher Selbstbestimmung in Kongruenz mit dem Versöhnungswillen Gottes verstanden werden könnte. Vielmehr faßt Bonhoeffer das extra nos des Versöhnungswillens Gottes so radikal, daß die Möglichkeit der sittlichen Praxis der Gemeinde nur noch in ihrem exzentrischen Konstitutionsgrund des extra nos in Christus ausgemacht werden kann. Nicht wird der "Versöhnungsglaube durch die Liebe wirksam" (RV III 490), sondern umgekehrt: Die Liebe wird – wie Bonhoeffer in "Sanctorum Communio" wiederholt hervorhebt – einzig und allein durch den Glauben an die Versöhnung wirksam.

Die Diskussion über die unterschiedlichen Fassungen der Stellvertretungslehre führt auf den zentralen Punkt, an dem der Grunddissens zwischen Ritschl und Bonhoeffer markiert werden kann: *Die exklusive Stellvertretungslehre ist mit dem Modell der teleologischen Kongruenz von Gott, Christus und Gemeinde nicht vereinbar.* Bei Ritschl finden der Liebeswille Gottes und der Mensch in seinem selbstbestimmten Willen im Reich Gottes zusammen. Christus hat die Funktion, beide Bestimmungen einander gleichzuordnen, so daß der Selbstzweck Gottes und der vom Menschen verfolgte Endzweck der Welt miteinander übereinzustimmen vermögen. Diese Funktion wird von Christus durch die konsequente Folgerichtigkeit seiner Berufsaufgabe bewährt. Durch die *Berufstreue* Jesu Christi wird offenbar, daß der göttliche Selbstzweck mit dem Endzweck der Welt zusammenfällt. Folgerichtig wird die Treue, die in der Erfüllung der sittlichen Berufsaufgabe ausgübt wird, zum materialen Bindeglied zwischen der Lehre von Christus und der Lehre von der Gemeinde. Hinsichtlich des angestrebten Endzwecks der Welt als des Selbstzwecks Gottes liegt die Bedeutung Christi in seiner Rolle als *Vorbild* der sittlichen Praxis der Gemeinde. So gesehen kann die inklusive Fassung der Stellvertretungschristologie als die folgerichtige Konsequenz des teleologischen Modells verstanden werden, durch das Ritschl Gott, Christus und die Gemeinde einander gleichordnet.

Wird die Inklusivität der Stellvertretung Christi hingegen so rekonstruiert, daß sie ihre Begründung unumkehrbar in der Exklusivität des Christus extra nos findet, wird die Vermittlung von Gott, Christus und Gemeinde in ihrer gemeinsamen Zweckbeziehung hinfällig. Die Wirksamkeit Gottes und die Wirksamkeit des Menschen müssen nicht nicht mehr in bezug auf ein Drittes gleichgeordnet werden. Vielmehr deckt die Exklusivität der

Stellvertretung Christi die Wirklichkeit des Menschen als ein Sein auf, das sich Gott als sein ureigenstes Werk vorbehalten hat. Ausgeschlossen wird demzufolge, daß sich die Gemeinde der Wirklichkeit Gottes in der Weise akkomodieren könne, daß sie Christus als Vorbild ihrer eigenen sittlichen Praxis anerkennt. Vielmehr wird der Gemeinde im Glauben dergestalt Anteil an der Exklusivität der Stellvertretung Christi gewährt, daß sie in ihrer Existenz nicht anders als *nos in Christo* extra nos verstanden werden kann. Christus ist nicht mehr das Vorbild, an dem sich die Gemeinde in ihrer sittlichen Tätigkeit ausrichtet, sondern der von allen Möglichkeiten des Menschen kategorial geschiedene Konstitutionsgrund gemeindlicher Praxis überhaupt.

Aus den letzten Erwägungen ergeben sich zwei Gesichtspunkte, mit denen ich meinen systematischen Vergleich abschließen möchte.

(1) Der erste Gesichtspunkt betrifft das Verständnis der *Sozialität.* Wird das Versöhnungswerk Christi als ein in der Externität der Gnade Gottes begründetes Geschehen extra nos verstanden, so fällt nach Bonhoeffer auch die Restitution der Sozialität des Menschen nicht mehr in den Möglichkeitsbereich menschlicher Eigenaktivität. Die *externe Konstitution der Sozialität im stellvertretenden Handeln Christi* wird zur Grundbestimmung von Sozialität überhaupt. Von hier aus wird der inklusive Sinn der Stellvertretung Christi bestimmt. Um diesem Sachverhalt Rechnung zu tragen, habe ich in den vorangehenden Überlegungen die Wendung vom *extra nos* der versöhnenden Gnade Gottes mit der Formel *nos in Christo* erweitert. Erst in der solchermaßen erweiterten Wendung wird der kategoriale Gehalt von Bonhoeffers Konzeption einer "Theologie der Sozialität" präzise wiedergegeben. Sozialität ist also nicht – wie in der Konzeption Ritschls – eine Folge der sittlich-praktischen Abzweckung des Gottesvertrauens, sondern immer schon in dem externen Konstitutionszusammenhang der Stellvertretung Christi begründet.

Ritschl hat seine theologische Arbeit mit der Devise angetreten, den Individualismus kategorial zu verhindern. Betrachtet man aber sein Verständnis der Sozialität, so stellen sich erhebliche Zweifel ein, ob er sein individualismuskritisches Konzept auch hat einlösen können. Dieser Zweifel wird insbesondere durch die systematische Grundannahme genährt, daß der Einzelne im Vertrauen auf Gott die Verwirklichung des Reiches Gottes als "seinen eigensten Zweck anerkennt" (RV III 481). Die zweckbestimmte Subjektivität des Einzelnen verbindet sich dabei erst in der aus der religiösen Anerkennung folgenden sittlichen Verwirklichung seines eigenen Zweckes mit den anderen Menschen. Erst die sittliche Tätigkeit auf den Endzweck des Gottesreiches hin, in der der Wert des von Christus verbürgten obersten Motivs der *individuellen Willensbewegung* erprobt wird (vgl. RV III 560), schließt die "in einer Gattung verbundene Vielheit der Geister" (RV III 266) zu einer Einheit zusammen. Die Grundlage dieser Einheit wird also durch den Zweck angegeben, auf den hin die "Subjecte sittlicher Freiheit" in ihrer *Vielheit* gleichgeordnet ausgerichtet werden (RV III 276). Zwar verhindert Ritschl durch den Zweckgedanken, daß der Gemeindebegriff in eine Vielzahl von individuell-religiösen Privatverhältnissen zu Gott aufgelöst wird. Die Abwehr dieser Privatisierung erfolgt aber insofern auf der Basis eines *ethischen Individualismus*, als die Sozialität des Menschen immer nur das Resultat der sittlichen Selbsttätigkeit der religiös bestimmten Subjektivität darstellt. Ritschl fällt also hinter seine selbstgestellte Aufgabe zurück, den Individualismus in der Theologie zu überwinden. Demgegenüber ist in Bonhoeffers Konzeption die Sozialität des Menschen immer schon vor aller sittlichen Eigenaktivität und praktischen Selbstbestimmung in Christus extra nos verwirklicht. Freilich wird damit die Auslegung dieser vorgängig in Christus konstituierten Sozialität in ihrem lebensweltlichen Vollzug nicht hinfällig. Dieser Vollzug wird vielmehr unter dem Gesichtspunkt der Wahrheit seiner Verwirklichung in Christus, also im Horizont des nos in Christo thematisch.

(2) Der systematische Vergleich soll abgeschlossen werden, indem ein zweiter Gesichtspunkt erläutert wird. Er betrifft die von Ritschl angenommene Unterscheidung und Korrespondenz von *Kirche und Reich Gottes*. In den bisherigen Ausführungen habe ich die systematischen Gründe zu verdeutlichen gesucht, die Bonhoeffer dazu bewogen haben, die Kategorie der Teleologie zu suspendieren, ohne welche die innere Einheit der Theologie Albrecht Ritschls nicht zu verstehen ist. Folgerichtig wird durch die Aufhebung der Teleologie die Unterscheidung von Kirche und Reich Gottes obsolet – freilich aber nicht so, daß damit die praktische Verantwortung und das soziale Handeln der sanctorum communio der Beliebigkeit preisgegeben würden. Vielmehr wendet Bonhoeffer die Kennzeichen der Reich-Gottes-Tätigkeit unter dem Vorbehalt ihrer vorgängig in und durch Christus erfolgten Verwirklichung auf die Kirche zurück. Diese Wendung erlaubt es, die Kirche als Einheit von Glaubens- *und* Liebesgemeinschaft aufzufassen (vgl. SC 148 Anm. 85). Die Aufhebung der Unterscheidung von Reich Gottes und Kirche setzt die Ekklesiologie allerst in die Lage, eine Lehre von der *Sozialgestalt* der Kirche zu entwickeln. Die Entfaltung dieser Lehre gehört fortan in den Aufgabenbereich der Ekklesiologie. Das soziale Handeln (in den kulturellen Darstellungsfeldern des Reiches Gottes) muß dabei nicht mehr der Verkündigung des Evangeliums (in der Kirche) als ein opus alienum zur Seite treten. Vielmehr kann in dem sozialen Handeln der Kirche wie auch in ihrer sozialen Gestalt nun auch

das Proprium ihrer Verkündigung zum Zuge kommen[47]. Auf nicht mehr, aber auch nicht weniger als auf die Entfaltung einer Theorie der Sozialgestalt der Kirche in dem angeführten Sinne richtet sich die systematische Absicht Dietrich Bonhoeffers in "Sanctorum Communio".

2. Die Realisierung des sittlichen Gehalts der Religion in der Kirche

Die Lutherinterpretation Karl Holls

"Als im Jahre 1921 Holls 'Luther' erschien, wirkte das Buch wie eine plötzliche und gewaltige Offenbarung. Es war ein siegreiches Einheitszeichen für unsere von so mancherlei Gegensätzen zerklüftete evangelische Kirche, und es gelang ihm, viel alten Hader zu überwinden und in den Herzen das Bewußtsein wieder zu erwecken von dem einheitlichen Grunde all unseres religiösen und kirchlichen Lebens in dem durch Martin Luthers Genius neugeschauten und gedeuteten Evangelium. Hier wurde Luthers Geist in einer Zeit der Zerrissenheit und des taumelnden Irrtums aufgerufen zur Rettung unseres schwer erkrankten Volkes."[48] An den eindrücklichen Worten, die Hans Lietzmann im Nachruf auf Karl Holl 1926 findet, läßt sich die Bedeutung ermessen, die den Lutherstudien Holls zugebilligt wurde. Der Nachruf Hans Lietzmanns macht darauf aufmerksam, daß Holls Lutherbuch, 1921 als Band 1 der "Gesammelten Aufsätze zur Kirchengeschichte"[49] erschienen, nicht ohne den zeitgeschichtlichen Hintergrund gesehen werden kann, vor dem es seine orien-

---

47 Die letzten Formulierungen lehnen sich an die Erwägungen über Albrecht Ritschl an, die Wolfgang Huber vorgetragen hat. Vgl. WOLFGANG HUBER, Kirche und Öffentlichkeit (FBESG 28), Stuttgart 1973, 85.

48 HANS LIETZMANN, in: Karl Holl. Zwei Gedächtnisreden von Adolf von Harnack und Hans Lietzmann (AKG 7), Bonn 1926, 4.

49 KARL HOLL, Gesammelte Aufsätze zur Kirchengeschichte I. Luther (1921), 3. Aufl. Tübingen 1923. Seitenhinweise auf das Lutherbuch von Holl werden im Text in Klammern mit dem Kürzel *GA I* gegeben. – Die in dem Lutherbuch von Holl versammelten Aufsätze sind allermeist kurz vor oder während der Zeit des Ersten Weltkriegs verfaßt und für die Erstauflage von 1921 wie auch für die 2. Aufl. 1923 stillschweigend und zum Teil erheblich überarbeitet worden. Die Erstgestalt ist nicht in jedem Fall bekannt. Bei Verweisen auf die Aufsätze Holls wird das Datum der Erstfassung in Klammern angegeben.

tierende Kraft entfaltete. Holl vermochte in ein unmittelbares Verhältnis zum Reformator zu treten, das frei von aller konfessionellen Engführung war. Nach den Erschütterungen, die der Erste Weltkrieg in kultureller und gesellschaftlicher Hinsicht mit sich gebracht hatte, war hier ein Angebot formuliert, die Theologie vom Boden der reformatorischen Erkenntnis diesseits des Konfessionalismus wie auch der Lutherinterpretation von Ernst Troeltsch neu zu entwerfen.

Die theologische Aktualität der Lutherstudien resultiert zum großen Teil aus der Verbindung, die historische Forschung und systematisches Interesse bei Holl eingehen. Zum einen kommt in seinen Aufsätzen über alle Maßen Luther selbst zu Wort – die Hälfte bis zwei Drittel der Seiten wird von Lutherzitaten eingenommen, die Holls Darstellung in reichhaltiger Weise belegen. "Hier kommt der zu Wort, auf den der Verfasser dieser Aufsätze hört, von dem er unaufhörlich lernt, mit dem er sich unterhält und durch den er sich offensichtlich in seiner herkömmlichen Theologie korrigieren, in seinem Glauben trösten und festigen läßt."[50] Zum anderen faßt Holl Luther von einem Mittelpunkt her auf, der den Stoff der Aufsätze systematisch ordnet. Das systematische Zentrum der Lutherstudien besteht in der Rechtfertigungslehre Luthers, die dieser nach der Interpretation Holls zwischen 1512 und 1517 ausformulierte. Die Rechtfertigungslehre erscheint als Resultat des *Rechtfertigungserlebnisses* des jungen Luther; diese Auffassung Holls gibt seinen Studien ihren geschlossenen und einheitlichen Charakter. In ihnen verdichten sich der historische Rekurs auf die Quellen – vor allem des jungen Luther der ersten Psalmvorlesung (1513-15) und der Römerbriefvorlesung (1515/16) –, die systematische Erschließung des Stoffes unter dem Gesichtspunkt der Rechtfertigungslehre sowie die damit verbundene Befreiung Luthers aus den Auffassungen einer mehr oder weniger konfessionell geprägten Theologie. Vor dem Hintergrund des eben beendeten Weltkrieges geben diese Elemente dem Lutherbuch von Karl Holl seine bahnbrechende Wirkung.

Im vorliegenden Zusammenhang interessiert vor allem Holls Wirkung auf den jungen Dietrich Bonhoeffer, insbesondere der Einfluß der Hollschen Deutung des *Kirchenbegriffs* von Luther auf Bonhoeffers Kirchenverständnis. Um Holls Ansatz angemessen zu würdigen, scheint die Aufdeckung der Zusammenhänge, auf die dessen Aufsätze antworten, unabdingbar. In einem ersten Schritt soll daher auf die zeitgeschichtlichen

---

50 HANS JOACHIM IWAND, Zur Entstehung von Luthers Kirchenbegriff. Ein kritischer Beitrag zu dem gleichnamigen Aufsatz von Karl Holl, in: DERS., Nachgelassene Werke II, hrsg. v. Dieter Schellong u. Karl Gerhard Steck, München 1966, (198-239) 199.

und theologischen Hintergründe und Motive Holls eingegangen werden, die dem Lutherbuch seine nachhaltige Wirkung verliehen (2.1.). Freilich werden die Positionen, auf die Holl Bezug nimmt, von ihm meist nur implizit angedeutet, da sich seine Hauptarbeit auf die Darstellung Luthers von den Quellen her konzentriert. Trotzdem sind seine Studien reich an unterschiedlichsten Spitzen gegen die überkommenen Lutherdeutungen. Da einerseits eine Arbeit fehlt, die Holl vor dem zeit- und theologiegeschichtlichen Hintergrund deutet[51], und andererseits die vorliegende Arbeit einem eigenen Interesse folgt, müssen sich die folgenden Ausführungen auf eine knappe Skizze beschränken, die die wesentlichen Grundzüge zusammenträgt, die für die Rekonstruktion des Kirchenbegriffs von Luther durch Holl von Belang erscheinen. Da diese ohne den systematischen Mittelpunkt der Lutherstudien nicht zu denken ist, sollen in einem zweiten Schritt die systematischen Implikationen der Hollschen Auffassung der Rechtfertigungslehre in Verbindung mit dem Kirchenbegriff diskutiert werden (2.2.). Die Überprüfung der Darstellung Holls anhand der Lutherquellen kann in der vorliegenden Arbeit über einzelne Hinweise hinaus nicht erfolgen – auch sie wäre einer eigenen Untersuchung wert[52]. So

---

51 Über Karl Holl liegt bisher nur eine größere Arbeit vor, die sich freilich weitgehend auf ein Referat der Theologie Holls beschränkt: WALTER BODENSTEIN, Die Theologie Karl Holls im Spiegel des antiken und reformatorischen Christentums (AKG 40), Berlin 1968. Vgl. ferner OTTO WOLFF, Die Haupttypen der neueren Lutherdeutung (TSSTh 7), Stuttgart 1938, 318-384. Die Forschung über Holl liegt bis heute weitgehend im Schatten der theologischen Aufmerksamkeit, was insofern zu bedauern ist, als Holl als Spätrepräsentant der liberalen Theologie vor allem über seine Schüler weit in die Theologiegeschichte des 20.Jahrhunderts hineinragt. Eine Identifikation Holls mit der von ihm freilich maßgeblich mitangestoßenen sog. "Lutherrenaissance" oder gar dem auf ihn zurückgeführten nationalen deutschen Luthertum verzeichnet in meinen Augen Holls Theologie in maßgeblicher Weise (vgl. zu dieser Sichtweise ERNST WOLF, Luthers Erbe ? (1946), in: DERS., Peregrinatio II. Studien zur reformatorischen Theologie, zum Kirchenrecht und zur Sozialethik, München 1965, 52-81).

52 Eine einschlägige Untersuchung zu Holls Lutherinterpretation , die diese an den von ihm herangezogenen Quellen überprüfte, liegt – sieht man von Aufsätzen zu einzelnen Aspekten ab – nicht vor. Zu einzelnen Aspekten des Werks von Holl soll auf folgende Beiträge verwiesen werden. (1) Zum Zusammenhang von Theologie und Biographie: JOHANNES WALLMANN, Karl Holl und seine Schule, in: ZThK 75 (1978), 1-33. (2) Zur Rechtfertigungslehre: WILHELM WALTHER, Neue Konstruktionen zu Luthers Rechtfertigungslehre, in: NKZ 34 (1923), 50-64; KARL THIEME, Zu den neuesten Problemen der lutherischen Rechtfertigungslehre, in: ZThK 6 (1926), 357-381; RUDOLF HERRMANN, Beobachtungen zu Luthers Rechtfertigungslehre (1929), in: DERS., Gesammelte Studien zur Theologie Luthers und der Reformation, Göttingen

konzentrieren sich die folgenden Ausführungen auf die Diskussion des theologischen Interesses, das bei Holl die historische Arbeit an den Quellen anleitet. Die systematischen Implikationen der Hollschen Lutherdeutung werden in einem eigenen Abschnitt kritisch gewürdigt (2.3). Da Bonhoeffer als junger Student in Berlin zwei der umfangreichsten seiner Seminararbeiten bei seinem Lehrer Karl Holl angefertigt hat, sollen sodann Überlegungen zu Bonhoeffer als Schüler Karl Holls angeschlossen werden (2.4.). Gegenüber Bonhoeffers Seminararbeiten bei Holl wird freilich in "Sanctorum Communio" der kategoriale Rahmen erheblich transformiert, in dem Holl Luther deutet. Aus diesem Grund versuche ich in einem abschließenden Abschnitt, die systematischen Gesichtspunkte zusammenzutragen, die Bonhoeffers Kirchenverständnis von Holls Deutung unterscheiden (2.5.). Sie zeigen Bonhoeffer als einen eigenständigen, über Holl hinausgehenden Systematiker.

2.1. Zeitgeschichtliche und theologische Hintergründe

Holls Bemühungen um ein Verständnis der Theologie des Reformators können über die Rückgewinnung der reformatorischen Einsichten des jungen Luther hinaus als Reflex auf die Verunsicherung bezüglich der Bestimmung der Gestalt der Kirche und ihres Auftrags in den Jahren des Weltkrieges verstanden werden. Das Kriegserlebnis hat Holls Auffassung der Theologie Luthers nachhaltig geprägt, insbesondere sein Verständnis

---

1960, 77-89; PAUL ALTHAUS, Zum Verständnis der Rechtfertigung (1930), in: DERS., Theologische Aufsätze II, Gütersloh 1935, 31-44. (3) Zur Christologie: HEINRICH BORNKAMM, Christus und das 1. Gebot in der Anfechtung bei Luther. Zum Verständnis von Holls Lutherauffassung, in: ZSTh 5 (1927/28), 453-477. (4) Zum Gewissensbegriff: ERNST WOLF, Vom Problem des Gewissens in reformatorischer Sicht, in: DERS., Peregrinatio I. Studien zur reformatorischen Theologie und zum Kirchenproblem, 2. Aufl. München 1962, 81-112. (5) Zum Kirchenbegriff: HANS JOACHIM IWAND, Zur Entstehung von Luthers Kirchenbegriff (siehe oben Anm. 3). (6) Zur Ethik: AHTI HAKAMIES, "Eigengesetzlichkeit" der natürlichen Ordnungen als Grundproblem der neueren Lutherdeutung. Studien zur Geschichte und Problematik der Zwei-Reiche Lehre Luthers (UKG 7), Witten 1971, 47-62. (7) Zum Verhältnis von Ernst Troeltsch zu Holl: KARL-HEINZ ZUR MÜHLEN, Reformatorische Vernunftkritik und neuzeitliches Denken. Dargestellt am Werk M.Luthers und F.Gogartens (BHTh 59), Tübingen 1980, 189-201; DIETRICH KORSCH, Zeit der Krise und Neubau der Sittlichkeit. Karl Holl als Antipode Ernst Troeltschs, in: Troeltsch-Studien IV. Umstrittene Modere, hrsg. v. Horst Renz und Friedrich Wilhelm Graf, Gütersloh 1987, 211-229.

über die reformatorische Fassung des Kirchenbegriffs[53]. Holls Überlegungen, die ihre Genese den Jahren des Weltkriegs verdanken, büßen auch an der Schwelle zum Übergang in die Weimarer Republik an Aktualität nicht ein. Über den Krieg hinaus antworten sie auf die Verunsicherung des Selbstverständnisses der Kirche an ihrem veränderten Ort im Gefüge der gesellschaftlichen Verfassung. Zum Zeitpunkt des Erscheinens seines Lutherbuches, 1921, greift Holls Lutherverständnis, insbesondere seine uns im vorliegenden Zusammenhang interessierende Auffassung des Kirchenbegriffs, in den Selbstverständigungsprozeß über die Gestalt der Kirche und ihren sozialen Auftrag bzw. ihren Beitrag für die Gesellschaft mit der ganzen Vollmacht eines mühsam, über Jahre hinweg erarbeiteten Neuverständnisses des Reformators und seiner Theologie ein. Die Wirkung von Holls Lutherbuch ist gewiß über alle innertheologische Bedeutung hinaus dieser zeitgeschichtlichen Situation geschuldet.

Die auf die Aktualität Luthers abzielende Interpretation seiner Theologie wird ablesbar an den Themen Holls. Bezüglich der Kirche ist es der *Gemeinschaftsgedanke*, den Holl in seinen Lutherstudien kräftig herausstreicht. Ein Grundgedanke kehrt in Holls Aufsätzen regelmäßig wieder: Luther dürfe nie und nimmer als Individualist mißverstanden werden; vielmehr liege seine Bedeutung gerade darin, daß er den christlichen Gemeinschaftsbegriff auf der Basis seiner reformatorischen Entscheidung erneuert habe. Dieser in seiner ursprünglichen Gestalt wieder freigelegte Gemeinschaftsgedanke gehöre mithin zum Erbe der Theologie Luthers, das der deutsche Protestantismus nicht leichtfertig verspielen dürfe, wenn er denn einen Beitrag zur Konsolidierung der Gesellschaft in der Nachkriegszeit leisten wolle. In der Rückbesinnung auf den Gemeinschaftsgedanken Luthers liegt nach dem Verständnis Holls die Möglichkeit einer Verständigung über das Selbstverständnis der Gestalt und des sozialen Auftrags der Kirche beschlossen, nachdem diese aus der Klammer des landesherrlichen Kirchenregiments gelöst worden sei. Der 'Neubau' der Kirche nach authentisch reformatorischer Einsicht, der durch den Fortfall des landesherrlichen Kirchenregiments nötig wie dringlich wird, ist nach

---

53 "Holl selbst war im Ersten Weltkrieg ein anderer geworden, sein Lutherbild wurde ein neues, mit ganz anderen Farben und mit anderer Absicht gemaltes Bild. Holls Lutherbuch ist tatsächlich ein Produkt des Kriegserlebnisses." (JOHANNES WALLMANN, Karl Holl und seine Schule, 30f). Zur Bedeutung des Ersten Weltkriegs für das Werk von Holl vgl. fernerhin WALTER BODENSTEIN, Die Theologie Karl Holls, 318ff; WOLFGANG HUBER, Kirche und Öffentlichkeit (FBESG 28), Stuttgart 1973, 160-167.- In die Zeit des Ersten Weltkriegs fällt auch die nachträgliche Ergänzung der Aufsätze Holls um den *Gemeinschaftsbegriff* (vgl. JOHANNES WALLMANN, Karl Holl und seine Schule, 29 Anm. 150).

Holl gerade einzig und allein im Rückgriff auf den Gemeinschaftsgedanken Luthers möglich. So eröffnet die Neuordnung des Verhältnisses von Kirche und Staat die Chance, der Kirche eine neue, authentisch reformatorische Gestalt zu verleihen, mit der dem Ansinnen Luthers aktuelle Geltung verschafft werden könne.

Am deutlichsten ist die zeitbezogene Auslegung des Gemeinschaftsgedankens in Holls Gelegenheitsarbeiten in der Zeit des Weltkriegs wie der frühen Nachkriegszeit zu greifen, vornehmlich in dem Aufsatz "Luther als Erneuerer des christlichen Gemeinschaftsgedankens" (1917)[54], in dem sich auf kürzestem Raum die Grundgedanken Holls zusammendrängen. Holl beklagt, daß Luthers Gemeinschaftsbegriff dem zeitgenössischen Protestantismus gänzlich verloren gegangen ist. Luther ist keineswegs nur – wie es einem breiteren Bewußtsein vor Augen stehen dürfte – der "Befreier des Einzelgewissens und der Einzelpersönlichkeit"[55], sondern zugleich auch der Erneuerer des christlichen Gemeinschaftsgedankens. Erst mit dem Krieg sei dieser Gesichtspunkt wieder in den Blick gerückt. Das *Kriegserlebnis* bildet denn auch für Holl den Entdeckungszusammenhang des Gemeinschaftsbegriffs. "Der gewaltige Krieg, in dem wir stehen, hat in dieser Hinsicht eine Wendung angebahnt. Ein starkes Gemeinschaftsbewußtsein ist wieder erwacht. Der einzelne empfindet die Erhöhung, die ihm selbst zuteil wird, wenn er sich als Glied eines großen Ganzen fühlt, in ihm lebt und arbeitet."[56] Obwohl der Krieg das Erlebnis der völkischen Verbundenheit befördert, setzt Holl völkisches und kirchliches Gemeinschaftsgefühl nicht ineins. Vielmehr bereitet der Krieg nur die chancenreiche Ausgangslage für die Wiederentdeckung der Gemeinschaft auch in der Kirche, die Holl gegenüber der Gemeinschaft des Volkes sehr wohl unterschieden wissen möchte. Damit der christliche Gemeinschaftsgedanke in der Kirche in der rechten Art und Weise Gestalt gewinnen kann, ist es allerdings geboten, den durch Aufklärung und deutschen Idealismus beförderten, von Holl als verhängnisvoll eingestuften Persönlichkeitsgedanken zu verabschieden. "Es gilt auch innerhalb der Kirche mit der Anschauung zu brechen, die in der Vollendung der eigenen Einzelpersönlichkeit schon das Ganze der sittlichen Aufgabe erblickt."[57]

Mit der Kritik am durch Aufklärung und deutschen Idealismus etablierten *Individualismus* ist ein weiterer charakteristischer Zug im Denken

---

54 Vgl. Karl Holl, Luther als Erneuerer des christlichen Gemeinschaftsgedankens (1917), in: Ders.,Kleine Schriften, hrsg. v. Robert Stupperich, Tübingen 1966, 62-66.

55 Holl, Luther als Erneuerer des christlichen Gemeinschaftsgedankens, 62.

56 AaO. 66.

57 Ebd.

Holls angesprochen. Durchweg verbindet sich sein Insistieren auf dem christlichen Gemeinschaftsbegriff reformatorischer Provenienz und den Möglichkeiten, die für die Erneuerung der Kirche in ihm stecken, mit einer schroffen Antithese gegen den Individualismus der Moderne. In ihm erblickt Holl eine der wesentlichen Ursachen für den Verlust des Gemeinschaftsgedankens im Protestantismus. Zu dieser Ursache tritt eine zweite, in der sich der Verlust des Gemeinschaftsgedankens für die Gestalt der Kirche vollendet. Durch die Verbindung der Kirche mit dem Staat, sprich: das *landesherrliche Kirchenregiment*, hat sich dem Urteil Holls zufolge der Protestantismus seinen Selbstgestaltungsanspruch abgeschnitten. Die verhinderte Selbständigkeit der Kirche gegenüber dem Staat und die institutionelle Gestalt des landesherrlichen Kirchenregiments setzten die Bedeutung des Gemeinschaftsgedankens im deutschen Protestantismus außer Kraft. Erst mit der Chance der Selbständigkeit der Kirche gegenüber dem Staat ist auch die Bedingung der Möglichkeit der Erneuerung der Gestalt der Kirche als Gemeinschaft gegeben. Mit dieser Erneuerung, so ein wichtiges Motiv von Holl, gewinnt die Kirche ihre Kraft *als Gewissen des Volkes* zurück. Die Kirche kann ihre Aufgabe gegenüber Staat und Volk nur dann wahrnehmen, wenn sie selbst eine lebendige Gemeinschaft bildet. "Wer auf andere wirken will, muß in sich selbst feststehen, und wer daran glaubt, daß nicht nur der einzelne, sondern das Volk im Dienst einer höheren Sache steht, auf eine Gemeinschaft höherer Ordnung abzielt, der muß dafür sorgen, daß das Bewußtsein um diese höhere Gemeinschaft nicht nur ein blasser Gedanke, sondern als lebendige Empfindung einer Wirklichkeit in den Gemütern vorhanden ist."[58] Die Erneuerung der Gemeinschaftsgestalt der Kirche zielt also über diese selbst hinaus auf die Erneuerung der sittlichen Aufgabe der Kirche, die sie für das Volk und den Staat innehat.

Damit sind Holls Motive versammelt: der Krieg als Entdeckungszusammenhang der Gemeinschaft, die Antithese gegen den verhängnisvollen Individualismus, der uns nach Holl durch die Philosophie des deutschen Idealismus beschert worden ist und sein Plädoyer für die Selbständigkeit der Kirche gegenüber dem Staat, die der Kirche allererst wieder ihre authentisch reformatorische Gestalt als Gemeinschaft zu verleihen imstande ist.

Nach Holl ist die Erneuerung der Kirche nur möglich durch die Rückbesinnung auf den christlichen Gemeinschaftsgedanken, wie ihn Luther verbindlich geprägt hat. Holl, dies ist wichtig zu beachten, macht dabei nicht ein diffuses Gemeinschaftsgefühl zur Basis seiner Überlegungen.

---

58 Ebd.

Sehr wohl dient ihm das Kriegserlebnis als historischer Ausgangspunkt, von dem der Gemeinschaftsgedanke in den Blick rückt – seine in den Kriegsjahren einsetzenden Überlegungen zum Gemeinschaftsbegriff zeigen, daß für Holl selbst das Kriegserlebnis einen entscheidenden Auslöser für seine neuen Überzeugungen gebildet haben dürfte. Allerdings hält er sich nicht bei einem bloßen Gemeinschaftsgefühl auf, sondern sucht, dem Gemeinschaftsbegriff durch die Rückbesinnung auf Luther eine theologische Kontur zu verleihen. Die Verpflichtung und die Verantwortung der Kirche in der Gegenwart vor dem Hintergrund der Verunsicherung und Herausforderung aufgrund des Krieges und der Nachkriegssituation ist nur wahrzunehmen – so das Credo des Kirchenhistorikers Holl – durch die Besinnung auf die Geschichte, und dies heißt für Holl: durch die Besinnung auf die Theologie des Reformators. Bevor Holls Rekonstruktion der Theologie Luthers in den Blick genommen wird, sollen zunächst die einzelnen Motive näher verfolgt werden, die Holls Interpretation des Kirchenbegriffs Luthers hintergründig bestimmen.

(1) Das *landesherrliche Kirchenregiment* gilt Holl als Belastung, weil es die Ausformung einer authentischen Gestalt der Kirche verhindert hat. Parallel zu seiner Studie über Luthers Kirchenbegriff hat Holl in seinem Lutherbuch die Entstehung des landesherrlichen Kirchenregiments nachgezeichnet[59]. Der für sein Lutherbuch hinzugefügte Schluß spricht Holls Intention unverstellt aus: "Heute ist das landesherrliche Kirchenregiment gefallen. Auch wer ihm die Anerkennung nicht versagt, daß es in schweren Zeiten sich redlich um die Kirche bemüht hat, wird eine Genugtuung darüber empfinden, daß die Entwicklung jetzt endlich auf die Bahnen zurücklenkt, die Luther eingeschlagen wissen wollte. Denn der Preis, den die evangelische Kirche für die Vorteile dieser Einrichtung zu bezahlen hatte, war hoch, war allzuhoch. Die besten Kräfte der Reformation sind durch sie hintangehalten oder gezwungen worden, sich neben der Kirche zu entfalten. Aber die Kirche muß sich bewußt sein, daß sie mit der ihr nunmehr zuteil gewordenen Selbständigkeit auch die Verpflichtung übernommen hat, das Werk Luthers in seinem Geiste zu vollenden." (GA I, 380)

Kein Zweifel: Holl empfand den Fortfall des landesherrlichen Kirchenregiments als Befreiung. Auch seine Arbeit "Die Bedeutung der großen Kriege für das religiöse und kirchliche Leben innerhalb des deutschen Protestantismus" (1917)[60] durchzieht die Klage über die Eintrübung der

---

59 Luther und das landesherrliche Kirchenregiment, GA I, 326-389.

60 Vgl. Karl Holl, Die Bedeutung der großen Kriege für das religiöse und kirchliche Leben innerhalb des deutschen Protestantismus (1917), GA III, 302-384.

Eigengestaltung der Kirche durch ihre verfassungsrechtliche Stellung im Verhältnis zum Staat. Die Kirche vermochte nicht in einer Weise selbständig zu werden, die es ihr erlaubt hätte, den bei Luther angebahnten Gemeinschaftsgedanken zur Entfaltung zu bringen. Alle Versuche, der Kirche ihre angemessene, von Luther entworfene Gestalt zu verleihen, sind enttäuscht worden; eingeengt durch das landesherrliche Kirchenregiment ist die Kirche zunehmend verkümmert. Als direkte Folge dieses Defizits bewertet Holl den Rückzug der Gebildeten von der Kirche, die ihr Heil zunehmend in privater Erbauung nahmen. Der Protestantismus wurde hinsichtlich seiner Gegenwartsaufgaben weitgehend gelähmt, so daß er schließlich auch gegenüber der sozialen Frage im 19. Jahrhundert versagen mußte. Nicht nur die Entkirchlichung der Gesellschaft, sondern darüberhinaus ihre Entchristlichung, eine umfassende Krise der Kultur wie der Verlust der Sittlichkeit für die Gestaltung der Gesellschaft ist bedingt durch die Verhinderung der Selbstartikulation kirchlichen Gestaltungswillens. Demgegenüber wird die Erneuerung des Gemeinschaftsgedankens geradezu zur Notwendigkeit. "Wenn es ... wahr ist, daß das Verhältnis zu Gott höher steht als das zu Volk und Staat, und daß die Verbundenheit in Gott eine engere Aufeinanderbeziehung erzeugt als die natürlich begründete, so verlangt dieses Gemeinschaftsgefühl auch seine Pflege in einer äußeren, vom Staat sich deutlich unterscheidenden Kirche. Andernfalls vermag die Religion auch nicht reinigend und kräftigend auf das Volksbewußtsein zurückwirken."[61]

Aus der gemeinschaftlich gepflegten Gottesbeziehung, die in und durch die Kirche in besonderer Weise verkörpert wird, baut sich die Kultur, das Volksbewußtsein sowie die sittliche Verantwortung des Volkes im Ganzen auf. Deswegen ist die Frage nach der eigenen Gestalt der Kirche von zentraler Bedeutung. Die Selbständigkeit, die die Kirche gewinnen muß, strahlt über diese hinaus auf Volk und Kultur aus. So wird der Neubau der Kirche zur Voraussetzung des Neubaus der Sittlichkeit und der Erneuerung der Kultur überhaupt. Da der Weltkrieg wie der Dreißigjährige Krieg und die Befreiungskriege die Bedeutung der Religion für die Kultur freilegt, steht die Kirche vor einer Entscheidung von historischer Tragweite. "Denn der Krieg wirkt auf die Religion nie eindeutig, und was sich an Neuem aus ihm emporringt, ist immer zunächst etwas Ungestaltetes und Wogendes, mehr Verlangen und Drang als klarer Gedanke."[62] An dieser Stelle setzt die Besinnung Holls auf die Kräfte der Religion ein; hier entspringt die Forderung nach der Selbständigkeit der Kirche; an diesem historischen

61 AaO. 363f.
62 AaO. 382.

Schweideweg gilt es, der Kirche zum Wohl der Kultur im Ganzen ihre Gemeinschaftsgestalt wieder zurückzuverleihen.

(2) Nicht nur hat das landesherrliche Kirchenregiment die Selbstgestaltung der Kirche als Gemeinschaft verhindert, auch die Ekklesiologie selbst hat sich vom Anliegen des Reformators immer weiter entfernt. So bezieht Holl Stellung gegen den Kirchenbegriff, der sich im Zug der Aufklärung durchgesetzt hat und der die Kirche durchweg als Verein versteht, dessen Statut das Bekenntnis bildet und der zum Zweck religiöser Betätigung begründet wird. Aus dieser Auffassung bildete sich in unterschiedlichen Schattierungen der Begriff der Bekenntniskirche, dessen Differenz zum reformatorischen Kirchenverständnisses Holl mit Nachdruck betont[63]. Wo das Bekenntnis als primäres Konstitutionsmerkmal der Kirche erscheint, erhebt sich Holls Protest: "Nach reformatorischer Anschauung ist es ... nicht das Bekenntnis, was die Kirche hervorbringt und zusammenhält, sondern vielmehr das Wort Gottes, das Evangelium von der Sündenvergebung. Das Bekenntnis ist immer nur ein menschliches Machwerk, ein Versuch, das Evangelium auszudrücken, der darum stetiger Nachprüfung und Nachbesserung bedarf."[64] Der entscheidende Vorbehalt gegen den Begriff der Bekenntniskirche liegt für Holl allerdings noch an anderer Stelle. Die Vorstellung von der Bekenntniskirche verlagert den Akt des Bekenntnisses weg vom Einzelnen auf die Kirche und verliert die Gemeinde als konkrete Persongemeinschaft aus dem Blick, bei der jeder Einzelne den Glauben vernehmen und bejahen muß. "Luthers viel reichere Anschauung, daß die Kirche, die sichtbare wie die unsichtbare, eine Lebensgemeinschaft darstellt, die sich im Gebet, im gegenseitigen Aufeinanderwirken, im Liebeswerk unaufhörlich betätigt, fand trotz der Berufung auf ihn keine Erneuerung."[65] Nach Holl untergräbt der Begriff der Bekenntniskirche in verhängnisvoller Weise die personale Dimension der Gemeinschaft und objektiviert die Kirche nach Maßgabe des Rechtsbegriffs des Bekenntnisses. Unsichtbare und sichtbare Kirche können weder recht unterschieden noch aufeinander bezogen werden. Damit muß aber der theolgische Maßstab der Beurteilung der sichtbaren Kirche fortfallen.

(3) Holl befreit Luther aus den *konfessionellen Verzeichnungen der lutherischen Restaurationstheologie des 19. Jahrhunderts.* Im Verständnis der konfessionellen Theologien wird die Kirche mehr und mehr zur göttlich gestifteten Anstalt. Die Kirche in ihrer ganzen Gliederung, in

63 Vgl. aaO. 370ff.
64 AaO. 371.
65 AaO. 372.

Lehre und Amt, Verfassung und Kirchenregiment wird ins schlechthin Autoritative gesteigert, das in theologischer Sicht als göttlich legitimiert erscheint. Damit fällt der Kirchenbegriff hinter reformatorische Einsicht zurück, was ein Zitat von Friedrich Julius Stahl exemplarisch verdeutlichen mag. "Im Ganzen ist daher die Kirche eine göttliche Gnadenanstalt, eine Institution, eine gegebene sächliche Macht, eine heilige Stiftung, welche den Menschen umfängt, ihn vor seiner eigenen Tat mit den Gnadenmitteln, die ihr vertraut sind, erfördert."[66] Das Amt in der Kirche wird mit göttlicher Vollmacht ausgestattet, die die Lossprechung von den Sünden wie Kirchenzucht kraft des Amtsinhabers erlaubt. Die Entwicklung, in der das Amt nicht nur der Gemeinde übergeordnet, sondern schließlich auch zum Gnadenmittleramt erhoben wird, offenbart ein tiefes Defizit in der Bestimmung des protestantischen Kirchenbegriffs[67]. Vor diesem Hintergrund muß Holls Rekurs auf die Quellen, die Betonung der Kirche als Gemeinschaft und des Priestertums aller Gläubigen geradezu als Befreiung von den konfessionellen Engführungen empfunden werden.

(4) Als einer der stärksten Widersacher des Gemeinschaftsgedankens muß nach Holl der Individualismus aufgefaßt werden. Theologisch beruht dieser auf einer Mißinterpretation Luthers, die Luther lediglich als Befreier der Subjektivität und des Gewissens von religiöser Bevormundung versteht und damit aus dem Blick verliert, daß er ebenso der Erneuerer eines genuin christlichen Gemeinschaftsbegriffes gewesen ist. Mit seiner Kritik am Individualismus wendet sich Holl scharf gegen die Interpretation der Reformation durch seinen Berliner Kollegen Ernst Troeltsch. Ähnlich wie Holl erblickt Troeltsch als wesentliches Merkmal der modernen Kultur den Individualismus bzw. die Ersetzung der kirchlichen Autorität durch die Autonomie der Kulturideen. Troeltsch begreift diese Autonomie als Ausdruck eines gesteigerten Individualismus, dessen Grundlage wiederum die christliche Persönlichkeitsidee abgibt. "Es ist ... die christliche Idee selbst von der Bestimmung des Menschen zur vollendeten Persönlichkeit durch den Aufschwung zu Gott als Quelle alles persönlichen Lebens und der Welt zugleich, welcher Aufschwung eben damit ein Ergriffen- und Gebildetwerden durch den göttlichen Geist ist. Es ist die hierin enthaltene Metaphysik des absoluten Personalismus, die unsere ganze Welt mittelbar oder unmittelbar durchdringt, und die dem Gedanken

---

66 Friedrich Julius Stahl, Die lutherische Kirche und die Union. Eine wissenschaftliche Erörterung der Zeitfrage, Berlin 1859, 57.

67 Über den Kirchenbegriff des konfessionellen Luthertums im 19.Jahrhundert vgl. oben C.1.

der Freiheit, der Persönlichkeit, des autonomen Selbst einen metaphysischen Untergrund gibt, der auch da nachwirkt, wo er bestritten und geleugnet wird. Diese Seelenverfassung hat das Christentum und der israelitische Prophetismus begründet."[68]

Nach Troeltsch ist die moderne Kultur ganz auf dem christlichen Personalismus errichtet. Die wesentliche Verbindung zwischen Protestantismus und moderner Kultur wird durch den Individualismus gestiftet, den der Protestantismus bewußt gegen die Bindung an die kirchliche Autorität und Hierarchie als Prinzip ausformuliert hat. Bei allen Gegensätzen, die die moderne Welt vom Protestantismus trennen, liegt doch hier die entscheidende 'Bedeutung des Protestantismus für die Entstehung der modenen Welt', die These, von der das gleichnamige Buch von Troeltsch durchgehend bestimmt ist. Der Protestantismus hat den religiösen Individualismus grundsätzlich ins Recht gesetzt, der im Gegensatz zur kirchlichen Autoritätsreligion steht. "Wie der Glaube der Gegensatz gegen das Sakrament und die priesterliche Erlösungskraft ist, so der religiöse Individualismus der Gegensatz gegen das Kirchendogma und die priesterliche Lehrautorität."[69] Muß der Protestantismus nach Troeltsch einerseits verstanden werden als Fortsetzung des mittelalterlichen Geistes, als ein zur Blüte getriebenes Spätmittelalter, so hat er jedoch andererseits durch das Prinzip des religiösen Individualismus der modernen Welt Bahn gebrochen. Es bedurfte nur noch der Erschütterung der Bibelautorität durch die philologische Kritik, der Ablösung des Erbsündengedankens durch den Entwicklungsbegriff der Naturwissenschaften sowie der Mathematik und der Etablierung der Idee der Toleranz und des Rechts auf Gewissensfreiheit durch den kämpferischen Calvinismus und das enthusiastische Täufertum, um der modernen Welt zum Durchbruch zu verhelfen. Einer der entscheidenden Grundzüge der Moderne ist neben dem Prinzip der Immanenz des Göttlichen in der Welt der vom Protestantismus zur Geltung gebrachte Individualismus, in dem die Wurzel der modernen Kultur begründet liegt. "Ohne den religiösen Personalismus, welchen Prophetismus und Christentum uns eingeimpft haben, wäre die Autonomie, der Fortschrittsglauben, die allumfassende Geistesgemeinschaft, die Unzerstörbarkeit und Kraft unserer Lebenszuversicht und unseres Arbeitsdranges

68 ERNST TROELTSCH, Die Bedeutung des Protestantismus für die Entstehung der modernen Welt, 2. Aufl. München/Berlin 1911, 21.

69 ERNST TROELTSCH, Luther, der Protestantismus und die moderne Welt, Gesammelte Schriften IV (Hg.v.Hans Baron, 2.Neudruck der Ausgabe 1925) Aalen 1981, (202-254) 221.

ganz unmöglich."[70] Ohne in unmittelbarem Zusammenhang mit der Moderne zu stehen, stellt der Individualismus der protestantischen Gewissensreligion die Grundlage der modernen Welt dar. Darum ist der Protestantismus mit seiner Betonung des Persönlichkeitsgedankens für Troeltsch auch die der modernen Welt einzig entsprechende Form der Religiosität.

Holl teilt zwar die Diagnose der Moderne mit Troeltsch, er bewertet den Individualismus als deren Signum aber genau entgegengesetzt, insofern er diesen als Verhängnis einstuft, weil er den Gemeinschaftsgedanken untergräbt. Nicht nur in Bezug auf den Individualismus begreift er die Bedeutung der Reformation für die Entstehung der Neuzeit in gänzlich anderer Weise als Troeltsch, ja, er entfaltet in seinen Lutheraufsätzen seine Gedanken durchgängig in Antithesen zu der Unterscheidung von Alt- und Neuprotestantismus im Werk von Troeltsch[71]. Ohne die Rückbesinnung auf die Reformation ist für Holl eine Erneuerung der Kultur nicht möglich: "Alle Gebiete der Kultur hat die Reformation im Lauf der Jahrhunderte befruchtet."[72] Da die Versittlichung der Kultur im Gottesverhältnis des Einzelnen religiös fundiert ist, muß dieses Verhältnis erneuert werden, wenn es zu einer Gesundung der Moderne kommen soll. Zentrale Aufgabe dieser Erneuerung ist die Überwindung des Individualismus der Moderne und die Erneuerung des christlichen Gemeinschaftsgedankens auf der Grundlage des von Luther entworfenen Kirchenbegriffs.

---

70 TROELTSCH, Die Bedeutung des Protestantismus, 22.

71 Überblick über die wichtigsten Einwände Holls gegen Troeltsch: (1) Holl bestreitet, daß der Gedanke der *Autonomie* bei Luther eine Vorstufe der Aufklärung darstellt. Jener stehe vielmehr in Gegensatz zu dieser (vgl. GA I, 109 Anm. 1). (2) Holl bestreitet die von Troeltsch herausgestellte Bedeutung der *lex naturae* für Luther (vgl. GA I, 243 Anm. 2, 245; vgl. auch Holls Kritik an der Bewertung der *Bergpredigt* für Luther durch Troeltsch GA I, 248 Anm. 4, 481 Anm. 2, 506). (3) Ebenso verwirft Holl die von Troeltsch favorisierte These von der *doppelten Sittlichkeit* bei Luther (vgl. GA I, 282). (4) Zur Kritik an der Auffassung von Troeltsch, Luther habe die *Kirche als Anstalt* begriffen vgl. GA I 297 Anm. 3. (5) Gegen die Troeltsche Deutung der *Reformation als Übergangszeit* vgl. GA I, 469. – Zum Verhältnis von Holl und Troeltsch siehe oben die in Anm. 5 angegebene Literatur. Zu Holls Auffassung der Ethik Luthers, die gegen die These von Troeltsch über die *Eigengesetzlichkeit* der weltlichen Ordnung opponiert vgl. HAKAMIES, "Eigengesetzlichkeit" der natürlichen Ordnungen, 47-62, insb. 59ff.

72 KARL HOLL, Die Kulturbedeutung der Religion (1911), GA I, (468-543) 542.

2.2. Systematische Implikationen der Lutherdeutung Holls

2.2.1. Der Kirchenbegriff

Dem Kirchenverständnis Luthers widmet Holl in seinem Lutherbuch eine eigene Abhandlung[73]. Vom Psalmenkommentar über die Ablaßthesen bis in die Jahre 1520/21 zeichnet Holl die Genese der Auffassung der Kirche bei Luther nach. Der Kirchenbegriff Luthers verdankt sich nicht allein der Auseinandersetzung mit der Hierarchie der Kirche, sondern – was Holl mit Nachdruck herausarbeitet – er wächst konsequent aus der Rechtfertigungslehre Luthers heraus. "Seine Rechtfertigungslehre war es, die unmittelbar auch seine neue Auffassung der Kirche hervortrieb." (GA I, 289) Neben dem Nachweis der inneren systematischen Verbindung der *Rechtfertigungslehre* mit dem Kirchenbegriff ist das bestimmende Motiv der Rekonstruktion Holls, daß Luther die Kirche als "wirkliche Gemeinschaft" (GA I, 321 u.297) verstanden wissen wollte.

Die Grundlage der *Kirche als wirklicher Gemeinschaft* bildet das in der Geschichte wirksame Wort Gottes, das die Vorrangstellung des Sakraments als Gnadenmittel der Kirche nach mittelalterlich-scholastischer Auffassung ablöst. Das Wort des Evangeliums eröffnet von Gottes Seite die Gemeinschaft des Menschen mit Gott; es ist das Werkzeug, dessen sich Gott bedient, um die Gemeinschaft zwischen sich und dem Menschen zu stiften. Folglich bildet das Wort auch den vornehmsten Besitz der Kirche; die Verkündigung des Evangeliums wird zu ihrer primären Aufgabe. Da das Wort, das dem Menschen von außen aus zukommt, von diesem innerlich vernommen werden muß, gehören alle die zur Kirche, die innerlich vom Wort des Evangeliums ergriffen sind. Darum ist die Kirche der wahrhaft Gläubigen, die das Wort von der Gnade annehmen, ihrem Wesen nach *unsichtbare* Kirche: eine geistliche Realität. Als diese ist sie "wirkliche Gemeinschaft, ja die einzig wahre, weil die innerlichste Gemeinschaft" (GA I, 297f). Obwohl räumlich getrennt und sich gegenseitig unbekannt, stehen die Gläubigen der unsichtbaren Kirche in innerlichster Verbindung miteinander. "Sie sind geeint in ihrem Haupt Christus, geeint durch ihre gegenseitige Fürbitte, die jedes Christen Pflicht ist, und darüberhinaus durch den stillen Einfluß, mit dem immer ein Gläubiger auf verborgenen Wegen den andern erreicht." (GA I, 298)

Die Kirche muß nach Holls Auffassung als innerlichste Gemeinschaft verstanden werden, weil sie durch das gemeinsame Vernehmen und den Erwerb eines geistlichen Gutes gestiftet und geeint ist. Weil dieses Gut –

---

73 Karl Holl, Die Entstehung von Luthers Kirchenbegriff (1915), GA I, 288-325.

das Wort der Gnade – seinem Wesen nach eine geistliche Realität bildet, so ist auch die Kirche als Gemeinschaft ihrem Wesen nach keine sichtbare, körperliche Vereinigung, sondern eine geistliche, unsichtbare Realität. Holl kann diese Gemeinschaft auch als "Seelengemeinschaft" bezeichnen, die durch den "seelischen Verkehr" der Glieder untereinander bestimmt ist (GA I, 300). Diese innerliche Seelengemeinschaft ist die der Rechtfertigung gemäße Form der Gemeinschaft, und erst, wenn dies herausgestellt ist, ist nach Holls Lutherdeutung die Lehre von der Rechtfertigung wirklich an ihr Ziel gelangt. "Es bestätigt sich hier", so schließt Holl an, "wie verkehrt es ist, Luther als 'Individualisten' im gemeinen Sinn des Worts, d.h. als religiösen Egoisten aufzufassen." (Ebd.)

Genau wie das Wort vom Evangelium die innere Gemeinschaft der Gläubigen konstituiert, so bildet es darüberhinaus auch den Bezugspunkt der *sichtbaren Kirche*. Die sichtbare Gemeinschaft sammelt sich um die Verkündigung des Evangeliums. "Der Begriff des Evangeliums schlug ihm (Luther, JvS) die Brücke von der unsichtbaren zur sichtbaren Kirche hinüber." (GA I, 304f) Die unsichtbare, innerliche Gemeinschaft ist eingebettet in die Wirklichkeit der das Evangelium predigenden Kirche. Da durch die Verkündigung Christus inmitten der sichtbaren Kirche sein Reich aufrichtet, ist die sichtbare Kirche folglich auch der Ort, an dem das gepredigte Wort Gottes den Menschen innerlich ergreift und wandelt. Die durch das Wort gesammelte Kirche bildet mithin eine Gemeinschaft, "innerhalb deren dem einzelnen Gläubigen die geistigen Güter der Gesamtheit von selbst" (GA I, 310) zufließen. Da es nur des durch den Heiligen Geist geschenkten Vernehmens des Evangeliums bedarf, fallen alle Vermittlungen äußerlicher Art hinweg: die theologische Grundlage für die Lehre vom Priestertum aller Gläubigen ist gefunden.

Damit ist Luthers Grundanschauung von der Kirche für Holl abgerundet, die ihm, Luther, fortan als kritischer Maßstab der sichtbaren Kirche dienen wird: "Sie (die Kirche, JvS) wird gegründet durch das Wort und ist überall da, wo Gottes Wort verkündigt wird. Sie ist eine Gemeinschaft der Heiligen, nicht als ob ihre Glieder das Höchste schon erreicht hätten, sondern weil Christus, ihr Haupt, sie stetig durch Gericht und Trost seines Wortes, durch Kreuz und Leiden zu diesem Ziel emporführt. Sie ist notwendig unsichtbar, weil innerlich und geistlich, und doch eine wirkliche Gemeinschaft. Denn jeder einzelne weiß sich getragen von der Gesamtheit, mit der er durch Glauben, Gebet und Liebestätigkeit in ununterbrochenem Verkehr steht." (GA I, 312 Anm. 3) Ist der Gläubige auf äußerliche Vermittlung durch kirchliche Instanzen nicht angewiesen, weil er in einem unmittelbaren Verhältnis zu Gott steht, so läßt sich die Gemeinde auffassen als "eine Gemeinschaft von Selbstbefugten und Urteilsberechtigten" (GA I, 319), die allesamt von Christus in das Amt des Priesters eingesetzt sind. Der Priester kann folglich nur als Diener der Gemeinde aufgefaßt werden. Im Zusammenhang der Lehre vom *Priestertum aller Gläubigen* tritt nach Holl bei Luther ein weiterer Gedanke zum Kirchenbegriff hinzu. Luther bemerkt, daß die bestehende Kirche von religiöser Selbstsucht beherrscht wird und nicht das ist, was sie zu sein vorgibt und ihrer Begründung nach zu sein hätte: eine wirklich innere Gemeinschaft der Seelen (vgl. GA I, 321). Der Kirche des religiösen Egoismus hält Luther das Bild der wirklichen Gemeinschaft entgegen. Das Priestertum aller Gläubigen vollendet sich erst dort, wo es zur wirklichen Gemeinschaft kommt, wo das gemeinschaftliche Handeln zur "hohen Pflicht" (GA I, 322) wird. Holl faßt den Kirchenbegriff Luthers in charakteristischer Weise zusammen: "So rundet sich die Vorstellung der sichtbaren Kirche bei Luther ab. Ihre Einheit erscheint nunmehr von zwei Seiten her bewirkt. Wie sie von oben her durch Christus und sein Wort geschaffen wird, so wird sie von unten her durch das innerliche Zusammengehörigkeitsgefühl der Gläubigen wiedererzeugt. Dadurch erst wird sie eine lebendige Kirche." (Ebd.)

Holl setzt den Kirchenbegriff Luthers in seiner Studie konsequent zu dessen Rechtfertigungslehre in Beziehung. Hierbei steht die personale Gottesbeziehung im Mittelpunkt, die allen gemein ist, die die Forderung Gottes und das Wort der Gnade vernehmen. Die Gemeinschaft der Gläubigen ist zunächst nicht mehr als die Summe all derer, die an sich die befreiende Kraft der Liebe Gottes erfahren, oder, noch allgemeiner formuliert: die Gemeinschaft all derer, die in Gemeinschaft mit Gott stehen. Holl akzentuiert dabei die innerlich-geistliche Dimension dieser Gottgemeinschaft und findet dafür den eigentümlichen Titel der "Seelengemeinschaft" (GA I, 300). Auch wenn Holl hervorhebt, daß die Rechtfertigungslehre Luthers erst dann richtig verstanden ist, wenn ihr Zusammenhang mit dem Gemeinschaftsbegriff erwiesen wird, so faßt er doch die Strukturierung der Kirche als Gemeinschaft ganz von der *individuellen Gotteserfahrung* her auf. Gerade weil Luther nach Holl der "entschiedene 'Individualist' ist, der alles auf das persönliche Gewissen stellt, ist er zugleich der grundsätzliche Vertreter des Gemeinschaftsgedankens in der Religion" (GA I, 98).

Zwar führt Holl zutreffend aus, wie sich für Luther die Lehre vom Priestertum aller Gläubigen aus diesem Verständnis erschließt, auffälligerweise vernachlässigt er jedoch die theologisch ausgewiesene Kategorie des *Leibes Christi*, mit der die Lehre von der Kirche bei Luther erst vollständig erreicht wird. Für Holl resultiert aus der persönlich-individuellen Gottesbeziehung die Pflicht zur Gemeinschaft der Menschen untereinander. Die Gestaltung der kirchlichen Gemeinschaft ist "Gewissenssache" (GA 1, 300), insofern der individuellen Gottesbeziehung im Gewissen eine *sittliche Programmatik* eingestiftet ist, die die Gestaltung der sichtbaren Kirche als Gemeinschaft anleitet. Holl gelangt zu dieser Auffassung, weil er in einer Art dualer Betrachtungsperspektive die Rechtfertigung als Tat Gottes mit dem *Rechtfertigungserlebnis* im Menschen korrespondieren läßt. Diese Betrachtungsweise schlägt sich exemplarisch in der eigentümlichen Weise nieder, in der Holl die Konstitution der Kirche von zwei Seiten beschreibt: 'von oben' durch Christus und sein Wort wie 'von unten' als Wiedererzeugung der Gemeinschaft durch das "innerliche Zusammengehörigkeitsgefühl der Gläubigen" (GA I, 322).

Mit Luther wäre gegenüber Holl festzuhalten, daß die Kirche gerade *nicht als erlebte*, sondern einzig und allein als *im Glauben präsente Realität* verstanden werden muß. Nicht schon ist die Kirche im Erlebnis der Rechtfertigung im "Zusammengehörigkeitsgefühl" (ebd.) präsent, sondern allein dem Glauben gilt sie als gegenwärtige Wirklichkeit. Die Interpretation Holls ist demgegenüber dem Dualismus von *sichtbarer und unsichtbarer Kirche* verhaftet, der seine Darstellung insgesamt strukturiert und theologisch steuert. Zwar ist Luther in den "Dictata super Psalterium" (1513-16) noch in der ihm überkommenen Antithese von sichtbar und unsichtbar befangen. Mit der Römerbriefvorlesung (1515/16), in der zum ersten Mal die grundsätzliche Indifferenz des Werkes gegenüber der Gerechtigkeit Gottes entdeckt wird, wandelt sich jedoch der Begriff der Unsichtbarkeit für Luther in entscheidender Weise. Die dem Glauben präsente "Ecclesia spiritualis et invisibilis" kann nun nicht mehr von dem Gegensatz von unsichtbar und sichtbar begriffen werden, sondern muß von der Kategorie des *verbum dei* aus aufgefaßt werden[74]. Nicht wird das Wort Gottes in menschliches Erleben, Fühlen oder Wollen hineingezogen, wie Holl es in seiner Interpretation nahelegt, sondern umgekehrt wird der Mensch in das Wort Gottes hineinverwandelt[75]. Holl ignoriert diese Entwicklung Luthers, was sich in der kategorischen Feststellung ausdrückt, Luther habe in der ersten Psalmenvorlesung einen vollkommen fertigen

---

74 Vgl. zu diesem Einwand mit einer Fülle von Belegen bei Luther: HANS JOACHIM IWAND, Die Entstehung von Luthers Kirchenbegriff, 224-235. Zur Bedeutung des verbum dei in der Unterscheidung von verbum externum und verbum internum vgl. die instruktive Studie von KARL-HEINZ ZUR MÜHLEN, Nos Extra Nos. Luthers Theologie zwischen Mystik und Scholastik (BHTh 46), Tübingen 1972, insb. Kapitel IV, 177ff.

75 "Et ita nos in verbum suum, non autem verbum suum in nos mutat"[Und so verwandelt er uns in sein Wort, nicht sein Wort in uns] (MARTIN LUTHER, Vorlesung über den Römerbrief 1515/16, WA 56, 227, 4f.)

Kirchenbegriff entwickelt, den er zeitlebens vertreten habe (vgl. GA I, 298f)[76].

Nicht nur erweist sich Holls Frühdatierung der reformatorischen Entdeckung für das Kirchenverständnis als problematisch, sondern es ist die systematisch-kategoriale Rekonstruktion des Rechtfertigungsverständnisses, die sich auf Holls Darstellung des Kirchenbegriffs in entscheidender Weise auswirkt. Um die These, daß es die im Gottesverhältnis des Einzelnen eingestiftete sittliche Programmatik ist, die den Kirchenbegriff strukturiert, zu präzisieren, soll in einem weitern Abschnitt Holls Interpretation der Rechtfertigungslehre Luthers näher in den Blick genommen werden.

2.2.2. Die Rechtfertigungslehre: Zum Verhältnis von Religion und Sittlichkeit

Nach der Auffassung Holls ist das *Rechtfertigungserlebnis* das schlechterdings entscheidende Ereignis, das die Wende in Luthers Theologie herbeiführt. Der Durchbruch reformatorischer Einsicht ist nicht so sehr das Resultat der Durchbildung der Lehre von der Rechtfertigung, sondern vielmehr Folge des Erlebnisses der Rechtfertigung durch Luther. Dies ist in knappen Worten die Deutung, die Holl in seinem Aufsatz "Was verstand Luther unter Religion" (1917)[77] vorträgt.

Holl schildert Luther ganz nach seiner inneren psychologischen Entwicklung, die unentrinnbar auf ein Verhängnis zuläuft. Luther wird beschrieben als zu "schwerer Lebensauffassung" (GA I, 15) neigend, mit religiösem Ernst, ungeduldig und von innerer Leidenschaft zu heiligem, d.h. aus "verletztem religiösem Empfinden" (GA I, 14) emporquellendem Zorn getrieben, der durch den Klostereintritt noch verstärkt wird. "Das Erlebnis, das ihn ins Kloster führte, hatte einen Antrieb in ihm gesetzt, der ihn nicht zu behaglicher Selbstzufriedenheit gelangen ließ." (GA I, 17) Das Gefühl der eigenen Unwürdigkeit unter dem Eindruck des Gerichtsge-

76 "Als sicher erscheint mir, daß Luther die ihn erlösende Gewißheit in der Zeit zwischen seiner neuen Übersiedlung nach Wittenberg und dem Beginn der Psalmenvorlesung, also rund zwischen Sommer 1511 und Frühjahr 1513 gewonnen hat ... Ebenso erscheint es mir unbestreitbar, daß der Durchbruch zur Rechtfertigungslehre bei Luther noch vor dem Beginn der Psalmenvorlesung erfolgt sein muß." (HOLL, Der Neubau der Sittlichkeit, GA I, 193) – Zum umstrittenen Problem der Frühdatierung der reformatorischen Entdeckung bei Luther vgl. *Der Durchbruch der reformatorischen Erkenntnis bei Luther*, hrsg. v. Bernhard Lohse (WdF 123), Darmstadt 1968, darin bes. OTTO HERMANN PESCH, Zur Frage nach Luthers reformatorischer Wende, 445-505.

77 KARL HOLL, Was verstand Luther unter Religion (1917), GA I, 1-110.

dankens frißt sich in Luther hinein. “Luther hat den Gerichtsgedanken von vornherein tiefer, persönlicher und reiner erfaßt, als dies unter seinen Zeitgenossen üblich war.” (GA I, 18) Der unbedingten und unbeugsamen göttlichen Forderung korrespondiert Luthers restloses und sich selbst gegenüber strenges *Pflichtbewußtsein*, das unter dem unbestechlichen Willen Gottes zerbrechen muß. “Mit dieser Entdeckung der eindeutigen Größe des göttlichen Gebots richtet sich zum erstenmal der künftige Reformator vor uns auf.” (GA I, 19) Die Gottesliebe zerstört alle Abstufungen und Milderungen, wobei der religiöse Ernst Luthers, heilig und unerbittlich sich der Pflicht der Gottesliebe zu ergeben, sein einzigartiges Gewissen ausbildet, das ihn von seiner Umgebung unterscheidet: “Luther denkt von Gott aus, dessen Ehre es fordert, daß er unnachgiebig auf seinem Willen besteht.” (GA I, 20) Vor diesem Willen ist alles menschliche Wollen zur Hoffnungslosigkeit verurteilt; alle üblichen, von der Kirche angebotenen Heilmittel bringen keine Milderung, sondern bereiten nur neues Ungemach. So verwandeln sich für Luther die Tröstungen unter der unbedingten sittlichen Forderung Gottes insgeheim in sich steigernde innere Pein und ausweglose Trostlosigkeit: “Das war die Schlinge, in der er sich fing und die ihn zu erwürgen drohte.” (GA I, 22) Die ausweglose Not, in die Luther hineingerät, gilt Holl als verursacht durch dessen Auffassung des Sittlichen: “Es handelt sich, das ist der Sinn seiner Kämpfe, um die Durchführbarkeit eines aufs Unbedingte gerichteten sittlichen Strebens überhaupt.” (GA I, 25)

Holl steigert seine Darstellung der inneren Kämpfe Luthers, indem er dessen Entwicklung in der völligen Auswegslosigkeit kulminieren läßt, in der es Luther verwehrt ist, einen billigen Ausweg ins Auge zu fassen. Es ist der nicht zu betrügende religiöse *Gewissensernst*, an dem Luther zerbricht; genau dieser Ernst ist es aber auch, der die neue Erkenntnis ermöglicht und den Durchbruch reformatorischer Einsicht vorbereitet. “Der persönliche Zusammenschluß mit Gott, die Anerkennung durch Gott, ist nie so zu erreichen, daß der Mensch Gott etwas darbringt und sich dadurch seine Stellung bei ihm erkämpft. Denn etwas wirklich Vollkommenes, Gott selbst Bezwingendes, kann der Mensch nie und nimmer hervorbringen. Aber was der Mensch von Gott nicht erpressen kann, das schenkt ihm Gott freiwillig. Nicht er sucht Gott zuerst, sondern Gott vielmehr ihn. Gott will den Menschen haben trotz seiner Sünde. Er selbst schlägt ihm die Brücke, auf die er treten kann, indem er vergibt.” (GA I, 28) Der Durchbruch Luthers zum Verständnis des Evangeliums wird von Holl ganz im Modell des Prozesses der *persönlichen Erfahrung* aufgefaßt, in dem das nicht zu hintergehende Gewissen Luthers die treibende Kraft ausmacht. “Es muß einen Augenblick gegeben haben, wo ihn inmitten seiner Qual die Ahnung durchzuckte, daß Gott durch eben diese Pein ihn sucht und zu sich heranzieht." (GA I, 29) Daß Luther Gott in seiner Güte begreifen kann, erscheint in der Dramaturgie seiner inneren Entwicklung ganz als Ereignis seines "Gewissenserlebnisses" (ebd.).

Was sich bei Luther als Tiefe des angefochtenen Gewissens zeigt, erweist sich von der anderen Seite aus als Höhe: An der "hohe(n) Gabe des sittlichen Bewußtseins" (GA I, 31), an der bedingungslosen Pflicht, Gott über alles zu lieben, muß Luther zwangsläufig zerbrechen wie gleichermaßen zur Höhe reformatorischer Einsicht aufsteigen. Einzig im Scheitern ist die Erkenntnis verborgen, daß Gott einen Abstand zwischen sich und den Menschen gesetzt hat, der nur von Gott, aber nicht vom Menschen aus überbrückt werden kann und überbrückt wird, da das Tun des Menschen in jedem Fall hinter der Forderung Gottes zurückbleibt.

Wie Holl die Rechtfertigungslehre Luthers ganz als Produkt des Rechtfertigungserlebnisses begreift, so formiert das Erlebnis des Durchbruchs zur reformatorischen Einsicht umgekehrt seinen theologischen Begriff der Rechtfertigung, sofern dieser ganz auf die Erfahrung des Gewissens abgestellt ist. "Es wird ein Punkt in der inneren Entwicklung, auf den der Mensch notwendig kommt: der erschütternde Ernst der Gotteserfahrung, dem der Mensch nicht ausweichen darf, den er vielmehr in seiner ganzen Wucht auf sich wirken lassen soll." (GA I, 32) Gott die Ehre geben, d.h. für Holl, Gott sowohl in seinem Verwerfungsurteil wie in seiner gütigen Annahme annehmen. Der anthropologische Ort der Gotteserfahrung liegt dabei im *Gewissen*; aus ihm folgt die Liebe zu Gott, die aus dem Umschlag des Gehorsams, sich dem Willen und der sittlichen Forderung Gottes zu unterstellen, in Hingabe resultiert. Bündig faßt Holl sein Fazit für Luthers Entwicklung zusammen: "Die Vorgänge, in denen Luther zu seiner Gottesgewißheit gelangte, waren durchweg bewußter, geistiger, persönlicher Art." (GA I, 34) Die "persönliche Gewißheit" (GA I, 35) ist von Luther im Durchgang durch die innere Verzweiflung gewonnen; der Durchbruch reformatorischer Erkenntnis verdankt sich dem inneren Gang, der sich mit den traditionellen kirchlichen Beruhigungsmitteln nicht abstoppen läßt, weil Luther seine religiöse Ernsthaftigkeit – ein Stichwort, das Holl immer wieder bemüht – weder abstreifen noch preisgeben konnte.

Das unbestechliche Gewissen Luthers erweist sich in der Sichtweise Holls als Garant und Ermöglichungsgrund der reformatorischen Erkenntnis der Zusage der Sündenvergebung Gottes. Das Gewissen läßt Luther auf dem Weg der Verzweiflung nicht abirren, sondern behaftet ihn an seiner inneren Not vor der sittlichen Forderung Gottes und bereitet gerade so der Einsicht den Weg, daß die Anstrengungen des Menschen, Gott über alles zu lieben, zum Scheitern verurteilt sind, die die weitere Erkenntnis in sich schließt, daß Gott von sich aus ohne Vorleistung Vergebung gewährt. Dies ist in aller Kürze dasjenige, was Holl unter dem Titel des *Gewissenserlebnisses* subsumiert. Das reformatorische Proprium – die Rechtfertigungslehre – erscheint somit als Produkt des inneren Entwicklungsgangs Luthers, der am 'heiligen Ernst' seines Gewissens festgemacht ist. Dieser von Holl gewählte hermeneutische Schlüssel zum Verständnis der Rechtfertigungslehre prägt nun auch das Paradigma der Rechtfertigungslehre im kategorialen Sinn, wie sie Holl in den berühmten, diesen Erfahrungsprozeß summierenden Sätzen ausdrückt: "Luthers Religion ist Gewissensreligion im ausgeprägtesten Sinne des Wortes." (GA I, 35)

Die Rechtfertigungslehre Luthers wird im kategorialen Rahmen der psychologischen Genese des Erkenntnisdurchbruchs ausgelegt, wobei dieser Prozeß durch das unbeirrbare Gewissen angeleitet ist, insofern das Gewissen der Ort und der Garant der Einsicht der Vergebungsgnade Gottes ist. Holl kann seine Darstellung um diesen Ort zentrieren, weil er das Gottesverhältnis Luthers als ein *sittliches Verhältnis* begreift. Die Gottesrelation steht unter dem Vorzeichen der unbeugsamen sittlichen Forderung, die Gott an den Menschen stellt. Das Gewissen ist der anthropologisch auszumachende Ort, an dem sich diesem die Pflicht zur Gottesliebe untilgbar einpflanzt; es ist die Quelle der steten Beunruhigung und Verunsicherung und schließlich Zeuge des Scheiterns daran, der Forderung Gottes in entsprechender Weise nachzukommen. Holl gilt dabei der Begriff der christlichen Religion generell an der sittlichen Forderung zentriert. Religion ist *Gewissensreligion*, weil die sittliche Pflicht, Gott zu lieben, im Gewissen vernommen wird und die Qual des Gewissens, dieser Pflicht nicht genügen zu können, den Umschwung zur Einsicht in die Vergebungsgnade Gottes einleitet. Der Gerichtsgedanke steigert hierbei das Verantwortungsbewußtsein über die gewöhnliche Alltagssittlichkeit hinaus auf die Höhe der göttlichen Vollkommenheit. Gott ist jedoch nicht nur der gestrenge Richter – "Auch der letzte Heller muß vom Menschen bezahlt werden" (GA I, 3) –, sondern ebenso der sich erbarmende Retter. "Die Einheit, zu der die drei Gedanken: Gericht, sittliche Forderung, Glaube an Gottes Güte miteinander verbunden sind, bildet die Kraft der christlichen Religion und die unerschöpfliche Aufgabe für ihre Theologie." (Ebd.)

Der Begriff der christlichen Religion als einer durch die Sittlichkeit bestimmten Religion, die dem Menschen die Pflicht zur Gottesliebe abverlangt und nicht auf den "natürlichen Lebenshunger" (GA I, 10) und das egoistische Verlangen nach Glück setzt, präformiert die Anschauung Holls über Luthers Theologie in einer Weise, durch die der Gedanke der Sittlichkeit in das Zentrum von dessen Theologie rückt. "Wie sie aus einer

Gewissenserfahrung bestimmter Art, aus dem von Luther in eigenartiger Schärfe erlebten Zusammenstoß eines zugespitzten Verantwortungsgefühls mit dem als unbedingt, als schlechthin unverrückbar geltenden göttlichen Willen hervorging, so ruht sie als Ganzes auf der Überzeugung, daß im Bewußtsein des Sollens, in der Unwiderstehlichkeit, mit der die an den Willen gerichtete Forderung den Menschen ergreift, das Göttliche am bestimmtesten offenbart. Und zwar umso klarer und unzweideutiger, je tiefer das Sollen den Menschen erregt und je schärfer er sich von den 'natürlichen' Lebenswünschen des Menschen abhebt." (GA I, 35)

Nachdem Holl die innere Dramaturgie nachgezeichnet hat, die im Erlebnis der Rechtfertigung kulminiert, entfaltet er im zweiten Teil seines Aufsatzes den Begriff der Gewissensreligion nach der nun auch offen ausgesprochenen hermeneutischen Regel: "Luthers Gottesbild ist die getreue Wiedergabe des von ihm Durchlebten." (GA I, 38) Hier zeigt sich nun vollends, daß der Begriff der Religion durch den der Sittlichkeit bestimmt ist, näher: der sittlichen Forderung, die Gott an den Menschen richtet. Das Verhältnis des Menschen zu Gott ist für Holl in der christlichen Religion maßgeblich durch die *Forderung des sittlichen Sollens* bestimmt; Gottesbegriff und 'Gefühl des Sollens' sind nach der Auffassung Holls bei Luther unmittelbar zusammengespannt. Beides wird zum Leitfaden der Interpretation etabliert: in einer Art doppelter Betrachtungsweise werden der Gottesbegriff einerseits und das Gefühl des Sollens andererseits als die "persönliche Religion" des unter dem Gebot des unbedingt zu Verwirklichenden stehenden Menschen ausgelegt (vgl. GA I, 35ff u.52ff)[78].

Schon die äußere Zweiteilung der Entfaltung von Luthers Religionsverständnis weist zurück auf die Klammer, die den sittlich fordernden Gott mit dem sittlich Geforderten in Holls Lutherdeutung umschließt. Die Religion ist unter den Gesichtspunkt der Pflicht geordnet, d.h. unter die Reinheit der sittlich-religiösen Beweggründe, aus denen das persönliche Glücksstreben getilgt werden muß, damit das Bewußtsein des Sollens ungetrübt hervortreten kann. "Soll die Religion das sein, wofür man sie ausgibt, ein Dienst, der Gott erwiesen wird, und eine Pflicht, die man ihm gegenüber erfüllt, so muß sie vom Glücks- und Seligkeitsverlangen völlig rein gehalten werden." (GA I, 55) Holl situiert den Willen Gottes in den

78 Holl spricht selbst von einer doppelten Betrachtungsweise, in der er Luther systematisch zu begreifen sucht: die Rechtfertigung des Menschen als "Tat Gottes" und die Rechtfertigung durch Gott im "Bewußtsein des Menschen". Vgl. KARL HOLL, Die Rechtfertigungslehre in Luthers Vorlesung über den Römerbrief mit besonderer Rücksicht auf die Frage nach der Heilsgewißheit (1910), GA I, (111-154) 113ff u. 129ff.

“Tatsachen des Seelenlebens” (GA I, 60), um den Widerstreit zwischen dem Eigenwillen des Menschen und dem geforderten Dienst an Gott in seiner Tiefe auszuleuchten. Damit soll der Begriff der Gewissensreligion von dem Punkt aus verständlich erscheinen, an dem der Mensch vor der Frage des Entweder – Oder steht, ob er denn nun für nichts, oder vielmehr für alles verantwortlich sei (vgl. GA I, 66). Das Bewußtsein des Sollens ist die hohe Gabe Gottes an den Menschen, die dieser verspielt, wenn er sich aus seiner Verantwortung stiehlt.

Holl schärft immer wieder von neuem ein, daß es sich bei Luthers Anschauungen nicht um bloße Lehrsätze handelt, sondern um stets neu durchlebtes ‘Sündengefühl’ (GA I, 67). Immer wieder kommt es zu einer Neugeburt der befreienden Einsicht in die Rechtfertigung durch Gott, die freilich erst aus der “Unbedingtheit der Selbstverurteilung” (GA I, 68) hervorgeht, der sittlichen Forderung des ersten Gebots durch keinerlei Anstrengung genügen zu können. “Nirgends wird so klar, wie an dieser Stelle, daß das Gefühl eines Sollens die Grundlage seiner ganzen Frömmigkeit bildete und daß die Pflicht gegen Gott ihm als die erste unter allen Pflichten erschien.” (GA I, 73f) Das erste Gebot bereitet das Gericht, wie umgekehrt in der Standhaftigkeit im Gericht die Erkenntnis aufdämmert, daß Gott trotz des Gerichts am Menschen festhält und sich seiner erbarmt. Aus der Verpflichtung erwächst das Zugehörigkeitsgefühl zu Gott, der Aufschwung eines neuen Selbstgefühls, der Triumph eines neuen “Kraftbewußtseins” (GA I, 84). Der Gott der Rechtfertigung, der sagt “Ich bin dein Gott”, erscheint als Resultat des vorgeordneten “Du sollst”.

Rechtfertigung wird als persönlicher, bewußtseinsmäßiger Vorgang im Menschen ausgelegt, in dem unter der Strenge der Pflicht der Mensch von Gott gebeugt wird und gerade diese Beugung unter dem “Druck eines Müssens” (GA I, 78) den Prozeß des Aufschwungs des “religiösen Selbstgefühls” (GA I, 81) einleitet. “So kommt gerade an dem Gegensatz, den es verspürt und überwindet, das religiöse Selbstgefühl erst auf seine volle Höhe. Es wird zum Triumph- und Herrschaftsgefühl”. (GA I, 84) Der Vorgang der Rechtfertigung heißt für Holl im Ergebnis: Triumph des Willens als Resultat seiner Beugung; der Höhe der sittlichen Forderung Gottes standhalten und gerade so durch sein Gericht kommen. Der hermeneutische Schlüssel der biographischen Erfahrung Luthers erschließt das kategorial-systematische Verständnis der Rechtfertigung als eines Willenserlebnisses, das aus der Standhaftigkeit des Gewissens resultiert. Der Vorgang der Rechtfertigung erscheint dabei der inneren Dynamik von Gefühls- und Willenskräften verpflichtet, die die Grundlage des religiös-sittlichen Selbstbewußtseins etablieren. “Es ist das höchste Selbstgefühl, das sich vorstellen läßt, aber zugleich ein ganz nüchternes, ein ganz demütiges, ja wenn man den Ausdruck wagen darf, ein vollkommen selbstloses Selbstgefühl." (GA I, 84)

Gott führt in der Theologie Luthers "selbst ganz unmittelbar im Gewissen den Beweis für sein Dasein" (GA I, 36f) Obwohl Gott am anthropologischen Ort des Gewissens zur Erfahrung kommt, bleibt wichtig festzuhalten, daß Holl Luthers Theologie als Lehre von Gott rekonstruiert: "Luther denkt streng 'theozentrisch'. Gott ist ihm nicht wie dem Philosophen der Grenzbegriff, den er als Letztes hinter der Welt und dem Menschen erreicht, sondern umgekehrt der Ausgangspunkt, von dem aus er die Welt und den Menschen überhaupt erst wahrnimmt." (GA I, 37f) *Theozentrische Interpretation der Religion* heißt für Holl: "Erstens ..., daß nicht der Gottesbegriff vom Sein (oder 'Anspruch') des Menschen aus, sondern umgekehrt vom Gottesbegriff aus der des Menschen sein Maß erhält; daß also nicht durch 'Postulate' festgestellt wird, was Gott ist, sondern das für Gott Festgestellte die 'Möglichkeit' (oder Unmöglichkeit) für den Menschen ergibt. Zweitens, daß als Antrieb zur Religion nicht Wünsche oder Bedürfnisse des Menschen, sondern das Sollen, die von Gott aus auferlegte Pflicht festgehalten wird." (GA I, 37f Anm. 2) Folglich steht nicht die Analyse des frommen Selbstbewußtseins im Mittelpunkt der Theologie Luthers, sondern das Handeln Gottes. Man wird an Holl folglich nicht so sehr zu beanstanden haben, daß sein Begriff der Religion als Gewissensreligion 'anthropozentrisch' verfaßt wäre, sondern vielmehr sein Augenmerk auf den Umstand zu lenken haben, daß für Holl die Religion vorrangig als ein Sollen gilt. Der Gottesgedanke ist ihm zufolge bei Luther "unmittelbar mit dem Gefühl des Sollens verbunden" (GA I, 36), also selbst sittlich bestimmt. Es ist der Begriff der Sittlichkeit, der den kategorialen Horizont der Auslegung des Verhältnisses des Menschen zu Gott bildet.

Holls Rekonstruktion der Theologie Luthers zielt letztlich ab auf eine *Kritik der Philosophie des deutschen Idealismus*, namentlich auf den Begründungszusammenhang, in den Kant die philosophische Ethik gestellt hat. "Es wird mir immer deutlicher", schreibt er in einem Brief an Adolf Schlatter, "daß Luther den ganzen deutschen Idealismus trägt, sofern man das Sittliche und nicht das Spekulative als die Triebkraft des deutschen Idealismus ansieht; nur daß Luther etwas über ihn hinaus hat, worauf der deutsche Idealismus zu seinem Schaden verzichten zu können meinte"[79] Holl möchte die Fundamente der Begründung der Sittlichkeit

---

79 Brief Holls an Adolf Schlatter vom 8.1.1920, in: *Briefe Karl Holls an Adolf Schlatter (1897-1925)*, hrsg. v. Robert Stupperich, in: ZThK 64 (1967), (169-240) 229.

tiefer legen, als dies der deutsche Idealismus vermochte. Sittlichkeit ist ihm wesentlich im religiösen Verhältnis des Einzelnen zu Gott fundiert, das jeder metaphysischen Konstruktion vorausliegt. Seinem Aufsatz "Was verstand Luther unter Religion?" hat Holl zu diesem Zweck eine an Umfang und eingehender historischer Quellenarbeit ebenbürtige Studie zur Seite gestellt, die Luthers Begriff der Sittlichkeit beleuchtet. Da Luther die Ursprungsgestalt der Sittlichkeit wieder aufgedeckt hat, trägt der Aufsatz den bezeichnenden Titel "Neubau der Sittlichkeit"[80]. Holl wiederholt und bestätigt im Zusammenhang dieses Aufsatzes die Grundauffassungen, die bisher referiert worden sind.

Der reformatorische Begriff der Sittlichkeit ist ganz von der Religion her aufzufassen. "Luthers Lehre von der Sittlichkeit ist nicht, wie man zu sagen pflegt, das unvollendet gebliebene Stück seiner Anschauung. Sie ist ein großartiger Entwurf einer streng auf das Religiöse gebauten Sittlichkeit. Und Luther hat wohl mit einigem Erfolg darin gezeigt, daß gerade auf dem Boden der Religion oder vielmehr nur auf ihm eine Sittlichkeitslehre höchsten Stils möglich ist. Denn nur hier, wo der Mensch sich als Werkzeug Gottes fühlen darf, gewinnt das Sollen seine ganz reine Form, in der ein strenges Verpflichtungsgefühl mit einem vollendeten Freiheitsbewußtsein zusammengeht." (GA I, 287) Holl unterscheidet in der Entwicklung Luthers den Prozeß, durch den dieser zu der neuen sittlichen Erkenntnis vordringt von der Genese der neuen religiösen Erkenntnis. Demzufolge entdeckt Luther die Rechtfertigungslehre erst in dem Moment, in dem ihm die "Höhe der sittlichen Forderung aufgegangen war" (GA I, 187), die in der Pflicht zur Gottesliebe besteht. Der Erfahrungszusammenhang der sich im Gewissen manifestierenden Gottesbeziehung ist dabei das Resultat eines sittlich gefaßten Verhältnisses Gottes zum Menschen, wie umgekehrt der 'Neubau' der Sittlichkeit aus der Gemeinschaft des Menschen mit Gott ermöglicht wird. *Religion und Sittlichkeit bestimmen sich wechselseitig*, insofern die Religion als Religion des unbedingten Sollens von Holl weitgehend sittlich bestimmt wird, während die Sittlichkeit ihrerseits religiös fundiert ist.

Holl bezeichnet die religiös begründete Sittlichkeit in charakteristischer Manier als eine "sittliche 'Autonomie' höheren Stils" (GA I, 214), wobei die Gemeinschaft mit Gott die Bedingung ist, unter der die wirkliche Sittlichkeit allererst möglich wird. Die eingeführte Bezeichnung der *Sittlichkeit 'höheren Stils'* besitzt eine kritische Spitze gegen Kant wie auch gegen die Lutherdeutung von Ernst Troeltsch. Die Begründung der sittlichen Autonomie im Gottesverhältnis stellt nicht eine "unvollkomme-

80 Vgl. Karl Holl, Der Neubau der Sittlichkeit (1919), GA I, 155-287.

ne Vorstufe" (GA I, 109 Anm. 1) zur Aufklärung dar, wie Holl gegen Troeltsch feststellt, sondern ist im strikten Gegensatz zu dieser aufzufassen. Die Selbstgesetzgebung des Willens bei Kant führt Holl auf die Selbstliebe zurück, die in Antithese zur Selbstlosigkeit steht, wie sie dem Selbstgefühl in der Gemeinschaft mit Gott zueigen ist (vgl. GA I, 180 Anm. 2). Die theonome Begründung der Sittlichkeit, die in Gegensatz zur Sittlichkeit des Sittengesetzes steht, bleibt dieser nach der Interpretation Holls schlechterdings überlegen, weil sie nicht auf Selbstgesetzgebung, sondern auf das religiöse Gottesverhältnis gegründet ist, dem das sittliche Sollen allererst entspringt. In das Verhältnis zu Gott ist eine sittliche Programmatik eingelagert, die den Christen zu schöpferischem Handeln befähigt. Der Glaube dringt auf Tätigkeit, in der er Gott zum Werkzeug wird. "Denn wer die Bedeutung des neuen Gottesverhältnisses empfindet, dem entspringen ganz von selbst daraus neue Wertmaßstäbe, neue 'Affekte' und neue Willenskräfte." (GA I, 82f) So wird der Christ in die Lage gesetzt, neue Dekaloge zu schaffen, wie Holl mit einem Lutherwort ausführt (vgl. GA I, 223).

Die Hollsche Rekonstruktion der Ethik Luthers soll hier nicht weiter verfolgt werden, da sich die Aufmerksamkeit der vorliegenden Untersuchung vor allem an dem Verhältnis von Religion und Sittlichkeit orientiert, das den kategorialen Rahmen der Interpretation Luthers durch Holl abgibt. An Holls Lutherdeutung sollen in einem weiteren Abschnitt Fragen gerichtet werden, die in der bisherigen Darstellung bereits angeklungen sind.

2.3. Kritische Würdigung

Wenn Holl auch bemüht ist, in einen kritischen Dialog mit der Philosophie des deutschen Idealismus und den theologischen Befangenheiten der Lutherinterpretation seiner Zeit zu treten, so bleibt seine Lutherdeutung nicht nur terminologisch, sondern auch kategorial dem sittlich bestimmten Begriff der christlichen Religion verhaftet, wie er in der Theologie Albrecht Ritschls und seiner Nachfolger vorherrscht[81].

(1) Zwar unterscheidet Holl in seiner Rekonstruktion der Rechtferti-

81 Zur Theologie Karl Holls im Zusammenhang der liberalen Theologie liegt keine einschlägige Studie vor. Holl selbst bekundet in einem Brief an Schlatter, daß die Theologie Albrecht Ritschls eine Reihe von Einsichten aufweist, an denen auch Holl selbst gelegen ist (Zentralstellung der Christologie, Bedeutung des Willens in der Religion, Gemeinschaftscharakter der religiösen Güter).Vgl. Holl an Adolf Schlatter vom 8.1.1920, in: *Briefe Karl Holls an Adolf Schlatter*, 227f.

gungslehre Luthers zwischen einer theozentrischen und einer anthropologischen Perspektive und ist bestrebt, die Rechtfertigung nicht von der religiösen Selbstexplikation des Menschen her zu deuten, jedoch situiert er das Rechtfertigungsgeschehen ganz am anthropologischen Ort des individuellen Gewissenserlebnisses. Holl hebt gewiß hervor, daß Christus *extra nos* bei Luther nur dann richtig aufgefaßt wird, wenn er als der *in nobis* wirkende Christus vorgestellt wird (vgl. GA I, 176ff). Aufgrund des Selbstbeweises Gottes im Gewissen zieht Holl allerdings die Dimension des extra nos ganz in die Anthroplogie hinein, wodurch die theologische Konstruktion Luthers geradezu umgekehrt wird: Holl interpretiert den Christus in nobis bei Luther so, daß Gott seine Gerechtigkeit in uns verwandelt, wodurch dem Menschen durch das Rechtfertigungsurteil Gottes das Prinzip der Sittlichkeit eingestiftet wird. Damit wird aber der für Luther maßgebliche theologischen Gesichtspunkt abgeblendet, demzufolge der *Christus extra nos als der bleibende Realgrund des Christus in nobis* verstanden werden muß. Nach Luther verwandelt Gott seine Gerechtigkeit nicht in uns, sondern unumkehrbar uns in seine Gerechtigkeit: Die theologische Struktur, mit der der Christus in nobis von Luther aufgefaßt wird, ist im Unterschied zu Holl nur dann sachgemäß interpretiert, wenn sie als nos in Christo ausgelegt wird[82].

(2) Holl hat seine Lutherinterpretation 1924 gegen die Angriffe Friedrich Gogartens in prägnanten Wendungen verteidigt[83]. Gogarten rückt die sittliche Bestimmung, durch die Holl das Glaubensverständnis der Theologie Luthers geprägt sieht, in das Zentrum seiner Kritik. Dabei wird der schwerwiegende Vorwurf erhoben, Holl habe in der Konsequenz seiner Auffassung die Bedeutung des Evangeliums für Luther unterschlagen. In seiner Entgegnung auf Gogarten weist Holl seinerseits auf den von ihm herausgestellten *höheren Begriff der Sittlichkeit* hin, den das Christentum von der philosophischen, namentlich der Kantschen Ethik unterscheidet. "Das Christentum kennt einen höheren Begriff des Sittlichen, seine Sittlichkeit liegt von vornherein auf einer anderen Ebene, weil sie von Gott, genauer gesprochen, von Gottes Gabe ausgeht."[84] Das Evangelium als die Sündenvergebung gewährende Gottesgemeinschaft wird von Holl zwar

82 Die theologische Struktur des "nos in Christo" hat KARL-HEINZ ZUR MÜHLEN präzis an Luthers Frühwerk herausgearbeitet. Vgl. DERS., Nos Extra Nos, insb.219-226 u.273-275.

83 Vgl. KARL HOLL, Gogarten Lutherauffassung. Eine Erwiderung (1924), in: GA III, 244-253; FRIEDRICH GOGARTEN, Theologie und Wissenschaft. Grundsätzliche Bemerkungen zu Karl Holls "Luther", in: ChW 38 (1924), 34-42, 71-80, 121f.

84 HOLL, Gogartens Lutherauffassung, 245.

ausdrücklich als *Gabe* verstanden. Jedoch sieht er aus der Gabe des Evangeliums sofort die Forderung einer unbedingten *Pflicht* entspringen, weil Religion eben als Religion eines Sollens verstanden werden müsse. Es ist die Pflicht, "an seiner Gabe Gott als den Geber zu erkennen und ihn dafür zu ehren ... Wo diese Pflicht nicht begriffen wird, da ist Gottes Gabe um ihren Sinn und um ihren Ernst gebracht."[85]

Der nach Holls Urteil bei Luther vorherrschende Begriff der Sittlichkeit wird ausdrücklich von seiner philosophischen Fassung abgerückt, die bei Kant auf der Basis der Selbstachtung gewonnen ist. Unmißverständlich wird die Gottesgemeinschaft betont, in deren Zusammenhang Sittlichkeit einzig und allein fundiert wird. Gleichwohl interpretiert Holl die Gabe des Evangeliums vorrangig als Forderung an den Menschen und verbleibt damit im kategorialen Bezugsrahmen des Sittlichkeitsbegriffes. Die Gabe richtet sich an den Willen des Menschen und bestimmt diesen zur sittlichen Pflicht der Gottesliebe. "Immerhin, sofern das Evangelium an den Willen sich wendet, ein Willensziel (Gott und die Gemeinschaft mit ihm) dabei zum Vorschein kommt, das vom Menschen bejaht werden muß, mag man den Ausdruck 'sittlich' dafür belassen."[86] Wenn Holl auch unterstreicht, daß sich der Sittlichkeitsbegriff des Christentums von der natürlichen Vorstellung insofern unterscheidet, als er durch die Gemeinschaft mit Gott hervorgebracht ist – also religiös fundiert ist –, so sieht Holl sich jedoch nicht in der Lage, die Gabe des Evangeliums anders denn als Sollen zu interpretieren.

(3) In seiner Entgegnung auf Gogarten bestätigt Holl noch einmal ausdrücklich das, was man als *ethische Verengung der Bedeutung des Zuspruchs des Evangeliums* charakterisieren kann. Holl wechselt im Gegensatz zu Kant zwar den Begründungszusammenhang des Sittlichkeitsbegriffes, bleibt aber systematisch in diesem befangen, sofern sich ihm durch die Rechtfertigunslehre kein neues, vom Evangelium her gewonnenes kategoriales Bezugsfeld erschließt. Für diese Auffassung zeichnet vor allem die Interpretation verantwortlicht, die die Rechtfertigungslehre Luthers ganz vom Rechtfertigungserlebnis des jungen Luther her auffaßt: vom Konflikt der göttlichen Forderung mit dem Willen des Menschen am Ort seines Gewissens. Die Rechtfertigungslehre Luthers wird ganz und gar als *sittliches Grunderlebnis* verstanden, als die unabweisbare Erfahrung der sich im Gewissen des Menschen manifestierenden Forderung des Sollens, die von Gottes Seite aus erhoben wird. Da die Rechtfertigung von dem sittlich strukturierten Verhältnis Gottes zum Einzelnen her begriffen wird,

85 Ebd.
86 AaO. 240f.

muß es konsequenterweise zu einem *Übermaß an sittlicher Programmatik* kommen, die in das persönliche Gottesverhältnis des Einzelnen eingelagert ist und die diesen in den 'Neubau der Sittlichkeit' einweist.

(4) Holls Deutung der Rechtfertigungslehre betont den analytischen Aspekt des Rechtfertigungsurteils Gottes (vgl. GA I, 125), wobei der *voluntaristische* Aspekt in Luthers Gottesbegriff stark akzentuiert wird. Holl rekonstruiert die Rechtfertigungslehre Luthers von der "Alleinwirksamkeit" (GA I, 127f) Gottes her; die *Bedeutung Christi* für den Versöhnungswillen Gottes tritt dabei auffällig zurück[87]. Die Inversion der Dimension des Christus "extra nos" in den Christus "in nobis", von der in Punkt (1) gesprochen wurde, hat hier ihren Grund. Die Auffassung von der "Einwohnung Christi im Gläubigen" (GA I, 120f) führt dazu, daß Holl die Bedeutung Christi ganz in den voluntaristisch gefaßten Gottesbegriff einzeichnen kann. Christus als die "lebendige Kraft" (GA I, 120), die im Gläubigen wirkt, läßt Luther nach der Darstellung Holls erkennen, "daß es ein persönlicher Wille, eine persönliche, sittliche Macht ist, die auf ihn wirkt" (GA I, 121). Letzter Bezugspunkt ist folglich nicht Christus, sondern der sittliche Wille Gottes. Christus wird in Holls Interpretation von Gott aus bestimmt, nicht aber umgekehrt Gott auch von Christus aus. Diese theologische Figur führt zu einer fast vollständigen Mediatisierung der Bedeutung der Christologie für die Rechtfertigungslehre Luthers und damit zu einer Verdrängung der sachlichen Prävalenz des Christus extra nos vor dem Christus in nobis. Damit bestätigt sich noch einmal die Konsequenz der angesprochenen doppelten Betrachtungsweise der Rechtfertigung durch Holl, die weitgehend durch den Ausfall der Christologie bestimmt ist[88].

(5) Die Verengung auf ein lediglich sittlich bestimmtes Gottesverhältnis des Menschen wirkt sich unmittelbar auf den von Holl erhobenen *Kirchenbegriff* Luthers aus. Die Vorstellung der unsichtbaren Kirche ist dabei durch den sittlichen Gehalt bestimmt, der in Holls Deutung Luthers Verständnis des Evangeliums bestimmt; die Konstitution der sichtbaren Kirche muß als Ausfluß dieses sittlichen Gehaltes begriffen werden. *Die sichtbare Kirche ist das Produkt der Realisation der im persönlichen Gottesverhältnis eingestifteten sittlichen Programmatik.* Dies ist die These, die sich aus den bisherigen Erörertungen nahelegt.

Nicht nur leidet Holls Darstellung des Kirchenbegriffs an einer für

87 Diese Interpretation Holls ist von Anfang an kontrovers beurteilt worden. Vgl. die oben in Anm. 52 angegebene Literatur zur Sicht der Rechtfertigungslehre und der Christologie in der Lutherdeutung Holls.

88 Siehe oben Anm. 78.

Luther sachlich unzutreffenden Gegenüberstellung von sichtbarer und unsichtbarer Kirche. Holl kann darüber hinaus den von ihm geziehenen Individualismus nicht vollständig überwinden, da die sichtbare Kirche als Ergebnis der faktisch-sittlichen Tätigkeit des im individuellen Verhältnis zu Gott stehenden Einzelnen aufgefaßt werden muß. Die 'hohe Pflicht' der praktischen Tätigkeit des Einzelnen, die zur Gemeinschaft führt, wurzelt dabei in der mit sittlichem Gehalt aufgeladenen unsichtbaren Dimension des persönlichen Gottesverhältnisses. Gänzlich unberücksichtigt bleibt bei Holl der für Luther wichtige, *christologisch qualifizierte Gemeinschaftsbegriff* des Leibes Christi, der als eigentliche Überwindung des Individualismus im Kirchenbegriff bei Luther gewertet werden müßte. Holl kennt im Gegensatz zu Luther keine ausgewiesene theologische Kategorie, die es ihm erlaubte, den Gemeinschaftsbegriff anders denn als Folge des sittlichen Aufbauwillens des Einzelnen zu begreifen – ein Defizit, auf das Bonhoeffer in "Sanctorum Communio" durch einen eigenständig verantworteten Rekurs auf Luther reagieren wird.

2.4. Bonhoeffer als Schüler Karl Holls

2.4.1. Seminararbeit über Luthers Stimmungen gegenüber seinem Werk (1925)

Im Sommer 1925, in seinem dritten Berliner Semester, schreibt Bonhoeffer seine erste Seminararbeit bei Karl Holl: "Luthers Stimmungen gegenüber seinem Werk in seinen letzten Lebensjahren. Nach seinem Briefwechsel von 1540-1546."[89] Die Arbeit kann als eine Selbstvergewisserung Bonhoeffers gegenüber der Person und der Theologie des späten Luther gelesen werden. Insgesamt hat man bei der Lektüre den Eindruck, daß die Charakterisierung Luthers durch Bonhoeffer starke Züge der Identifikation trägt; schon der Umfang der Arbeit wie auch die Art der Durcharbeitung und der Präsentation des Materials aus mehreren Bänden von Luthers Briefwechsel spricht augenscheinlich für sie. In großen Zügen, in denen Luthers briefliche Äußerungen zusammengefaßt und konzentriert werden, läßt Bonhoeffer ein plastisches Bild des späten Luther vor den Augen des Lesers erstehen.

Interessant dürfte eine Parallele im Werk Karl Holls sein. Den Aus-

89 Vgl. DIETRICH BONHOEFFER, Jugend und Studium 1918-1927 (Dietrich Bonhoeffer Werke 9, hrsg. v. Hans Pfeifer), München 1987, 271-305. Verweise im Text mit dem Kürzel *DBW 9* beziehen sich auf diese Ausgabe.

gangspunkt der Beschäftigung mit dem Reformator bildet nämlich bei Holl ein Vortrag über "Luthers Urteile über sich selbst", den Holl 1903 in Tübingen hielt und für sein Lutherbuch von 1921 stark überarbeitete[90]. Auch wenn in diesem Vortrag die Person Luthers, sein Pflichtbewußtsein, sich als Werkzeug Gottes zu empfinden, wie auch seine Anfechtungen im Vordergrund stehen und die zentrale Bedeutung der Rechtfertigungslehre für dessen Theologie noch ungenügend berücksichtigt wird, so bildet auch hier die Faszination durch Luther das Motiv und den Impuls der Beschäftigung mit dessen Person und Werk. Bonhoeffers Seminararbeit ist ähnlich gelagert. Sie kann ohne Mühe aufgefaßt werden als Parallele, Fortführung und Ergänzung des Lutherbildes, das Holl in seiner frühen Studie zeichnet. Die Verantwortung und die Pflicht, die Luther gegenüber seinem Werk hegt, die Anfechtungen, die ihn sein Leben lang begleiten, Luthers Hang zu Schwermut und Depression, aber auch sein leidenschaftlicher Einsatz für seine Theologie und schließlich sein "'Werkzeugbewußtsein'" (GA I, 419) sind leitende Gesichtspunkte der Darstellung Luthers bei Holl wie bei Bonhoeffer. Offensichtlich fühlte sich Bonhoeffer durch Holls Studie selbst zur Darstellung der Stimmungen des späten Luther inspiriert. Bonhoeffers Seminararbeit ist ein erstes Indiz nicht nur für die Faszinationskraft, die Luther auf Bonhoeffer ausübte, sondern auch für Bonhoeffers Schülerschaft bei Karl Holl. Und daß Holl Bonhoeffers Arbeit mit "sehr gut" bewertete, scheint nicht nur ein Beleg für die Anerkennung der Leistung Bonhoeffers, sondern ist auch ein Indiz der weitgehenden Zu- und Übereinstimmung Holls mit den Hauptmotiven, die die Darstellung Bonhoeffers bestimmen.

Der leitende Gesichtspunkt, der Bonhoeffer die Anordnung des Quellenmaterials erlaubt, ist die Unterscheidung zwischen der gefestigten Gewißheit der Entdeckung des Evangeliums bei Luther und "den dieser Erfahrung gegenüber stets variierenden Stimmungen" (DBW 9, 272f), die sich nicht der inneren religiösen Erfahrung, sondern eher äußeren Faktoren verdanken, die Luther in der letzten Spanne seines Lebens bedrängten. Bonhoeffer setzt eine Konstante in der Psychologie Luthers von einer Variablen ab: Die persönliche Gottesgewißheit bildet den festen und unverlierbaren Kern der Persönlichkeit Luthers, auf den die äußeren Erfahrungen mit den Widersachern der Reformation, aber auch die Streitigkeiten innerhalb der protestantischen Bewegung sowie schlicht die Erfahrung der zunehmenden körperlichen Gebrechlichkeit des älteren Luther auftreffen (vgl. DBW 9, 295). Die persönliche Gottesgewißheit

---

90 Vgl. KARL HOLL, Luthers Urteile über sich selbst (1903), GA I, 381-419.

Luthers darf nach der Vorstellung Bonhoeffers dabei nicht mit einem triumphalistischen Hochgefühl verwechselt werden, weil die Selbstgewißheit und die "prophetische Siegesstimmung" (DBW 9, 291) des alten Luther immer gepaart sind mit dem Gefühl der persönlichen Unzulänglichkeit (vgl. DBW 9, 276). Dies leitet Luther dazu an, sich als schlimmsten aller Sünder, als *peccator pessimus*, hinzustellen (vgl. DBW 9, 276f u.286). In dieser Selbstbezichtigung spricht sich die Einsicht in die Relativität des menschlichen Werkes gegenüber der Souveränität des den sündigen Menschen rechtfertigenden Gottes aus. Sie ist auch die Grundlage des Bewußtseins des Menschen, in der Welt lediglich Werkzeug Gottes zu sein. "Gott wirkt in uns, d.h. durch uns, d.h. das Werk, das 'wir' tun, ist Gottes Werk; unser Werk nicht unser Werk, unsere Predigt nicht die unsre." (DBW 9, 276) Die "Selbstverurteilung" (DBW 9, 278) des Sünders schließt bei Luther das Pflichtbewußtsein des Menschen, zum Werkzeug Gottes erwählt zu sein, also nicht aus, sondern ein. Kategorisch stellt Bonhoeffer fest: "Trotz des größten Weltpessimismus bleibt die innerliche religiöse Gewißheit in persönlichster Ausprägung bestehen: das haben wir uns einzuprägen." (DBW 9, 300)

Neben dem Ineinander von Gottesgewißheit und Selbstrelativierung macht Bonhoeffer in seiner Darstellung auf einen zweiten, schlechterdings entscheidenden Aspekt der Theologie Luthers aufmerksam, ohne den seine Stimmungen und Selbsteinschätzungen nicht hinreichend verstanden werden können. Luther betrachtet die Weltgeschichte unter dem Aspekt des Kampfes des Evangeliums mit dem Teufel, der in sein letztes Stadium getreten sei. Und zwar faßt Luther gerade sein eigenes Werk als ein Moment auf, das die Welt in diesem Kampf in eine letzte Krisis führt (vgl. DBW 9, 279). Die Auffassung der Welt als eines Kampfplatzes zwischen Gott und Teufel führt nicht nur zu dem "strengen Ernst" (DBW 9, 283) des Verantwortungsgefühls Luthers gegenüber seinem Werk, sondern verursacht auch die maßlose Skrupellosigkeit, die Härten und die autoritären Züge, die die Gottesgewißheit in optimistischen Stimmungslagen Luthers gegenüber den Feinden des Evangeliums erhält. Bonhoeffer spart nicht mit Vorbehalten und Kritik an dem "Triumphgesang" (DBW 9, 302) der Erwählungsgewißheit Luthers, in der er, Bonhoeffer, nichts anderes als die neubelebte Welt der Rachepsalmisten erblickt. Bonhoeffer beurteilt die Vorstellung Luthers, in der sich autoritäre Bedürfnisse mit theologischen Argumenten verquicken, als "Paradoxon des reformatorischen Werkes" (DBW 9, 305): "An eine Eintracht in dieser Welt glaubt Luther nicht mehr. Friede ist göttlich, quia Christus est pax, aber um zum göttlichen Frieden zu kommen, ging der Weg durch [die] Welt mit dem Schwert des göttlichen Wortes." (Ebd.)

Während Bonhoeffer gegenüber dem apokalyptischen Szenario Luthers auf verhaltene Distanz geht, sympathisiert er eher mit den mit dem reformatorischen Werk unlöslich verknüpften Anschauungen über die Anfechtung, das Gebet und die Predigt. Ohne Anfechtung kein Glaube, ohne Gebet und Predigt keine Befreiung des Gewissens (vgl. DBW 9, 282ff). Der Dienst am Evangelium kann angesichts der Anfechtung des Gewissens, die den Christen immer wieder ereilt, weil die Zusage der Rechtfertigung keinen unverlierbaren persönlichen Besitz begründet, nur in Gebet und Predigt bestehen. Im Gebet wie in der Predigt wird der Mensch in den Stand der Verantwortung angesichts des Evangeliums gesetzt, darum sind sie unverzichtbare Bestandteile des reformatorischen Werks Luthers, die der evangelische Christ "den teuflischen Päpstlichen voraus hat" (DBW 9, 284). Als charakteristisch für Luthers Einstellung arbeitet Bonhoeffer in seiner Studie dessen Bewußtsein persönlicher Anfechtung und des Zweifels bei gleichzeitigen Vertrauen auf die verpflichtende und zu verantwortende Erwählung heraus. Das Bewußtsein, als *Mitarbeiter Gottes* zu seinem Werkzeug bestimmt zu sein, die *Nüchternheit einer weltförmigen Existenz*, in der der Christ sich weder ängstlichen Sorgen noch übersteigerten Hoffnungen hingeben soll, und schließlich die *Gewißheit*, daß Gott mit den Menschen ist, sind die Grundzüge, in denen das Bild Luthers von Bonhoeffer verdichtet wird. Es wäre reizvoll zu fragen, inwieweit hier Bonhoeffer den Grund einer christlichen Existenzweise beschreibt, der sich für sein späteres Leben als maßgeblich erweisen wird. Für den vorliegenden Zusammenhang gilt es allerdings, auf denjenigen Aspekt aufmerksam zu machen, der Bonhoeffers Verhältnis zu Karl Holl berührt.

Obzwar sich Bonhoeffers Arbeit seiner eigenen Auskunft zufolge versteht als Studie zur Psychologie des alten Luthers (vgl. DBW 9, 272 u.304), ist sie doch weit mehr als nur dies. Luther wird pathetisch als Mensch der Geschichte eingeführt, als Mann, der gegenüber der Geschichte einen "objektiven Berufes" (DBW 9, 272) ausübt, der sich in seiner Person nicht mehr von seinem Werk trennen läßt. Schon diese Einführung weist darauf hin, daß Luthers Stimmungen, seine Anfechtungen, sein depressiver wie autoritärer Charakter wie auch sein Temperament nicht für sich interessieren, sondern nur in Beziehung auf dessen Theologie. Die Selbsteinschätzung Luthers gegenüber seinem Werk ist gewiß das Thema Bonhoeffers, das das systematische Urteil über dessen Theologie eher in den Hintergrund treten läßt. Gleichwohl bilden die Biographie Luthers wie seine Anschauungen und Selbstzeugnisse über sein Werk die Folie, auf der auch seine Theologie plastisch gezeichnet wird. Beachtet werden muß, daß Bonhoeffer wie Holl in seinen ausgereiften Studien noch keine kategoriale Verknüpfung zwischen dem Rechtfertigungserlebnis und der Rechtfertigungslehre Luthers vornimmt. Dennoch wird die *Theologie Luthers ganz im Spiegel seiner Biographie* gelesen. Es wird zu überprüfen sein, ob Bonhoeffer den Weg einer systematischen Rekonstruktion der Theologie Luthers mittels der biographisch zu konstatierenden Erlebnisse weiterverfolgen wird, der hier, in der frühen Seminararbeit ganz im Sinne Holls eingeschlagen wird. In der Schülerschaft Holls wäre die Verfolgung dieses Wegs nur konsequent.

Zugegebenermaßen ist in Holls Vortrag "Luthers Urteil über sich selbst" von 1903 noch nicht die Rechtfertigungslehre thematisch; dieses geschieht erst in Aufsätzen von 1906 ("Die Rechtfertigungslehre im Licht der Geschichte des Protestantismus") und 1907 ("Was hat die Rechtfertigungslehre dem modernen Menschen zu sagen?")[91]. Gleichwohl stellt Holl in seiner ersten Studie zu Luther diejenigen Elemente bereit, die es berechtigt erscheinen lassen, sie als Quellpunkt seiner in dem Lutherbuch breit ausgearbeiteten Auffassung des Verhältnisses von Religion und Sittlichkeit zu betrachten. Die kategoriale *Verknüpfung von biographischer und systematischer Interpretation* begegnet hier in ihrer ersten, noch unausgereiften Gestalt. Holls Vortrag geht über eine rein an den Selbstbeurteilungen Luthers orientierte Darstellung hinaus. Die "Arbeit der inneren Selbstreinigung, die ihm (Luther, JVS) sein Gottesverhältnis als Pflicht auferlegte" (GA I, 418), die Einheit von Demut und Werkzeugbewußtsein, die Holl für Luther konstatiert, wird auch Holls spätere Rekonstruktion der Theologie bzw. der Rechtfertigungslehre des jungen Luther anleiten. Mit Bedacht können wir daher behaupten, daß Bonhoeffer in seiner Seminararbeit über "Luthers Stimmungen" unausgesprochenerweise an dieser Lutherdeutung seines Lehrers Karl Holl partizipiert. Da die Faszination bis Identifikation mit Luther, die hinter Bonhoeffers Sätzen erspürt werden kann, über Holl vermittelt ist, muß dieses Urteil auch nicht überraschen. Umso reizvoller wird es, die nächsten Schritte Bonhoeffers in seinem Lutherverständnis zu verfolgen.

---

91 Vgl. KARL HOLL, Die Rechtfertigungslehre im Licht der Geschichte des Protestantismus (1906), GA III, 525-557 und DERS., Was hat die Rechtfertigungslehre dem modernen Menschen zu sagen (1907), GA III, 558-567. In diesen Aufsätzen ist zwar von Luthers Rechtfertigungslehre die Rede, diese wird jedoch rein systematisch vorgestellt: es gibt in beiden Aufsätzen keinen einzigen Verweis oder Beleg einer Lutherstelle. Die Interpretation der Lutherquellen beginnt erst 1910 mit dem Aufsatz "Luthers Vorlesung über den Römerbrief" (stark überarbeitet eingegangen in GA I, 111-154). An diese Beobachtung läßt sich die Vermutung knüpfen, daß der kategoriale Rahmen der Lutherinterpretation Holl bereits vor dem Quellenstudium weitgehend festlag. Eine werkgeschichtliche Untersuchung dürfte hier mehr Aufschluß bringen.

2.4.2. Seminararbeit über den Heiligen Geist bei Luther (1926)

Im Wintersemester 1925/26 hat Bonhoeffer seine Beschäftigung mit Luther in Form einer umfangreichen Arbeit über "Luthers Anschauungen vom Heiligen Geist"[92] fortgesetzt. Ursprünglich stellt diese Arbeit ein Referat in dem von Holl im Wintersemester gehaltene Seminar über "Luther und der Heilige Geist" dar. Karl Holl hat im September 1926 auf einer geplanten Tagung der Luthergesellschaft einen Vortrag über denselben Gegenstand halten wollen. Denkbar ist, daß er beabsichtigt hatte, seine Lutheraufsätze um eine Studie über "Luther und den Heiligen Geist" zu erweitern. Zur Ausführung dieses Vorhabens ist es infolge des Tods von Holl im Mai 1926 nicht mehr gekommen. Zu den Vorarbeiten Holls gehören etwa dreiunddreißig Zettel, auf denen Stichworte, Fragen, erste Interpretationen und Quellenbelege notiert sind[93]. Die aufgefundenen Notizen Holls beruhen zum Teil auf Seminararbeiten, in denen Holl sein Thema anhand bestimmter einzelner Schriften Luthers voruntersuchen ließ. Da das Seminar Holls mit jenen Notizen in engen Zusammenhang steht, läßt sich mit einiger Sicherheit vermuten, daß Teile der Aufzeichnungen Holls auf Bonhoeffers Arbeit zurückzuführen sind. Hier ist vor allem das Konvolut zu nennen, in dem Holl die nach den einzelnen Schriften Luthers geordneten Quellenbelege versammelt hat[94].

Bonhoeffer hat sich in seiner Seminararbeit Holls Arbeitsweise ganz zu eigen gemacht. War schon die Arbeit über "Luthers Stimmungen" sorgfältig an Luthers Briefwechsel belegt, so führt Bonhoeffer auch in seiner zweiten Lutherarbeit für fast jede Aussage über Luther einen Nachweis aus den Disputationen von 1535-1545 an. Wie bei Holl spricht Luther bei Bonhoeffer aus den Quellen heraus. Eine Materialsammlung von 32 Seiten, die fast ausschließlich lateinische Zitate aus den Disputationen versammelt, diente Bonhoeffer als Grundlage seiner Arbeit (vgl. DBW 9, 355 Anm. 1). Fragt man auch hier nach den leitenden Gesichtspunkten, mit denen Bonhoeffer sein Material organisiert, so stößt man auf die Struktur, die für Holls Darstellung in seinem Lutherbuch bestimmend ist. Es verwundert daher nicht, daß sich die zwei großen Aufsätze Holls ("Was

---

92 Vgl. *DBW 9*, 355-410.

93 Diese Notizen sind von EMANUEL HIRSCH aufgefunden worden. Abgedruckt in: WALTER BODENSTEIN, Die Theologie Karl Holls, Beilage I, 322-344.

94 Vgl. Holls Konvolut " 7.Disputationen" (abgedruckt in: BODENSTEIN, Die Theologie Karl Holls, 343f). Zum Vergleich der Aufzeichnungen Holls mit der Seminararbeit Bonhoeffers vgl. die von mir erstellten Nachweise in *DBW 9*, 355 Anm. 1.

verstand Luther unter Religion?" und "Neubau der Sittlichkeit") in der von Bonhoeffer benutzten Sekundärliteratur finden (vgl. DBW 9, 355 Anm.1).

Die Bestimmung des Punktes, an dem bei Luther das Interesse an der Lehre vom Heiligen Geist einsetzt, gibt der Seminararbeit die Gliederung vor. Anders als die katholische Scholastik, für die das Geistproblem am Ort der "metaphysisch gestellten Frage nach der Trinität" (DBW 9, 357) entspringt, stellt sich die Frage nach dem Heiligen Geist bei Luther aufgrund eines individuell-religiösen Interesses. "Die Wahrheitsfrage wird nicht mehr intellektualistisch, sondern aus der 'Erfahrung' des Menschen heraus gelöst." (Ebd.) *Glaube und Gewissenserfahrung* gehören nach Bonhoeffer bei Luther maßgeblich zusammen. Die Bestimmung des Ausgangspunktes von Luthers Anschauungen über den Heiligen Geist ermöglichen Bonhoeffer, diese dem "gewaltigen" Prozeß zuzuordnen, "in dem Gott und Mensch sich berühren und der zur Gnade und Heiligung führen soll" (DBW 9, 359). Am Ort des Gewissens wird dabei die Erfahrung erlebt, durch die der Mensch hinsichtlich seines Sünderseins überführt (der "erste Teil des gewaltigen Prozesses"[ebd.]) und durch das pro nobis des Glaubens verwandelt und neu ausgerichtet wird.

"Der Mensch macht seine erste Erfahrung vom Geiste im Schrecken der Gerichtserfahrung bei der Erkenntnis der eigenen Sündhaftigkeit und Schuld, in gewaltiger Erschütterung des Gewissens, in vollständiger Vernichtung der vergangenen Sittlichkeit, in Verzweifelung an sich und Gott ..." (DBW 9, 357) In der Erfahrung der Sündhaftigkeit meldet sich zum ersten Mal das Gewissen, "hart angefahren und erschreckt" (DBW 9, 359). Diese Gewissenserfahrung hängt ursächlich mit dem Gesetz zusammen, an dessen Erfüllung der Mensch scheitern muß. Der "unerbittliche Ernst" (ebd.) des Gesetzes führt zur Erkenntnis der "Aussichtslosigkeit" (ebd.) der Gesetzeserfüllung, die am Ort des Gewissens erlebt wird. Ganz der Terminologie Holls verhaftet, wird dies Erlebnis als *Konflikt der Sittlichkeit des Menschen mit der sittlichen Forderung Gottes* beschrieben. Die Sittlichkeit des Menschen wird ihrerseits "sittlich gebrochen von einem persönlichen Gotteswillen, der eine einfach bestimmte Forderung dem Menschen hingestellt hatte, an der dieser gescheitert war" (DBW 9, 360).

Bonhoeffer weist darauf hin, daß an diesem Erlebnis des Zerbrechens der vergänglichen Sittlichkeit des Menschen am sittlichen Willen Gottes der Heilige Geist mitbeteiligt ist. Dieser wirkt nämlich nicht nur als Gabe, die post Christum als Geschenk aufzufassen ist, sondern auch als "deus, als Majestät; und so überführt er die Menschen von ihrer Sündhaftigkeit und erschrickt ihr Herz und Gewissen" (DBW 9, 361). Bonhoeffer ist mit diesem Verständnis Holl nicht nur terminologisch verhaftet, sondern auch theologisch. Nicht von ungefähr hat sich Holl aus der Arbeit Bonhoeffers die Textbelege aus den Disputationen für diesen Zusammenhang herausgezogen (vgl. DBW 9, 361 Anm. 22), die sich exakt in seine Rekonstruktion der Rechtfertigungslehre Luthers einfügen lassen.

Die Dialektik von Gesetz und Evangelium wird – und auch hier folgt Bonhoeffer ganz der Linie Holls – als sittlicher Konflikt, der in dem Gewissenserlebnis kulminiert, entschlüsselt. Der Mensch zerbricht an der maiestas Dei bzw. an der maiestas Spiritus Sancti. Diese Majestät muß als "machtvoller *sittlicher* Wille" (DBW 9, 362, Hervorhebung von Bonhoeffer) vorgestellt werden, einer der Sittlichkeit des Menschen überlegenen sittlichen Person. Im Gewissen wird die Majestät des Heiligen Geistes spürbar und erfahrbar. "So aber wird das Gewissen derjenige Ort, an dem der heilige Geist von Menschen wirklich erfahren wird. Also nicht jedes Gewissen ist Stimme des Heiligen Geistes, aber die Stimme des Heiligen Geistes wird nur spürbar im Gewissen." (DBW 9, 365) Derselbe Heilige Geist, der die Sittlichkeit des Menschen zerbricht, führt nun auch die Wende herbei: "Gott aber, der durch den Heiligen Geist den Menschen in seinem Gewissen so erschüttert hat, ... er wendet die contritio, die zur Verzweiflung führt, um zu einer evangelica desperatio." (DBW 9, 368) Derselbe Gott, der den Menschen in die Verzeiflung an sich selbst führt, derselbe Gott schenkt demselben Menschen die Vergebung der Sünden. "Der heilige Geist in seiner Majestät tötete den Menschen, aber weil es der heilige Geist ist, kann er ihn nicht zugrunde gehen lassen." (DBW 9, 369) Damit kommt der Prozeß, von dem Bonhoeffer im Hinblick auf den Konflikt der menschlichen Sittlichkeit mit dem machtvollen, sittlich überlegenen Willen Gottes spricht, zum Abschluß. Nachdem Gott durch den Heiligen Geist in der Fülle seiner unumschränkten Macht im Gewissen erfahren ist, zeigt er sich in seiner Heiligkeit, indem er dem verzweifelten Menschen Christus durch den Heiligen Geist als Gabe schenkt. Luther zitierend, resümiert Bonhoeffer: "Christus wird uns durch den Glauben, das heißt aber durch den heiligen Geist als Gabe gebracht." (DBW 9, 371) Und: "In dem Pro nobis des Glaubens verändert der Geist die ganze Richtung des Menschen, der Haß verschwindet durch die Beziehung des Werkes Christi auf mich von selbst, und Reue, Dankbarkeit und Liebe sind notwendige Folgen des Glaubens." (DBW 9, 376)

Die Forderung Gottes mittels des Heiligen Geistes, an der der Mensch in seiner Eigen-Sittlichkeit zerbrechen muß, ist in der Wendung zur evangelica desperatio nicht etwa aufgehoben, sondern bleibt unvermindert in Geltung. "An dem Punkt, an dem der heilige Geist den Menschen zerbrechen ließ, an dem muß er ihn wieder aufbauen; denn die Gnade des Geistes besteht nicht darin, daß er von seiner Forderung etwas nachläßt ..." (DBW 9, 379) Die Sittlichkeit wird in dieser Wendung "wahrhaft geistlich" (DBW), 380) und damit wahrhaft sittlich, oder – wie Bonhoeffer mit Holl auch sagen kann – ihre Autonomie ist erst jetzt wahrhaft gesichert (vgl. ebd.). Dadurch, daß die labile Sittlichkeit des Menschen durch den Heiligen Geist wieder aufgerichtet wird, kann sie auch eminent produktiv werden. Bonhoeffer belegt diese Auffassung anhand desselben Zitates von Luther, das schon bei Holl im "Neubau der Sittlichkeit" an prominenter Stelle für die sittliche Autonomie höheren Stils eingeführt wird: "Der neue Mensch braucht keine Dekaloge, ja er selbst könnte neue Dekaloge aus 'sich' heraus schaffen, die klarer wären, als der des Mose." (DBW 9, 381)

Das doppelte Wirken des Heiligen Geistes ist im ersten Abschnitt von Bonhoeffers Arbeit deutlich herausgestellt. Er, der Heilige Geist, erschüttert die Sittlichkeit des Menschen im Gewissen, zerbricht sie, um sie dort selbst wieder neu zu stiften. Demzufolge begründet das doppelte Wirken des Heiligen Geistes die wahrhaft geistliche, über alle Maßen produktive Sittlichkeit, die den Menschen zur aufrichtigen Gottes- wie Nächstenliebe führt und befähigt.

In den folgenden Abschnitten seiner Seminararbeit behandelt Bonhoeffer das Problem der Glaubensgewißheit (vgl. DBW 9, 391ff), die Frage nach der Wirksamkeit des Geistes durch das Wort (vgl. DBW 9, 394ff), den Stellenwert der Schrift und der Predigt (vgl. DBW 9, 397ff), den Zusammenhang von Wort und Kirche (vgl. DBW 9, 404ff) und schließlich auch den Status der Theologie als Wissenschaft (vgl. DBW 9, 402f). Im Schlußteil seiner Arbeit weist Bonhoeffer auf den Anfang zurück; er wendet sich der Frage zu, welche Behandlung die Trinitätslehre bei Luther erfährt, die in der überkommenden Tradition als der klassische locus der Lehre vom Heiligen Geist anzusehen war. Legte man einmal als Raster die dogmatischen loci zugrunde, so zeigte sich, daß Bonhoeffer unter dem spezifischen Gesichtspunkt der Auffassung Luthers vom Heiligen Geist sich ein umfassendes Verständnis von dessen Theologie erarbeitet. Allein unter diesem Blickwinkel verdient die Seminararbeit für die weitere theologische Entwicklung Bonhoeffers Beachtung. Viele der hier erarbeiteten Einsichten werden in die Dissertation einfließen. In dem vorliegenden Zusammenhang soll allerdings zunächst nach dem Einfluß der Lutherdeutung Karl Holls auf Bonhoeffer gefragt werden.

In seiner vierundvierzig Seiten umfassenden Seminararbeit ist Bonhoeffer ganz der Lutherinterpretation seines Lehrers Karl Holl verhaftet. Wie bei Holl wird am Ort und sub specie des Gewissenserlebnisses die Dialektik von Gesetz und Evangelium, von Zorn und Gnade Gottes ermittelt. Bonhoeffer ergänzt die Sichtweise Holls im Hinblick auf die doppelte Gestalt des Wirkens des Heiligen Geistes. Holls Vorarbeiten zu einer Studie über "Luther und der Heilige Geist" lassen darauf schließen, daß Holl selbst hier ein Defizit seiner Lutherinterpretation wahrnahm, das auszuräumen er in seiner geplanten Studie vorhatte. Bonhoeffer folgt den zentralen Zügen der Lutherinterpretation Holls auch darin, daß das Gewissenserlebnis als sittliches Ereignis gefaßt wird. Gottes wie des Heiligen Geistes Majestät wird voluntaristisch als machtvoller sittlicher Wille verstanden, an dessen Forderung die Sittlichkeit des Menschen erschüttert wird. Wie bei Holl begründet die Gabe der Sündenvergebung in Christus die Sittlichkeit des Menschen neu. Die an Christus gebundene Wende, die der Konflikt für den Menschen nimmt, wird von Bonhoeffer zwar nicht unterbetont, allerdings verwandelt sich auch nach seinem Verständnis die Gabe des Evangeliums wieder in die Forderung der Gesetzeserfüllung, der nun in der wahrhaft geistlichen Sittlichkeit durch den Menschen auch vollkommen entsprochen werden kann. Der Sittlichkeitsbegriff bestimmt wie bei Holl die Interpretation Bonhoeffers. An ihm ist das umfängliche, von Bonhoeffer an den Disputationen Luthers recherchierte Material strukturiert und organisiert. Als Fazit können wir mithin festhalten, daß Holls Lutherinterpretation Bonhoeffers Seminararbeit hintergründig bestimmt. Bonhoeffer erweist sich darin als getreuer Schüler seines Lehrers.

2.5. Bonhoeffers Weg vom Schüler Holls zum eigenständigen Systematiker

In seiner Dissertationsarbeit verläßt Bonhoeffer den systematisch-kategorialen Rahmen der Hollschen Lutherinterpretation. Nicht zuletzt ist diese Tatsache dem Umstand geschuldet, daß "Sanctorum Communio" keine historische, sondern eine systematische Arbeit darstellt. Der durch Holl gestiftete Zugang zu Luther wirkt sich zwar in in der Aufnahme der reformatorischen Theologie fruchtbar aus, Luther selbst wird aber in ein eigenständiges systematisches Konzept eingearbeitet, das die Hollschen Kategorien erheblich modifiziert. Schon ein erster Blick zeigt, daß der Begriff des Gewissenserlebnisses, der für die Lutherinterpretation von Holl von zentraler Bedeutung ist, und dem Bonhoeffer noch in seiner Seminararbeit über Luthers Anschauungen über den Heiligen Geist verpflichtet ist, in "Sanctorum Communio" auffälligerweise fehlt. Ebenso tritt der Begriff der Sittlichkeit zurück. Dieser zunächst zu diagnostizierende Umstand hängt ursächlich damit zusammen, daß Bonhoeffer die Gemeinschaftsgestalt der Kirche anders einführt und begründet, als dies in den Lutherstudien Holls geschieht.

Die Gemeinschaftsgestalt der Kirche kommt nicht im Anschluß an die individuell-persönliche Erlebnisdialektik in den Blick, in der sich das von

Gott gestiftete Erlebnis der Rechtfertigung vollzieht, sondern wird von Bonhoeffer mittels der *Christologie* geltend gemacht. So wie der Anfang der Kirche in Christus gesetzt ist, so ist sie, die Kirche, auch bereits in Christus vollendet (Vgl. SC 88). Christus ist nicht nur der Mittler, der die Menschheit mittels der göttlichen Liebe versöhnt, sondern er ist selbst bereits die neue Menschheit (vgl. ebd.). Bonhoeffer gelangt so zu der weitreichenden Feststellung, daß in der Offenbarungswirklichkeit Gottes in Jesus Christus die Offenbarungswirklichkeit der Kirche mitgesetzt ist (vgl. SC 84). Die Kirche steht also nicht in einem Folgeverhältnis zu Christus und der durch ihn ermöglichten Versöhnung, sondern ist in und mit ihm selbst schon thematisch.

Bonhoeffers christologische Grundentscheidung befreit die Kirche von dem Druck ihrer Selbstrealisierung. Da die Kirche nicht nur durch Christus ermöglicht, sondern in ihm vollständig realisiert ist, muß sie in der geschichtlichen Zeit lediglich aktualisiert werden. Den Gedanken der Aktualisierung der wesentlichen Kirche knüpft Bonhoeffer an Einsichten, die er in seiner Arbeit über den Heiligen Geist bei Luther gewonnen hat, insofern an diesem Punkt die pneumatologischen Feststellungen fruchtbar gemacht werden. Die Aktualisierung der Kirche vollzieht sich durch den im Wort wirkenden Geist. Die Kirche ist durch das Wort, sofern in ihm der Geist wirkt, konstituiert. Das vom Geist getriebene Wort wiederum ist das Wort vom Gekreuzigten und Auferstandenen, der in diesem selbst präsent ist. "Christus selbst ist im Wort, der Christus, in dem die Gemeinde vollendet ist, wirbt durch seinen Geist um das Herz, um es in die aktualisierte Gemeinde Christi einzufügen." (SC 101) Im als Wort Christi qualifizierten Wort ist die vollständige Realisierung der Kirche gegenwärtig am Ort und sub specie der durch dasselbe Wort mittels des Heiligen Geistes gewirkten Aktualisierung der Kirche.

Das durch den Heiligen Geist bewegte Wort hat nun eine eminente Bedeutung für das Verhältnis des Einzelnen zur Gemeinde, sofern im christologisch qualifizierten Wort, das den Einzelnen bewegt, die Kirche in ihrer realisierten wie aktualisierten Gestalt immer mitgegenwärtig ist. Laut Bonhoeffer läßt dieser Gedanke jeden individualistischen Kirchenbegriff zunichte werden. Auf der einen Seite wirkt der Heilige Geist nur in dem Zusammenhang, in dem das Wort von Christus laut wird. Dies setzt voraus, daß der Einzelne, der vom Wort erreicht wird, immer schon Glied dieses Zusammenhangs, Glied der Gemeinde ist. Andererseits ist die Gemeinde selbst durch das Wort des Heiligen Geistes in ihrer Aktualisierung begründet. Das eine ist also die Bedingung des anderen und umgekehrt. Man muß Glied der Gemeinde sein, um das Wort zu vernehmen; umgekehrt gibt es keine Gemeinde ohne das Wort, das diese doch allererst konstituiert. Von hier aus muß ein rein individualistisches Gottesverhältnis des Einzelnen ausgeschlossen werden, da das vom Geist bewegte Wort "in demselben Akt" (SC 101), in dem es im Zusammenhang der Gemeinde laut wird, diese in ihrer Aktualisierung begründet. Fragen wir nach der Beziehung des Einzelnen zur Gemeinde, so folgt daraus weder, daß der Einzelne in einem ersten Schritt vom Geist bewegt wirkt, um sodann seine Beziehung zur Gemeinde als Folge des Wirkens des Geistes zu realisieren, noch umgekehrt ein systematischer Vorrang der Gemeinde vor dem Einzelnen. Vielmehr resultiert aus den Ausführungen Bonhoeffers die strikte *Gleichursprünglichkeit* von Einzelnem und Gemeinde. Bonhoeffer kann also sagen: "Wer nicht in der Kirche ist, hat keine Lebensgemeinschaft mit Christus; wer aber in Christus ist, ist in der Gemeinde, der vollendeten und der aktualisierten." (SC 102) Es ist das Wirken des Heiligen Geistes, das diesen Zirkel konstituiert.

Von hier aus kann noch einmal ein Blick auf die Lutherdeutung Holls geworfen werden. Aufgrund der kategorialen Fassung der Rechtfertigungslehre herrscht bei Holl die Tendenz vor, die Gemeinschaft als Folgeverhältnis der persönlichen Gottesbeziehung des Einzelnen in den Blick zu nehmen. Holl kann deshalb trotz gegenläufiger Intention den Individualismus im Kirchenbegriff – anders als Bonhoeffer – nicht gänzlich abstreifen. Holl versichert zwar, daß das Gottesverhältnis erst richtig ausgelegt ist, wenn die diesem entsprechende Gemeinschaftsform herausgestellt ist, er verfügt aber nicht über die systematischen Mittel, seine Interpretation gegen das individualistische Mißverständnis wirklich abzudichten.

Mit zwei Elementen vollzieht Bonhoeffer die Abwehr des individualistischen Kirchenbegriffs: mit einer christologischen Bestimmung einerseits, mit einer pneumatologischen andererseits. Zum einen steht die Kirche nicht in einem Folgeverhältnis zu Christus, sofern durch ihn lediglich die Möglichkeit der Gemeinschaft eröffnet wäre. Vielmehr ist in ihm, Christus, die Kirche, weil er selbst eine Sozialform – die neue Menschheit – darstellt, mitgesetzt und vollendet. Zum anderen konstituiert das vom Heiligen Geist bewegte und durch Christus bestimmte Wort einen Zirkel, in dem die Gliedschaft in der Kirche die Bedingung der Christusbeziehung wie umgekehrt diese die Bedingung jener ist. In der pneumatologisch formulierten Einsicht muß das Verhältnis von Einzelnem und Gemeinde strikten Sinnes gleichursprünglich aufgefaßt werden. Bonhoeffer verdankt diese sich durch die Pneumatologie eröffnende Perspektive seiner Arbeit an Luthers Anschauungen über den Heiligen Geist, die im Hinblick auf die in der Dissertationsarbeit fruchtbar gemachten Vorstellung des Zusammenhangs von Wort, Heiligem Geist und Kirche folglich nicht hoch genug veranschlagt werden kann. Damit ist der von Holl vorgezeichneten Weg verlassen.

Ein weiterer Aspekt muß Erwähnung finden. Nach Holls Interpretation ist für Luther die Unterscheidung von sichtbarer und unsichtbarer Kirche maßgeblich. Bonhoeffer hingegen akzentuiert nicht die Unterscheidung, sondern die Beziehung: Unsichtbare und sichtbare Kirche sind *eine* Kirche (vgl. SC 150 Anm. 92), die dem Glauben in gleicher Weise präsent sind. So versichtbart das Wort nicht die unsichtbare Kirche, sondern in ihm bilden ecclesia invisibilis und visibilis kraft des im Wort wirkenden Heiligen Geistes eine Einheit, die dem Glauben sichtbar sein muß. Zwar ist Holl dieser Aspekt nicht gänzlich unbekannt (vgl. GA I, 297 Anm. 5 u.6), da Bonhoeffer jedoch stärker als Holl von der Pneumatologie bzw. dem Wort her denkt, kann er auch mit mehr Gewicht akzentuieren, daß der Mensch durch den Heiligen Geist in die Gemeinschaft der Heiligen hineingezogen wird. Bei Holl herrscht trotz gegenteiliger Einsicht die Tendenz vor, die Realisierung und Gestaltung der sichtbaren Kirche als "Gewissensache" (GA I, 300) dem Einzelnen zu überantworten, wie es die Beziehung des Menschen auf das "Endziel Gottes", nämlich das Schaffen eines Reiches der Vereinigung einer "Vielheit" von Glaubenden "fordert" (ebd.). Bonhoeffer nimmt im Gegensatz dazu den Gedanken, daß unsichtbare und sichtbare Kirche eine Einheit bilden, ernster als Holl. In der Aktualisierung der Kirche durch den Heiligen Geist ist die Nötigung zur Verwirklichung der sichtbaren Kirche hinweggenommen.

Bonhoeffer verschiebt die Gewichte der Hollschen Interpretation nicht nur an diesem, sondern noch an einem weiteren, schlechterdings zentralen Punkt. Die Rechtfertigungslehre wird bei Holl durchgehend als sittliches Grunderlebnis verstanden, aus dem – wie oben ausgeführt – eine sittliche Programmatik innerlicher Art resultiert, die die Konstitution der sichtbaren Kirche als Gemeinschaftsgestalt anleitet. Bonhoeffer führt aus dieser ethisch verengten Sichtweise heraus, indem er die bei Luther abgelesene Vorstellung des Leibes Christi für seinen Kirchenbegriff fruchtbar macht und mit einem starken Akzent versieht. Mit der Vorstellung vom *Leib Christi* führt Bonhoeffer eine Kategorie ein, die es ihm erlaubt, die bei Holl dominante persönlich-innerliche Sittlichkeitsprogrammatik sozial-kommunikativ zu strukturieren. Stärker als bei Holl kann somit die durch den Heiligen Geist begründete Wechselbeziehung von Glauben und Liebe in ihrer kommunikativen Dimension ausgelegt werden. Glaube und Liebe tragen eine soziale Bedeutsamkeit in sich, die durch das Wirken des Geistes ermöglicht wird und deren Akte durch die Kategorie des Leibes Christi als Mit- und Füreinander der Glieder strukturiert werden können. Die Gleichursprünglichkeit von Einzelnem und Gemeinde, von der Bonhoeffer ausging, bleibt dabei auch in sozialer Hinsicht bestehen. Dort, wo der einzelne Christ ist, ist auch die Gemeinde, wie und weil umgekehrt dort, wo die Gemeinde ist, auch er ist (vgl. SC 119). Die Gemeinde ist der Grund des christlichen Einzellebens wie der wechselseitige Bezug der Einzelnen zueinander als Folge des Seins in der Gemeinde aufgefaßt werden muß. Die Gemeinde wird also nicht erst durch das wechselseitige Mit- und Füreinander der Einzelnen konstituiert, sondern liegt dieser Tätigkeit immer schon voraus. "Kirche entsteht nicht durch Zusammentritt ..., sondern durch den in der Gemeinde wirklichen Geist besteht die Kirche und ist demgemäß aus Einzelwillen heraus nicht abzuleiten ..." (SC 102)

Das kommunikativ entfaltete Verhältnis von Glaube und Liebe, das Bonhoeffer im Horizont des Leibes Christi auslegt, beugt nicht nur einer individualistisch befangenen Gewissens- und Worttheologie vor, sondern depotenziert auch Holls Neigung zum Pflichtpathos, die bei ihm der innerlich bestimmten Sittlichkeitsprogrammatik geschuldet ist, die den Bezugsrahmen der Interpretation der Rechtfertigungslehre abgibt. Der christologisch ausgewiesene und pneumatologisch akzentuierte Gemeinschaftsbegriff verdankt sich letztlich Luthers Anschauungen über den Heiligen Geist. Darüber hinaus gewinnt Bonhoeffer die Kategorie des Leibes Christi in ihrer sozial-kommunikativen Struktur aus der Lektüre von Luthers Abendmahlssermon von 1519. Da der Sermon Luthers für Bonhoeffers eigenwillige Theorie der Kirche meines Erachtens nicht hoch genug veranschlagt werden kann, soll die Schrift Luthers in einem nächsten Kapitel ausführlich behandelt werden.

3. Communio und Communicare

Martin Luthers Schrift von 1519
"Ein Sermon von dem hochwürdigen Sakrament des heiligen wahren Leichnams Christi und den Bruderschaften"

Wer einmal die Gelegenheit hat, einen Blick in die von Bonhoeffer zu Lebzeiten benutzte Clemen-Ausgabe der Werke Martin Luthers zu werfen, der wird einen Eindruck von Bonhoeffers intensiver Lektüre des Abendmahlssermons von 1519 gewinnen können, die sich an vielfachen Spuren in Form von Unterstreichungen und Markierungen von Bonhoeffers Hand dokumentiert[95]. Es ist eine Anmerkung in "Sanctorum Communio", in der Bonhoeffer die Anziehungskraft der Schrift Luthers im Blick auf die Frage nach der sozialen Gestalt der sanctorum communio zu erkennen gibt: "Hier bringt Luther herrliche und tiefe Gedanken zu der Frage" (SC 117 Anm. 41). Aus der enthusiastischen Äußerung über den Sermon spricht die Faszination, die von Luthers Schrift auf Bonhoeffer ausgegangen sein mag. Die Zitate im Text und die Belege in den Anmerkungen unterstreichen, daß der Abschnitt in "Sanctorum Communio", in dem Bonhoeffer über das Mit- und Füreinander der Glieder der Gemeinde handelt, geradezu an Luthers Abendmahlsermon entlanggeschrieben ist (vgl. SC 117-128). Fragt man nach den Gründen der Rezeption der Abendmahlsschrift durch Bonhoeffer, so zeigt ein erster Blick, daß Bonhoeffer Luthers Ausführungen zum Sakrament von deren theologischem Mittelpunkt her liest: der ekklesiologischen Bedeutung des Sakraments.

Im Werk Martin Luthers nimmt die Schrift von 1519 "Ein Sermon von dem hochwürdigen Sakrament des heiligen wahren Leichnams Christi und den Bruderschaften"[96] eine nahezu singuläre Stellung ein. Der Gesichts-

---

95 Bonhoeffers Clemenausgabe der Werke Luthers befindet sich im Besitz von Frau Susanne Dreß: Luthers Werke in Auswahl, 4 Bde., hrsg. v. Otto Clemen, Bonn 1912 (vgl. *Nachlass Dietrich Bonhoeffer*. Ein Verzeichnis. Archiv-Sammlung-Bibliothek. Erstellt von Dietrich Meyer in Zusammenarbeit mit Eberhard Bethge, München 1987, 188). Der Verfasser hat diese Ausgabe aus der Bibliothek Bonhoeffers einsehen können.

96 Verweise und Belege aus Martin Luthers "Ein Sermon von dem hochwürdigen Sakrament des heiligen wahren Leichnams Christi und den Bruderschaften" (1519) beziehen sich auf: MARTIN LUTHER, Studienausgabe Bd.1, hrsg. v. Hans-Ulrich Delius, Berlin 1979, (270) 272-289. Das in Klammern begegnende Kürzel *StA 1* bezieht sich auf diese Ausgabe. Verweise auf einzelne Wendungen und Begriffe Luthers sind leicht modernisiert. Ansonsten wird das originale Luther-Deutsch zitiert. – Literatur zu Luthers Sermon: ALBRECHT PETERS, Realpäsenz Luthers Zeugnis von

punkt der Sozialität der Kirche wird in keiner anderen der ekklesiologischen Schriften Luthers so ausgeprägt behandelt wie im Abendmahlssermon von 1519. Die communio mit Christus und den Gliedern der Gemeinde als Gabe und Aufgabe derer, die am Sakrament des Abendmahls teilhaben, wird in keiner anderen von Luthers Schriften über die Lehre vom Abendmahl so intensiv entfaltet wie in der frühen Schrift von 1519. Der theologische Akzent der Abendmahlsschriften verschiebt sich ab 1520 von der Bedeutung der communio auf das Wort der Verheißung, für die das Sakrament das vergewissernde Zeichen darstellt. In den Jahren seit 1523 rückt dann die Frage nach der realen Gegenwart Christi unter Brot und Wein in den Mittelpunkt der theologischen Auseinandersetzung und verdrängt die Frage nach der Sozialgestalt der Kirche fast vollständig[97]. In den ekklesiologischen Schriften Luthers gewinnen die Auseinandersetzung mit den päpstlichen Gegnern, aber auch die innerprotestantischen Kontroversen mit Spiritualisten und Antinomern immer mehr an Einfluß auf die theologische Arbeit, so daß der Gesichtspunkt der Gemeinschaftsgestalt der Kirche weitgehend in den Hintergrund tritt[98].

Ob freilich die Verschiebung der theologischen Aufmerksamkeit in der Sakramentenlehre und der Ekklesiologie, die weitgehend den Kontroversen geschuldet ist, in die sich Luther gestellt sah, dazu berechtigt, den Stellenwert des Abendmahlssermons für die Frage nach der Sozialgestalt der Kirche möglichst gering anzusetzen oder gar zu übergehen, wird man fragen müssen. Nachdem in einem ersten Schritt die theologische Argumentation und der ekklesiologische Gehalt von Luthers Schrift herausgearbeitet werden (3.1.), soll in einem zweiten Gang eine kritische Würdigung angeschlossen werden, die die wichtigsten Einwände und Vorbehalte

---

Christi Gegenwart im Abendmahl, Berlin 1960; Ders., Sakrament und Ethos nach Luther, in: LuJ 36 (1969), 41-79; Frido Mann, Das Abendmahl beim jungen Luther (BÖT 5), München 1971; Oswald Bayer, Promissio. Geschichte der reformatorischen Wende in Luthers Theologie (FKDG 27), Göttingen 1971, 226-253; Ursula Stock, Die Bedeutung der Sakramente in Luthers Sermonen von 1519 (SHCT 28), Leiden 1982; Paul-Werner Scheele, "Eyn volk der gnaden". Ekklesiologische Implikationen der sakramentsbezogenen Sermone Martin Luthers aus dem Jahr 1519, in: Ökumenische Erschließung Martin Luthers, hrsg. v. Peter Manns u.Hans Meyer, Paderborn 1983, 154-168; Vilmos Vatja, Die Kirche als geistlich-sakramentale communio mit Christus und seinen Heiligen bei Luther, in: LuJ 51 (1984), 10-62.

97 Vgl. die zusammenfassende Darstellung über Luthers Abendmahlslehre in: Ulrich Kühn, Sakramente (Handbuch Systematischer Theologie 11), Gütersloh 1985, 45-67.

98 Einen Überblick über die Ekklesiologie Luthers gibt: Ulrich Kühn, Kirche (Handbuch Systematischer Theologie 10), Gütersloh 1980), 21-38.

gegen Luthers Schrift zu diskutieren sucht (3.2.). Da der Abendmahlssermon zumindest für Bonhoeffer einen zentralen, wenn nicht den wichtigsten Ansatzpunkt zur Entfaltung seiner Ekklesiologie bildet, schließt sich daran ein systematischer Vergleich der Konzeption Luthers mit dem Kirchenverständnis Bonhoeffers an (3.3.). Ein knappes Fazit beschließt die vorliegende Darstellung und Interpretation (3.4.).

3.1. Theologische Argumentation und ekklesiologischer Gehalt des Abendmahlsermons

3.1.1. Die Bedeutung des Sakraments: Die Verwandlung in die Gemeinschaft der Heiligen

Auffälligerweise zeigt sich Luther im Blick auf die vielverhandelte Frage nach der Wandlung von Brot und Wein reichlich desinteressiert. Seine Äußerung dazu ist bezeichnend: "Ettlich vben yhre kunst vnd subtilickeit/ trachten wo das brott bleybt/wans yn Christi fleysch vorwandelt wirt/vnd der weyn yn seyn blut. Auch wie unter ßo eynem cleynen stuck brotts vnd weyns/muge der gantz Christus/seyn fleysch vnd blut/bei schlossen seyn/ Da ligt nit an ob du das nit suchist. Es ist gnug/das du wissest/es sey eyn gottlich tzeychen. Da Christus fleysch vnd blut warhafftig ynnen ist/wie vnd wo/laß yhm befollen seyn." (StA 1, 280, 24-29) Statt über die Frage nach der Wandlung der Abendmahlselemente fruchtlos zu fabulieren, wird die Aufmerksamkeit ganz auf die Bedeutung des Sakraments gelenkt[99]. Diese besteht in der Gewährung der Gemeinschaft und Teilhabe der Sakramentsempfänger an "Christi Gerechtigkeit, sein Leben und Leiden" (StA 1, 276, 7f). Luther läßt dabei die Verschiebung der Aufmerksamkeit auf die Bedeutung des Sakraments durch einen terminologischen Kunstgriff zum Ausdruck gelangen, insofern er den Begriff "Verwandlung" von der Elementenwandlung auf den Prozeß der Gemeinschaftsbildung überträgt: "Da(nn) zu gleych als d(aß) brot/yn seynem warhafftigen naturliche(n)

99 Im Anschluß an den Vorbehalt gegen die Ergründer des Geheimnisses der Wandlung ermahnt Luther: "Hie sich tzu/das du den glauben vbist vnd sterckist/das/ wan du betrubt bist odder dich deyn sund treyben/alßo zum sacrament gehist/odder meß horist/das ddu begerest hertzlich/diß sacraments vn(d) seynen bedeutung/vnd nit dran zweyffelest/wye das sacrament deutet/ßo geschech dyr. Das ist/das du gewiß seyest/Christus vnd alle heyligen treten zu dir/mit allen yhren tugenden/leyden vnd gnaden/mit dir tzu leben/thun/lassen/leyden vn(d) sterben/vn(d) wollen gantz deyn sein alle dingk mit dir gemeyn haben." (StA 1, 280, 30-36)

leychnam vn(d) der weyn/yn seyn naturlich warhafftig blut vorwandelt wirt/alßo warhafftig werde(n) auch wir yn den geystliche(n) leyp/das ist yn die gemeynschafft Christi vnd aller heyligen(n) getzogen vnd vorwandelt."(StA 1, 279f, 34ff) Die Wandlung von Brot und Wein wird zum Gleichnis der weitaus bedeutenderen Frage nach der Verwandlung der Empfänger des Sakraments in den Leib der Gemeinschaft. Die Verwandlung holt den Menschen dabei aus seiner individuellen, auf sich selbst bezogenen Existenzweise heraus und fügt ihn in die Gemeinschaft der Liebe ein: "Das ist recht gemeynschafft vn(d) ware bedeutu(n)g dißs sacraments/Alßo werden wir ynn eynander vorwandelt vn(d) gemeyn durch die liebe/an wilche keyn wa(n)dell nit geschehe(n) mag." (StA 1, 279, 10-12) Die Bedeutung des Sakraments besteht in dem nach dem Gleichnis der Wandlung von Brot und Wein erläuterten Gestaltwandel der Sakramentsempfänger, der durch die Liebe Christi ermöglicht wird. Im Zusammenhang der gleichnishaften Transformation des Wandlungsbegriffs ist eine weitere terminologische Auffälligkeit zu beobachten. Luther spricht vom Wandel der Liebe, der dem Gestaltwandel der Glaubenden folgt. So verbindet sich mit der Verwandlung der Christen in die Liebesgemeinschaft die Übung im Wandel der Liebe: "So doch Christus seynen leyb/daru(m)b geben hatt, das des sacraments bedeutung/die gemeynschafft vnd der lieb wandell geubt wurde." (StA 1, 281, 27f) Die Ermahnung zur Übung im Dienst am Nächsten, die täglich befleißigt werden will[100], wird durchgehend an den Gestaltwechsel der Glaubenden angeschlossen. Demgemäß kann das Sakrament als ermöglichende Voraussetzung der täglichen Aufgaben der Christen verstanden werden. Der Ethik des Sakraments liegt sachlich seine ermöglichende Gabe voraus.

Theologisch wichtig scheint mir die Beobachtung, daß die Ermahnungen Luthers, die Bedeutung des Sakraments nicht durch Eigennutz und Selbstsucht zu verunklaren, durchgängig an dem Geschenkcharakter des Sakraments festgemacht sind, der durch den fehlenden Wandel in der Liebe nicht nur ausgeschlagen, sondern auch in seinem ursprünglichen Sinn entstellt wird. Den Gestaltwandel der Glaubenden als *Wechsel von der monologischen zur kommunikativen Existenz* wird dabei im Auslegungshorizont des Korintherbriefs als Einfügung in den Leib Christi verstanden. Die Verwandlung des Christen durch das Sakrament der Liebe

100 "Du must der andern(n) geprechen vnd durfft dyr zu hertzen lassen gehen als weren sie deyn eygen/vnd deyn vormugen dar bieten als were es yhr eygen/gleych wie dir Christus ym sacrament thut/D(as) heyst durch lieb yn eynander vorwandelt werden/auß vielen stucken eyn brott vnd tranck werden/seyn gestalt vorlassen/vnd eyn gemeyne an nehmen." (StA 1, 281, 15-19)

wird als Prozeß der Einleibung in den Christuskörper aufgefaßt, durch den wir Christus "gleichförmig" (StA 1, 279, 24) werden. "Alßo ist diß sacrament/yn brott vnd weyn empfahen/nit anders/dan eyn gewiß tzeychen empfahen/dißer gemeynschafft vn(d) eyn leybung mit Christo vnd allen heyligen." (StA 1, 274, 8-10) Verwandlung des Sakramentsempfängers heißt, in den Leib der Gemeinschaft der Heiligen "gezogen und verwandelt" (StA 1, 280, 2) zu werden. Das Sakrament der Liebe steht für das Verlassen der singularischen Gestalt und die Hineinnahme in die Gemeinschaft wechselseitiger Zuwendung. Dieser Prozeß wird von Luther als Gleichnis zur Elementenwandlung illustriert, wobei mit der terminologischen Anspielung auf den Wandlungsbegriffs die wahre Bedeutung des Sakraments veranschaulicht wird. Verwandlung der Glaubenden meint dabei die Einleibung in den kommunikativen Zusammenhalt der Gemeinschaft der Heiligen, die im Wandel der Liebe diese Verwandlung ihrerseits befestigt. Unübersehbar steht diese Interpretation des Wandlungsvorgangs im Zeichen der zugunsten der Beteiligung der Glaubenden an den Gaben wie den Verpflichtungen des Sakraments ergehenden Kritik an der den Sakramentsempfänger unbeteiligt lassenden Meßopferpraxis. Von hier aus wird verständlich, daß Luther den Gebrauch beider Gestalten des Abendmahls zu Beginn seines Sermons fordert (vgl. StA 1, 273, 1-15).

3.1.2. Das Ende der Lieblosigkeit – Glaube und Erfahrung

Luther spricht beinahe durchgängig von "Christus und den Heiligen", von Christus und den Seinen. Diese Redeweise will von vornherein die Wirklichkeit des Leibes Christi als den Zusammmenhang ansprechen, in dem das Sakrament seine Bedeutung erhält. Allerdings werden Christus und die Glieder der sanctorum communio nicht miteinander identifiziert. *Christus* kommt für die Gemeinschaft der Heiligen eine schlechterdings konstitutive Bedeutung zu, wie in Luthers Auslegung der Einsetzungsworte unmißverständlich deutlich wird: "Als sprecher/ich bin das heupt/ich will der erst sein/der sich fur euch gibt/will ewr leyd vnd vnfall mir gemeyn machen/ vn(d) fur euch trage(n)/auff das yhr auch/widderu(m)b mir vn(d) vntereynander ßo thut/vnd alles last yn mir vnd mit mir gemeyn seyn." (StA 1, 276, 31-34)[101].

101 Unter den Heiligen nimmt Christus eine besondere Stellung ein, wie ein weiterer Beleg verdeutlichen mag: "Dru(m)b ist yn dißem sacrament/vns geben die vnmessige gottis gnad vnd barmhertzickeit/das wir da allen yamer/alle anfechtung/von vnß legen auff die gemeyn/vnd sonderlich auff Christo." (StA 1, 276, 2-4). Vgl. auch StA 1, 276, 7f.

Die Bedeutung des Sakraments für die Wirklichkeit des Leibes Christi wird unter Bezugnahme auf 1.Kor 12 und Gal 6 unter dem Vorzeichen wechselseitiger Sorge füreinander wie der Lastenverteilung der Glieder des Leibes untereinander entfaltet (vgl. StA 1, 274, 27-29; 276, 25f). Die wechselseitige Zuwendung der Glieder der Gemeinde wird ermöglicht durch die Identifikation Christi mit den Hilfe- und Trostbedürftigen. Das Sakrament als Zeichen der Identifikation Christi mit den Hilfebedürftigen dient der Stärkung in der Situation der *Anfechtung*. Um hier zu bestehen, zur Stärkung und Beschirmung gegen Sünde wie zur Nichtzurechnung der Sünde im Gericht, ist das Sakrament gegeben. Im Streit gegen Sünde, Übel und Not wird den Glaubenden der Beistand der Gemeinschaft der Heiligen zuteil.

Luther kennt eine Vielzahl von Bedrängnissen und Erfahrungen der Not, für die die Fürsorge von Christus und den Seinen vonnöten ist. Sie erstrecken sich von dem, was Luther "Nachlassen im Fleisch" (StA 1, 275, 10) nennt, die die Gemeinschaft auseinanderreißenden Neigungen zu "Zorn, Haß, Hoffart und Unkeuschheit" (StA 1, 275, 10f) über den "bösen Geist" (StA 1, 275, 24) und "die Welt, die voller Bosheit ist" (StA 1,275, 25) bis hin zum selbstquälerischen Gewissen (vgl. StA 1, 275, 26ff). Es ist eine ganze Vielfalt von Unbilden, die Luther anführt, um an ihr die Bedürftigkeit der Glaubenden zu illustrieren. Auf die Erfahrung der Pein, die der Mensch sich selbst bereitet oder die ihm von der Welt zugefügt wird, antwortet die communio sanctorum, die Begleiterin wie Mitstreiterin, Für- wie Seelsorgerin des angefochtenen Menschen ist. Für diese Situation wird das Sakrament geschenkt als Vergewisserung der Zusage Gottes, mit Christus und allen Heiligen den Glaubenden aus der Einsamkeit seiner Anfechtung und Not zu befreien[102]. Der Beistand von Christus und den Seinen ist nicht nur im alltäglichen Streit mit Anfechtung und Sünde zugesagt, er gilt auch und gerade vor Gott, sofern Christus für uns vor Gott tritt und sein Erbarmen erbittet[103]. Christi Gerechtigkeit wird für den Angefochtenen geltend gemacht; Christus und die Heiligen bitten für den mit der Sünde Belasteten und nehmen dem Beladenen seine Bedrükkung ab.

102 "Sihe da/dich fichtet manicherley sund an/nym hyn diß tzeychen/damit ich dir zusage/das die sund/nit dich alleyn/sondern meynen sun Christu(m) vnd alle seyne heylige(n)/yn hymell vnd erden/anficht. Drumb sey frisch vnd getrost/du streytist nit alleyn/groß hulff vnd beystand vmb dich ist." (StA 1, 275, 16-20)

103 "Da bedurffen wir nit alleyne/hulffe der gemeyne vn(d) Christi/d(aß) sie mit vnß da widderfechten/ßondern(n) auch nott ist/das Christus vnd seyne heyligen fur vnß treten fur gott/das vnß die sund nit werde gerechnet/nach dem gestrengen vrteyll gottis." (StA 1, 275, 12-15)

Die Gemeinschaft der Heiligen ist für Luther der Ort, an dem es durch die Verheißung des Sakramentes zu einer *Neuorientierung der Erfahrung* kommen kann. Luthers theologisches Anliegen zielt genau auf den Punkt, an dem deutlich wird, inwiefern mittels der Zusage, die im Sakrament ergeht, der in den Christusleib Hineingezogene seine Verzagtheit und Stummheit, seine Beschwerung und Not ablegen und zu einer neuen Sprache des Glaubens finden kann: zur Sprache des liebenden Mit- und Füreinander. Die *Gnade des Wechsels*, von der Luther spricht (vgl. StA 1, 280, 20f), besteht gerade in der Beendigung der Bedrückung und der quälenden Pein des Gewissens, der Anfechtung und der Sünde. Beschrieben wird der Prozeß, in dem der Mensch angesichts einer Situation, die ihm schier die Sprache verschlägt, mithilfe des Sakraments zu einer neuen Form sozialer Praxis findet, die er im Zusammenhang des Leibes Christi erlernen und befestigen kann.

Interpretiert man die Bedeutung des Sakraments vor dem Hintergrund der von Luther eindringlich beschriebenen Erfahrung der Bedürftigkeit des Menschen in den vielfältigen Widerfahrnissen seines alltäglichen Lebens, so wird offensichtlich, daß Luther das Sakrament als Zeichen der Vergewisserung der Gemeinschaft mit Christus und den Seinen so verstanden wissen will, daß mithilfe des Abendmahlsakraments der Erfahrung der Bedürftigkeit die Auswegslosigkeit genommen wird. Hilfe und Beistand befreien aus der Lieblosigkeit, durch die die singularische Existenz des Menschen gekennzeichnet ist. So gesehen, kann die Einleibung in den Körper der sanctorum communio verstanden werden als der Prozeß, in dem eine *Erfahrung mit der Erfahrung*[104] der Bedrängnis, der Verzagtheit und der Lieblosigkeit gemacht werden kann. Nimmt man die Situation in den Blick, für die das Sakrament geschenkt ist, wird der Charakter der darin erfolgenden Zusage unmißverständlich deutlich. Das Sakrament, mit dem der Mensch angeredet wird, ist für Luther nichts anderes "dan eyn

104 Zum theologischen Gehalt dieser Formel vgl. EBERHARD JÜNGEL, Gott als Geheimnis der Welt. Zur Begründung der Theologie des Gekreuzigten im Streit zwischen Theismus und Atheismus, 4. Aufl. Tübingen 1982, 225-227, 246, 381. "Erfahrung mit der Erfahrung" besagt, daß mit der menschlichen Erfahrung eben noch einmal eine Erfahrung gemacht werden kann, die ihrerseits nicht aus der menschlichen Erfahrung als solcher herrührt. Diese Erfahrung ist durch den Bezug auf das Wort Gottes extra nos gestiftete *Glaubenserfahrung.* Luthers Abendmahlssermon kann m.E. als Verdeutlichung der von Jüngel herausgearbeiteten Struktur der sich im Glauben vollziehenden Transformation der Erfahrung verstanden werden. Jüngel vernachlässigt allerdings den Aspekt des angefochtenen Glaubens ebenso wie die ekklesiologische Relevanz dessen, was er als "Erfahrung mit der Erfahrung" beschreibt.

gottlich tzeychen/darynne zu gesagt/gebe(n)/ vn(d) zu geeygent wirt/ Christ(us) alle heyligen mit allen yhren wercken leyden/vordiensten/ gnaden vn(d) guttern zu trost vnd sterck allen/die yn engsten vnd betrubniß seyn/vorvolget/vom teuffell/sunden/welt/fleysch vnd allem vbell" (StA 1, 280, 13-16).

Mit dem Zeichen des Sakraments wird die Gabe, die Christus für uns erwirkt hat, zugesagt und zugeeignet für die alltäglich wiederkehrende Not und das Übel. Daß das *soteriologische* Interesse Luthers für die Bestimmung des Sakraments ausschlaggebend ist, wird vollends offenkundig am eschatologischen Horizont seiner Ausführungen. Das Sakrament ist nicht nur das Zeichen des Beistands der communio sanctorum für die Wechselfälle des Lebens, sondern auch für das Sterben und den Tod. Am äußersten Ort der Anfechtung, dem Sterben, ist der Mensch nicht auf sich allein gestellt. Vielmehr dient die Einübung in den Erfahrungskontext der Gemeinschaft der Heiligen diesem äußersten Ort des Lebens: das Sakrament schlägt die Brücke zum ewigen Leben[105]. Der konkrete Erfahrungszusammenhang des Leibes Christi dient der Übung für die Extremsituation, in der auf die sichtbaren Dinge kein Verlaß mehr ist und sie keinen Halt mehr gewähren[106]. Der von Luther hervorgehobene Unterschied zwischen der "zeitlichen Gemeinschaft" (StA 1, 283, 19) und der verborgenen, unsichtbaren und geistlichen Gemeinschaft Christi und aller Heiligen (vgl. StA 1, 282, 15f) will freilich nicht bestreiten, daß die sanctorum communio nicht auch in den zeitlichen Vollzügen sichtbar und konkret würde, nicht auch eine konkret leibliche Erfahrungsgemeinschaft wäre. Vielmehr schärft Luther mit der Unterscheidung zwischen der zeitlich-irdischen und der verborgenen Gemeinschaft der Heiligen ein, daß der Glaube nicht an den zeitlich sichtbaren Gestalten der Liebe hängt (vgl. StA 1, 283, 14 u. 31f), sondern an dem im Sakrament ergehenden Zuspruch Christi.

Die soziale Praxis, zu der der Glaubende findet, wenn er in den Leib der Gemeinschaft hineingezogen wird, dient der Einübung in den Glauben an die über die zeitlichen Gestalten hinausgehenden, verborgenen, für immer erwirkten und geschenkten Güter Christi. Unempfindlichkeit hinsichtlich

105 "Alßo ist vnß/das sacrament/eyn furt/eyn bruck/eyn thur/eyn schiff/vnd tragbar/ yn wilcher vnd durch wilch wir vo(n) disser welt faren/ynß ewige leben." (StA 1, 283, 33f)

106 "Dan der tod nympt alls sichtlich ding/vnd scheyd vnß/von de(n) menschen vnd zeytlichen dingen/ßo mussen wir da gegen habe(n) hilff/der vnsichtlichen vnd ewigen/ vnd die werden vnß/ym sacrament vnd zeychen/angeben/daran wir mit dem glauben/ ßo lange hange(n)/biß wir sie erlangen auch empfindlich vn(d) offentlich." (StA 1, 283, 28-32)

der eigenen wie der Nöte der Anderen heißt für Luther letztlich Unempfindlichkeit gegenüber der im Glauben zu ergreifenden Zusage des Beistandes Christi. Umgekehrt übt die leiblich-affektive Sympathie für das Leiden der Glieder der Gemeinschaft den Glauben, sein Vertrauen nicht an die vergänglichen Dinge zu hängen, sondern an den immerwährenden Zuspruch der Hilfe und Fürsorge Christi, die den solchermaßen Geübten auch nicht im Tod verläßt[107].

Indes ist die Erfahrung, die den in der Gemeinschaft von Christus und den Seinen gezogenen Mensch neu zu bestimmen vermag, für den Glauben nicht verrechnungsfähig, insofern der Glaube nicht an der sichtbaren Gemeinschaft des Leibes Christi als solcher haftet. Der Weg, den die Erfahrung nach Luther im Glauben nehmen kann, ist keinesfalls selbst Gegenstand des Glaubens. Die soziale Praxis des Mit- und Füreinander ist allenfalls ein Prozeß, mit dem der Glaube geübt und befestigt werden kann. Daß das Wissen um die Bedeutung des Sakramentes nicht ausreicht, sondern der Glaube hinzukommen muß, soll das Sakrament seine Bedeutung entfalten, unterstreicht noch einmal den kategorialen Stellenwert des Glaubens für die Erfahrung desjenigen, was als Ende der Lieblosigkeit bezeichnet wurde. "Dan es ist nit gnug/das man wysse/was das sacrament sey vnd bedeute. Es ist nit gnug/das du wissest/es sey eyn gemeynschafft vnd gnediger wechsell odder vormischu(n)g vnßer sund vnd leyden mit Christus gerechtickeit vnd seyner heyligen. Sondern du mu(o)sist/seyn auch begeren vn(d) festiglich glauben/du habst es erlangt." (StA 1, 280, 19-23)

Die Erfahrung der Befreiung, des Trostes und einer neugefaßten Zuversicht, kurz: die Stärkung durch die Speise von Brot und Wein ist an den Glauben geknüpft, insofern weder das Wissen noch die subtilen Erklärungen des Verstandes diese Erfahrung zu gewähren vermögen. Nur der Glauben vermag die Erfahrung, die mit der Einleibung in die sanctorum communio verbunden ist, auf den Weg zu bringen, oder – wie Luther sagt –, nur der Glauben bringt die Bedeutung des Sakraments "zu Nutzen und in den Brauch" (StA 1, 272, 11f). Der Gebrauch des Sakraments im Glauben, nicht seine erfahrungsabhängige objektive Wirkung, vermag die Hungrigen zu stärken. Deswegen ist für Luther auch kein größerer Mißbrauch des Sakraments denkbar als die Feier des Sakraments zur Gefälligkeit Gottes, ist doch das Sakrament seiner wirklichen Bedeutung nach von

107 "Darumb ligt es gar am glauben/dan wer nit glaubt/der ist gleych/dem mensche(n)/ der vbirß wasser faren soll/vnd ßo vortzagt ist/das er nit trawet dem schyff/vn(d) muß alßo bleyben/vn(d) nymmer mehr seligk werden/die weyl er nit auff sitzt vnd vbir faren will/das macht die synlickeit/vn(d) der vngeubte glaub." (StA 1, 283, 34-38)

Christus für den Menschen eingesetzt worden. Es ist die Lehre vom opus operatum, die Luther als eine blanke "Fabel" (StA 1, 282, 5) und als "Geschwätz" (StA 1, 282, 29f) angreift, weil sie um die Bedeutung des Sakraments betrügt: "Dan es ist nit vmb seynet willen eyngesetzt/das es gott gefalle/ßondern vmb vnßer wille(n)/d(aß) wir seyn recht brauchen/ den glaube(n) dran vben/vn(d) durch dasselb gott gefellig werde(n). Es wirckt nichts vberall/wen es alleyn opus op(er)atu(m) ist dan schaden. Es muß opus op(er)antis werde(n)." (StA 1, 282, 11-15)

Das Sakrament ist dem zu Nutzen, der der Hilfe und des Beistands Christi und seiner Heiligen bedarf, der aus der Erfahrung der Not nach Stärkung hungert. Der Glaube zieht den Verzagten aus der Bedrängnis heraus, er macht das Herz wieder frei und stärkt den Sakramentsempfänger "wider alle Feinde" (StA 1, 281, 1f) des Lebens. Die Speise des Abendmahls bereitet den Genuß neu gewonnener Freude und Zuversicht im Beziehungsgeflecht der Gemeinschaft Christi und der Heiligen, welches in der Zuwendung dieser angeknüpft wird; sie bereitet den Genuß neu gewonnener Freundschaft[108]. Communio sanctorum heißt, daß "wir Christi und aller Heiligen genießen" (StA 1, 284, 18).

Die Zusage Gottes, für die das Sakrament als Zeichen steht, und seine Gabe, die mit dem Sakrament ausgeteilt wird, kann im Glauben gehört und ergriffen werden. Es ist die Zusage des Beistands und der Hilfe durch Christus und die Gemeinschaft der Heiligen, des kommunikativen Zusammenhangs des Christuskörpers, der den Beladenen und Angefochtenen von seiner Bedrängnis befreit und gegen die Widerfahrnisse des Lebens stärkt. Luther wird nicht müde zu betonen, daß die Zusage, von der allein der Glaube weiß und nicht die Kunstfertigkeit des Verstandes, bezogen ist auf die alltägliche Erfahrung der Christen. So gesehen, ist Luthers Theologie Ausdruck eines erfahrungsbezogenen Glaubens, der die Widerfahrnisse der Hilflosigkeit, des fehlenden Beistands, der zwischen die Menschen tretenden und den sozialen Zusammenhang zerreißenden Neigungen zu Hochmut und Haß, Eigennutz und Selbstsucht mit der Erfahrung der Hineinnahme in die Gemeinschaft des Leibes Christi konfrontiert, die auf das Dasein der singularischen Existenz antwortet. Luther verdeutlicht, wie im Prozeß der Hineinnahme diese Erfahrung neu orientiert und bestimmt wird, so daß an die Stelle der Verhärtung die Weite des Herzens tritt, der Schwachheit aufgeholfen wird und dem eigennützigen Selbstabschluß die Freude am und die Zuwendung zum Anderen weicht.

---

108 "Wyrstu dyssen glauben woll vben vnd stercken/ßo wirstu empfinden/wie eyn / fro(e)lich reych/hochtzeytlich mall vnd woll leben/dir deyn gott/auff dem Altar bereyt hatt." (StA 1, 280, 36f)

3.1.3. Der Rückgewinn kommunikativer Kompetenz – Liebe und Verantwortung

Der Genuß Christi und aller Heiligen als Frucht des Sakraments (vgl. StA 1, 284, 16ff) wird ermöglicht durch die Gewährung des Anteils an den Gaben Christi und der Seinen. Christus und die Heiligen identifizieren sich mit den Angefochtenen, sie machen sich gemein, werden zu Fürsorgern und Fürsprechern der Beladenen. Die Gemeinschaft, in die der Empfänger des Sakraments hineinverwandelt wird, entlastet diesen durch die Übernahme der Nöte und des Jammers und sorgt für den durch die Sünde Angefochtenen. Entlastung und Fürsorge sind begründet in der Auf- und Übernahme der Sorge durch Christus und die Glieder seines Leibes. Christus gewährt Anteil an der Gabe des Heils durch seine Anteilnahme an der Anfechtung der Seinen, durch die Mitteilung seiner Gaben und seine Teilhabe an den Lasten der Anderen[109].

Die communio basiert auf der Bewegung der Identifikation Christi und der Seinen mit den Ihren; mit dem Prozeß der Gemeinwerdung Christi wird Gemeinschaft mit ihm wie untereinander möglich. Die Gemeinde lebt aus diesem Grund der Gemeinwerdung Christi und der Heiligen, der Teilhabe an der Gerechtigkeit, dem Leben und Leiden Christi. In der durch die Gewährung der Teilhabe, die Gemeinwerdung Christi begründeten Gemeinschaft, lassen sich die Güter dann auch gemeinsam genießen. Der erste Sinn der Gemeinschaft besteht folglich darin, "daß wir Christi und aller Heiligen genießen" (StA 1, 284, 18). Mit dieser Identifikation der Liebe, durch die die Glaubenden in den Körper der entlastenden communio hineingezogen, eingeleibt und verwandelt werden, ist jedoch nur der erste Sinn der Gemeinschaft angesprochen. Der andere besteht im Genießen-lassen. Die Einleibung in den Leib Christi durch die Bewegung der Liebe Christi zieht die Bewegung nach sich, in der die Glieder des Leibes untereinander gemein werden und "Liebe mit Liebe vergleichen" (StA 1, 274, 23). Der Sinn der Gemeinschaft besteht also auch darin, das "wir alle Christe(n)menschen/vnßer auch lassen geniessen/warynne sie vnd wir mugen/das alßo/die eygen nutzige liebe seyns selbs durch diß sacrament auß gerodtet/eyn lasse die gemeyn nutzige liebe aller Menschen/vnd alßo durch der liebe vorwa(n)dlung eyn brott/eyn tranck/eyn leyp/eyn gemeyn werde/das ist die rechte Christenliche bruderliche eynickeyt" (StA 1, 284, 18-23).

109 "Dyße gemeynschafft/steht darynne das alle geystlich guter/Christi vnnd seyner heyligen/mit geteyllet vnd gemeyn werden/dem/der dyß sacrament empfeht/widderumb alle leyden vnd sund/auch gemeyn werden." (StA 1, 274, 15-17)

Die Zuwendung Christi zu den Hilfe- und Trostbedürftigen gelangt erst dort an ihr Ziel, wo sie sich fortsetzt in dem Vorgang, in dem die Glaubenden Liebe gegen Liebe tauschen. Die Bewegung der identifizierenden Liebe Christi setzt sich fort in der Liebe der Gemeindeglieder untereinander. Auf halbem Wege abgebrochen, würde auch die Liebe Christi verkümmern. Luther schließt die Fortführung der Liebe fast durchgängig mit dem Terminus "wiederum" an. In Punkt 9 des Sermons begegnet diese Argumentationsstruktur gleich viermal[110]. Der Prozeß der Gemeinwerdung Christi wäre unvollständig, wenn ihm nicht der Prozeß der Identifikation der Identifizierten folgte. Dabei wird – dies läßt die Satzstruktur "so wie Christus-so wiederum" erkennen – Christi Liebe als *exemplum* aufgefaßt, das der Liebe der Glieder des Christusleibes untereinander zum Vorbild dient. Die Empfänger des Sakraments sollen sich nach Christi Beispiel in der Liebe der Zuwendung und der Hingabe, der Hilfe und der Lastenübernahme üben. "Da(nn) wo das exempell/nit mehr wurdt furgehalten/wurd die gemeynschafft auch bald vorgessen/als wir itzt leyder sehen/das vill messen gehalten werden/vnd doch die Christliche gemeynschafft/die da solt gepredigt/geu(e)bt/vn(d) yn Christi exempell furgehalten werden/ gantz vntergeht/ßo gar/das wir fast nit mehr wissen/wa zu diß sacrame(n)t diene/vn(d) wie ma(n) seyn prauchen solle." (StA 1, 277, 29-34) Der Genuß des Sakraments ist nicht ohne die Verantwortung der eigenen Beteiligung am kommunikativen Zusammenhang des Christuskörpers zu haben. Luthers Kritik an der Praxis des Abendmahls, insbesondere an der Praxis der Bruderschaften (vgl. StA 1, 284, 25ff), ist davon bestimmt, daß der Ausfall dieser Verantwortung das Sakrament zu einer wohlfeilen Schleuderware verkommen läßt.

Die Bewegung der Identifkation Christi mit den Menschen wird aber nicht nur im Wandel der Liebe der Christen untereinander weitergeführt, womit dem exemplum Christi entsprochen wird, vielmehr erstreckt sich die Liebe der Geliebten auf den Liebenden selbst. Der Identifikation Christi mit den Hilfebedürftigen folgt die umgekehrte Identifikation derjenigen mit Christus, die von ihm Hilfe und Beistand erfahren haben. Christus selbst wird als derjenige, der die Gemeinde trägt, mitgetragen von den Gliedern der Gemeinde. Christus ermöglicht nicht nur durch seine einseitige Zuwendung den Prozeß, in dem sich die Liebe untereinander entzündet, er ist nicht nur das Vorbild, an das sich die Liebenden halten sollen, sondern er ist auch der Mitgetragene. Die Liebe Christi reicht so weit, daß er selbst in den Gliedern seines Leibes angefochten und verletzt wird.

---

110 Vgl. StA 1, 276, 13f, 17-20, 23-25 u.31-34.

Die Zuneigung und Hingabe Christi zu den Notleidenden und Sündern, seine Fürsorge und die Gabe seiner Gerechtigkeit entzündet die Freigewordenen untereinander, so daß sie sich ihrerseits Beistand erzeigen und ihre Lasten und Freuden einander gemein werden lassen können. Dieser Austausch erfolgt nach dem Exempel seines Ermöglichungsgrundes; das Handeln der Gemeinde ist wiederum Handeln an Christus. Erst so verstanden, ist der vollständige Wechselprozeß zwischen Christus und den Seinen beschrieben: Christus ist der Bildner seines Leibes und als dieser ist er ihr Haupt, sofern er die Glieder seines Leibes an seinen Verdiensten, seinen Gütern und Gaben partizipieren läßt. Seine *communio* bringt die *communicatio* der Seinen auf den Weg. Im Wandel der Liebe wird die communio Christi mit den Trostsuchenden in einer Weise fortgesetzt, daß die Bezeigungen der Liebe der Liebe Christi selbst gelten, so daß schließlich und endlich die Verletzung der communio Christus selbst verwundet sowie der Liebestausch der Gemeinschaft ihm selbst, Christus, die Ehre erweist: "Alßo auch wir mit Christo/yn dem sacrament voreyniget werden vn(d) mit allen heyligen eyngeleybet/das er sich vnßer alßo an nympt/fur vnß thut vnd lest/alßo were er/das wir seynd/was vnß antrifft/auch yhn/vnd mehr dan vnß antrifft/Widderu(m)b/wir vnß seyn alßo mugen an nehmen/ als weren wir/das er ist." (StA 1, 279, 19-23) Ein engeres Verhältnis als dies des Gleichförmigwerdens zwischen Christus und den Gliedern seines Leibes kann kaum noch gedacht, dichter kann die geglaubte Erfahrungsgemeinschaft von Christus und den Heiligen, Geliebten und Liebenden nicht aufgefaßt werden als in der Bewegung der Gleichförmigkeit mit Christus.

Die kommunikativen Bezüge im Leib Christi werden von Luther so beschrieben, daß einsichtig wird, was es heißt, daß das Sakramemt ein Zeichen sei, mit dem die Zusage der Stärkung der Bedürftigen von Gottes Seite immer wieder ausgesprochen, erneuert und bekräftigt wird. Das Vertrauen auf den Zuspruch der Hilfe und den Beistand des ganzen Christuskörpers läßt eine Neubestimmung der Erfahrung der Anfechtung wie der Not möglich werden, durch die der Glaubende seinerseits zur Zuwendung und Hilfe befähigt wird. Durch den Wechsel von Glauben und Liebe knüpft sich das Netz der Verantwortung füreinander. Der Glaube gewinnt durch die Hineinnahme in den kommunikativen Zusammenhang der sanctorum communio seine soziale Sprache genau da wieder, wo sie dem auf sich allein gestellten Christen geradezu verschlagen mußte. Wo die Liebe ausbleibt, da verkümmert auch der Glaube, wie umgekehrt der Wechseltausch der Liebe den Glauben selbst einübt und befestigt, gewinnt dieser doch im Wandel jener seine faß- und erfahrbare Gestalt.

3.2. Kritische Würdigung

Das enge Wechselverhältnis, das Luther in seinem Abendmahlssermon zwischen Christus und den Seinen wie zwischen Glauben und Liebe im Zusammenhang der Frage nach der rechten Bedeutung des Sakraments entfaltet, hat den auf die Kunst sorgfältigen Unterscheidens bedachten Interpreten Luthers nicht geringe Mühe bereitet. Nachdem in einem ersten Durchgang der Abendmahlssermon im Blick auf seine theologischen Hauptmotive rekonstruiert wurde, sollen in einem zweiten Schritt die Fragen und Einwände diskutiert werden, die gegen Luthers Sermon erhoben worden sind. Die Diskussion der kritischen Einwände gegen den frühen Abendmahlssermon Luthers scheint deswegen besonders vordringlich zu sein, weil in der unbekümmerten Art, in der Bonhoeffer in "Sanctorum Communio" Luther folgt, Gefahren für Bonhoeffers eigene Theologie drohen. Die Fragen an Luther sind auch Fragen an Bonhoeffers Kirchenverständnis. Bestätigt die Lutherrezeption Bonhoeffers nicht den oft geäußerten Verdacht, in "Sanctorum Communio" sei die *Christologie* gegenüber der Ekklesiologie nur unzureichend zur Geltung gebracht? Steht Bonhoeffer der Tendenz nach nicht in der Gefahr einer schon bei Luther zu beobachtenden *Ethisierung der Ekklesiologie*? Bewegt sich Bonhoeffer schließlich nicht auf dem Boden einer *vorreformatorischen*, noch katholisch eingefärbten Theologie, wenn er sich die Einsichten aus Luthers früher Sakramentsschrift aneignet?[111] Die gestellten Fragen mögen verdeutlichen, warum im Zusammenhang der vorliegenden Arbeit die kritische Würdigung von Luthers Abendmahlssermon vonnöten ist.

Die unterschiedlichen Interpretationen des frühen Sermons von 1519 verdanken sich allermeist unterschiedlichen systematischen Positionen im Blick auf das Werk Luthers. Dabei spielt die Bestimmung dessen, was als "reformatorisch" zu gelten hat, eine hervorgehobene Rolle. Die kritischen Bedenken gegen Luthers Abendmahlsschrift von 1519 orientieren sich oft an den späteren Äußerungen zum Sakrament des Abendmahls und finden ihr Maß an der Zentralstellung und systematischen Hervorhebung der Bedeutung der Einsetzungsworte in "De captivitate babylonica", durch welche erst auch in der Sakramentenlehre die Höhe reformatorischer Einsicht erreicht sei[112]. Die von dem systematischen Interesse an dem

---

111 Die hier referierte Kritik trägt GERHARD KRAUSE in seinem Artikel über Dietrich Bonhoeffer vor. Vgl. DERS., Art.Bonhoeffer, in: TRE 7 (1981), (55-66) 58 u.60.

112 Aus der älteren Forschung sei an dieser Stelle verwiesen auf: FRIEDRICH GRAEBKE, Die Konstruktion der Abendmahlslehre Luthers in ihrer Entwicklung dargestellt. Eine dogmengeschichtliche Studie, Leipzig 1908. Graebke vertritt das Urteil, daß

Proprium reformatorischer Einsicht bestimmte Sachkritik moniert vor allen, daß im Sermon von 1519 das Sakrament nicht als die im *Wort verheißene Gabe* aufgefaßt wird. An diesen Einwand schließt sich der Vorwurf der *Gesetzlichkeit* an, da aus der unzureichenden Betonung des Wortes im Sakrament die den Gabecharakter des Sakraments unterminierende Verpflichtung zur Liebe resultiere, die wiederum *einseitig exemplumschristologisch* verankert sei[113].

(1) Nicht zu bestreiten ist, daß Luthers Hauptaugenmerk auf der *ekklesiologisch-ethischen* Dimension des Sakraments liegt. Luther liegt an der Aufdeckung der ursprünglichen, durch den eigennützigen Mißbrauch des Sakraments verkehrten Bedeutung des von Christus eingesetzten Sakraments. Dabei soll der Hinweis auf den biblisch gemeinten Sinn des Sakraments begründen und verdeutlichen, daß es sich beim Altarsakrament nicht um ein selbstgefälliges, von Menschen vollzogenes Opfer um der Ehre Gottes willen, sondern um ein sacramentum Gottes um des Menschen willen handelt, welches die Glaubenden in die bergende Gemeinschaft Christi und der Heiligen, die ihnen Beistand und Trost in Not

---

Luthers früher Sermon im Gegensatz zur rein reformatorischen Abendmahlslehre von 1520 durch ein katholisch-mystisches Verständnis beherrscht sei. Der von Graebke aufgestellte Gegensatz von mystisch-sakramentalistischer (1519) und reformatorischer (1520) Abendmahlslehre wird in der neueren Forschung vor allem von ERNST BIZER und OSWALD BAYER fortgeführt. Vgl. ERNST BIZER, Die Entdeckung des Sakraments durch Luther, in: EvTh 17(1957), 64-90); DERS., Fides ex auditu. Eine Untersuchung über die Entdeckung der Gerechtigkeit Gottes durch Martin Luther (1958), 3. Aufl. Neukirchen 1966; OSWALD BAYER, Promissio, 226-252 (siehe oben Anm. 96). Gegen diese vorherrschende Interpretationsrichtung opponiert vor allem URSULA STOCK, Die Bedeutung der Sakramente in Luthers Sermonen von 1519 (siehe oben Anm. 96). Vgl. ferner KARL-HEINZ ZUR MÜHLEN, Nos Extra Nos. Luthers Theologie zwischen Mystik und Scholastik (BHTh 46), Tübingen 1971, 227-231. Zur Mühlen verweist vor allem auf die Bedeutung von Luthers Entdeckung des verbum externum Gottes für das Sakramentsverständnis, wodurch der strikte Gegensatz zwischen vorreformatorischem (1519) und reformatorischem Verständnis des Abendmahls (1520) hinfällig wird.

113 In seiner Interpretation der 'Geschichte der reformatorischen Wende in Luthers Theologie' hat OSWALD BAYER den Abendmahlssermon von 1519 einer dezidierten Sachkritik unterzogen, die in dem bündigen Fazit zusammengefaßt wird: "Bestimmend ist ... das ekklesiologisch-ethische Interesse: die Liebe wird zum Heilsweg, indem sie, anstatt ganz der Welt zu gehören, vor das Forum Gottes tritt und dieses zur sanctorum communio macht. Dem Glauben kann dabei nur eine dienende Funktion zukommen ... Vom Wort wird in diesem Sermon völlig geschwiegen. Dies besagt, daß der reformatorische Ansatz hier nicht wirklich zur Geltung gekommen ist." (Vgl. BAYER, Promissio, 239f)

und Anfechtung zuteil werden lassen, hineinziehen will. Die Bedeutung des Sakraments richtet sich im Sinn der biblischen Intention auf die Gemeinschaft der Christen untereinander mit Christus; sie ist von vornherein auf die communio bezogen. Von der ekklesiologischen Ausrichtung des Sakraments kann gar nicht abgesehen werden, soll über die ursprüngliche Bedeutung der Einsetzung des Sakraments durch Christus geredet werden. Forderung der communio sub utraque specie, Zurückweisung der Transsubstantiationslehre unter Betonung des Glaubens, wie Kritik an der zum eigenen Nutzen und Heil ergehenden Meßopferpraxis resultieren – wie dann auch in den Schriften von 1520 – aus der Aufdeckung des ursprünglichen Sinns und damit verbundenen verantwortlichen Gebrauchs des Sakraments. So gesehen, kann man sogar so weit gehen und Luthers Sermon insgesamt als eine Auslegung der Einsetzungsworte Christi (Lk 22,19f) verstehen (vgl. StA 1, 276, 28-34).

(2) Ob das ekklesiologisch-ethische Interesse Luthers die christologisch-soteriologische Bedeutung des Sakraments untergräbt, hängt entscheidend von der Beantwortung der Frage nach dem *Gabecharakter* des Sakraments ab. Wer das soteriologische Moment gefährdet sieht[114], muß freilich berücksichtigen, daß Luther sowohl von dem Sakrament als einem Zeichen spricht, in dem die *Zusage der Gaben Gottes* erteilt wird (vgl. StA 1, 274, 8-10 u.275, 16-20), als auch von der *im Glauben* zu erlangenden Gewißheit über die im Sakrament erfolgte Zusage (vgl. StA 1, 280, 33-36). Luther läßt den Leser des Sermons an keiner Stelle darüber im Unklaren, daß die nach dem Gleichnis des Wandels von Brot und Wein erläuterte Verwandlung des Glaubenden auf der sachlich vorgeordneten Identifikation Christi mit der Bedürftigkeit und den Gebrechen der Glaubenden beruht. Das Sakrament ist Zeichen der Bewegung der Liebe Christi zu den Geringsten seiner Brüder, deren durch das Sakrament bezeugte Wahrheit der Christ gewißlich glauben darf. Christus wird im Sakrament zugesagt als Begleiter und Mitstreiter, als Für- und Seelsorger derer, die der Stärkung des Sakraments bedürfen. Die Gabe des Sakraments erstreckt sich dabei bis auf die Situation des Gerichts, in der Christus das gestrenge Urteil Gottes zugunsten des Sünders abwendet (vgl. StA 1, 275, 12-15).

Luther entfaltet die Bedeutung des Sakraments vor dem Hintergrund der Vielfalt alltäglicher Anfechtungen. Die Situierung der Bedeutung des Sakraments am Ort der leiblichen wie geistlichen Anfechtung und Not wäre schlechterdings unerklärlich, wenn Luther damit nicht die Zusage

---

114 OSWALD BAYER spricht beispielsweise von einem "Übergewicht des ekklesiologisch-ethischen Interesses" bei Luther (vgl. aaO. 232 u.239).

deutlich werden lassen wollte, die dem Empfänger des Sakraments für diese Situation zuteil wird. Daß das Sakrament dem Christen schließlich zur Hilfe und Stärkung für den äußersten Ort der Gefährdung des Glaubens, für das Sterben und den Übergang ins ewige Leben, dienen will, läßt vollends deutlich werden, daß die Gabe des Sakraments keineswegs primär als Aufgabe und Forderung verstanden wird[115], sondern als stärkende Speise der hungrigen Seelen, wie Luther mit Augustin ausführt (vgl. StA 1, 277, 17). Wie sollte man schließlich das Sakrament "genießen" können, wenn es nur Aufgabe und Forderung wäre (vgl. StA 1, 284, 18)?

(3) Luthers Kritik am verdienstorientierten Mißbrauch des Sakraments, der eigennützig am Wohlgefallen Gottes interessiert ist – und in der Lehre vom opus operatum seine theologische Legitimation erfährt – läßt sich nicht übersehen. Von hier aus wird man das Urteil befragen müssen, daß dem Glauben im Kontext der Abendmahlsdeutung Luthers im Sermon von 1519 lediglich eine der *Liebe als Heilsweg* dienende Funktion zukommt[116]. Luthers Hinweis auf die Bedürftigkeit des Sakramentsempfängers wie den Glauben, durch den die zugesagte Hilfe im Sakrament angenommen werden muß, läßt erkennen, daß Luthers Sakramentsverständnis bar jeglichen Verdienstgedankens ist. Das Sakrament ist nur im Horizont des Glaubens ein "gnädiges Zeichen" (StA 1, 283, 13) der Zusage der opera divina. Darum vermag in der Situation des Gerichts nur der Glaube Halt zu bieten, nicht aber das Vertrauen auf die sichtbaren Werke. Mißachtet man die zentrale Bedeutung des Glaubens, mit dem das Sakrament recht gebraucht werden soll, so fällt die eschatologische Bedeutung des Sakraments dahin, auf die hin Luther seine Auslegung ausrichtet.

(4) Luthers Umgang mit der alltäglichen Lebenserfahrung des angefochtenen Glaubens, die erfahrungsbezogene Redeweise des Sermons dient der Verdeutlichung der Frage, inwiefern die Gabe des Sakraments, die im Glauben zu hörende Zusage des Beistands Christi in das Leben des Angefochtenen selbst eingreift und es zu einer Neubestimmung der Erfahrung der Not und des quälenden Gewissens im Leib des Christuskörpers kommen kann. Dieser seelsorgerliche Aspekt des Sermons hinge in der

---

115 Vgl. wiederum OSWALD BAYER, der die Gabe des Sakraments "von vornherein als Aufgabe und Forderung" interpretiert (aaO. 235).

116 "Die Bedeutung als eigentliches Heilsgut ist die Liebe, deren wandelnde Kraft in einem vom Exemplumsgedanken her bestimmten und durch ein ius talionis geregelten Teilnahme und Teilgabe die communio der irdischen und himmlischen Heiligen gestaltet, unter denen Christus lediglich als primus inter pares erscheint." (BAYER, aaO. 239)

Luft, wäre er nicht soteriologisch begründet. Nur aus der Perspektive der Zusage Gottes im Sakrament läßt sich auch verständlich machen, welche Orientierung und Hilfe diese Zusage im Kontext der sanctorum communio bietet. Nur wenn man diesen Blickwinkel nachvollzieht, ist auch zu entdecken, daß und inwiefern Luther den Leser mit und unter dieser Zusage anspricht.

Der deskriptive Zug des Sermons mag erklären, warum die konstitutive *Bedeutung Christi* von Luther nicht stärker herausgearbeitet wird. Im Horizont der im Sakrament geschenkten Verheißung Gottes wird vorrangig über die Beziehung der Gemeinde Christi zum Einzelnen gehandelt. Dabei ist die theologische Argumentationsstruktur des Sermons von der unumkehrbaren Reihenfolge von Gabe und Aufgabe geprägt, die Luther spätestens seit seiner Hebräerbriefvorlesung 1517/18 in der Unterscheidung von Christus als *sacramentum und exemplum* formuliert[117]. Vor dem Hintergrund der konstitutiven Bedeutung des sacramentums hält der Exemplumsgedanke fest, daß das Geschehen der Einleibung in die Wirklichkeit der Gemeinde Christi nicht ein folgenloser Wandel bleibt, sondern zu einer sozialen Praxis befreit, die an Christus ihr Vorbild nimmt. Die durch die Identifikation Christi mit den Bedürftigen in den Leib der Gemeinschaft hineingezogenen Glaubenden setzen ihrerseits die an ihnen selbst erfahrene Liebe im Beziehungsgeflecht der sanctorum communio fort, ohne daß dieser Wandel der Liebe vor Gott heilsmäßig verrechenbar wäre, basiert doch der Prozeß, in dem Liebe gegen Liebe getauscht wird, auf der sachlich vorgeordneten, nur im Glauben anzunehmenden Liebe Christi. Der Liebeswandel kann den Zuspruch, der im Sakrament mit- und ausgeteilt wird, nicht ersetzen, ja, er bedarf unter den bleibenden Bedingungen des Alltags immer wieder dieses Zuspruchs. Folglich bleibt die Verantwortung, die mit dem Genuß des Sakraments verbunden ist, eine auf Zuspruch – auf Christus als sacramentum – angewiesene Verantwortung. Der Exemplumsgedanke schließt sich an diesen Zuspruch an, da erst im Zusammenspiel des Glaubens an die im Sakrament erfolgte Zusage und der nach dem exemplum Christi vorgestellten Liebe die leiblich-geistliche Gemeinschaft Christi und der Seinen vollständig bewährt wird.

117 Zur theologischen Relevanz der augustinischen Unterscheidung von sacramentum und exemplum für den jungen Luther vgl. vor allem die Interpretationen mit einer Fülle von Belegen von WERNER JETTER, Die Taufe beim jungen Luther. Eine Untersuchung über das Werden der reformatorischen Sakraments- und Taufanschauung (BHTh 18), Tübingen 1954, 142-159 und ERWIN ISERLOH, Sacramentum und Exemplum: Ein augustinisches Thema lutherischer Theologie, in: Reformata reformanda Bd.1 (FS Hubert Jedin, hrsg. v. Erwin Iserloh u.Konrad Repgen), Münster 1965, 247-264. Vgl. außerdem ALBRECHT PETERS, Sakrament und Ethos, 53f.

(5) Theologisches Interesse und Sprachgestalt des Abendmahlssermons richten sich weniger auf Ausformulierung eines neuen Abendmahlsverständnisses im Sinne einer lehrhaft-theologischen Argumentation. Vielmehr geht es um die Verknüpfung reformatorischer Erkenntnis mit den alltäglichen Erfahrungen der Glaubenden, die in Anfechtung und Not der Verheißung des Sakraments bedürfen. Ich denke, daß sich die theologischen Argumente Luthers vor allem von der Eigenart einer seelsorglich ausgerichteten Theologie, mit der sich eine Pädagogik in theologischen Verstehensfragen paart, erschließen lassen, nicht hingegen von einer von außen an den Sermon herangetragenen Frage, die sich auf die Rekonstruktion eines konfessionellen Lehrganzen oder eines reformatorischen Prinzips in der Genese reformatorischer Theologie richtet.

So gesehen, liegt der hermeneutische Schlüssel zum Verständnis der Theologie Luthers im Abendmahlssermon im spezifischen Genus der Schrift, das die Sakramentssermone von 1519 insgesamt prägt. Luther knüpft neben den Predigten Taulers und der "Theologia Deutsch" vor allem an die Erbauungsschriften des Johann von Staupitz an, um der logisch-zergliedernden Definitionstheologie scholastischer Provenienz eine am Laien ausgerichtete, der Erfahrung nachspürende theologische Redeweise gegenüberzustellen. Daneben darf Luthers Verhältnis zu seinen Wittenberger Freunden, insbesondere dem kurfürstlichen Sekretär Spalatin, dem Luther in alltäglichen Fragen der Wahrnehmung von Verantwortung theologischen Beistand gewährte und Rat erteilte, als für Eigenart und Thema des Sermons wichtiger Hintergrund vermutet werden[118]. Interpretiert man Luther vor dem Hintergrund dieser Einflüsse, so wird deutlich, daß die Frage nach einer lehrhaft geschlossenen, neuen reformatorischen Lehre vom Abendmahl im Sermon von 1519 Luthers theologische Argumente nicht vollständig zu erschließen vermag. Ebenso schwer fällt unter diesem Blickwinkel der Nachweis der über die Anknüpfung an Tauler, die "Theologia Deutsch" oder Staupitz hinausgehenden, über alle mittelalterlich-traditionellen, augustinischen oder mystischen Elemente hinausweisenden Züge der Vorstellung Luthers von der ekklesiologischen Bedeutung des Abendmahls[119].

Gerade die spezifische Sprachgestalt des Sermons dient der seelsorgerlichen wie theologisch-pädagogischen Veranschaulichung, daß allein das

118 Diesen Aspekt arbeitet vor allem heraus: URSULA STOCK, Die Bedeutung der Sakramente in Luthers Sermonen von 1519, 23-86.

119 Zu den traditionellen Elementen in Luthers Abendmahlsverständnis vgl. HARTMUT HILGENFELD, Mittelalterlich-traditionelle Elemente in Luthers Abendmahlsverständnis (Studien zur Dogmengeschichte und System. Theologie 24), Zürich 1971.

Vertrauen auf den Zuspruch und die Gabe, für die als Wahrzeichen das Sakrament steht, nicht aber die sichtbaren Werke und Güter, den Empfänger des Sakraments in die Gemeinschaft der Heiligen zieht, für deren Bestand in den alltäglichen Widerfahrnissen des Lebens wie geistlicher Anfechtung das Sakrament von Christus eingesetzt ist. Luther beschreibt vor dem Hintergrund von Anfechtung und Gericht, inwiefern die Einleibung in die Gemeinschaft Christi und der Seinen mit einer Umbestimmung der Erfahrung desjenigen einhergeht, der dem Zuspruch Gottes vertraut. Diese Einleibung kann als *Rückgewinn der kommunikativen Kompetenz* der Glieder der sanctorum communio verstanden werden: Der gnädige Wechsel in die Gemeinschaft Christi stellt den von Christus Geliebten seinerseits in die auch weiterhin auf Zuspruch angewiesene Verantwortung für die Gemeinschaft der Heiligen. Luther geht es um die Alternative zwischen einer die Zuwendung zum Nächsten erstickenden Wirklichkeit, in der der Eigennutz triumphiert und einer sozialen Realität, in die die Glaubenden hineingezogen werden aufgrund der Verheißung der im Sakrament zugeeigneten Gabe Christi. Die selbstbezügliche und kommunikationslose Wirklichkeit des angefochtenen Christen wird konfrontiert mit dem kommunikativen Horizont einer sozialen Wirklichkeit, die sich dem Christen in der Beziehung auf die externe Verheißung Gottes eröffnet. Ursprüngliche, biblisch bezeugte Intention und Bedeutung des Abendmahls sind nach Luther folglich erst dann vollständig erschlossen, wenn seine sozialen Dimensionen in den Blick genommen werden. Hier, an dem kommunikativen Verhältnis des Mit- und Füreinander der Glieder der communio sanctorum, setzt auch Bonhoeffers Rezeption des Abendmahlssermons ein.

3.3. Systematischer Vergleich

Schon ein erster Blick zeigt, daß Bonhoeffer Luthers Abendmahlssermon ganz von seinen ekklesiologischen Implikationen her liest. Bonhoeffer rezipiert die *Bedeutung* des Sakraments; das Sakrament selbst hingegen vernachlässigt er. Er ist interessiert am kommunikativen Gefüge der sanctorum communio, wie Luther es schildert, nicht jedoch am Zusammenhang von Sakrament und Gemeinschaft, den Luther nachhaltig herausarbeitet. Damit stellt sich die Frage, ob Bonhoeffer die Gewichte bei Luther durch seine Rezeption nicht in einschneidender Weise verschiebt. Die ekklesiologisch-ethische Dimension ist von Luther in der Perspektive des Zuspruchs entfaltet, der mit dem Zeichen des Sakraments zugesagt wird, wobei das dichte Ineinander von Zusage und Bedeutung Luthers

Sakramentstheologie in außerordentlichem Maße prägt. Bricht Bonhoeffer, so wäre zu fragen, die kommunikative Bedeutung des Sakraments nicht aus ihrer systematischen Verankerung, wenn er sie für sich selbst thematisiert, ohne sie aus der im Sakrament ergehenden Zusage zu entwikkeln? Luthers Sermon bringt diese Zusage in der Beschreibung hinsichtlich ihrer verwandelnden Kraft im Begegnungsraum der Gemeinschaft der Heiligen zur Geltung; Bonhoeffer hingegen nimmt die ekklesiologische Deutung des Sakraments unter Abtrennung des Sakraments selbst auf. Verkürzt er mit dieser Lesart den Sermon nicht auf seine ekklesiologisch-ethische Dimension?

Der Verdacht gegen eine Verkürzung wird – so wird einzuwenden sein – entkräftet durch den Blick auf den systematischen Ort, an dem Bonhoeffer die soziale Struktur der Gemeinde mit Hilfe Luthers entfaltet. Bonhoeffer versteht das soziale Gefüge der Gemeinde als eine Aktualisierung der von Christus realisierten Gemeinde durch den Heiligen Geist. Berücksichtigt man, daß Bonhoeffer in der Struktur von Realisierung und Aktualisierung denkt, d.h. geht man mit ihm davon aus, daß die aktualen, kommunikativen Bezüge im Gefüge der Gemeinschaft der Heiligen sich der Aktualisierung einer in und durch Christus schon realisierten Gemeinschaft verdanken, so kann das Mißverständnis nicht aufkommen, daß Bonhoeffer das Moment der Kommunikation der Gemeindeglieder in der vorgängigen durch Christus konstituierten communio unterschlägt, aus deren Zusage die Gemeinde lebt. Allerdings wird die vorgängige Konstitution der sanctorum communio durch Christus und ihre Aktualisierung nicht im Rahmen der Ausdeutung des Sakraments vorgetragen, sondern als Begegnung und Bewegung des Glaubenden durch das vom Geist getriebene *Wort* verstanden. Die zeitliche Aktualisierung der Gemeinde geschieht durch das vom Geist getriebene Wort Christi, in und mit dem Christus selbst sich zusagt. Frucht der Begegnung mit dem Worte Christi ist die Bewegung der Hineinnahme in die communio sanctorum. “Christus selbst ist im Wort, der Christus, in dem die Gemeinde vollendet ist, wirbt durch seinen Geist um das Herz, um es in die aktualisierte Gemeinde Christi einzufügen.” (SC 101) Was Luther unter dem Vor-Zeichen des Sakraments entfaltet, wird bei Bonhoeffer von vornherein vom Wort her interpretiert.

Bei Bonhoeffer wie bei Luther ruht die Möglichkeit der Gemeinde auf der Grundlage der Christologie. Bonhoeffer unterstreicht diesen Gedanken mit dem Hinweis auf die Auslegung der Einsetzungsworte Christi durch Luther und schließt daran das bündige Urteil an: “Nichts kann die Gemeinde tragen, wenn nicht Christus sie trüge; nur im Blick auf das meritum Christi kann darum Luther von den merita der anderen, die mir helfen, reden.” (SC 120) Die ekklesiologisch-ethischen Ausführungen

Bonhoeffers, die er von Luthers Abendmahlssermon abliest, hängen nicht in der Luft, sondern sind sorgfältig in die die Arbeit systematisch ordnende Struktur von Realisierung der Gemeinde in und durch Christus und Aktualisierung der Gemeinde durch das vom Heiligen Geist bewegte Wort eingebettet.

Im Rahmen dieser Struktur eignet sich Bonhoeffer die *exemplumchristologischen* Züge der Theologie Luthers ohne Abstriche an. Das soziale Gefüge des gottgesetzten Mit- und Füreinander, das Bonhoeffer entfaltet, ist geprägt durch die Rolle, die Christus als Exempel einnimmt. Der als Vorbild verstandene Christus kann und soll nachgeahmt werden; der Glaubende soll handeln wie Christus, indem er sich nach seinem Exempel den Hilfsbedürftigen zuwendet. Bonhoeffer verstärkt allerdings ein schon bei Luther begegnendes Element. Nicht nur handelt der in der Liebe Christi stehende Christ in Bezug auf den Nächsten *wie* Christus, er wird darüber hinaus dem Nächsten durch seine Liebe Christus gleich. In der Nachfolge Christi wird der Christ seinem Nächsten Christus. "Der in der Liebe stehende Mensch ist in Bezug auf den Nächsten – freilich immer nur so – Christus." (SC 117) Bonhoeffer schließt an diese weitgehende Bestimmung ein Zitat Luthers aus der Kirchenpostille 1522 an, in dem der gegenüber dem Nächsten wohltätige Christ sogar Gott gleichgesetzt wird[120]. Ein Verweis auf eine ähnlich lautende Passage aus den Dictata super psalterium 1513/16, die Bonhoeffer dem Lutherbuch Holls entnimmt, findet sich in der Anmerkung zu dem Zitat aus der Kirchenpostille[121].

Die Äußerungen Luthers, denen Bonhoeffer hier folgt, sind nicht etwa vereinzelte, gleichsam extreme Bestimmungen über die *Gleichförmigkeit* der Christen mit Christus[122]. Vielmehr durchzieht die Vorstellung von dem Prozeß des Gleichförmigwerdens mit Christus Luthers gesamtes, vor allem aber sein frühes Werk. Es ist die vor dem Hintergrund der Christologie des Philipperhymnus (Phil. 2,7ff) entwickelte Vorstellung vom "fröhli-

---

120 "Gottis kinder sind wyr durch den glawben, der unß erben macht aller gottlichen gutter. Aber gotte synd wyr durch die liebe, die unß gegen unßernn nehisten wolthettig macht; denn gottlich natur ist nit anderß denn eytell wolthettickeyt." (MARTIN LUTHER, Kirchenpostille 1522, WA 10 I, 100, 17-20; vgl. SC 117 Anm. 40)

121 "Eodem modo quilibet Christanus debet se agnoscere magnum esse, quia propter fidem Christi, qui habit in ipso, est deus, dei filius et infinitus, eo quod iam deus in ipso sit." (MARTIN LUTHER, Dictata super Psalterium 1513-1516, WA 4, 280, 2-5; vgl. SC 117 Anm. 40)

122 Zum Aspekt der conformitas Christi bei Luther vgl. OLAVI TARVAINEN, Der Gedanke der conformitas Christi in Luthers Theologie, in: ZSTh 22 (1953), 26-43.

chen Wechsel und Streit"[123], die das Einswerden des inwendigen Menschen mit dem erhöhten Christus beschreibt: Christus hat die Niedrigkeit des Menschen auf sich genommen, um ihn an seiner Herrlichkeit partizipieren zu lassen. Wie in Christus menschliche und göttliche Natur miteinander kommunizieren, so erwächst aus dem uns zugesprochenen Wort von Christi Gerechtigkeit die Gemeinschaft mit Christus, die uns Anteil an seinen Gaben gewährt[124]. Bonhoeffers weitreichende Aussagen über die Christusförmigkeit des Christen in der Nachfolge Christi liegen ganz auf der Linie dieser Vorstellung. Dabei halten Luther wie Bonhoeffer unmißverständlich fest, daß die Gleichgestaltung des Christen mit Christus nicht etwa Werk des Menschen ist, sondern von Christus initiiert und ins Werk gesetzt wird. Weder geht es um eine mystische Verschmelzung des Menschen mit Christus noch um eine Deifizierung des Menschen. Nur der im Glauben von der Liebe Christi bewegte Christ wird in Bezug auf den Nächsten Christus gleich. Nicht werden wir Christus ähnlich aufgrund unserer Imitatio – Luther will ja gerade die spätmittelalterliche Leidensfrömmigkeit als Heilsweg ausschließen –, sondern Christus hat sich uns gleichförmig gemacht, woraufhin erst unser Leben und unsere Eigenschaften den seinen gleichgestaltet werden.

Die Vorstellung vom fröhlichen Wechsel und Streit, an die die weitreichende Bestimmung der Gleichförmigkeit mit Christus angeknüpft wird, weist noch einmal zurück auf Luthers fundamentale Unterscheidung zwischen Christus als sacramentum und exemplum. Es ist dabei daran zu erinnern, daß Luther die Unterscheidung zwischen sacramentum und exemplum zum einen immer dann zur Geltung bringt, wenn er das Mißverständnis abwehren möchte, daß es die Werke sind, die den Christen ausmachen und nicht der Glaube an das, was Christus für uns erwirkt hat. Zum anderen verhindert die Unterscheidung aber auch, daß dieser Glaube folgenlos, d.h. ohne Werke bleiben müsse. Es geht Luther mit der unumkehrbaren Reihenfolge von sacramentum und exemplum um die Abwehr von Werkgerechtigkeit wie Folgenlosigkeit des Glaubens zugleich. Chri-

123 MARTIN LUTHER, Von der Freiheit eines Christenmenschen 1520, WA 7, 25, 24. – Zum "fröhlichen Wechsel" vgl. THEOBALD BEER, Der fröhliche Wechsel und Streit. Grundzüge der Theologie Martin Luthers, 2. Aufl.Einsiedeln 1980; HEIKO AUGUSTINUS OBERMAN, "Iustitia Christi" und "Iustitia Dei". Luther und die scholastischen Lehren von der Rechtfertigung, in: Der Durchbruch der reformatorischen Erkenntnis bei Luther, hrsg. v. Bernhard Lohse (WdF 123), Darmstadt 1968, 413-444.

124 Vgl. hierzu die frühen Äußerungen Luthers über Phil 2,7 in: MARTIN LUTHER, Hebräerbriefvorlesung 1517/18, WA 57 III, 136, 1-16 und 187, 7f-188,3.

stus muß dem Glaubenden zunächst und allererst sacramentum sein, bevor er zum exemplum der Werke des Glaubens werden kann[125].

Wenn Bonhoeffer die Unterscheidung Luthers auch nicht ausdrücklich in unserem Textzusammenhang anspricht, so denkt er doch sachlich gesehen ganz in den Bahnen der unumkehrbaren Reihenfolge von sacramentum und exemplum: Christus ist der konstituierende und tragende Grund seiner Gemeinde; in und durch ihn sind die zerrissenen und verzerrten Beziehungen der Menschen wieder zusammengeknüpft. Die Gemeinde vermag folglich niemanden mitzutragen, "wenn nicht Christus sie trüge" (SC 120). Als der Konstitutionsgrund der Liebesgemeinschaft ist Christus aber auch gleichzeitig "Maß und Norm" (ebd.) des Handelns der Glieder seiner Gemeinde. Zwar denkt Bonhoeffer, wenn er das Mit- und Füreinander der Gemeindeglieder beschreibt, ganz vor dem Hintergrund der Exemplumschristologie Luthers. Gleichwohl erschöpft sich seine Theologie wie auch diejenige Luthers nicht in der Entfaltung der Bedeutung des exemplums Christi für die Gemeinde, fassen doch beide, Luther wie Bonhoeffer, den Kommunikationsprozeß wechselseitiger Zuwendung als Folge der communio Christi mit den Seinen auf, die von Christi Seite aus eingegangen wird. Christus ist von Bonhoeffer ganz im Sinne Luthers verstanden als sacramentum der sich offenbarenden Liebe Gottes *und* als exemplum der liebenden Zuwendung derer, die diesem sacramentum im Glauben vertrauen.

Exkurs: Experientia facit theologum[126] *Eine Überlegung zum Verhältnis von Theologie und Biographie*

Ermißt man den Einfluß und die Wirkung, die Luther auf Bonhoeffer ausübt, so drängt sich die Frage auf, ob es eine Identifikation Bonhoeffers mit Luther gibt, die noch vor allem Sachinteresse liegt. Steckt in der

---

125 Ein entsprechendes Zitat aus der Hebräerbriefvorlesung 1517/18 mag diese Unterscheidung illustrieren. Luther führt in der Scholie zu Hebr. 2.3 aus: "Wer darum sich Christo nachbilden will als einem Vorbild, muß zuerst in festem Glauben fassen, daß Christus für ihn gelitten hat und gestorben ist als sacramentum. Gewaltig also irren die Leute, welche versuchen, sogleich mit Werken und Anstrengungen der Buße die Sünde zu tilgen und gleichsam mit dem exemplum zu beginnen, wo sie mit dem sacramentum anheben sollen." (Übersetzung aus dem Lateinischen; MARTIN LUTHER, Hebräerbriefvorlesung 1517/18, WA 57 III, 114, 13-19)

126 Mit dieser Formel charakterisiert HEIKO AUGUSTINUS OBERMAN die Theologie Luthers. Vgl. DERS., Contra vanam curiositatem. Ein Kapitel der Theologie zwischen Seelenwinkel und Weltall (ThSt 113), Zürich 1974, 39-54.

Anziehungskraft, die Luther auf den jungen Bonhoeffer ausgeübt hat, nicht ein gehöriges Stück von Bonhoeffers eigener theologischer Identität? Spricht nicht aus dem Umstand, daß Bonhoeffer sich Luthers Auffassungen rückhaltlos zueigen macht, eine Übereinstimmung, die sich auf die Art bezieht, *wie* Luther in seinem Abendmahlssermon Theologie treibt? Bonhoeffers Eindruck, daß Luther in seinem Abendmahlssermon "herrliche und tiefe Gedanken" (SC 117 Anm. 41) vorträgt, könnte in der Fähigkeit Luthers seinen Grund besitzen, theologische Urteile in einer Weise mit Wirklichkeit zu durchsättigen, in der diese nicht abstrakt-lehrhaft bleiben, sondern an den Phänomenen der Freude und der Not der Glieder der Gemeinde, ihres Eigennutzes wie ihres Gemeinsinns, ihrer Bedürftigkeit wie der Hilfestellung, die die Einzelnen in der Gemeinschaft der Heiligen erfährt, auf- und ausgewiesen werden.

Ich vermute, daß von Luthers zutiefst mit der geistlichen wie leiblichen Wirklichkeit der Menschen sympathisierenden Einstellung der Funke überspringt, der Bonhoeffers eigenes theologisches Interesse entzündet. Luthers theologische Sprache ist gleichsam vom Alltag der Glaubenden durchsättigt und spricht aus ihm heraus. Luthers Schriftbezug kann als Indiz dieser Einstellung gewertet werden. Denn dieser Bezug auf die Schrift, geschieht nicht um eines abstrakten Prinzips willen, sondern gibt den Horizont ab, in dem das Leben der Glaubenden theologisch gedeutet werden kann. Von ihm her wird den Gliedern der Gemeinde angesichts des Gerichts, der Anfechtung und der Widerfahrnisse des Lebens der rettende, helfende und heilende Ausweg aufgezeigt. Die Alltagswirklichkeit wird dabei nicht theologisch überhöht, sondern im Horizont der Wirklichkeit der Zusage Gottes interpretiert.

In Luthers Vermögen, den Glauben mit der Erfahrung zu verknüpfen, könnte eine der wesentlichen Voridentifikationen Bonhoeffers mit Luthers Theologie liegen. Bonhoeffer, schon durch seine Umgebung realitätsbezogener Eltern und Geschwister an der Flucht in eine religiöse Sonderwelt oder den erbaulichen Seelenwinkel gehindert[127], ist daran interessiert, das Externum des Glaubens in der Wirklichkeit selbst auszulegen, wofür er bei Luther auf den Theologen stößt, dessen ständiges Bemühen der Umsetzung dieses Anliegens gewidmet ist. Muß Luthers Theologie verstanden werden als Versuch, "auch in der Theologie dem Leben – und nicht nur bei der Übersetzung dem Volk – 'aufs Maul' zu schauen"[128], dann liegt mit

127 Vgl. hierzu Christian Gremmels/Hans Pfeifer, Theologie und Biographie. Zum Beispiel Dietrich Bonhoeffer, München 1983, 9-14 u.15-26.

128 Heiko Augustinus Oberman, Contra vanam curiositatem, 53.

dem Abendmahlssermon von 1519 ein Zeugnis vor, in dem sich dieser Versuch in eindruckvoller Weise dokumentiert.

Geht man davon aus, daß hier eine Quelle der Identifikation Bonhoeffers mit Luther liegt, so kann überdies vermutet werden, daß die prägende Wirkung der Theologie Luthers auf Bonhoeffer auch unter einem theologischem Vorzeichen steht. Es geht ja in Luthers Bemühen um eine am Alltag des Glaubens orientierten Sprache um nichts Geringeres als um das Verhältnis des Glaubens zur Erfahrung des Glaubenden. Freilich handelt es sich nicht um die Selbsterfahrung des Menschen als solcher, sondern um die Eigenart derjenigen Erfahrung, die der Mensch in der Begegnung mit der Zusage Gottes machen kann. Luther zielt in seinem Abendmahlssermon gerade auf die Beschreibung der Um- und Neuorientierung der Erfahrung, die der Mensch mit dem Zeichen des Sakramentes machen kann: er weist die Selbsterfahrung an die Erfahrung des Glaubens. Da Bonhoeffer mit einer Formulierung aus Luthers Römerbriefvorlesung betont, daß dies Leben keine Erfahrung seiner selbst kenne, sondern nur den Glauben (haec vita non habet experientiam sui, sed fidem)[129], weiß er sich in der Verhältnisbestimmung Luthers von Selbsterfahrung und Erfahrung des Glaubens einig. Hier trifft sich das Interesse Bonhoeffers, dem an der Konkretion der Wirklichkeit Gottes in der Wirklichkeit der Welt liegt, mit der Theologie Luthers, dessen von der Wirklichkeit des Lebens durchsättigte Sprache ganz im Dienst der Neuorientierung der Erfahrung steht. Die Anziehungskraft seiner Theologie auf den jungen Bonhoeffer erklärt sich m.E. von hier aus: Bonhoeffer ist sich mit Luther darin einig, daß die Erfahrung den Theologen macht (experientia facit theologum), oder wie man wohl präziser sagen müssen: der Aufweis der Erfahrung des Glaubens an und in der Konfrontation mit der alltäglichen Erfahrung des Lebens.

In seinem Sermon gibt Luther selbst einen Hinweis, *wie* Theologie zu treiben sei. Er läßt sich an seiner Kritik an der Auffassung vom "opus gratum opere operato" (StA 1, 283, 1) ablesen. Luther ist der Meinung, daß der Sakramentsobjektivismus die Glaubenden, denen die Gabe des Sakraments geschenkt ist und die sich im Wandel der Liebe üben sollen, verführt, davon abzusehen, für wen die Gabe bestimmt ist und wer sich in der Liebe üben soll. Stattdessen wird auf das Werk geschaut, das angeblich "durch sich selbst Gott wohlgefällt" (StA 1, 282, 1f). Die Lehre von der Selbstgefälligkeit des Sakraments entfernt den Glaubenden von der Wirklichkeit konkreter Lebensvollzüge, wo dieses doch gerade umgekehrt für die Glaubenden und deren Bedürftigkeit geschenkt ist. Der Mißbrauch des Sakraments richtet sich auf Gott unter Absehung seiner Beziehung zum

129 Vgl. SC 113 Anm. 35.

Menschen. Luther geißelt diesen Mißbrauch, weil ihm daran liegt, daß und wie die Zusage Gottes im Sakrament im Leben Raum ergreift und beansprucht. Die Lehre vom opus operatum arbeitet dem selbstgenügsamen Eigennutz vor, wobei die Weigerung, dem Nächsten Beistand zu erzeigen, als Folge eines ergötzlichen Sakramentsverständnisses entlarvt wird, das dem Vorgang einer unabhängigen Wandlung der Elemente Priorität vor dem Involviertsein der Empfangenden zubilligt[130].

Luther liegt an der umfassenden Kommunikation zwischen Geber und Beschenktem, die die vielfältigen Erfahrungen des Lebens miteinschließt und nicht zugunsten einer sich isoliert davon vollziehenden Wandlung der Abendmahlselemente ausgrenzt. Die Kritik am Sakramentsmißbrauch läßt unmißverständlich deutlich werden, woran Luther gelegen ist: an der Beziehung Gottes zum Menschen, die als Beziehung der von Gott verbrieften Wirklichkeit der Versöhnung Christi zu der Lebenserfahrung der Glaubenden auszulegen ist. Theologie expliziert den Zusammenhang zwischen der externen Zusage Gottes, dem Glauben und der Erfahrung der Einbindung in die Wirklichkeit der Verheißung Gottes hier auf Erden, damit er, der Glaubende "trockenen Fußes" (StA 1, 282, 42) ins ewige Leben gelange. Vielleicht ist es gerade dieser Zusammenhang von Glauben und Erfahrung, von dem die Faszination Luthers auf den jungen Bonhoeffer ausgegangen ist.

3.4. Fazit

Fragt man nach dem sachlichen Stellenwert der Rezeption Luthers durch Bonhoeffer, so kann der prägende Einfluß Luthers schwerlich überschätzt werden. Bonhoeffers programmatisches Anliegen, den Individualismus in der Lehre von der Kirche zu überwinden, wird mithilfe der Einsichten Luthers auf den theologischen Weg gebracht. Es ist mehr als nur die Beschreibung der sanctorum communio als einer Liebesgemeinschaft des Mit- und Füreinander, die Bonhoeffer von Luther übernimmt. Darüber hinaus lernt er bei Luther die Verbindung von der im Wort zugesprochenen Verheißung und dem vertrauenden Glauben nicht als Verhältnis des Einzelnen auszulegen, sondern beschreibt dieses als Bewegung der Hineinnahme in das kommunikative Gefüge der sanctorum communio, der Erfahrungsgemeinschaft des Leibes Christi.

---

130 Denn das Sakrament ist "nit vmb seynet willen eyngesetzt/das es gott gefalle/ ßondern vmb vnßer wille(n)/d(aß) wir seyn recht brauchen/den glaube(n) dran vben/ vn(d) durch dasselb gott gefellig werde(n)" (StA 1, 282, 11f).

Die Bedeutung Luthers für Bonhoeffer liegt vor allem in der von Luther vollzogenen Verknüpfung der Zusage Gottes mit der Sozialgestalt, in die der vertrauende Glaube hineingebunden wird. Luther gelingt diese Verknüpfung, weil er das Verhältnis des Glaubenden zu sich selbst in Korrespondenz zu dem Außenverhältnis des Glaubenden sieht und das gewandelte Selbstverhältnis des angefochtenen Christen von seiner Außenbeziehung nicht absondert, sondern es von vornherein in dem sozialen Kontext der Gemeinschaft der Heiligen thematisiert. Nicht nur wird durch Bonhoeffer, der Luther hier rückhaltslos folgt, die methodische *Überbetonung des Verhältnisses von Wort und individuellem Glauben* gegenüber dem damit verbundenen Zusammenhang des Glaubens mit seinen sozialen Bezügen zurückgenommen und damit der Beschränkung des Glaubens auf die reine Innerlichkeit vorgebeugt, sondern wird auch der einseitige Individualismus vermieden, den Bonhoeffer bei seiner Untersuchung kritisch im Auge hat. Da Bonhoeffer die durch die Zusage Gottes veränderten Bezüge des Glaubenden mit Luther vollständig rekonstruiert, d.h. das Binnenverhältnis in Entsprechung zum Sozialverhältnis korreliert, kann er auch den Konnex der Verheißung Gottes mit der Sozialgestalt des Glaubens aufdecken, dem der der Erfahrung des Christuskörpers nachspürende Sermon Luthers theologisch verpflichtet ist.

Das Sozialverhältnis des Christen wurzelt wie sein Selbstverhältnis gleichursprünglich im Zuspruch der Hilfe und des Beistands Christi; das Ende der Lieblosigkeit durch den Zuspruch der Liebe Christi läßt den Angefochtenen die Praxis der Sozialität neu finden und lernen. Es ist schlicht und einfach die Sprache der Liebe, die den Glauben beredt macht. Der Glaube und seine Werke sind dabei keine abstrakten Sollensforderungen, sondern finden am Beispiel Christi ihr Maß und in ihm ihren Begleiter und Helfer. Das von Bonhoeffer sachlich in der Struktur der Unterscheidung Luthers von Christus als sacramentum und exemplum gedachte Verhältnis von Christus und seiner Gemeinde verhindert dabei eine Moralisierung des Glaubens ebenso wie dessen praktische Folgenlosigkeit. Überblickt man die Nähe Bonhoeffers zu Luther, scheint die Behauptung nicht übertrieben, daß "Sanctorum Communio" Luthers Abendmahlsermon seine entscheidende Inspiration verdankt.

4. Die Dekonstruktion der Ekklesiologie in Karl Barths zweitem "Römerbrief"

Am Ende des Jahres 1921, mit der Erscheinungsziffer 1922, erschien die vollständig revidierte 2. Auflage von Karl Barths Kommentar zum "Römerbrief"[131]. Kann bei Karl Holls fast gleichzeitig veröffentlichtem Lutherbuch von einem konstruktiven Angebot gesprochen werden, das Theologie und Kirche vor dem Hintergrund der durch den 1.Weltkrieg ausgelösten geistigen Krise unterbreitet wurde, so gilt für Barths "Römerbrief" das genaue Gegenteil. Schon im Blick auf die sprachliche Gestalt trennen die Bücher von Holl und Barth Welten. Barths Römerbriefkommentar ist ein ästhetisches Manifest, welches die Sprache der Theologie in bisher ungehörter Weise erneuert. Die sprachliche Form weist unweigerlich auf den Inhalt, in dessen Dienst sie steht[132]: Es ist die Auffassung von der völligen

---

131 KARL BARTH, Der Römerbrief. Zweite, völlig veränderte Auflage München 1922. Gegenüber der zweiten Aufl. von 1922 verschiebt sich ab dem "fünften Abdruck der neuen Bearbeitung" (6. Aufl. 1929) die Seitenzählung um zwei Seiten zurück. Nachweise in Text und Anmerkungen in Klammern mit dem Kürzel *R* beziehen sich auf den 13. Abdruck der neuen Bearbeitung von 1922, Zürich 1984. – Die Sekundärliteratur zur frühen Theologie Karl Barths ist nahezu unüberschaubar. Eine ausführliche Bibliographie findet sich in WERNER M.RUSCHE, Entstehung und Ausführung der Diastasentheologie in Karl Barths zweitem "Römerbrief" (Neukirchener Beiträge zur Systematischen Theologie 5), Neukirchen-Vluyn 1987, 206-225. Gegenüber der Vielzahl von Aspekten der Theologie Karl Barths, die in der Forschungsliteratur Berücksichtigung gefunden haben, treten Studien zum Kirchenbegriff Barths auffälligerweise zurück. Verwiesen sei auf: MARTIN HONECKER, Kirche als Gestalt und Ereignis, München 1963, 157ff; CHRISTOPH BÄUMLER, Die Lehre von der Kirche in der Theologie Karl Barths (TEH 118), München 1964; ERNST-WILHELM WENDEBOURG, Die Christusgemeinde und ihr Herr. Eine kritische Studie zur Ekklesiologie Karl Barths (AGTL 17), Berlin/Hamburg 1967, 221-234. Auf das Kirchenverständnis der "Kirchlichen Dogmatik" beschränkt sich die Darstellung und kritische Würdigung von ULRICH KÜHN, Kirche (Handbuch Systematischer Theologie 10), Gütersloh 1980, 102-118.

132 Im Zusammenhang der vorliegenden Arbeit sei ein signifikantes Votum von KARL HOLL in einem Brief an Schlatter angeführt: "Sie haben gewiß auch schon Barths "Römerbrief" gelesen. Ich fürchte, das wird diejenige Art der Auslegung werden, die bei unsren noch an der Bibel hängenden Leuten jetzt hochkommt. Für mein Gefühl ist das nichts anderes als Karlstadt. Man nimmt heraus, was der eigenen "Erfahrung", dem "Erlebnis" entspricht, das einemal ganz frei mit dem Text schaltend, das anderemal sich an den Buchstaben klammernd, putzt es im Nietzschestil auf – ich sehe Nietzsche jetzt überall in unserer Theologie! von der Auffassung der alttestamentlichen Profeten an bis zum Begriff des Heiligen – und kommt sich dann zugleich als Mann der Zukunft und als konservativer Theologe vor." (*Briefe Karl Holls an*

Inkommensurabilität zwischen der unabänderlichen Logik des Menschen und der Wahrheit Gottes, oder, um ein berühmtes Diktum von Barth aufzugreifen, die Auffassung des "'unendlich qualitativen Unterschied'"(s) zwischen Gott und Mensch (R XIII), die die Theologie des zweiten "Römerbriefs" beherrscht. Zurecht hat man daher Barths Römerbriefauslegung als Theologie der Diastase von Gott und Mensch charakterisiert.

In den ersten vier Abschnitten des vorliegenden Kapitels werden die Grundelemente der Theologie des zweiten "Römerbriefs" interpretiert (4.1.-4.4.). Meine Auslegung wendet sich dabei vor allem der Ekklesiologie Barths zu. In einem weiteren Abschnitt frage ich nach einer Vergleichsperspektive, unter der die Konzeption Barths mit dem Kirchenverständnis Dietrich Bonhoeffers verglichen werden kann (4.5.). Im Zusammenhang dieses Abschnittes soll auch die Rede von der "Dekonstruktion der Ekklesiologie" bei Barth erläutert und begründet werden. Vorab sei gegen Mißverständnisse, die der Begriff "Dekonstruktion" provozieren könnte, festgehalten, daß mir nichts fernerliegt, als Barth in die Phalanx postmoderner Denker einzureihen[133]. Vielmehr wird der Titel "Dekonstruktion" gewählt, um das Übergewicht der kritischen – nicht aber destruktiven – Perspektive auf die Wirklichkeit der Kirche bei Barth festzuhalten.

4.1. Die Lehre von der absoluten Abscondität Gottes

Gott ist Gott (vgl. R IV): Mit diesem theologischen Leitmotiv setzt der "Römerbrief" ein. Damit ist das von Barth beständig variierte Thema der unüberwindbaren Distanz von Mensch und Gott angegeben. Nie und nimmer identisch mit dem, "was wir Gott nennen, als Gott erleben, ahnen und anbeten" (R 315), ist Gott "auf der ganzen Linie dessen, was wir wissen, der Andere, der Fremde" (R 301), der "Unbekannte, Unnahbare" (R 351), der "Unerforschliche, der Verborgene" (R 279). Nichts anderes als die *schlechthinnige Unterschiedenheit von Gott und Mensch* – die absolute "Anderheit Gottes uns gegenüber" (R 139) – soll in der Formel "Gott ist Gott" festgehalten werden: "Gott aber ist im Himmel und du auf Erden!" (R 294)

Adolf Schlatter, hrsg. v. Robert Stupperich, in: ZThK 64 (1967), (169-240) 231 [Brief vom 27.12.1920]. – Zum Zusammenhang von Sprache und theologischem Gehalt im "Römerbrief" vgl. die Interpretation von PETER STEINACKER, Karl Barths "Römerbrief". Ein expressionistischer Schrei ? in: Anstöße 34 (1987), 12-22.

133 Vgl. hierzu den Blickwinkel von DIETRICH KORSCH, Postmoderne Theologie ? Ein aktueller Blick auf die Kirchliche Dogmatik Karl Barths, in: Dialektische Theologie 4 (1988), 241-258.

Im Blick auf die Gotteslehre kann man diese Auffassung als Lehre von der *absoluten Abscondität Gottes* kennzeichnen. Barth transformiert dabei die traditionelle Rede von der Verborgenheit Gottes in charakteristischer Weise: "Daß der Deus absconditus als solcher in Jesus Christus Deus revelatus ist, das ist der Inhalt des Römerbriefs. Wohl verstanden: Nur daß es *dieses Subjekt* (Deus absc.) ist, das dieses Prädikat (Deus revel.) hat, kann Inhalt des Römerbriefs, der Theologie, des Gotteswortes im Menschenmund sein. Das kann es und soll es aber aber sein ... Das andere aber: daß dieses Subjekt (Deus absc.) *dieses Prädikat* (Deus revel.) hat, d.h. aber der Geist selbst, die Fülle der göttlichen Wahrheit, die Existentialität des göttlichen Ja, das steht nicht im Römerbrief, das wird weder gesagt noch geschrieben, aber wahrhaftig auch nicht 'getan', weil das überhaupt nicht Gegenstand menschlichen Bemühens sein kann." (R 408, Hervorhebungen von Barth) Nach Barth besteht die Verborgenheit Gottes in seiner schlechthinnigen Andersartigkeit[134], die im Gegensatz zu der von Luther vertretenen Auffassung auch in Jesus Christus nicht enthüllt wird[135].

Die Diastase zwischen Gott und Mensch wird so grundsätzlich gefaßt, daß der Theologie jeder Weg der Erkenntnis Gottes abgeschnitten wird. Gott wird in seiner absoluten Andersheit als derjenige verstanden, der auch noch dem Gegensatz von Jenseits und Diesseits überlegen ist.[136] Folglich kann Gott nicht aus dem Gegensatz von Jenseits und Diesseits via negatio-

---

134 Zum "deus absconditus" vgl. auch R 12, 18, 279 u.408f.

135 Bei Luther wird in zweifacher Weise über den deus absconditus geredet. (1) In der Heidelberger Disputation 1518 geht Luther von der Verborgenheit Gottes im Leiden und Sterben Christi aus (*deus absconditus in passionibus*). Verborgenheit Gottes ist hier *der* Modus der Offenbarung Gottes in dem Gekreuzigten. Im Unterschied zu Barth legt Luther allen Nachdruck darauf, daß Gott im gekreuzigten Christus im Glauben erkannt werden will, kann und soll (vgl. MARTIN LUTHER, Disputatio Heidelbergae habita 1518, in: Martin Luther, Studienausgabe Bd.1, hrsg. v. Hans-Ulrich Delius, Berlin 1979, (522) 525-218, insb.die Thesen und Probationes 19 und 20). (2) In "De servo arbitrio" 1525 handelt Luther vom *deus absconditus in maiestate*, der sich von Seiten des Menschen weder erkennen lassen will, noch erkannt werden kann. Diese Auffassung stellt eine Konsequenz der Lehre von der Allmacht und unumschränkten Freiheit Gottes dar. Sie wird von Luther als Grenzaussage formuliert, um die Lehre von der Rechtfertigung allein aus Gnaden zu sichern: Gottes Freiheit in seiner Majestät ist Freiheit zugunsten des Menschen (vgl. MARTIN LUTHER, De servo arbitrio 1525, in: Martin Luther, Studienausgabe Bd.3, hrsg. v. Hans-Ulrich Delius, Berlin 1983, (170) 177-356, insb.250, 29-260, 5). – Zum systematischen Zusammenhang beider Redeweisen vgl. EBERHARD JÜNGEL, Quae supra nos, nihil ad nos. Eine Kurzformel der Lehre vom verborgenen Gott – im Anschluß an Luther interpretiert, in: DERS., Entsprechungen, München 1980, 202-251.

136 Gott ist "das Jenseits des 'Diesseits' und des 'Jenseits'" (R 118).

nis erschlossen werden. So wie alle positiven Erkenntnismöglichkeiten, so wird auch der "negative Weg" (R 299) der Erkenntnis Gottes kategorisch ausgeschlossen. Aus der Feststellung "Gott ist Gott" resultiert in erkenntnistheoretischer Hinsicht die *Unmöglichkeit der Gotteserkenntnis* für den Menschen[137]: Gott kann nur durch Gott erkannt werden[138]. Das Thema der Theologie besteht demzufolge in nicht mehr, aber auch nicht weniger als dem Wissen um den qualitativen Unterschied, in dem der Mensch zu Gott steht. Menschliche Erkenntnis hat sich bei dem Wissen zu bescheiden, "daß Gott der ist, den wir nicht wissen" (R 21).

Aus dem Dilemma der Nichterkennbarkeit Gottes erwächst der Theologie die ihr gebotene Aufgabe der Wahrung des Gottseins Gottes. Diese Aufgabe kann nur eingelöst werden, wenn die Theologie die Legitimität jeglicher Möglichkeit der Erkenntnis Gottes durch den Menschen in Abrede stellt. Somit wird die *Negation* aller menschlichen Möglichkeiten und Vermittlungswege, auf denen Gott erkannt werden könnte, zum primären und immer wieder zu vollziehenden Auftrag theologischen Denkens. Freilich erschöpft sich die Negation nicht in dem, was sie negiert. Vielmehr weist die Negation aller Möglichkeiten, Gott von Seiten des Menschen aus mit der Wirklichkeit zu vermitteln, gerade auf Gott als den unanschaulichen Anderen. In der Figur der Negation erfüllt die Theologie die ihr einzig zustehende *Funktion des Hinweises* auf Gott. "Die Christusgemeinde kennt keine an sich heiligen Worte, Werke und Dinge, sie kennt nur Worte, Werke und Dinge, die als Negationen auf den Heiligen hinweisen." (R 12)

Es ist nicht die theologische Erkenntnis im Besonderen, sondern die Unzulänglichkeit menschlicher Wirklichkeit im Allgemeinen, die der Existenz wie den Gehalten des Wissens Bedeutung nur zukommen läßt "in ihrer Frag-Würdigkeit, in der Möglichkeit und Notwendigkeit ihrer Aufhebung, ihrer Negation, in ihrer Fähigkeit, als das, was sie sind, hinzuweisen auf das, was sie nicht sind" (R 147). Das negative Wissen der Theologie um ihr Nichtwissen kann demzufolge wiederum nicht zu einer Position umgewandelt werden, auf der sich die Theologie einrichten könnte. Barth verschärft das Dilemma der Theologie durch die These, daß selbst noch die von der Theologie zu vollziehende Negation aller menschlichen Bemühungen, die Kluft zwischen Gott und Mensch zu überbrücken, unter die "Möglichkeit und Notwendigkeit" (ebd.) ihrer Negation durch Gott selbst gestellt werden müsse.

---

137 "Der Mensch als Mensch kann Gott nicht erkennen." (R 399)
138 Vgl. beispielsweise R 87, 182, 287, 383, 388.

Das Wort Gottes kann zwar nur von Menschen gehört und verkündigt werden. Gegenüber diesem Wort Gottes muß der Mensch aber "notwendig und immer wieder und zwar unendlich versagen" (325). Da es aus dieser Paradoxie keine Ausflucht gibt, kann die theologische Rede nur selbst die Form des Paradoxes annehmen. Die Form des Paradoxes ist das "letzte verzweifelte menschliche Redewerkzeug" (R 317), mit dem die Theologie gegenüber dem Wort Gottes als ihrem Thema die ihr zu Gebote stehende Authentizität wahrt. Die paradoxe Struktur theologischer Rede gründet in der *Paradoxie der Wahrheit des Wortes Gottes* selbst (vgl. R 325). Von Gott muß auf der einen Seite als demjenigen geredet werden, der in einer unüberbrückbaren Distanz zum Menschen steht; auf der anderen Seite muß aber auch von Gott als demjenigen die Rede sein, der den Menschen in Jesus Christus mit sich versöhnt hat. Diese Rede geht jedoch in der Struktur des Einerseits-Andererseits nicht auf, da Barth die beiden Pole paradoxal verknüpft: "Wenn Gott also lebendig macht, so tut er es, indem er tötet; wenn er rechtfertigt, so tut er es, indem er uns schuldig macht; wenn er uns in den Himmel führt, so tut er es, indem er uns zur Hölle führt." (R 14) *Indem* sich also Gott in Jesus Christus offenbart, *bestätigt* er gerade den qualitativen Unterschied zwischen sich und dem Menschen. Die Paradoxie der Wahrheit Gottes gründet also darin, daß Gott selbst es ist, der den Menschen auf die Begrenzung seines Wissens um ihn hinweist. "Er bekennt sich zu uns, indem er die Distanzen zwischen uns und ihm schafft und wahrt. Er begnadigt uns, indem er unsre Krisis einleitet, indem er uns ins Gericht bringt." (R 16) Es ist Gott, der den Abgrund zwischen sich und den Menschen aufreißt, indem er sich in Jesus Christus offenbart. Infolgedessen muß paradox formuliert werden: Indem sich Gott aus der unendlichen Distanz in seiner Offenbarung in Jesus Christus der Welt vermittelt, entzieht er sich zugleich aller Vermittlung. Die Vermittlung des unendlichen qualitativen Unterschieds von Gott und Mensch vollzieht sich in Jesus Christus in der Form der Bestätigung der Inkommensurabilität von Mensch und Gott.

Gott ist Gott, so lautet die zentrale Formel der *Gotteslehre* Barths im "Römerbrief", in der die absolute Andersartigkeit Gottes gegenüber allem menschlichen Vorstellungsvermögen zum Ausdruck gebracht wird. Dem folgt die *erkenntnistheoretische* Feststellung, Gott könne nur durch Gott erkannt werden. Der Souveränität Gottes in seiner absoluten Andersartigkeit kann die theologische Rede nur dann gerecht werden, wenn sie allen menschlichen Bemühungen um die Erkenntnis Gottes ihre Legitimität bestreitet. Nur durch die Negation vermag sie auf Gott selbst hinzuweisen. Auch in *soteriologischer* Hinsicht wird das diastatische Verhältnis von Gott und Mensch gewahrt: Die Versöhnung Gottes in und durch Jesus

Christus bestätigt die Distanz des Menschen zu Gott. Es ist Gott, der sich in Jesus Christus *mit sich selbst* versöhnt: "Er bejaht sich selbst, indem er uns, wie wir sind, und die Welt, wie sie ist, verneint." (R 16) Insofern also die Gnade Gottes dem Menschen unentrinnbar das Gericht bereitet, ist es Gott, der das paradoxe Verhältnis begründet, in dem er allein bezeugt zu werden vermag.

Eine Theologie, die dieser Wahrheit authentisch Ausdruck verleihen möchte, kann demzufolge nur in paradoxen Wendungen von Gott reden. Genauso wie Gott den Menschen in das Gericht führt, indem er ihm gnädig ist, genauso kann der Mensch, indem er dieses Gericht an sich gelten läßt, auf die Gnade Gottes verweisen. Nur wo die theologische Rede in der Negation ihrer Erkenntismöglichkeiten verharrt und sich gleichzeitig darüber bewußt ist, daß die ihr gebotene Aufgabe der Negation keinen gesicherten Standpunkt begründet, der von ihr bezogen werden könnte, erfüllt sie nach Barth die Funktion des Hinweises auf die Gnade Gottes. Nicht also die Negation an sich, sondern das "bewegte Verharren in der Negation" (R 17) kennzeichnet die der Souveränität Gottes einzig angemessene theologische Haltung.

So wie Gott den Menschen durch seine Offenbarung in das Gericht stellt, so kann sich der Mensch umgekehrt im Gericht auf die Gnade verwiesen sehen. Der objektiven Angewiesenheit auf die Gnade entspricht der Mensch subjektiv gerade dadurch, daß er das Gericht Gottes an sich gelten läßt. "Die Treue Gottes ist es, daß er uns als der ganz andere, als der Heilige mit seinem Nein in so unentrinnbarer Weise entgegentritt und nachgeht. Und der Glaube des Menschen ist die Ehrfurcht, die sich dieses Nein gefallen läßt ..." (R 17). Diese Art der Bezeugung Gottes, durch die der Mensch im Gericht auf die Gnade Gottes hoffen kann und darf, ist für Barth identisch mit dem Begriff des Glaubens. Dieser Glaube, der die Last des Gerichts Gottes auf sich nimmt und gerade und nur so die Treue Gottes bezeugt, zeichnet der Theologie den Weg ihrer eigenen Möglichkeit vor. Die Frage nach Gott darf nach Barth keinen Moment aufhören, *Frage* zu sein, weil nur sie die Souveränität des gnädigen Gottes wahrt (vgl. R 236). Indem die theologische Rede sich durch den unablässigen Widerspruch gegen jeden Vermittlungsversuch von Gott und Mensch auszeichnet, verbleibt sie im Horizont der Frage und vermag so auf Gottes Gnade in seiner unergründbaren Souveränität zu verweisen. Das Verharren in der Negation ist dabei keineswegs durch sich selbst bewegt. Vielmehr gründet es in der Paradoxie der Vermittlung Gottes in Jesus Christus selbst, in der Gott sich einzig und allein in der Negation jeder Vermittlungsmöglichkeit zwischen Mensch und Gott zu erkennen gibt.

Die absolute Andersheit Gottes wird auch in seiner Offenbarung in

Jesus Christus nicht aufgehoben. Die radikale Transzendenz Gottes bleibt in seiner Offenbarung gewahrt, da in Christus zwischen *Zeit und Ewigkeit* keine Vermittlung stattfindet. Die "Möglichkeit das Große der Zeit in die Ewigkeit oder das Große der Ewigkeit in die Zeit hinüber zu projizieren" (R 83) ist ausgeschlossen. Diese Auffassung läßt sich nur behaupten, wenn man wie Barth das Ereignis der Wahrheit Gottes in Jesus Christus als "Augenblick außer aller Zeit" (R 287) versteht. Diese Augenblick hat keine Vor- und keine Nachgeschichte, ja mehr noch: Der Augenblick aller Augenblicke läßt sich in zeitlichen Kategorien höchstens negativ aussagen. "Also kein Boden, auf den man sich stellen, keine Ordnung, die man befolgen, keine Luft, in der man atmen kann." (R 84f) Das punktuell-ekstatische Verständnis des Augenblicks, in dem die Wahrheit Gottes zum Ereignis wird, vereitelt, daß das Ewige in der Zeit anschaulich werden könnte. Anschaulich wird Gott allein im Modus der Unanschaulichkeit. Nur in der Negation des Anschaulichen überhaupt, der Negation von Zeit und Geschichte, wird Gott Ereignis. Infolgedessen entbehrt die Beziehung von Zeit und Ewigkeit jeglicher Konstruktivität. Der zeitlose Ereignischarakter der Offenbarung Gottes in Jesus Christus wird von Barth auch in pneumatologischer Hinsicht aufrecht erhalten. Der Heilige Geist ist "actus purus, reine Aktualität, reines Geschehen, ohne Anfang noch Ende, ohne Schranke noch Bedingung, ohne Ort noch Zeit, nicht Etwas neben Anderem, nicht Sache und darum auch nicht Ur-Sache" (R 257).

Den Grund für den extremen *Aktualismus* kann man in der Gotteslehre Barths ausmachen. Gottes freie Souveränität bleibt nur dann gewahrt, wenn die Relation von Gott und Mensch als Ereignis außerhalb aller Zeit ausgelegt wird. Gottes Offenbarung in Jesus Christus findet demgemäß nicht in der Zeit und in der Geschichte statt, sondern vollzieht sich an einem Punkt, an dem alle Zeit negiert ist. Die Souveränität Gottes läßt sich daher in ihrer Unverfügbarkeit nur negativ aussagen. Da die Ewigkeit Gottes in seiner Offenbarung nicht in die Gegenwart des Menschen hineinfällt, sondern die zeitliche Verfassung des menschlichen Lebenszusammenhangs aufhebt, läßt sich das Ereignis der Christusoffenbarung nicht positiv-konstruktiv auf die Wirklichkeit der Welt beziehen. Die "Jetztzeit" Gottes in seiner Offenbarung, durch die die Kluft zwischen Zeit und Ewigkeit aufgerissen wird, erlaubt der theologischen Rede nur noch negativ-dekonstruktive Aussagen über die Zeit und Geschichte des Menschen (vgl. R 257f). Die Beziehung von Gott und Mensch in Jesus Christus hebt die Diastase zwischen der Wirklichkeit Gottes und der des Menschen nicht auf, sondern bestätigt diese.

4.2. Die unauflösliche Paradoxie der Kirche unter dem Gesichtspunkt ihrer Wahrheit

Die Grundfigur der Diastase findet im "Römerbrief" auf alle theologischen Sachverhalte Anwendung. Auch die theologische Rede von der Kirche bildet keine Ausnahme. Im Gegenteil. Im Kirchenverständnis verdichten sich noch einmal alle Grundbestimmungen der Römerbrieftheologie Barths. Genauso wie das Verhältnis Gottes zum Menschen durch eine unüberwindbare Distanz gekennzeichnet ist, genauso stehen sich Evangelium und Kirche gegenüber. "Hier klafft der Abgrund wie nirgends sonst." (R 316) Da das sündhafte Verlangen des Menschen, Gott zu verzeitlichen und zu verdinglichen, in der Kirche gipfelt, muß der Gegensatz von Kirche und Evangelium unendlich sein, und zwar auf ganzer Linie. "Das Evangelium ist die Aufhebung der Kirche, wie die Kirche die Aufhebung des Evangeliums ist." (R 317)

Insofern die Kirche eine Größe innerhalb der von Gott verworfenen Anschaulichkeit der Welt bildet, kommt ihr hinsichtlich des unendlichen qualitativen Unterschieds von Mensch und Gott keine Ausnahmestellung zu. Auch und gerade ihr gilt das Gericht Gottes. "Von Gott als Gott aus gesehen, ist die Kirche heute schon aus." (R 324) Die Aufhebung der Kirche durch das Evangelium macht sie, die Kirche, allerdings nicht überflüssig. Wie die Aufgabe der Kirche unmöglich ist, wird sie am Anspruch des Evangeliums gemessen, so ist sie doch als menschliches Unternehmen geradezu unvermeidlich. Barth denkt die Kirche paradoxal wie alle anderen theologischen Sachverhalte. Unvermeidlichkeit und Unmöglichkeit ihrer Existenz charakterisieren die Kirche gleichmaßen. Aus dieser Paradoxie nicht austreten zu können, macht denn auch die auswegslose *Not der Kirche* aus. Der Mensch "weiß, daß geglaubt, gepredigt, erklärt, gerufen, gebetet sein muß ... Er weiß aber auch die Unmöglichkeit des religiös-kirchlichen Unternehmens" (R 319).

Barths theologische Sicht der Kirche wendet die Kritik an der Kirche ins Grundsätzliche. Die Not der paradoxen Situation, in der sich die Kirche vor Gott vorfindet, wiegt schwerer als jeder mögliche Mißstand in ihr. Da aus dieser Not keine Ausflucht möglich ist, müssen infolgedessen antikirchliche Ressentiments die Kirche in ihrer Wahrheit ebenso verfehlen wie jeglicher Reformeifer; ein Standpunkt außerhalb der Kirche ist für die Glaubenden ebenso ausgeschlossen wie jeder kirchliche Reformoptimismus. Als wahrhaftiger Zeuge des Evangeliums kann die Kirche nicht mehr und nicht weniger tun, als die Paradoxie ihrer eigenen Existenz zur Darstellung zu bringen. Nur indem sie dieses tut, bleibt sie wahrhaftiger Zeuge.

Unvermeidlichkeit und Unmöglichkeit der Kirche resultieren für Barth gerade aus dem, was die Kirche zur Kirche des Evangeliums macht. Sie "zerbricht an dem, worauf sie gegründet ist. Sie stirbt an dem, wovon sie lebt. Denn das ist das selige und schreckliche Thema der Kirche, das ist das Wort Gottes, in welchem die Beziehung von Gott und Mensch sich bestätigt: daß Gott wahr ist, jeder Mensch aber ein Lügner" (R 326). Die Not der Kirche ist folglich keiner ihr äußeren Ursache geschuldet, sondern eine notwendige Implikation ihres Verwiesenseins auf die Wahrheit des Wortes Gottes, dessen Verkündigung ihr zur Aufgabe gemacht ist[139].

Die Kirche steht Gott nicht näher als alle anderen irdischen Größen und Institutionen. Trotzdem hat sie durch ihr eigenes Thema ein besonderes Wissen um die absolute Andersartigkeit Gottes. Insofern sie sich in ihrem unvermeidlichen Selbstbehauptungsversuch von Gott gerichtet weiß und dieses Gericht als Ausdruck der Ausweglosigkeit ihrer eigenen Lage akzeptiert, vermag sie genau dieses Wissen um die Wahrheit der absoluten Andersartigkeit Gottes wachzuhalten. Indem die Kirche also in der Paradoxie ihrer eigenen Existenz verharrt und keine Ausnahmestellung für sich reklamiert, vermag sie ein demütiger und authentischer Zeuge der Wahrheit des Wortes Gottes zu sein. Wahrhaftig ist dieses Zeugnis dabei nur insofern, als es in der Preisgabe seiner selbst die Unanschaulichkeit der Gnade Gottes demonstriert. Wie also der Kirche aufgrund ihres besonderen Themas ihre Not in aller Unausweichlichkeit durch das Gericht Gottes bereitet wird, so erfüllt sie doch gerade darin und nur darin ihre besondere Funktion des Hinweises auf Gott[140].

4.3. Die Lehre von der doppelten Prädestination: Die Kirche Esaus und die Kirche Jakobs

In der Auslegung von Röm 9-11 bringt Barth den paradoxalen Begriff der Kirche dadurch zur Geltung, daß er zwischen der "*Kirche Esaus*" und der "*Kirche Jakobs*" unterscheidet: "Es ist die Kirche Esaus grundsätzlich die allein mögliche, anschauliche und bekannte Kirche ... Und es ist die Kirche Jakobs ebenso grundsätzlich die unmögliche, unanschauliche, unbekannte Kirche" (R 326). Durch die Unterscheidung zwischen der

139 "Ist das nicht Not, wenn die Kirche, durch ihr eigenes Thema immer wieder auf ihr Nicht-Sein verwiesen, sich selbst in ihrem Sein immer wieder nur angreifen, nur preisgeben, nur opfern kann?" (R 328)

140 Den Hinweischarakter der Kirche in ihrer paradoxen Existenz verfolge ich im Blick auf seinen materialen Stellenwert weiter unten. (Siehe unten 4.4.)

"Kirche Esaus" und der "Kirche Jakobs" sollen nicht zwei Kirchen nebeneinander gestellt werden. Barth liegt ein doppelter Kirchenbegriff fern. Vielmehr betont die Unterscheidung unterschiedliche Seiten der einen Kirche Jesu Christi in einem paradox gefaßten Verhältnis: "Jakob ist der unanschauliche Esau, Esau der anschauliche Jakob." (R 332)

Fragt man nach dem Grund des paradox verstandenen Kirchenbegriffs, so wird man auf die Gotteslehre Barths zurückverwiesen. Der Rekurs auf die biblischen Gestalten Jakob und Esau (Gen 25,19ff; Röm 9,11ff), die für die zwei Seiten der einen Kirche stehen, ist alles andere als zufällig. Vielmehr macht diese Bezugnahme auf das zentrale theologische Modell Barths im "Römerbrief" aufmerksam. Es ist die Lehre von der *praedestinatio gemina*, die hinter den Ausführungen über die Erwählung (der Kirche) Jakobs und die Verwerfung (der Kirche) Esaus steht. Mit dieser von Barth formulierten Version der Lehre von der doppelten Prädestination befindet man sich meines Erachtens im systematischen Zentrum der Theologie des "Römerbriefs"[141].

Im "Rätselbild und Gleichnis des geliebten Jakob und des gehaßten Esau" (R 332) gelangt nichts anderes als die Souveränität Gottes zum Ausdruck. In Erwählung und Verwerfung bestätigt Gott die allem überlegene Freiheit seiner selbst, "daß er, er selbst, er allein, wählt und verwirft, aufrichtet und stürzt, lebendig macht und tötet" (R 330). Demgemäß sichert die praedestinatio gemina die Unabhängigkeit Gottes gegenüber allen Versuchen, ihn, Gott, mit der Wirklichkeit des Menschen zu vermitteln oder gar zu identifizieren; "frei, königlich, souverän, unbedingt, grundlos ist Gott und nur so als Gott zu begreifen und zu verehren" (R 331). Es ist die völlige Inkommensurabilität von Gott und Mensch, die durch die Lehre von der Erwählung und Verwerfung Gottes unterstrichen wird.

Der paradox gefaßte Kirchenbegriff macht darauf aufmerksam, daß Erwählung und Verwerfung Gottes nicht auf zwei Personengruppen verteilt werden können, sondern ein und demselben Menschen gelten. Folglich steht auch ein und dieselbe Kirche unter der "Doppelheit der Prädestination" (R 328). Die Kirche ist gleichermaßen Kirche Esaus und

---

141 Eigentümlicherweise findet bei der Vielzahl von Aspekten, die in der Forschung über den "Römerbrief" Barths herausgearbeitet worden sind, Barths Version der Lehre von der doppelten Prädestination keine bis ungenügende Aufmerksamkeit. Sollte sich erweisen lassen, daß die Lehre von der praedestinatio gemina tatsächlich das systematische Zentrum des "Römerbriefs" ausmacht, kann diese Beobachtung nur mit Erstaunen registriert werden. Auf die Prädestinationslehre hätte man m.E schon deswegen aufmerksam werden müssen, weil sie – wenn auch in veränderter Form – eines der theologischen Leitthemen der "Kirchlichen Dogmatik" Barths bildet.

Kirche Jakobs. Indes müssen beide voneinander unterschieden werden, weil der *erwählende* Gott allein sub specie der *Krisis* thematisiert werden kann, in die der *verwerfende* Gott die Kirche immer wieder hineinzieht. Gottes Erwählung (seine Gnade) vollzieht sich für die Kirche in und durch seine Verwerfung (seinem Gericht) und viceversa. Infolgedessen kann die von Gott erwählte Kirche Jakobs menschlicherseits immer nur durch die von Gott verworfene Kirche Esaus demonstriert werden.

Freilich darf diese Auffassung nicht zu dem naheliegenden Urteil führen, daß Erwählung und Verwerfung als dialektisch aufeinander bezogene Manifestationen der Souveränität Gottes gleichen Rechtes seien. Die Gotteslehre wäre durch diesen Schluß dem fatalen Mißverständnis ausgesetzt, Gott als ein zwiegespaltenes Wesen annehmen zu müssen (vgl. R 332). Vielmehr wird die Lehre von der doppelten Prädestination von Barth so gefaßt, daß *in Gott selbst* die Verwerfung durch die Erwählung als ewig überwunden vorgestellt werden muß. Gott hat in sich selbst das Gericht durch die Gnade, den Haß durch die Liebe immer schon, d.h. von Ewigkeit her bezwungen. Angesichts der von Barth im "Römerbrief" mit äußerster Konsequenz durchgehaltenen diastatischen Grundstruktur des Verhältnisses von Gott und Mensch scheidet für den Menschen allerdings jede Erkenntnis der Überwindung des Gerichts in der Gnade Gottes aus. Die Aufhebung der Verwerfung in Gott bleibt für den Menschen schlechterdings verhüllt: "Dieser Sieg (der Gnade über das Gericht, JvS) ist uns in jedem Augenblick der Zeit verborgen. Wir können der Doppelheit nicht entgehen. Für uns heißt der anschauliche Jakob Esau und nur der unanschauliche Esau kann für uns Jakob heißen." (332). Weil der Mensch in dem Versuch der Erkenntnis der sieghaften Gnade Gottes nur seine Sünde fortsetzt, kann es diese Erkenntnis nur in und durch die Verwerfung des von Gott durch die Sünde entfremdeten Menschen geben. *Die Negativität der Verwerfung Gottes verweist auf seine unanschauliche Erwählung.* Wenn es also eine Erkenntnis der sieghaften Gnade Gottes gibt, dann nur in der Form des *Hinweises* auf sie. Und: Da Gott den Menschen in die Krisis seiner Verwerfung hineinführt, gibt es diese Möglichkeit des Hinweises folgerichtig nur als ein *von Gott selbst erschlossenes Geschehen.*

Übersetzt man die zuletzt erläuterte Struktur auf die Ekklesiologie, so wird deutlich, worin die Kirche Jakobs und die Kirche Esaus aufeinander bezogen sind. Die dem Gericht der Verwerfung unterstellte Kirche Esaus hat die Funktion, auf die unanschauliche Kirche Jakobs und damit auf die erwählende Gnade Gottes zu verweisen. Dieser Verweiszusammenhang kann dabei nur angenommen werden, weil die Kirche Esaus in ihrer ganzen Fragwürdigkeit von der Kirche Jakobs lebt (vgl. R 326). Da die Aufhebung jener fragwürdigen Existenz der anschaulichen Kirche Gott selbst vorbehalten bleibt, tritt die Möglichkeit der Erwählung nur in der Form dieses Verweises an den Menschen heran, “ausschließlich in dieser und nie in einer anderen Form” (R 329).

Auch die Offenbarung Gottes in *Jesus Christus* hebt die paradoxale Existenz der Kirche nicht auf, da in ihm der qualitative Unterscheid zwischen Gott und Mensch, Evangelium und Kirche allererst aufgedeckt wird. Die Christologie bezeichnet bei Barth also den Entdeckungszusammenhang der Inkommensurabilität von Gott und Mensch, da in Christus das Gericht Gottes über den von Gott durch die Sünde entfremdeten Menschen offenbar wird. Folglich kommt in Christus nichts anderes als die Krisis des Menschen und der Kirche zum Ausbruch (vgl. R 328). Diese Krisis *verweist* auf die Unanschaulichkeit der Gnade Gottes (erkenntnistheoretische Konsequenz), die *Unanschaulichkeit der nicht-entfremdeten Bezogenheit des Menschen auf Gott* (soteriologische Konsequenz) sowie die *Unanschaulichkeit der von Gott erwählten Kirche* (ekklesiologische Konsequenz). Demgemäß wird die Existenz der Kirche durch die Offenbarung Gottes qualifiziert zu einer Existenz “zwischen den Zeiten”. Auf ihre Situation zwischen Entfremdung und Versöhnung, Zeit und Ewigkeit, fällt zwar das “Licht des Futurum aeternum” (328) der endgültigen Aufhebung des Widerspruchs von Gott und Welt. Diese wird aber sub specie der Offenbarung Gottes in Christus nur deutlich in der *Anschaulichkeit des göttlichen Gerichts* über die Welt, den Menschen und die Kirche.

4.4. Die Kirche des Kreuzes als wahrhaftige Kirche des Evangeliums

“Mit dem lebendigen Gott hat es die Kirche zu tun, die in der Not ist und die weiß, daß sie es ist, die sich in der ganzen Breite ihrer geschichtlichen Erscheinung von Gott verworfen weiß und sich nur daran klammert, daß dieser furchtbare Gott dennoch Gott ist: derselbe Gott, der noch viel mehr, noch ganz anders erwählen kann und erwählen will.” (R 337) So gesehen ist die Not der Kirche die Not des von Gott getrennten Menschen überhaupt, der darunter leidet, “daß Gott Gott ist.” (R 346) Da die Kirche als die in Erscheinung tretende religiöse Menschheit der Verwerfung Gottes nicht entrinnen kann, bleibt sie nur dann *wahrhaftige Kirche* des Evangeliums, wenn sie sich gehorsam unter das Gericht stellt. Unter dem Gericht bewährt die Kirche des Evangeliums ihre Wahrhaftigkeit nur als die solidarische Gemeinschaft der auf Vergebung angewiesenen und auf Vergebung hoffenden Sünder (vgl. R 351). Die Kirche des Evangeliums gibt es für Barth also nur als *demütige Kirche*, d.h. als “ganz auf die Predigt des

Kreuzes konzentrierte Kirche" (R 352). Demgemäß hat die Kirche ihren Ort "vor der Auferstehung" bei den Leiden des verworfenen Christus (ebd.). Die Souveränität Gottes wird gerade darin anerkannt, daß die wahrhaftige und demütige Kirche Jesu Christi als *Kirche des Kreuzes* auf die Unanschaulichkeit der Auferstehung Christi hinweist. Die Kirche des Kreuzes ist also nicht ecclesia triumphans, sondern *Kirche der Buße* und darin und nur so *Kirche der Umkehr*[142].

Der Kirche kommt als einer irdisch-geschichtlichen Institution vor Gott keine Ausnahmestellung zu. Wenn sich die Kirche allerdings von anderen irdischen Größen unterscheidet, dann deshalb, weil durch sie die Feindschaft zwischen Gott in seiner absoluten Fremdheit und dem entfremdeten Dasein des Menschen offenkundig wird (vgl. R 403). Genau aus diesem Grund kann die anschauliche Erscheinungsform der Kirche auch nicht einer wie auch immer begründeten Indifferenz preisgegeben werden. Vielmehr wird die Aufgabe und Gestalt der Kirche unter dem kritischen Gesichtspunkt ihrer Beziehung auf die Wahrheit der Wirklichkeit Gottes als des 'ganz Anderen' (vgl. R 17) allererst qualifiziert.

Aller historischen Relativität ihrer anschaulichen Gestalt in der Welt zum Trotz ist die Kirche des Evangeliums für Barth nur dann wahrhaftige Kirche, wenn sie Kirche des Kreuzes ist: Ihre *Wahrheit* liegt in dem ihr aufgegebenen Thema der Offenbarung Gottes in Jesus Christus als des Gerichtes über die in der Sünde gefangene Menschheit. Die *Wahrhaftigkeit* ihrer Existenz entscheidet sich an der Bezeugung dieser ihr selbst geltenden Verwerfung. Indem sich die Kirche demütig unter das Gericht Gottes beugt, bezeugt sie nicht nur die absolute Andersartigkeit Gottes gegenüber aller menschlichen Wirklichkeit, sondern demonstriert überdies die sich in diesem Gericht aussprechende unanschauliche Erwählung des Menschen durch Gott. Insofern die Kirche das Gericht Gottes an sich gelten läßt, vermag sie auch zum *Ort der Hoffnung* auf die Errettung der von Gott enfremdeten Menschheit zu werden. "Eben um ihrer besonderen Not und Schuld willen, eben um deswillen, daß sie menschlich gesprochen keine Hoffnung hat, hat die Kirche die Hoffnung, die Hoffnung auf Gott." (R 377)

---

142 "Der triumphierenden Kirche aber, der zeitgemäßen, der volkstümlichen, der modernen, der alle Bedürfnisse des Menschen (außer dem einen!) befriedigenden, der trotz aller Blamagen immer wieder selbstbewußten, immer wieder quecksilbrigen, immer wieder einen Ausweg suchenden und findenden Kirche, der Kirche des 'kirchlichen Lebens' kann und wird es nicht gelingen, und wenn sie in aufrichtigstem Eifer alles täte, um von jenen Fehlern und Gebrechen frei zu werden. Sie wird mit oder ohne Fehler nie und nimmer die Kirche Gottes sein, weil sie nicht weiß, was Buße ist." (R 354f)

Da das Kreuz als die Stätte der größtmöglichen Gottesferne auf die "eschatologische Möglichkeit" (R 261) der Treue Gottes verweist, die sich für den Menschen in der unanschaulichen Verheißung der Auferstehung ausspricht, kann die Kirche nur dann zum Ort der Hoffnung auf die eschatologische Errettung durch Gott werden, wenn sie Kirche des Kreuzes ist. So paradox es klingen mag, aber die geschichtlich-relative Erscheinungsform der Kirche kann aus diesem Grund nicht vollkommen relativiert werden. Wann immer die Kirche an ihrer eigenen Not und Schuld vorbeisieht, vermag sie auch nicht zu dem Ort zu werden, an dem die Hoffnung der erwählenden Gnade Gottes aufleuchtet; wann immer die Kirche das negative Wort ihrer eigenen Verwerfung in einen positiven Standpunkt wendet, auf dem sie sich meint legitimieren und entfalten zu können, ist sie ihrer Hoffnung beraubt. Für Barth kommt der wahrhaftigen Bezeugung der der Kirche aufgegeben Wahrheit der ihr geltenden Verwerfung eine Bedeutung zu, an der sich entscheidet, ob die Kirche Kirche des Evangeliums zu sein vermag.

Ob allerdings auch der eherne Schuldzusammenhang, in dem die Menschheit ihr Dasein fristet, durch das ewige Erbarmen Gottes aufgebrochen werden kann, steht indes nicht in der Möglichkeit der Kirche. Sie kann auf diese Möglichkeit nur hoffen, indem sie ihren "Blick fest auf die hoffnungslose Wirklichkeit" (R 398) richtet. Denn die "Errettung der Verlorenen, die Rechtfertigung der nicht zu Rechtfertigenden, die Auferstehung der Toten muß genau von dorther kommen, woher ihre Katastrophe gekommen ist." (R 400) Da Gott in seiner freien Souveränität die Ursache der Not wie auch der Garant der Hoffnung der Kirche ist, kann diese Hoffnung ebenso wie die Not weder zu einer Position oder Haltung noch zu einer Moral gemacht werden, an denen sich die Kirche aufbaut. Weder die Not noch die Hoffnung der Kirche kommen als ein Prinzip in Frage, durch das sich die Praxis der Kirche theologisch legitimiert ausweisen ließe. Aus diesem Grund nennt Barth die Möglichkeit, auf die die Kirche in höchst indirekter Weise hofft, indem sie sich dem Gericht Gottes unterstellt, "das reine absolute vertikale Wunder" (R 35) oder das "Wunder des absoluten Moments" (R 350).

"Die Kirche ist Kirche Jakobs, nur wenn das Wunder geschieht; sonst ist sie Kirche Esaus und nur das. Das Wunder aber läßt sich nicht erstreben, erreichen, aufweisen, es ist das in jedem Augenblick unvorhergesehene, neue, göttliche Geschehen unter den Menschen." (R 351) Die eschatologische Möglichkeit Gottes wird nur dort offenkundig, wo die Möglichkeiten der Kirche an ihr Ende gelangen. Das besondere Recht der Kirche in ihrer Aufgabe der Demonstration der Gnade Gottes beginnt erst dort, wo es von Gott ganz ins Unrecht gesetzt wird (vgl. R 401). Auch wenn Barth die

Kirche nicht der Beliebigkeit preisgibt, indem er mit allem Nachdruck betont, daß es eine wahrhaftige Kirche unter dem kritischen Gesichtspunkt ihrer Wahrheit in der Wirklichkeit Gottes nur als Kirche des Kreuzes geben kann, so wird auch die Wahrhaftigkeit der Kirche noch einmal unter einen göttlichen Vorbehalt gestellt. Auch für die demütige Kirche der Buße ist die Gnade Gottes in keiner Weise erschwingbar. Das göttliche Erbarmen ereignet sich erst dort, wo alle menschlichen Möglichkeiten an ihr Ende gelangen. Diese Beendigung menschlicher Möglichkeiten ist einzig und allein Werk Gottes: der *Einbruch des vertikalen Wunders als Abbruch jeden menschlichen Werk- und damit Schuldzusammenhangs*.

Die Metaphern, mit denen Barth den Einbruch der göttlichen Gnade in die Anschaulichkeit der Zeit umschreibt, weisen das Ereignis des "vertikalen Wunders" als ein Geschehen aus, das sich in unerwarteter Plötzlichkeit vollzieht. Barth schließt eine Sicherstellung dieses Geschehens durch die Kirche kategorisch aus, indem er es als ein sich nicht in der Zeit verstetigendes Geschehen denkt, sondern als aktuale *Jetztzeit* (vgl. R 406). Im Reich des Möglichen "blitzt" das Unanschauliche über dem Anschaulichen nur auf (vgl. R 315). Die Konsequenz, mit der Barth die Unverfügbarkeit der Gnade Gottes in ihrem *augenblickshaften Ereignischarakter* zu wahren sucht, dokumentiert sich vor allem und zuvorderst in der Christologie des "Römerbriefs". Die Offenbarung der Gnade Gottes in Christus erstreckt sich weder auf die Zeit noch auf die Geschichte, sondern berührt diese nur[143]. Dabei läßt sich das Aufleuchten der unanschaulichen Gnade in Christus wiederum nur paradox aussagen: *In der Zeit* leuchtet die Ewigkeit nur als *Ende der Zeit* auf (vgl. R 7). "Was ist im Christus Jesus ? Das Entsetzenerregende, daß in der Geschichte eine Aufhebung dieser Geschichte, im bekannten Zusammenhang der Dinge eine Zerreißung dieses Zusammenhangs, in der Zeit eine Stillstellung dieser Zeit stattfindet." (R 78) Da die Aufhebung der Zeit in Christus nur das aktuale Ereignis eines Augenblicks darstellt, wird die Kluft zwischen Gott und Mensch nicht schon in Christus, sondern erst am Ende aller Zeit überhaupt, im *futurum resurrectionis* aufgehoben (vgl. R 272, 289, 366 u.403). Es ist ein Zeichen der konsequenten Entschiedenheit der Barthschen Theologie im "Römerbrief", daß dieser radikal gefaßte eschatologische Vorbehalt Gottes gegenüber der Welt auch und gerade in der Christologie nicht eingeschränkt wird.

143 Vgl. das oft zitierte Diktum Barths: "In der Auferstehung berührt die neue Welt des Heiligen Geistes die alte Welt des Fleisches. Aber sie berührt sie wie die Tangente einen Kreis, ohne sie zu berühren, und gerade indem sie sie nicht berührt, berührt sie sie als ihr Begrenzung, als neue Welt." (R 6)

Freilich wird durch Christus offenbar, daß alle Zeit im Schatten der Ewigkeit steht. Genauso wie die Zeit im Schatten der Ewigkeit steht, genauso lebt die Kirche Esaus im Schatten der Kirche Jakobs – und nur darum hat sie eine Hoffnung, auf die sie wider alle Hoffnung hinzuweisen vermag. Allerdings hat diese Annahme nach Barth nur unter der Einschränkung Gültigkeit, daß es Gott selbst ist, der in der Negation der Kirche Esaus diese Hoffnung aufrichtet. Die Kirche wird der Hoffnung also nicht in der Kraft der Negation gewiß, die sie, die Kirche, an sich selbst vollzieht. Die Kirche hätte dann für sich selbst eine immer noch optimistische Option getroffen, die durch den subtilen Optimismus gekennzeichnet wäre, den unüberbrückbaren Abstand zwischen ihr und Gott aufheben zu könnnen. Negativität beginnt nach Barth erst zu leuchten als reine "Negativität" (R 472), d.h. als eine solche, die in ihrer Negativität kein Positives mehr aufweist. Insofern vermag Negativität allererst im Licht "der Positivität des Nicht-Gegebenen, Gottes" (R 472) ein Vorschein der Hoffnung zu sein.

Vergegenwärtigt man sich diese Überlegungen Barths, dann gelangt man wiederum in das theologische Zentrum der Römerbriefauslegung. Nach Barth stößt man nämlich auf das beunruhigende "Axiom ...,in dem der *Schlüssel des ganzen Römerbriefs* (und nicht nur des Römerbriefs !) zu finden sein dürfte", das "Maß, an dem alles gemessen, die Wage, auf der alles gewogen sein will" (R 407, Hervorhebung JvS): die Lehre von der doppelten Prädestination. Ein innerweltlicher Ausweg aus dem Verhängnis der sündhaften Entfremdung des Menschen von Gott kann nicht angenommen werden, weil damit Gott in seiner freien Souveränität eingeschränkt wäre. "Darum weil Gott nicht Gott wäre, wenn er nicht unerforschlicherweise verwerfen, unbegreiflicherweise erwählen würde, wenn er sich nicht in der großen Verborgenheit seines Schreitens von Sieg zu Sieg als Gott erweisen würde: als der, der sich aller erbarmen will und wird." (R 409) Das in der Zeit vollständig ausstehende Eschaton der Versöhnung ist folglich nur als futurum resurrectionis der dann *ewig* anschaulichen Aktualität der jetzt noch unanschaulichen Barmherzigkeit Gottes zu erwarten. Bis dahin gilt: "Der ehrfürchtige Verweis auf Gott und sein Wunder, die Stellung Johannes des Täufers also, ist die äußerste Grenze menschlichen Bemühens und Gelingens" (R 408).

4.5. Fazit und systematischer Vergleich

(1) In der im Zusammenhang der Auslegung von Röm 9-11 vorgetragenen Ekklesiologie gibt Barth die beiden zentralen Motive seines theologischen Denkens in ihrer Verknüpfung zu erkennen. Das eine Hauptmotiv wird in der den gesamten "Römerbrief" durchziehenden *Lehre von der absoluten Absconditát Gottes* formuliert, in der die theologische Rede von der unüberbrückbaren Distanz Gottes zur Wirklichkeit des Menschen fundiert ist. Die absolute Andersartigkeit Gottes ist dabei in dem ewigen Ratschluß begründet, durch den Gott die Menschheit in unanschaubarer Weise von der Verwerfung zur Erlösung führt. Demgemäß besteht das andere Hauptmotiv der Theologie Barths im "Römerbrief" in der *Lehre von der doppelten Prädestination*, der Verwerfung und Erwählung Gottes. Beide Motive werden deshalb miteinander verknüpft, weil trotz des "unendlichen qualitativen Unterschieds" von Gott und Mensch die Treue Gottes zu der von ihm entfremdeten Welt und folglich deren Versöhnung gedacht werden muß. Diese Versöhnung versteht Barth als den *unanschaulichen* Gang Gottes von der Verwerfung zur Erwählung. Um aber die Souveränität Gottes in seiner schlechthinnigen Freiheit nicht zu gefährden, kann diese in Gott selbst schon immer vorentschiedene Bewegung sub specie der Wirklichkeit des *anschaulichen* Menschen immer nur in der Verwerfung der von Gott entfremdeten Menschen thematisch werden. Die Souveränität Gottes wird demzufolge von Barth so gesichert, daß das Übergewicht der in Gott selbst schon entschiedenen Überwindung des Gerichts durch die Gnade in der Sphäre des anschaulichen Menschen nur als Übergewicht des Gerichts verstanden werden kann. Der Römerbrief des Paulus kulminiert nach Barth denn auch in der Aussage: "Denn verschlossen hat Gott alle unter den Ungehorsam, damit er sich aller erbarme." (Röm 11,32; vgl. R 407) In Verwerfung und Erwählung bestätigt Gott seine Freiheit, die a limine ausschließt, daß der Mensch Gott als einem kommensurablen Gegenüber begegnen könne. Die Lehre von der absoluten Absconditát Gottes und die Lehre von dem verwerfenden und erwählenden Handeln Gottes erläutern in wechselseitiger Verknüpfung also nichts anders als den cantus firmus der Römerbrieftheologie Barths: Gott ist Gott. Die Aufhebung des dialektisch-paradoxen Gegensatzes von unanschaulicher Erwählung und anschaulicher Verwerfung, die Versöhnung des entfremdeten Daseins, kann dabei nur end-zeitlich vorgestellt werden. So gesehen, vertritt Barth im "Römerbrief" eine mit äußerster Konsequenz und Entschiedenheit ausformulierte *Theologie des futurum resurrectionis.*

(2) Daß die Verknüpfung der theologischen Hauptmotive im "Römer-

brief" am Ort der Ekklesiologie vollzogen wird, ist alles andere als zufällig. In der Kirche erreichen der Versuch der Selbstbehauptung und das unvermeidbare Verlangen des Menschen nach der Verfügung über Gott ihren Gipfelpunkt. Da die Kirche aus ihrer widersprüchlichen Stellung zum Evangelium aufgrund ihres eigenen Themas, der Verkündigung des Evangeliums, nicht entrinnen kann, macht sie den unendlichen qualitativen Unterschied zwischen Gott und Mensch offenkundig. Die Ekklesiologie illustriert also in hervorgehobener Weise die Diastase zwischen Gott und Mensch. Sofern aber die Schuld und die Not der Kirche ein Moment des unanschaulichen Ganges Gottes vom Gericht zur Gnade darstellen, kommt der Kirche die besondere Funktion zu, aus der sich in ihr verdichtenden Negativität der von Gott entfremdeten Wirklichkeit auf die Unanschaulichkeit seiner Erwählung hinzuweisen.

Die Hinweisfunktion, die die Kirche ausübt, läßt erkennen, daß Barth den kritischen Gesichtspunkt, unter dem die Kirche zum Thema der Theologie wird, nicht so weit radikalisiert, daß es berechtigt wäre, von einer theologischen Destruktion der Kirche zu sprechen. Ich wähle daher die Bezeichnung der *Dekonstruktion* der Ekklesiologie im "Römerbrief". Durch diesen Titel soll auf der einen Seite das Mißverständnis vermieden werden, Barths Konzept münde in eine *Destruktion* der Kirche. Letzteres kann schon aufgrund der besonderen Hinweisfunktion der Kirche nicht angenommen werden. Auf der anderen Seite suche ich im Begriff der Dekonstruktion der Ekklesiologie festzuhalten, daß bei Barth *Kritik und Konstruktivität* nicht in einem Verhältnis gleichen Gewichts stehen. Vielmehr hat die von Barth am Ort der Ekklesiologie vollzogene Unterscheidung zwischen der "Kirche Jakobs" und der "Kirche Esaus" den Sinn, die Überlegenheit der unanschaulichen Gnade Gottes (der Positivität der Kirche Jakobs) durch die Kritik der anschaulichen Wirklichkeit des Menschen (Negativität der Kirche Esaus) zur Geltung bringen. Aus dieser Sichtweise resultiert für die anschauliche Kirche ein *Vorrang der kritischen Perspektive*, unter der sie zum Thema der Theologie wird.

(3) Im "Römerbrief" bringt Barth die theologischen Hauptmotive seines Denkens mit einer derart kompromißlosen Konsequenz zur Geltung, daß man sich unweigerlich fragt, unter welchem Gesichtspunkt die Theologie des frühen Barth mit der theologischen Konzeption Bonhoeffers in "Sanctorum Communio" sinnvollerweise verglichen und in ein Gespräch gebracht werden können. Da Bonhoeffer weder die Auffassung von der absoluten Abständigkeit Gottes von der Welt noch die Lehre von der Verwerfung und Erwählung Gottes vertritt, müßte ein Vergleich zwischen "Sanctorum Communio" und dem "Römerbrief" nichts anderes als die grundsätzliche Unvergleichbarkeit beider Konzeptionen konstatieren. Viel-

leicht eröffnet sich ein Gesprächszugang aber dann, wenn man einen übergreifenden systematischen, von Barth nicht explizit deklarierten Gesichtspunkt ins Spiel bringt: Meines Erachtens läßt sich die Theologie Barths vor dem Hintergrund der reformierten Tradition als eine solche ansprechen, die unter dem Vorzeichen der doppelten Prädestination die Auffassung des *Extra Calvinisticum* radikalisiert. Hier liegt der hermeneutische Schlüssel zum Verständnis der Römerbrieftheologie Barths. Dabei tritt der sachliche Gehalt des Extra Calvinisticums nicht in der zwischen Lutheranern und Reformierten kontrovers beurteilten Frage des Abendmahlssakraments zutage, sondern vorrangig in Problemstellungen, die sich zu dem traditionellen kontrovertheologischen Streit in systematischer Hinsicht analog verhalten[144].

(4) Seiner ursprünglichen Intention nach ist das im Umkreis der Lehre vom Abendmahl situierte Extra Calvinisticum darauf gerichtet, die Wirklichkeit Gottes in seiner Offenbarung in Christus nicht in der Sphäre der endlichen Wirklichkeit aufgehen zu lassen. Trotz der uneingeschränkten Einung der göttlichen und der menschlichen Natur in Christus ist der

---

144 Bemerkenswert scheint vor allem die Argumentation Barths in einem Aufsatz über "Ansatz und Absicht in Luthers Abendmahlsverständnis" (in: ZZ 1 (1923)Heft 4, 17-51). Barth gesteht hier einerseits die Überlegenheit des Abendmahlsverständnisses von Luther gegenüber Zwingli ein. Andererseits vermag er Luther in der Frage des theologischen Zusammenhangs von Wort und Glaube, der zur Lehre von der Realpräsenz führt, nicht zu folgen, sondern setzt mit Zwingli das Fragezeichen eines "Aber", "das zu setzen Luther selber unterlassen hatte" (aaO. 51). Die göttliche Wahrheit soll so vor der menschlichen Verfügung bewahrt werden – die "Gleichung" Luthers soll durch das "Aber" wieder zum "Gleichnis" werden (ebd.). Vgl. ferner den Schlußpassus aus dem Vortrag "Das Wort Gottes als Aufgabe der Theologie": "Ich habe ja als Reformierter – und nach meiner Meinung natürlich nicht nur als das – die Pflicht, gegenüber dem lutherischen *est* wie gegenüber der lutherischen *Heilsgewißheit* eine letzte *Distanz* zu wahren." (AaO., 218, Hervorhebungen Barth) Vgl. aus einem Brief Barths an Eduard Thurneysen 1926 die Äußerung über die Entfremdung von Gogarten und Bultmann: "Was die Deutschen im allgemeinen wollen, ist mir dieser Tage bei der Beschäftigung mit Marheineke sehr klar geworden, hinter dem Hegel steht, wie hinter Hegel zweifellos – Luther: daß Gott in uns, wir in Gott denken, jenseits dessen, was wir 'dialektisches' Denken nennen." (Brief vom 15.Juni 1926, in: KARL BARTH-EDUARD THURNEYSEN. *Briefwechsel Bd.II 1921-1930* [GA V. Briefe Bd.4, hrsg. v. Eduard Thurneysen], Zürich 1974, 424) Schließlich sei noch verwiesen auf eine Äußerung aus der "Christlichen Dogmatik" von 1927, in der Barth feststellt, Luther Lehre vom Wort Gottes und der Predigt gehe entschieden zu weit, "wie Luthers Lehre von der Menschheit Christi, vom Abendmahl, vom Glauben und von der Kirche" (Die christliche Dogmatik im Entwurf. Erster Band 1927 [GA II, hrsg. v. Gerhard Sauter], Zürich 1982, 536).

göttliche logos zugleich auch ganz außerhalb der menschlichen Natur Christi. Gott ist zwar in Jesus Christus Mensch geworden und hat sich damit an die endliche Wirklichkeit gebunden, zugleich ist er aber auch – entsprechend dem Prinzip finitum non capax infiniti – "*etiam extra*": auch außerhalb seiner Fleischwerdung. Das Extra Calvinisticum richtet sich dabei darauf, Gottes freie, durch nichts bedingte und damit voraussetzungslose Souveränität *in* seiner Bindung an die Wirklichkeit der Welt zu wahren. Kurz gesagt: Gott ist in die menschliche Geschichte eingegangen, ohne in ihr aufzugehen. Festzuhalten ist ausdrücklich, daß der theologische Gehalt des "etiam extra" in seiner *kritischen* Funktion liegt. Obwohl sich Gott in Jesus Christus an diese Welt gebunden hat, kann er gleichwohl mit dieser nicht restlos identifiziert werden. Versteht man das Extra Calvinisticum vor dem Hintergrund seiner kritischen Funktion, wird auch deutlich, daß nicht die Menschwerdung Gottes in Christus eingeschränkt, sondern die Freiheit Gottes in seiner Fleischwerdung gesichert werden soll. Wenn Gott sich in Christus offenbart hat, dann ist es allein auf seinen freien Entschluß zurückzuführen, in Christus in ein Verhältnis zur Wirklichkeit der Welt zu treten.

Wie bereits erläutert, wird Gottes freie Souveräniät im "Römerbrief" unter den Gesichtspunkt der Lehre von der doppelten Prädestination entfaltet. Die kritische *Differenz* zwischen der Wirklichkeit Gottes und der Wirklichkeit des Menschen, die das Extra Calvinisticum in der Bindung Gottes an diese Welt in seiner Offenbarung in Christus aufrechterhält, wird von Barth allerdings dahingehend radikalisiert, daß er sie als paradox verstandenen *Widerspruch* von Gott und Welt denkt. Die Verschärfung der Differenz zum Widerspruch läßt in der Konsequenz nur noch eine Negation der Wirklichkeit der Welt sub specie der Freiheit Gottes zu. Es ist die Verknüpfung der Lehre von der praedestinatio gemina mit der von der absoluten Absconditát Gottes, die zu der zugespitzten Version des Extra Calvinisticums führt.

Der kritische Vorbehalt des Extra Calvinisticums kommt zuvorderst in der Christologie zum Austrag. Barth wahrt die Freiheit Gottes in seiner Offenbarung dadurch, daß er dieser Offenbarung augenblickshaften Ereignischarakter zuschreibt. Das Ereignis der Christusoffenbarung wird als "Augenblick ohne Zeit" (R 101) vorgestellt. *Zeit und Ewigkeit* bilden einen Gegensatz, der in der Offenbarung Gottes nicht aufgehoben und versöhnt, sondern in Christus allererst offfenkundig wird. Weil Gott in Christus nur als Gegensatz der Welt zur Welt kommt, Zeit und Geschichte sub specie des Einbruchs der Ewigkeit negiert werden, bleibt Gottes Gnade unfaßbar und unanschaulich. "Gott ist frei" (R 67), d.h., Gott wird in seiner Offenbarung anschaulich nur als der Unanschauliche. Das paradoxe Verhältnis von *Anschaulichkeit und Unanschaulichkeit* wird inhaltlich ausgesagt als Paradoxie von *Gericht und Gnade*, Kreuz und Auferstehung Christi. Für den Menschen wird Gott immer nur in seinem Gericht, niemals aber in seiner Gnade faßbar und anschaulich; Gott stellt den Menschen an die Seite des verworfenen Christus am *Kreuz*, das in seiner Negativität auf die Positivität der unanschaulich bleibenden *Auferstehung* hinweist. Gott bleibt als schlechterdings inkommensurables Gegenüber des Menschen frei, insofern der Mensch unter dem Gesichtspunkt der spes futurae vitae, die mit der Auferstehung Christi aufgerichtet ist, immer nur in die Krisis seiner selbst hineingezogen wird. Theologische Erkenntnis gerät damit unter die Kritik ihrer eigenen Voraussetzung. In der kritischen Begrenzung ihrer eigenen Erkenntnismöglichkeiten vermag sie auf das futurum resurrectionis nur noch zu verweisen. Der Weg zu einer konstruktiven Antizipation der unanschaulichen Gnade Gottes ist a limine abgeschnitten.

Die Radikalisierung des kritischen Gehalts des Extra Calvinisticums am Ort der Christologie hat nicht nur erkenntnistheoretische, sondern auch soteriologische und ekklesiologische Relevanz. In Christus vollstreckt Gott das Gericht über den anschaulichen Menschen, um in demselben Christus den von Gott nicht entfremdeten Menschen – freilich im Modus der Unanschaulichkeit – erscheinen zu lassen. Rechtfertigung bedeutet für Barth infolgedessen nicht eine Erneuerung des anschaulichen Menschen, sondern die in der Verwerfung des Menschen sich vollziehende Aufdeckung seiner Bezogenheit auf den unanschaulichen, mit Gott versöhnten Menschen. Diese Struktur kehrt auch in der Ekklesiologie wieder; auch sie wird in den Horizont des prädestinatianisch zugespitzen Extra Calvinisticum eingerückt. In Zeit und Geschichte steht die anschauliche Kirche (die Kirche Esaus) unter dem Gericht Gottes. Gerade so verweist sie ex negativo auf die unanschauliche Kirche (die Kirche Jakobs) der von Gott begnadigten Sünder. Nur unter der Kritik ihrer Verwerfung enthüllt sich die Bezogenheit der Kirche auf ihre Erwählung durch Gott. Genau wie der gerechtfertigte, neue Mensch, so verbleibt auch die Kirche Jakobs in der nicht einsehbaren Unanschaulichkeit der sich in Christus eben wiederum für den Menschen nur unanschaulich vollziehenden Erwählung Gottes.

(5) Im Unterschied zu Barth ist Bonhoeffers Theologie als eine solche anzusprechen, die sich im Horizont der Theologie Luthers bewegt. Allerdings dürfte das polemische Zerrbild, das Barth von der lutherischen Theologie zeichnet, auf "Sanctorum Communio" kaum zutreffen. Gott und Mensch, Christus und Kirche werden von Bonhoeffer weder miteinander identifiziert noch vermischt. Weder wird der Mensch vermittels der

Christologie deifiziert, noch Gott anthropologisiert[145]. Den Unterschied Bonhoeffers zu Barth kann man bereits am *Offenbarungsbegriff* markieren. Nach Bonhoeffer geht Gott in seiner Offenbarung nicht nur "scheinbar, sondern wirklich in die Zeit ein" (SC 89). "Die Menschheit ist in Christus neu, d.h. *von Ewigkeit her* gesehen, aber sie wird auch neu *in der Zeit*." (Ebd., Hervorhebung JvS) Bonhoeffer insistiert dabei darauf, daß man der Offenbarung Gottes nicht das Entscheidende nehmen dürfe: "Das Geschichtegewordensein seines Wortes." (Ebd.) In diesen Bemerkungen wird unmißverständlich klar, daß Gott sich in Christus des Menschen in Zeit und Geschichte annimmt. Durch die Offenbarung Gottes in Christus sind Zeit und Geschichte zum gestaltungsfähigen Darstellungsraum des Evangeliums qualifiziert, und zwar nicht kraft eigener, sondern kraft göttlicher Möglichkeit. Das Offenbarungsgeschehen wird also nicht als eine Anpassung Gottes an die geschichtlich-zeitliche Existenz des Menschen verstanden, sondern als die einzig und allein extra nos in Gott gründende Bestimmung von Zeit und Geschichte zum Raum der Wirklichkeit der versöhnenden Liebe Gottes. Der Unterschied zu Barth könnte größer nicht sein. Im "Römerbrief" wird die Geschichte am Maßstab der sich in Christus offenbarenden Wahrheit Gottes als strukturelle Dauerkrise verstanden. Krisis ist die Kategorie einer christlich verstandenen Geschichte schlechthin – Weltgeschichte enthüllt sich unter der Offenbarung der Wahrheit Gottes als Weltgericht in Permanenz[146].

Nach Bonhoeffer ist es "Gottes Wille, alles, was er offenbart, im Gewande des geschichtlichen Lebens verbergend zu offenbaren" (SC 79) Freilich gilt es zu beachten, daß Bonhoeffers Verständnis der *Verborgenheit Gottes* der von Barth entwickelten Auffassung von der absoluten Absconditát Gottes geradezu entgegengesetzt ist. Nach Barth ist Gott deswegen verborgen, weil er als Inbegriff der Ewigkeit der Zeit des Menschen schlechthin entzogen ist. Bonhoeffer macht die Verborgenheit Gottes hingegen nicht als seine absolute Fremdheit namhaft, die in einem unaufhebbaren Gegensatz zur geschichtlichen Wirklichkeit des Menschen steht, sondern als den Modus, in dem sich Gott *in* Zeit und Geschichte der Wirklichkeit des Menschen annimmt. Bonhoeffers Äußerung über Barth ist bezeichnend: "Es ist seltsam, daß die Theologie des Paradoxen hier so unparadox denken kann. Sie sieht anscheinend nicht, daß die allgemeinen Paradoxien zwischen Zeit und Ewigkeit formal bleiben, daß es echte Paradoxie nur *in* der konkreten geschichtlichen Gestalt, nicht *an* ihr gibt."

---

145 Vgl. hierzu die Verwerfungssätze von Barth R 32.

146 Vgl. Barths Diktum: "Die sog. 'Heilsgeschichte' aber ist nur die fortlaufende Krisis aller Geschichte, nicht eine Geschichte in oder neben der Geschichte." (R 32)

(SC 275 Anm. 249) Bonhoeffer betont, daß sich diese Verborgenheit Gottes in, mit und unter der Wirklichkeit der Welt nicht durch einen "Erfahrungsbeweis" sicherstellen läßt, sondern einzig und allein im gottgewirkten Glauben erschließt (vgl. SC 113f). Barth hingegen schließt die konstruktive Möglichkeit, den in Christus gnädigen Gott im Glauben wahrzunehmen, auf ganzer Linie aus: "Auch der Glaube, sofern er in irgendeinem Sinn mehr als Hohlraum sein will, ist Unglaube." (R 32)

(6) Genau wie sich Gott in seiner Offenbarung in Christus in die Geschichte des Menschen hineinverbirgt, verbirgt sich in der anschaulichen Realität der Kirche die von Gott in und durch Christus konstituierte wahre Kirche. Die Verborgenheit Gottes in Christus ist das Paradigma, nach dem die Verborgenheit der Kirche Jesu Christi in der sichtbaren Kirche verstanden werden muß. Unter Berufung auf Luther kann Bonhoeffer daher sagen, daß sichtbare und unsichtbare Kirche die *eine* Kirche Jesu Christi bilden (vgl. SC 150 Anm. 92)[147]. Verborgenheit und Sichtbarkeit der Kirche werden dabei nicht wie bei Barth auf den Gegensatz von unanschaulicher und anschaulicher Kirche verrechnet. Nach Bonhoeffer ist die wahre Kirche Jesu Christi vielmehr – und damit bringt er in der Tat eine "genuin lutherische Erkenntnis" (SC 150) zur Geltung – *sichtbar und verborgen zugleich*[148]. Die Verborgenheit der Kirche Jesu Christi in ihrer sichtbar-empirischen Gestalt kann wiederum nur als ein Satz des Glaubens ausgesagt werden. Nur der Glaube erkennt, daß und in welcher Weise die anschauliche Kirche den Leib Christi bildet; nur der Glaube nimmt wahr, daß und in welcher Weise Gott in Christus durch den Heiligen Geist an, mit und in seiner Kirche schöpferisch tätig ist. "So erhalten wir das grundsätzlich wichtige Resultat, daß es Gottesgemeinschaft für uns nur im Glauben gibt, daß sie nicht erfahren wird wie irgend eine geistige Gemeinschaft der Freundschaft oder des gemeinsamen Erlebens. Geglaubt wird, daß Gott die Liebesgemeinschaft mit den Menschen eingegangen ist durch Chri-

---

147 Vgl. die von Bonhoeffer angeführte Belegstelle bei MARTIN LUTHER, Von dem Papsttum zu Rom, wider den hochberühmten Romanisten zu Leipzig 1520, WA 6, 297, 3-6.

148 Vgl. die unmißverständliche Wendung: "Est et apparet in carne et tamen non est caro; est et cernitur in mundo et tamen non est mundus." (MARTIN LUTHER, Promotionsdisputation von Johannes Macchabäus Scotus 1542, WA 39 II, 149, 22-24) – Zur Verborgenheit der Kirche bei Luther vgl. ERNST KINDER, Die Verborgenheit der Kirche nach Luther, in: Reformation. Schicksal und Auftrag (FS Joseph Lortz Bd.1, hrsg. v. Erwin Iserloh u.Peter Manns), Baden-Baden 1958, 173-192; JOHANNES DANTINE, Die Kirche vor der Frage nach ihrer Wahrheit. Die reformatorische Lehre von den "notae ecclesiae" und der Versuch ihrer Entfaltung in der kirchlichen Situation der Gegenwart (Kirche und Konfession 23), Göttingen 1980.

stus. Und dieser Glaube ist ... selbst wieder nur Glaube, daß rechter gottgewirkter Glaube vorhanden sei." (SC 114)

Zum einen ist die Kirche Jesu Christi *nach Seiten ihres Konstitutionsgrundes* in der sichtbaren Kirche verborgen und nur für den Glauben zu erkennen. Wie aber der Glaube keinen festen Besitz darstellt, sondern durch Gott vermittels des Heiligen Geistes stets neu gewirkt werden muß, so muß auch die Kirche *nach Seiten ihrer Glieder* kraft des Heiligen Geistes stets neu aktualisiert werden. Wie auch bei Barth ist ein ekklesiologischer Triumphalismus grundsätzlich ausgeschlossen. Im Unterschied zu "Sanctorum communio" ist die Kirche im "Römerbrief" allerdings nur dann vor dem triumphalistischen Hochmut geschützt, wenn ausgeschlossen wird, daß sie, die Kirche, mehr sein könnte, als die von Gott gerichtete und verworfene Kirche. Nach Bonhoeffers Verständnis hat die Kirche hingegen ihre "dialektische Geschichte" (SC 96) von Verwerfung und Erwählung in Kreuz und Auferstehung Jesu Christi immer schon durchlaufen. Post Christum vermag deshalb die durch den Heiligen Geist aktualisierte Kirche selbst ein Vorzeichen der letzten Dinge zu sein (vgl. SC 143f). Als "eschatologische Prolepse" (SC 144) des Versöhnungswillens Gottes ist die Kirche nach Bonhoeffer – aller ihrer geschichtlichen Fragwürdigkeit zum Trotz – nicht nur der gestaltungsbedürftige, sondern auch der *gestaltungsfähige Darstellungsraum der Gnade Gottes* durch das vom Heiligen Geist im Glauben gewirkte Mittel der Liebe. Die Kirche verbleibt demzufolge nicht unter dem Gericht Gottes, unter dem sie aus der Negativität heraus auf die unanschauliche Gnade Gottes indirekt hinweist, sondern hat die Verheißung Gottes vermittels des Heiligen Geistes schon bei sich und ist durch sie auf das eschatologische Ziel der vollkommenen Enthüllung der Herrlichkeit Gottes ausgerichtet. Mit anderen Worten: Nach Bonhoeffer lebt die "gegenwärtig wirkliche Kirche" (SC 140) immer auch schon in der Präsenz der Gnade Gottes, nicht aber wie bei Barth immer noch und nur in der Präsenz seines Gerichts. Im Unterschied zu Bonhoeffer lehnt Barth ein proleptisches Verständnis der Eschatologie ausdrücklich ab (vgl. R 132).

(7) Die letzten Erwägungen verweisen auf einen Gesichtspunkt, an dem ein weiterer Unterschied zwischen Bonhoeffer und Barth markiert werden kann. Beide Konzeptionen zeichnen sich zunächst dadurch aus, daß sie die Existenzweise des gerechtfertigten Sünders, des Menschen als iustus et peccator auf die Kirche übertragen. Bonhoeffer würdigt aber das *simul*, durch welches das Verhältnis von iustus und peccator bestimmt wird, in einer anderern Weise als Barth. Bei Barth kommt der Aspekt des peccator in re in der anschaulichen Kirche, die dem Gericht Gottes unterstellt ist, zur Darstellung; der Aspekt des iustus in spe wird für die unanschauliche

Kirche reserviert. Die gegenwärtige Kirche bleibt grundsätzlich Kirche der Sünder, die als diese auf die unanschaulich-zukünftige Kirche der Begnadigten zu verweisen vermag. Für Bonhoeffer manifestiert sich das simul iustus et peccator am Ort der gegenwärtig wirklichen Kirche. Die peccatorum communio wird dabei als ein Aspekt der communio sanctorum selbst angesprochen. "Für den lutherischen Kirchenbegriff ist es entscheidend, daß die sanctorum communio eine Gemeinschaft der Sünder bleibt und stets gewesen ist." (SC 143) Die Aspekte von iustus und peccator münden bei Bonhoeffer nicht in einen paradoxen Gegensatz von zeitlich-anschaulicher und ewig-unanschaulicher Kirche, sondern werden auf die gegenwärtig wirkliche Kirche bezogen. Mitten in dieser gegenwärtig wirklichen Kirche kommt es zum Widerstreit zwischen der communio sanctorum und der communio peccatorum. Für Barth ist dieser Widerstreit in der göttlichen Verwerfung der gegenwärtig wirklichen Kirche entschieden. Folgt man den Ausführungen Bonhoeffers, so steht für die Kirche jederzeit auf dem Spiel, ob sie in der Gegenwart ihrer Wirklichkeit Kirche Jesu Christi ist oder nicht. Während also bei Barth der Ausgang des Widerstreits schon immer vorentschieden ist, muß er nach dem Verständnis Bonhoeffers immer erst zum Austrag gelangen. Bonhoeffers Auslegung des simul iustus et peccator, des Zugleichs von communio peccatorum und communio sanctorum, hat in ekklesiologischer Hinsicht *kritischen* wie gleichermaßen *konstruktiven* Sinn: Die Verborgenheit der Kirche Jesu Christi in der sichtbaren Kirche ist der konstitutive wie konstruktive Grund der Gestaltwerdung der communio sanctorum – als diese ist und bleibt die Verborgenheit der Kirche Jesu Christi in der sichtbaren Kirche zugleich auch kritischer Maßstab im Widerstreit gegen die in ihr latent vorhandene oder sich offenkundig manifestierende communio peccatorum. Christus ist der kraft des Heiligen Geistes zugeeignete konstruktive Grund der Konversion der sichtbaren Kirche zu und zugleich und solchermaßen das kritische Widerlager ihrer Perversion gegen Gott.

"Die durch den heiligen Geist aktualisierte Kirche Jesu Christi ist die gegenwärtig wirkliche Kirche. Die dargestellte Gemeinschaft der Heiligen ist mitten unter uns." (SC 140) Diese beiden Sätze, von denen der erste in "Sanctorum Communio" gesperrt herausgehoben wird, können als bündige Zusammenfassung der theologischen Grundüberzeugung Bonhoeffers gelten. Ebenso prägnant fällt das Diktum Barths aus, dessen Gehalt Bonhoeffers Theologie strikt entgegengesetzt ist: "Es gibt keine Heiligen unter Unheiligen" (R 32). Und wenige Sätze später heißt es: "Christus wohnt in keinem Sinn unter den Gerechten. Gott allein will recht haben." (R 32f)

(8) Von hier aus kann noch einmal der Blick auf den "Römerbrief"

Barths geworfen werden. Die bei Barth um der Freiheit Gottes willen erfolgende Radikalisierung der Unterscheidung von Gott und Welt ("Gott allein will recht haben") führt zu einem *Vorrang der kritischen Perspektive* auf die anschauliche Wirklichkeit des Menschen und der Kirche. Da die Kirche der grundsätzlichen wie permanenten Kritik des Evangeliums unterliegt, kann sie von Barth im Unterschied zu Bonhoeffer nicht auch als eine im Horizont des Evangeliums gestaltungsfähige Institution begriffen werden. In Zeit und Geschichte vermag die anschauliche Kirche nur negativ das erbarmende Handeln Gottes zur Darstellung zu bringen. In der Einsicht in ihre eigene Unmöglichkeit besteht das einzige ihr zukommende Existenzrecht. Zwar wird die Kirche nur dann wahrhaftig, wenn sie die Kirche des Kreuzes ist. Gleichwohl können auch von hier aus keine konstruktiven Kriterien gewonnen werden, die anzugeben in der Lage wären, wie eine solche Kirche des Kreuzes Gestalt gewinnen könnte[149]. Barth unterstellt schon den bloßen Versuch einer kritischen Qualifizierung der Kirche im Blick auf ihre sich in der Geschichte verstetigende Gestalt dem Verdacht der Einschränkung der Freiheit Gottes. Allen diesen Versuchen gelten die Verwerfungssätze Barths, die den "Römerbrief" wie ein roter Faden durchziehen[150].

Nach Barth kann die geglaubte, unanschauliche Kirche nur im vertikalen Wunder des Heiligen Geistes in der erfahrenen, anschaulichen Kirche begegnen. Im Gegensatz zur Pneumatologie Bonhoeffer gewinnt das Ereignis des Heiligen Geistes keine zeitliche Ausdehnung, sondern bleibt als Wunder des absoluten Moments der Zeit schlechterdings entgegengesetzt. Demgemäß ist jedem Versuch einer vorläufig-qualifizierten Darstellung des Evangeliums durch die Kirche der Boden entzogen. Der

---

149 Vermerkt sei, daß Barths im Zusammenhang des Ethik-Kapitels (R 410ff) vorgetragene Auffassung, unter der "ganzen reinen Negativität" könnten die "relativen Möglichkeiten" menschlichen Tuns in Gesellschaft und Kirche ermittelt werden (R 472), systematisch nicht weiter ausgebaut wird. Dieser Gedanke spielt für die weitere Entwicklung Barths (Stichwort: Von der Dialektik zur Analogie) eine hervorgehobene Rolle. Forschungsliteratur zu dieser schon an den frühen Arbeiten Barths zu beobachtenden Spannung, insbesondere zu dem bereits früh auftauchenden Gleichnisbegriff, ist mir nicht bekannt.

150 "Denn da ist sie ja wieder, die Sklavenunbotmäßigkeit, die die aufbrechende Wahrheit Gottes, die Unruhe aller Unruhen, darniederhalten will. Da ist sie ja wieder, die Hybris, die Überheblichkeit, die die Distanz zwischen Gott und Mensch verkennt und unfehlbar den Nicht-Gott auf den Thron erheben wird. Da ist sie ja wieder, die Identifizierung des Menschen mit Gott, die unvermeidlich seine Isolierung ihm gegenüber nach sich ziehen wird, die Romantik des Unmittelbaren mit ihrem alten Geschrei: Hier ist der Tempel des Herrn ! (Jerem. 7,4)."(R 32)

unanschaulichen Kirche eignet eine Aktualität, die eine jede Gestalt von Kirche verschlingt. *Zwischen göttlicher Konstitution und menschlicher Institutionalisierung der Kirche waltet das Verhältnis der Diastase von Gott und Mensch.* Weil in den Augen von Barth jeder Versuch der qualifizierten Gestaltung von Kirche nichts anderes als eine Prolongation des menschlichen Schuldzusammenhangs bedeutet, die die grundsätzliche Feindschaft von Kirche und Evangelium nur noch verstärkt, fehlt dem Kirchenverständnis im "Römerbrief" notwendigerweise jegliche Konstruktivität.

"Der Krater, um den die Heiligen wartend sitzen, ist ausgebrannt." (R 49) In den drastischen Wendungen von Barth spricht sich immer wieder die kategorische Weigerung aus, die Ekklesiologie in einen Horizont zu rücken, in dem die geschichtlich-irdische Gestalt der Kirche als der gestaltungsfähige Darstellungsraum der erbarmenden Liebe Gottes konstruktiv verantwortet werden könnte. Diese Weigerung ist insofern konsequent, als Barth das diastatische Verhältnis von Gott und Mensch in keiner Passage seines "Römerbriefs" preisgibt. Um der Souveränität des erwählenden Gottes willen wird die Wirklichkeit der Welt und damit die Wirklichkeit der Kirche vollständig in die Gottesferne zurückgestellt. In der Abwesenheit Gottes manifestiert sich nichts anderes als sein Gericht über die Kirche. Nur wo die Kirche der vorläufigen Darstellung der Gnade Gottes gänzlich entsagt, ist sie auf das Gott vorbehaltene Ereignis seiner erbarmenden Liebe im futurum resurrectionis ausgerichtet.

Der gegenwärtig wirklichen Kirche die Würde einer durch Gott in Christus qualifizierten Wirklichkeit zuzusprechen und diese nicht um der Freiheit Gottes willen in Abrede zu stellen, darauf richtet sich die theologische Anstrengung Bonhoeffers in "Sanctorum Communio". Sie ermöglicht die gleichermaßen kritische wie konstruktive Entfaltung der Lehre von der Kirche. Die Freiheit Gottes, die Barth in der prädestinatianisch zugespitzen Version des Extra Calvinisticums sichert, wird dabei auch von Bonhoeffer nicht preisgegeben. Die verborgene Präsenz Gottes "in, mit und unter" der sichtbaren Wirklichkeit der Kirche ist und bleibt allein Gottes freie Tat: extra nos pro nobis et nos in Christo. Wollte man Bonhoeffer auf der Folie der traditionellen kontroverstheologischen Fragestellung lesen, so käme man zu dem Urteil, daß der authentische Gehalt des lutherischen "est" von Bonhoeffer gegen alle von Barth geäußerten reprobationes festgehalten wird.

D Soziologie der Kirche

Die Verknüpfung von Theologie und Soziologie in "Sanctorum Communio" im Blick auf die empirische Gestalt der Kirche

"Eine dogmatische Untersuchung zur Soziologie der Kirche": So lautet der Untertitel der Druckfassung von "Sanctorum Communio"[1]. Über die theologische Arbeit am Begriff der Kirche hinaus erweitert Bonhoeffer die Ekklesiologie in "Sanctorum Communio" um das Gespräch mit der Sozialphilosophie und Soziologie. Die für die damalige Zeit ungewöhnliche Ausweitung der Ekklesiologie, die durch die Einbeziehung dieser beiden Fremddisziplinen erfolgt, hat dabei einen Grund, der in der theologischen Rede von der Kirche selbst festgemacht werden kann. Die Lehre von der Kirche steht von jeher in einem *doppelten Verweisungszusammenhang*: Zum einen wird die Kirche als *eschatologische Glaubensgemeinschaft* durch die kraft des Heiligen Geistes in Wort und Sakrament immer wieder sich neu ereignende Selbstvergegenwärtigung der in Christus offenbar gewordenen Liebe Gottes konstitutiert. Zum anderen aktualisiert sich der die Kirche konstituierende neue Wille Gottes mit den Menschen in Christus am Ort der *geschichtlich-empirischen Kirche*. Bonhoeffer spricht von zwei Gedankenreihen, die im Begriff der Kirche zusammenstoßen: "daß sie von Gott gestiftet und daß sie doch empirische Gemeinschaft wie jede andere auch ist" (SC 173). Nach der Seite ihrer *Konstitution* erscheint die Kirche als ein in und durch Christus sich vollziehendes Werk Gottes – nach der Seite ihrer empirisch-geschichtlichen *Darstellung* erscheint die Kirche unter dem doppelten Aspekt eines Werks des Heiligen Geistes einerseits und eines Werks von Menschen andererseits. Im Blick auf diese Differenz von Konstitution und Darstellung ist entscheidend, daß der Begriff der Kirche hinsichtlich der Entfaltung seines in sich doppelten Darstellungsaspektes nicht nur auf die theologischen Reflexion verwiesen, sondern auch für nicht-theologische Thematisierungen – eben die soziologische Betrachtungsweise – offen ist.

Bonhoeffer sieht freilich sehr deutlich, daß die Erweiterung des Frage-

1 In der Fassung, die Bonhoeffer an der Berliner Fakultät eingereicht hat, heißt es noch schlicht "Sanctorum Communio, eine dogmatische Untersuchung" (SC 200, textkritische Anmerkung des Herausgebers).

horizontes der Ekklesiologie durch die Soziologie nicht zu einer Aufgabenteilung der verschiedenen Disziplinen führen darf, in der der Konstitutionsaspekt der Kirche der Dogmatik und der Darstellungsaspekt der Soziologie zugeordnet wird. Diese Aufgabenteilung würde einen doppelten Kirchenbegriff nahezu unvermeidlich machen[2]. Gegen einen doppelten Kirchenbegriff, durch den die Beziehung von Konstitutions- und Darstellungsaspekt der Kirche zu einem Verhältnis zusammenhangsloser Verschiedenheit entspannt werden würde, richtet sich aber gerade Bonhoeffers gesamte ekklesiologische Arbeit. Zu den theologischen Grundüberzeugungen, die in "Sanctorum Communio" entfaltet werden, gehört, daß die Wahrheit der Kirche unter dem Gesichtspunkt ihres in Christus vorgegebenen Grundes nicht jenseits, sondern nur in der anschaulich-empirischen Realität der Kirche erfahrbar ist. Ob und wie diese Bestimmung in der Verknüpfung von theologischer und soziologischer Betrachtungsweise gewahrt und nicht hinterrücks preisgegeben wird, gehört zu den vordringlichen Fragen, die an Bonhoeffers Konzeption des Dialogs von Theologie und Soziologie zu stellen sind.

In einem ersten Abschnitt des folgenden Kapitels wende ich mich dem Ort zu, an dem in "Sanctorum Communio" die Vernüpfung von Theologie und Soziologie im Blick auf die empirische Kirche erfolgt. Dieser Abschnitt zeichnet die theologischen Bestimmungen nach, mit denen Bonhoeffer das Verhältnis von aktualisierter Kirche Jesu Christi und gegenwärtig wirklicher Kirche begreift (1.). Im Abschluß daran erfolgt eine Rekonstruktion der von Bonhoeffer vorgenommenen Verküpfung von theologischer und soziologischer Betrachtungsweise (2.und 3.)[3]. Bonhoeffers Ausführungen münden in den Nachweis, daß die Kirche einen selbständigen soziologischen Typus verkörpert. Ein weiterer Abschnitt nimmt Bonhoeffer Argumente hierfür näher in den Blick (4.). Das vorliegende Kapitel wird beschlossen durch kritische Anfragen an Bonhoeffers Vorgehensweise und deren Ergebnisse (5.).

---

2 Das Stichwort vom "doppelten Kirchenbegriff" hat sich in der Ekklesiologie maßgeblich durch eine Augustin-Untersuchung um die Jahrhundertwende in der Diskussion eingeschliffen: HERMANN REUTER, Augustinische Studien, 2. Aufl. Gotha 1887, bes.98ff.

3 Ich orientiere mich in diesen Abschnitten an einem methodischen Vorschlag, den Ingolf U.Dalferth im Blick auf die Rekonstruktion des Verhältnisses zwischen eschatologischer Realität und weltlicher Realitätserfahrung in der Theologie Karl Barths unterbreitet hat (vgl. INGOLF U.DALFERTH, Theologischer Realismus und realistische Theologie bei Karl Barth, in: EvTh 46 (1986), 402-422). Dalferth geht dabei davon aus, daß alle kulturellen Phänomene – und damit auch Kirche und Theologie – dem

1. Die empirische Gestalt der Kirche

1.1. Theologische Differenzierungen zur Bestimmung des Verhältnisses von aktualisierter und gegenwärtig wirklicher Kirche

In einem ersten Schritt werden von Bonhoeffer die theologischen Kriterien angegeben, anhand deren die Frage nach der empirischen Gestalt der Kirche beantwortet werden soll. Das Verständnis der empirischen Kirche erschließt sich durch die Pneumatologie. Die gegenwärtig wirkliche Kirche ist Darstellungsraum und –gestalt der durch den Heiligen Geist aktualisierten Kirche Jesu Christi. Mitten in der real gegenwärtigen Kirche existiert die Gemeinschaft der Heiligen als eschatologische Glaubensgemeinschaft in der Kraft des Heiligen Geistes. Bonhoeffer sieht sich genötigt, den so gewählten Ausgangspunkt mit Hilfe zweier Differenzreihen näher zu entfalten. Wer nach der Beziehung der eschatologischen Glaubensgemeinschaft der sanctorum communio zur empirischen Realität der Kirche fragt, stößt zum einen auf das Problem des Verhältnisses von aktualisierter Kirche Jesu Christi zur Geschichte als dem Darstellungsraum der Selbstvergegenwärtigung des in und durch Christus offenbar gewordenen Gottes in seinem Geist. Da die Kirche Jesu Christi in der real gegenwärtigen Kirche sich nicht in reiner Form verstetigt, sondern vermittels Wort und Sakrament im Widerstreit gegen die faktisch noch vorhandene Sünde stets neu aktualisiert werden muß, stellt sich zum anderen das Problem der Bestimmung des Verhältnisses von sanctorum communio und communio peccatorum. Es geht also (1) um die Differenz von *Heilgegeschichte und Geschichte* und (2) um die Differenz von *communio sanctorum und communio peccatorum.*

(1) In aller Unvollkommenheit und geschichtlichen Relativität vermag die empirische Kirche Kirche Jesu Christi zu sein. So ließe sich der ekklesiologische Leitsatz Bonhoeffers in "Sanctorum Communio" zusammenfassen. Die Kirche Jesu Christi ist freilich nur solange auch gegenwärtig wirkliche Kirche, "solange Christus in seinem Worte gegenwärtig ist" (SC 142). Es ist das sich in Wort und Sakrament vollziehende Aktualisierungsgeschehen des Heiligen Geistes, das den Leib Christi mitten in der

---

Prinzip einer doppelten Beschreibung unterliegen: einer Binnenperspektive und einer Außenperspektive. An den Modellen der Verknüpfung beider Perspektiven, die Dalferth im Blick auf unterschiedliche theologische Konzeptionen aufstellt (vgl. aaO. insb.413-415), habe ich für die Rekonstruktion der Vorgehensweise von Bonhoeffer gelernt.

empirischen Realität der Kirche vergegenwärtigt. Genauso wie in Christus die Distanz der von Gott entfremdeten und in sich zerrissenen Menschheit von Gott her überbrückt wird, indem sich Gott in Christus in die Geschichte hineinverbirgt, verbirgt sich die in Christus realisierte communio sanctorum im Vergegenwärtigungsgeschehen des Heiligen Geistes in die geschichtliche Realität der Kirche hinein[4].

Die ekklesiologische Aussage über die empirische Kirche als Darstellungsraum der in Christus realisierten Kirche ist eine Konsequenz der christologischen Grundlegung des Kirchenbegriffs in "Sanctorum Communio". Weil Christus in die Geschichte einging, weil Zeit und Geschichte durch die Offenbarung Gottes in Christus zum Darstellungsraum seiner Wahrheit qualifiziert werden, vermag auch die empirische Kirche der Ort der Präsenz Christi in der Geschichte zu sein. Zwischen beiden Aussagen vermittelt die Pneumatologie. Empirische Kirche ist Kirche Jesu Christi in der Kraft des Heiligen Geistes; in Wort und Sakrament ereignet der Heilige Geist die Präsenz Christi in der gegenwärtig wirklichen Kirche.

Die Ausführungen Bonhoeffers lassen den Schluß nicht zu, die unlösliche Bezogenheit von empirischer Kirche und der in Christus realisierten communio sanctorum am Ort der gegenwärtig wirklichen Kirche könne empirisch konstatiert werden. Vielmehr kommt die Aussage über die Zusammengehörigkeit von wahrer und gegenwärtig wirklicher Kirche allein als ein *Urteil des Glaubens* in Betracht (vgl. SC 146 und 188ff). Für das Verhältnis von empirischer Kirche und wahrer Kirche Jesu Christi muß folglich im Blick auf die Unterscheidung zwischen Heiligem Geist und Geschichte festgestellt werden: Die Präsenz Christi in der empirischen Kirche kann von Seiten des geschichtlich-empirischen Wissens nicht ausgesagt werden. Sie erschließt sich allein von Seiten des durch den Heiligen Geist gewirkten Glaubens. "Nicht eine unsichtbare Kirche wird geglaubt, nicht das Reich Gottes in der Kirche als coetus electorum, sondern daß Gott die konkrete empirische Kirche, in der Wort und Sakrament verwaltet werden, zu seiner Gemeinde gemacht hat, daß sie Leib Christi, d.h.Gegenwart Christi in der Welt sei, daß nach der Verheißung Geist Gottes in ihr wirksam werde." (SC 191)

(2) Nach Bonhoeffer läßt sich das Verhältnis von empirischer Kirche und geglaubter Kirche Jesu Christi nur dann hinreichend bestimmen, wenn man eine weitere Differenz in den Blick nimmt: die von Sündhaftigkeit und Rechtfertigung der Glieder des Leibes Christi. Muß die Kirche von Seiten ihres Konstitutionsgrunds unter der Perspektive ihres Sterbens und Auferstehens in und mit Christus theologisch entfaltet werden, so von

4 Zur theologischen Rede von der Verborgenheit vgl. SC 77, 79, 151.

Seiten der Glieder am Leib Christi unter dem zweifachen Gesichtspunkt des *peccator in re und iustus in spe*[5]. Wie jeder Gerechtfertigte in seinem Leben zugleich peccator ist und bleibt, so ist und bleibt auch die sanctorum communio unter den Bedingungen ihrer geschichtlichen Realität zugleich communio peccatorum. "Es lebt in der sanctorum communio die peccatorum communio weiter." (SC 144)

Unter dem Gesichtspunkt des sich in und durch Christus vollziehenden Versöhnungswerkes Gottes ist die sanctorum communio zwar der Macht der Sünde entzogen, sofern den Gliedern des Leibes Christi die Sünde nicht mehr angerechnet wird. Gleichwohl ist die Wirklichkeit der Sünde nicht einfach gegenstandslos geworden. Wie jeder Gerechtfertigte zugleich Sünder bleibt, so ist auch die Gemeinschaft der Heiligen zugleich die Gemeinschaft der Schuldigen. "Daß sie aber als Schuldige noch die Heilige ist, vielmehr in dieser Welt nie die Heilige ist, ohne die Schuldige zu sein, das ist die Gegenwart Christi in ihr, gerade als solche in ihrer Schuld Heilige ist sie 'Christus als Gemeinde existierend'." (SC 144)

Wie schon die Unterscheidung zwischen Heiligem Geist und Geschichte nicht statisch fixiert werden kann, so auch nicht die Differenz von iustus et peccator, die Bonhoeffer für den Begriff der Kirche geltend macht. Beide Differenzreihen müssen vielmehr als ein *dynamisches Konfliktgeschehen* ausgesagt werden. Mitten in der gegenwärtig wirklichen Kirche wird die Gemeinschaft des Menschen mit Gott ebenso wie die menschliche Gemeinschaft kraft des Heiligen Geistes im Widerstreit gegen die noch existente Realität der Sünde immer wieder neu geknüpft (vgl. SC 144). Mitten in der geschichtlich-empirischen Kirche ereignet sich die heilsame Präsenz Christi im Aktualisierungsgeschehen des Heiligen Geistes; mitten in der communio peccatorum erschließt sich dem gottgewirkten Glauben allem Widerschein zum Trotz die sanctorum communio (vgl. SC 146).

Die geschichtliche "Zweideutigkeit" (SC 146) der Kirche im Weltgeschehen läßt eine umstandslose Identifikation von empirischer Kirche und communio sanctorum nicht zu. Freilich verfällt Bonhoeffer nicht auf die Alternative, den Unterschied von empirischer Kirche und geglaubter Kirche Jesu Christi zu einer statischen Differenz zu verfestigen. Letzteres würde unweigerlich auf eine Trennung von sichtbarer und unsichtbarer Kirche hinauslaufen, womit man bei einem doppelten Kirchenbegriff stünde, gegen den das Kirchenverständnis von "Sanctorum Communio"

5 Vgl. vor allem die programmtischen Äußerungen Bonhoeffers SC 77f, in denen beide Differenzreihen ((1) Sterben und Leben in Christus und (2) Sündhaftigkeit und Rechtfertigung der Glieder des Leibes Christi) für den Begriff der Kirche geltend gemacht werden.

beständig opponiert. Vielmehr ist die empirische Realität für Bonhoeffer ein Differenzgeschehen, in dem die Unterscheidung von *Heilsgeschichte und Geschichte*, von Sündhaftigkeit und Rechtfertigung, von Entfremdung und Versöhnung, von *communio peccatorum und communio sanctorum* kraft des Heiligen Geistes zum Austrag gelangt.

Die empirische Realität der Kirche ist ein zweideutiges Geschehen und muß es notwendigerweise bleiben. Ein übergreifender theologischer Gesichtspunkt sollte indes nicht übersehen werden: Die angesprochenen Differenzreihen entschlüsseln sich in "Sanctorum Communio" als die konsequente Entfaltung der Leitdifferenz von Schon-Jetzt und Noch-Nicht der in und durch Christus neugeschaffenen Gemeinschaft des Menschen mit Gott wie der Gemeinschaft der Menschen untereinander. Zum einen steht die gegenwärtig wirkliche Kirche unter dem *eschatologischen Vorbehalt* ihrer endgültig-endzeitlichen Aufhebung durch Gott (vgl. SC 193ff). Zum anderen ist sie aber auch das durch den Heiligen Geist ausgezeichnete *eschatologische Vorzeichen* jener Wiederherstellung der Gemeinschaft von Gott und Mensch (vgl. SC 143f). Das Zugleich von eschatologischem Vorbehalt und eschatologischem Vorzeichen wird in "Sanctorum Communio" wiederum in der Unterscheidung, nicht aber der Trennung von *Verborgenheit und Sichtbarkeit* der einen Kirche Jesu Christi theologisch entfaltet. Sofern allein der gottgewirkte Glaube erkennt, daß und inwiefern die empirische Kirche sanctorum communio ist, ist es schließlich die Differenz von *Glauben und Wissen*, durch die Bonhoeffer dem eschatologischen Noch-Nicht und Schon-Jetzt der durch den Heiligen Geist aktualisierten Kirche Jesu Christi mitten in der gegenwärtig wirklichen Kirche theologisch Rechnung trägt.

1.2. Zum Verhältnis von Volkskirche und Freiwilligkeitskirche

Bevor ich mich der Frage zuwende, wie Bonhoeffer die innertheologischen Differenzierungen mit der soziologischen Betrachtungsweise verknüpft, möchte ich auf einen Aspekt zu sprechen kommen, an dem sich ablesen läßt, welche Reichweite die theologischen Konsequenzen besitzen, die Bonhoeffer aus seinen bisherigen Erörterungen zieht. Nicht von ungefähr führen die Ausführungen über die empirische Gestalt der Kirche in "Sanctorum Communio" nämlich auf das Thema der Kirchenzugehörigkeit. Da zwischen der verborgenen Kirche Jesu Christi und der sichtbar-empirischen Kirche nicht getrennt werden kann, sondern die sanctorum communio "in konkreter geschichtlicher Gestalt gegenwärtig" (SC 149) ist, stellt sich das Problem der Kirchenmitgliedschaft für Bonhoeffer vorrangig unter dem Gesichtspunkt der Frage nach der volkskirchlichen Gestalt der empirischen Kirche.

Auffälligerweise entfaltet Bonhoeffer sein Verständnis der Volkskirche exakt mit Hilfe derjenigen theologischen Kriterien, die er im Kontext der Frage nach Zusammenhang und Unterscheidung von empirischer und wahrer Kirche geltend gemacht hat. Da der Zusammenhang zwischen sichtbarer Kirche und der wahren Kirche Jesu Christi allein durch Jesus Christus und sein Wort hergestellt wird, die gegenwärtig wirkliche Kirche ausschließlich kraft des Aktualisierungsgeschehens des Heiligen Geistes zum Darstellungsraum der sanctorum communio wird, kann die Zugehörigkeit zur Kirche weder zu einem Gesichtspunkt des freiwilligen Mitgliedschaftserwerbs noch zu einer Frage der persönlichen Perfektibilität der Glaubenden werden (vgl. SC 151). Die Zugehörigkeit zur Kirche liegt vielmehr im unverfügbaren Wirken des Heiligen Geistes begründet. Nach Bonhoeffer ist es die Predigt des Wortes, die jede ab- und ausschließende Definition der Grenzen der Kirche sprengt (vgl. SC 149).

Mit dem Konstitutionsgeschehen der Kirche in der Vergegenwärtigung Gottes in seinem Geist hängt unmittelbar ein zweiter Aspekt zusammen, der es der Theologie verwehrt, die Grenzen der Kirche abschließend bestimmen zu wollen. Nach Bonhoeffers Kirchenverständnis ist es zwar so, daß der gottgewirkte Glaube wahrzunehmen vermag, daß die gegenwärtig wirkliche Kirche Kirche Jesu Christi ist. Dem Glauben ist aber damit kein Kriterium an die Hand gegeben, mit dem über die Zugehörigkeit der Glieder der Kirche zur wahren Kirche Jesu Christi entschieden werden könnte. Wohl weiß der Glaube um Gottes kirchenschöpferisches Wirken in seinem Wort. Die Auswirkung dieses Handelns ist jedoch seinem Urteil entzogen, da es sich an menschlichen Handlungsvollzügen weder ausweisen noch nachweisen läßt. Der Glaube taugt nicht zum Erfahrungsbeweis der durch Gott gestifteten sanctorum communio, wie Bonhoeffer an anderer Stelle ausführt (vgl. SC 114). Genauso wie der neue Mensch, der in die Gemeinschaft mit Gott hineingezogen wird, nicht nur vor der Welt, sondern auch vor sich selbst verborgen ist, wie Bonhoeffer mit Verweis auf Luther ausführt (vgl. SC 113f), so bleibt auch die sanctorum communio im Blick auf die wahre Zugehörigkeit der Glieder zu ihr dem Glauben verborgen. Nach dem Vorbild Augustins und Luthers denkt Bonhoeffer die gegenwärtig wirkliche Kirche folglich als corpus permixtum[6], demzufolge menschlicherseits selbst im Glauben nicht erkannt

---

6 Nachweise zum Kirchenbegriff Augustins siehe bei GERHARD MAY, Art. Kirche III, in TRE 18 (1989), (218-227) 224. Zu Luther vgl. zusammenfassend ULRICH KÜHN, Kirche (Handbuch Systematischer Theologie 10), Gütersloh 1980, 27-30.

werden kann, wo auf Seiten der Glieder die Grenze der sanctorum communio verläuft (vgl. SC 149ff).

Da die Kirche zum einen ihre Grenzen nicht selbst setzt und setzen kann, zum anderen aber auch nicht über eine Erkenntnis der wahren Gliedschaft am Leib Christi verfügt, kann sie, die Kirche, nach Bonhoeffer in ihrer konkret geschichtlichen Gestalt folglich nicht anders existieren denn als Volkskirche: als Kirche der offenen Grenzen. Es ist meines Erachtens ein Zeichen der methodischen Konsequenz von Bonhoeffers Kirchenverständnis, wenn im Plädoyer für die Volkskirche keine anderen als die theologischen Kriterien konsequent zur Geltung gebracht werden, die Bonhoeffer in den vorangegangenen Abschnitten seiner Arbeit bei der Bestimmung des Kirchenbegriffes entwickelt und entfaltet hat[7].

Genausowenig wie der Kirchentypus der Volkskirche von Bonhoeffer abgelehnt wird, genausowenig erweist sich der Kirchentypus der *Freiwilligkeitskirche* als hinfällig. Das theologische Kriterium, das den Mittelpunkt der Argumentation Bonhoeffers bildet, die Predigt des Wortes, fordert sowohl die Volks- als auch die Freiwilligkeitskirche. Einerseits wendet sich die Predigt des Wortes an alle, die auch nur der Möglichkeit nach zu der Kirche gehören könnten (vgl. SC 149); dem Predigtgeschehen entspricht der Kirchentypus der Volkskirche. Andererseits stellt die Predigt den Einzelnen und die Gemeinde "vor die Entscheidung der Annahme oder Verweigerung der göttlichen Gabe" (SC 169); dieser Gedanke führt auf den Kirchentypus der Freiwilligkeitskirche. Die predigende Gemeinde und damit der *Predigtgottesdienst* bilden also die Nahtstelle, auf der sich Volks- und Freiwilligkeitskirche miteiander verbinden. Eine Debatte um die Gestalt der Kirche, in der beide Kirchentypen alternativ gegeneinander ausgespielt werden, könnte Bonhoeffer demzufolge nur schwer mitvollziehen. Allerdings muß nach Bonhoeffer immer wieder geprüft werden, ob sich Volks- und Freiwilligkeitskirche tatsächlich lebendig durchdringen.

---

7 Diese methodische Konseqeunz prägt auch noch Bonhoeffers Aufsatz "Zur Frage nach der Kirchengemeinschaft" aus der Zeit des Kirchenkampfes im Jahr 1936 (in: DIETRICH BONHOEFFER, Gesammelte Schriften II, hrsg. v. Eberhard Bethge, 2. Aufl. München 1965, 217-241). Dort heißt es programmatisch: "Die Reformation hat die Frage, was die Kirche sei, gelöst von der Frage, wer zur Kirche gehöre. Das war eine entscheidende Tat. Der römische Katholizismus und die Vorreformatoren hatten gemeint, die Frage nach dem Wesen der Kirche durch die Bestimmung ihres Umfangs beantworten zu können. Der reformatorische und insbesondere der lutherische Begriff sagt zuerst, was die Kirche sei, und läßt die Frage nach den Grenzen der Kirche offen." (AaO. 217) Vgl. dazu auch den Beitrag von WOLFGANG HUBER, Auf dem Weg zu einer Kirche der offenen Grenzen, in: Taufe und Kirchenzugehörigkeit, hrsg. v. Christine Lienemann (FBESG 39), München 1983, 488-514.

Die Volkskirche kann kein Selbstzweck sein: "Es gibt nun für die Kirche einen Zeitpunkt, in dem sie nicht mehr Volkskirche sein darf, und dieser Zeitpunkt ist dann gekommen, wenn die Kirche in ihrer volkskirchlichen Art nicht mehr das Mittel sehen kann, zur Freiwilligkeitskirche durchzudringen." (SC 150)

Der Zusammenhang von Volks- und Freiwilligkeitskirche, den Bonhoeffer im gottesdienstlichen Vollzug der Predigt begründet sieht, verweist auf das Bild von den drei *konzentrischen Kreisen*, dem gemäß den gottesdienstlichen Handlungen der Gemeinde unterschiedliche Kirchentypen zugewiesen werden. (a) Der äußere und weiteste Kreis wird durch die *Taufe* gebildet. Die Zugehörigkeit zur Kirche ist hier vorrangig durch die Rezeptivität des Getauftwerdens bestimmt. Der Taufgemeinde wird die Volkskirche oder die Missionskirche zugeordnet. Die Praxis der in der *Volkskirche* geübten Kindertaufe, in der diese dokumentiert, daß sie grundsätzlich für alle "offen" (SC 165) ist, läßt sich freilich nur dann rechtfertigen, wenn die Gemeinde im Glauben und in stellvertretender Verantwortung das Kind "trägt" (SC 164) und die Aneignung der Taufe im konfirmierenden Handeln von der ganzen Gemeinde mitvollzogen wird (vgl. SC 165 Anm 109). Ist diese Möglichkeit nicht mehr gegeben, so wird die Kirche zur *Missionskirche*, in der die Erwachsenentaufe geübt wird und der Modus der Zugehörigkeit die Bekehrung ist. (b) Der mittlere Kreis wird durch die *Predigtgemeinde* gebildet. Wie bereits ausgeführt, entspricht der auf das Wort gestellten Gemeinde sowohl die *Volks-* als auch die *Freiwilligkeitskirche*. (c) Der innerste Kreis wird durch die *Abendmahlsgemeinde* gebildet. Sie ist "Bekennergemeinde" (SC 169) und damit *Freiwilligkeitskirche* insofern, als man ihr kraft eigener Entscheidung, d.h. kraft eigenen Bekenntnisses, zugehört. Im Abendmahl verbinden sich die *Gabe* Gottes an den einzelnen und die Gemeinde und das Zeugnis und die *Aufgabe* des einzelnen und der Gemeinde im Dienst des stellvertretenden Mit- und Füreinander in der Liebe Christi (vgl. SC 166f). Es ist die Abendmahlsgemeinde, die den "Quellpunkt der gemeindlichen Wirksamkeit" (SC 170) bildet, und zwar deshalb, weil in ihr die Gabe Gottes und das menschliche Tun vor Gott in Entsprechung treten.

Mag die Unterscheidung und Beziehung der unterschiedlichen Gestalten von Kirche (Volkskirche, Missionskirche, Freiwilligkeitskirche) auch unvollständig sein, was Bonhoeffers Argumentation auszeichnet, ist, daß hier die empirisch-institutionellen Dimensionen der Kirche konsequent von den gottesdienstlichen Grundvollzügen, oder, wie man auch sagen könnte, von den kirchlichen Grundinstitutionen Taufe, Predigt und Abendmahl entwickelt werden. Diese Vorgehensweise hat bis in die Gegenwart hinein wenig Nachfolger gefunden. Meines Erachtens bestünde die Aufgabenstellung für eine Theorie der Kirche in der Gegenwart unter anderem darin, an den Versuch der Entfaltung der ekklesiologischen Bedeutung, die den gottesdienstlichen Handlungen der Gemeinde zukommt, anzuknüpfen und diese weiterzuentwickeln[8].

2. Die theologische Binnenperspektive als methodischer Ausgangspunkt des Dialogs von Theologie und Soziologie

Fragt man nach dem methodischen Gesichtspunkt, unter dem das Verständnis der empirischen Kirche als der gegenwärtig wirklichen Kirche Jesu Christi bei Bonhoeffer thematisch wird, so kann man von einer *theologischen Binnenperspektive* sprechen. Die theologische Binnenperspektive ist methodisch dadurch gekennzeichnet, daß sie die *eine* Wirklichkeit der Kirche Jesu Christi (die empirische Kirche als den Darstellungsraum und die Darstellungsgestalt der in Christus realisierten sanctorum communio) von Seiten ihres in "Sanctorum Communio" enfalteten christologisch-pneumatologisch qualifizierten Konstitutivums erschließt. "Nur von oben nach unten bzw. von innen nach Außen, nicht umgekehrt, ist ein Verständnis der empirischen Kirche möglich" (SC 141): So lautet der in "Sanctorum Communio" beständig wiederholte methodische Grundsatz, der der Ekklesiologie den Weg der Entfaltung des Kirchenbegriffs vorschreibt.

Die Vorordnung der dogmatischen Frage, was die Kirche nach Seiten ihres Konstitutionsgrundes zur Kirche Jesu Christi qualifiziert, vor die Frage nach der empirischen Realität der Kirche führt in "Sanctorum Communio" keineswegs zu einem *ekklesiologischen Deduktionismus*. Unter ekklesiologischem Deduktionismus verstehe ich ein Verfahren, mit dem die empirische Gestalt der Kirche aus dogmatisch gewonnenen ekklesiologischen Grundsätzen unmittelbar abgeleitet wird. Bonhoeffer begreift das Verhältnis von eschatologischer Glaubenswirklichkeit und geschichtlich-empirischer Wirklichkeit in den miteinander verschränkten Unterscheidungen von Verborgenheit und Sichtbarkeit, Heilsgeschichte und Geschichte, communio sanctorum und communio peccatorum. Die theologischen Unterscheidungen, mit Hilfe deren das Verhältnis der sanctorum communio als eschatologischer Glaubensgemeinschaft und der empirischen Kirche bestimmt wird, sind dabei gerade dadurch gekenn-

8 Siehe dazu auch unten Teil E 2.

zeichnet, daß sie eine normativ-dogmatische Usurpation der geschichtlichen Erfahrungswirklichkeit verhindern helfen. Im Horizont der Verheißung Christi eignet ihnen kein deduktiv-usurpatorischer, sondern ein erfahrungserschließender wie erfahrungsorientierender Sinn.

Folgt man der methodischen Vorgehensweise Bonhoeffers, so muß der Begriff der Kirche zunächst sub specie seines Konstitutionsgrundes zur Geltung gebracht werden. Ein Verständnis der Kirche von ihrer geschichtlich-empirischen Wirklichkeit her wird abgelehnt. Gleichwohl wird der Realitätscharakter der empirischen Gestalt der Kirche ekklesiologisch keineswegs abgeschattet. Vielmehr gilt es, diesen im Horizont des eschatologischen Wirkens Gottes mit und unter den Menschen zu thematisieren. Die Wirklichkeit der Kirche als eschatologische Glaubensgemeinschaft konstituiert sich zum einen durch das bestimmende Wirken Gottes in seinem Wort; dieses Wirken Gottes würde aber seines bestimmenden Charakters entbehren, wenn es nicht zum anderen am Ort der geschichtlich-empirischen Wirklichkeit der Kirche zum Zuge kommen wollte. Sofern die empirische Kirche zum ausgezeichneten Ort der freien Selbstvergegenwärtigung des sich in und durch Christus vollziehenden versöhnenden Handelns Gottes in seinem Geist wird, gelangt in ihr, der gegenwärtig wirklichen Kirche, auch der welterschließende und nicht etwa der wirklichskeitsignorierende Sinn des göttlichen Versöhnungswerks zur Darstellung.

In fünf kurzen Thesen möchte ich ein Zwischenfazit aus dem bisherigen Gang der Rekonstruktion ziehen:

(1) Vermieden wird ein *Dualismus* von geglaubter und empirischer Kirche. Stattdessen hält Bonhoeffer beharrlich an der *einen* Wirklichkeit der Kirche Jesu Christi fest: Die aktualisierte Kirche Jesu Christi wird nicht jenseits der empirischen Kirche wirklich, sondern immer nur mitten in ihr.

(2) Vermieden wird aber auch die *differenzlose Identität* von geglaubter und empirischer Kirche, die die Wirklichkeit der wahren Kirche Jesu Christi in der Wirklichkeit der empirischen Kirche aufgehen läßt. Die empirische Kirche ist qualifizierter Darstellungsraum der eschatologischen Glaubensgemeinschaft der sanctorum communio allein aufgrund der freien Selbstvergegenwärtigung Gottes in seinem Geist im Wort Christi. Kirche ist Kirche Jesu Christi insofern, als sie die Verheißung dieses Wortes bei sich hat.

(3) Die Bezogenheit von empirischer und geglaubter Kirche kann weder normativ-dogmatisch deduziert werden noch läßt sie sich sich induktiv, auf deskriptiv-historische Weise erfassen und erschließen. Dogmatischer *Deduktionismus* verfehlt die Kirche Jesu Christi hinsichtlich ihrer empiri-

schen Realität insofern, als dogmatisch gesetzt wird, was als empirische Realität von Kirche zu gelten hat. Umgekehrt verfehlt historischer *Induktionismus* die empirische Gestalt der Kirche hinsichtlich ihres bestimmtbestimmenden Konstitutionszusammenhangs in der Versöhnungswirklichkeit Gottes in Christus.

(4) Die eine Wirklichkeit der Kirche Jesu Christi wird in "Sanctorum Communio" als ein *dynamisches Differenzgeschehen* angesehen, in dem die Unterscheidung und Bezogenheit von geglaubter und empirischer Kirche am Ort und in der Praxis der gegenwärtig wirklichen Kirche beständig zum Austrag gelangt.

(5) Dieses Differenzgeschehen kann dabei wiederum doppelt beschrieben werden. (a) Die Differenz (Unterscheidung und Bezogenheit) von empirischer und geglaubter Kirche wird zum einen immer wieder durch Gottes freie Selbstvergegenwärtigung in seinem Geist aktualisiert (Differenzgeschehen von Seiten des *Wirksubjektes*). (b) Insofern sich die in und durch Christus realisierte sanctorum communio kraft des Heiligen Geistes durch den Vollzug der Wortverkündigung der Kirche vergegenwärtigt, gelangt die Unterscheidung und Bezogenheit von empirischer und geglaubter Kirche zum anderen in der Praxis der Wortverkündigung der Kirche zum Austrag. Oder anders: Am dem der Kirche eigenen Vollzug der Verkündigung des Wortes Christi wird die Differenz thematisch – ohne daß sich dieser Vollzug selbst zum Grund des Glaubens setzen könnte (Differenzgeschehen von Seiten des *Wirkmittels*, sofern es die göttliche Verheißung bei sich hat).

3. Verknüpfung der theologischen Binnenperspektive mit der soziologischen Außenperspektive

Bonhoeffers innertheologische Differenzierungen sind so angelegt, daß sich an die binnentheologische Perspektive eine soziologische Außenperspektive auf die Wirklichkeit der empirischen Kirche anschließen läßt. Theologische und soziologische Betrachtungsweise stehen dabei nicht unverbunden nebeneinander. Bonhoeffer verfährt nicht so, daß der Aspekt der geglaubten Kirche der dogmatischen Explikation einerseits und der Aspekt der empirischen Kirche der soziologischen Explikation andererseits reserviert wird. Vielmehr entfaltet Bonhoeffer in einem ersten Schritt einen strikt theologischen Bezugsrahmen, in dem Unterschiedenheit und Bezogenheit von eschatologischer Glaubensgemeinschaft und empirischer Kirche am Ort der gegenwärtig wirklichen Kirche entschlüsselt werden können. Diese Betrachtungsweise arbeitet mit einer Reihe von innertheologischen Differenzierungen, die die eine Wirklichkeit der Kirche Jesu Christi sowohl von Seiten ihres bestimmenden Konstitutivums als auch von Seiten ihrer durch dieses Konstitutivum bestimmten Darstellung auslegt. Da die Wirklichkeit der geschichtlich-empirischen Kirche von Bonhoeffer zunächst einem genuin theologischen Urteil unterstellt wird, habe ich die theologische Operation, mit der die eine Wirklichkeit der Kirche Jesu Christi in den Blick genommen wird, eine theologische Binnenperspektive genannt.

Bonhoeffers Arbeit zum Begriff der Kirche erschöpft sich freilich nicht in der Ausarbeitung einer in sich differenzierten theologischen Binnenperspektive, sondern sucht diese in einem weiteren Schritt mit einer soziologischen Außenperspektive auf die Empirie der Kirche zu verknüpfen. Dabei hat die Ausarbeitung der Binnenperspektive den Sinn, den Horizont zu erschließen, in dem eine Erweiterung der Ekklesiologie um die Fremddisziplin der Soziologie theologisch verantwortet werden kann. In methodischer Hinsicht stehen also theologische Binnenperspektive und soziologische Außenperpsektive nicht in einem symmetrisch bestimmten Verhältnis, sondern in einem unumkehrbaren Gefälle. Die soziologische Bestimmung der empirischen Kirche wird nur innerhalb des theologischen Gesamtrahmens möglich. Oder anders: Erst wenn ein Verständnis der empirischen Kirche unter dem Gesichtspunkt der theologischen Binnenperspektive entwickelt ist, wird "prinzipiell auch wieder die Bestimmung der Kirche als religiöser Gemeinschaft möglich" (SC 141). Erst wenn die Unterschiedenheit und Bezogenheit von gegenwärtig wirklicher Kirche und durch den Heiligen Geist aktualisierter Kirche Jesu Christi als eschatologischer Glaubensgemeinschaft innertheologisch erschlossen ist, läßt sich auf diese Betrachtungsweise ein Verständnis der empirischen Kirche als religiöser Gemeinschaft beziehen, das mit Hilfe einer soziologischen Theorie religiöser Vergesellschaftung ausgearbeitet werden kann.

Die Verknüpfung der theologischen mit der soziologischen Betrachtungsweise wird von Bonhoeffer so vollzogen, daß er das pneumatologisch gefaßte Aktualisierungsgeschehen der Kirche Jesu Christi mit einer *Theorie des objektiven Geistes* verkoppelt. Die empirische Gestalt der Kirche als solche ist zum einen "Darstellung des objektiven Geistes der Gemeinde in seinem Werden und Sein, in tradierten Formen und Gestalten und in gegenwärtiger Lebendigkeit und Wirksamkeit" (SC 140). In dieser Funktion wird der objektive Geist zum anderen aber aufgefaßt als "Träger und Werkzeug des Geistes der Kirche Christi" (SC 146). Bevor ich erläutere, wie Bonhoeffer das Verhältnis von Heiligem Geist und objektivem Geist bestimmt, soll zunächst die Theorie des objektiven Geistes vorgestellt werden.

3.1. Theorie des objektiven Geistes

Zur soziologischen Explikation der empirischen Gestalt der Kirche greift Bonhoeffer auf Ausführungen über den "objektiven Geist" zurück, die er im protologischen Vorbau seiner Disseration vorgestellt hatte. (SC 62-68) Durch die Aufnahme dieses Theorieelementes soll die Ekklesiologie in die Lage versetzt werden, die empirische Kirche als ein Gebilde zu verstehen, welches durch eine objektive soziale Struktur von geschichtlicher Stetigkeit ausgezeichnet ist. Bonhoeffer nimmt für das Verständnis des objektiven Geistes vor allem Anleihen bei Hans Freyers kultursoziologischer "Theorie des objektiven Geistes"[9]. Über Freyer hinaus arbeitet Bonhoeffer Elemente in sein Theoriekonzept ein, die er Reinhold Seebergs "Christlicher Dogmatik" entlehnt[10]. Sowohl Freyer als auch Seeberg stehen unübersehbar in der Tradition der Geistphilosophie Hegels. Beide unterscheiden sich aber auch in spezifischer Weise von Hegels Theorie des objektiven Geistes[11].

Freyers "Theorie des objektiven Geistes" fragt nach den Strukturelementen, den Strukturgesetzen und den objektiven Komplexionsformen, aus denen die geschichtlich-soziale Welt aufgebaut ist. Seine soziologische Theorie ist ihrem Anspruch nach der Entwurf einer "objektiven Strukturlehre"[12], die die Strukturzusammenhänge der objektiven Welt zum Thema hat. Obwohl sie ihre Herkunft aus der Philosophie Hegels nicht leugnen kann, wird die Kategorie des objektiven Geistes von Freyer explizit gegen die Fassung abgesetzt, die sie bei Hegel erhalten hatte. Im Unterschied zu Hegel wird der objektive Geist nicht als Stufe in der dialektischen Entwicklung des absoluten Geistes angesehen; weder geht der subjektive Geist im objektiven Geist auf, noch wird der objektive Geist als Moment des absoluten Geistes aufgefaßt. Der objektive Geist findet vielmehr in welthaften Objektivationen sein Dasein, die gegen die Wirklichkeit des subjektiven Geistes, oder wie Freyer auch sagt, die "Sphäre

9 HANS FREYER, Theorie des objektiven Geistes. Eine Einleitung in die Kulturphilosophie, Darmstadt 1973 [Nachdruck der 3.unveränderten Auflage, Leipzig/Berlin 1934].

10 Vgl. REINHOLD SEEBERG, Christliche Dogmatik Bd.1, Erlangen/Leipzig 1924, 505ff; DERS., Christliche Dogmatik Bd.2, Erlangen/Leipzig 1925, 325-334.

11 Bonhoeffer selbst verweist auf Hegels "Philosophie des Geistes", 483ff (vgl. SC 62 Anm 29). Die gemeinten Paragraphen finden sich in GEORG WILHELM FRIEDRICH HEGEL, Enzyklopädie der philosophischen Wissenschaften 483-552 (Theorie-Werkausgabe Bd.10, 3o3-365).

12 HANS FREYER, Theorie des objektiven Geistes, 11.

des Aktuell-Seelischen"[13], abgesetzt werden. Sozialformen sind gegenüber den Akten, in denen und durch die sie realisiert werden, als eigenständige Objektivationen aufzufassen. Objektiver Geist beruht nicht auf dem personalen[14]. Obgleich von "flüchtigen Akten ihrer Realisierung" getragen, haben sie einen selbständig-objektiven Bestand mit geschichtlicher Dauer[15]. Eine soziale Formation ist nicht einfach die Manifestation eines zwischenmenschlichen Begegnungsgeschehens, sondern ein auskristallisiertes Gebilde, das "in seiner spezifischen Form beharrt, während die Individuen ein- und austreten, sich aktuell in ihm betätigen oder nicht"[16]. Da soziale Gebilde nie gänzlich von den sie konstituierenden und in sie eingehenden subjektiven Einzelwillen abzulösen sind, stellen sie nach Freyer einen "Grenzfall der geistigen Objektivation"[17] dar.

Es ist insbesondere Freyers kategoriale Grundunterscheidung zwischen "aktuellen zwischenmenschlichen Begegnungen" und "sozialen Gebilden"[18], die Bonhoeffers systematischer Intention entgegenkommt. Bonhoeffers Überlegungen zu einem am Leitfaden einer Theorie des objektiven Geistes entwickelten soziologischen Verständnis der empirischen Gestalt der Kirche suchen dem Umstand Rechnung zu tragen, daß die Gestalt der Kirche eine soziale Größe darstellt, deren Struktur nicht auf dialogisch gefaßte Person-zu-Person-Verhältnisse reduziert werden kann. Um diese Einschränkung zu vermeiden, grenzt die soziologische Theorie Freyers die genetische von der phänomenologischen Betrachtungsweise sozialer Gebilde ab. Dieser methodischen Grundentscheidung folgt Bonhoeffer in "Sanctorum Communio" in allen Abschnitten, in denen er auf die Soziologie zu sprechen kommt. Freyer wie Bonhoeffer plädieren für die phänomenologische Perspektive, weil ihrem Urteil zufolge jedes soziale Gebilde durch eine Struktur gekennzeichnet ist, deren Eigenart durch eine rein genealogische Herleitung noch nicht hinreichend erklärt werden kann.

Freyer folgend, faßt Bonhoeffer die sozialen Objektivationen des objektiven Geistes in Analogie zum subjektiven Einzelgeist auf. Objektiver Geist hat eine individuelle Gestalt, die als ein Drittes den Einzelpersonen selbständig gegenübersteht. "Er (der objektive Geist, JvS) führt ein individuelles Leben jenseits der Einzelpersonen und ist doch nur durch sie wirklich." (SC 63) Obwohl jedes soziale Gefüge durch die Begegnung von

13 AaO. 12.

14 Vgl. Freyers Vorwort zur "Theorie des objektiven Geistes".

15 Aao 65.

16 Ebd.

17 AaO. 68.

18 Ebd.

Einzelpersonen konstituiert wird und nur durch sie wirklich ist, stellt es in phänomenologischer Hinsicht eine selbständige Objektivation dar, die weder von einer Einzelperson noch von der Gesamtheit aller Einzelpersonen dementiert werden kann. “Das Objektivierte aber ist schlechthin unaufhebbar, von jedem Einzelnen wie von allen Gliedern zusammen.” (Ebd.) Obwohl der objektive Geist sich seiner sozialen Intention nach in sozialen Gefügen auskristallisiert, die eine gegenüber dem dialogischen Begegnungsgeschehen von Einzelpersonen eigene Struktur aufweisen, werden die Einzelpersonen vom objektiven Geist nicht vollständig aufgesogen. Als soziale Entität eigenen Charakters steht das soziale Gefüge den Einzelpersonen nicht anders gegenüber als jede andere Einzelperson auch. Das soziale Objektivationsgeschehen des objektiven Geistes vollzieht sich “in Wechselwirkung mit jedem Einzelnen und mit allen” (ebd.). Demgemäß läßt sich die Strukturtheorie, die Bonhoeffer anvisiert, dahingehend kennzeichnen, daß Individualität, Intersubjektivität und Herausbildung sozialer Formationen nicht im Sinne einer sich steigernden Abfolge verstanden, sondern als zugleich ablaufendende Prozesse individueller und sozialer Vernetzung müssen gedacht werden können.

Nach Bonhoeffer entfaltet sich die soziale Wirksamkeit des objektiven Geistes auf der Schnittstelle zwischen Vergangenheit und Zukunft. Die auskristallisierten sozialen Gebilde weisen aufgrund ihrer verobjektivierten Struktur Stetigkeit in Zeit und Geschichte auf. Insofern soziale Formationen aber in Wechselwirkung mit den Einzelpersonen stehen, können sie sich gegenüber diesen nicht in einem absoluten Sinn verfestigen. Das Strukturgesetz sozialer Gefüge muß folglich als ein “Ineinander des dauernd bewegten und des objektivierten Seins” (SC 62) beschrieben werden. Soziale Gebilde besitzen nicht perfektische, sondern geschichtlich offene Gestalt; sie sind veränderungsfähig. Die bisherigen Erläuterungen können in Bonhoeffers Definition der Wirksamkeit des objektiven Geistes zusammengefaßt werden: “Objektiver Geist ist mithin anzusehen als die Verknüpfung zwischen geschichtlichem und gemeinschaftlichem Sinn, zwischen Zeit- und Raumintention.” (SC 63) Von hier aus wird es nun möglich, die Art und Weise zu rekonstruieren, in der Bonhoeffer das Aktualisierungsgeschehen des Heiligen Geistes mit der sozial-geschichtlichen Wirksamkeit des objektiven Geistes verknüpft.

3.2. Verhältnis von Heiligem Geist und objektivem Geist

Die Gestaltlehre des Sozialgebildes der Kirche ist erst dann hinreichend entfaltet, wenn die theologische Bestimmung der gegenwärtig wirklichen Kirche um eine soziologische Betrachtung der empirischen Kirche erweitert wird. Es ist die Theorie des objektiven Geistes, die Bonhoeffer im protologischen Vorbau seiner Dissertation vorträgt, die im Dienst der soziologischen Beschreibung der empirischen Gestalt der Kirche steht. Wer die binnentheologische Betrachtungsweise mit der soziologischen Außenperspektive auf die gegenwärtig wirkliche Kirche verknüpfen möchte, ist folglich genötigt, nach dem Verhältnis zwischen dem Heiligem Geist der aktualisierten Kirche Jesu Christi und dem objektiven Geist der geschichtlich-sozialen Gestalt der empirischen Kirche zu fragen. Dabei gilt es zu beachten, daß der methodische Ausgangspunkt des Verhältnisses von Theologie und Soziologie in der Differenzierung innertheologischer Gesichtspunkte liegt, mit Hilfe deren die gegenwärtig wirkliche Kirche als die aktualisierte Kirche Jesu Christi aufgefaßt werden kann. Da der soziologischen Betrachtungsweise das theologische Verständnis der empirischen Kirche sachlich und logisch vorgeordnet wird, hat die Soziologie in "Sanctorum Communio" eine strikt explikative, nicht aber eine begründende Funktion. Eine soziologische Bestimmung der empirischen Kirche ist folglich erst und nur dann möglich, wenn diese als Darstellungsraum und Darstellungsgestalt der Selbstvergegenwärtigung Gottes in seinem Geist verstanden wird.

Die Verhältnisbestimmung zwischen Heiligem Geist und objektiven Geist, oder wie Bonhoeffer auch sagen kann, zwischen der empirischen Gestalt und der Geistgestalt der Kirche (vgl. SC 147), folgt konsequent dem methodischen Gesichtspunkt der Vorordnung der theologischen Binnenperspektive vor die soziologische Außenperspektive. Bonhoeffer denkt dieses Verhältnis als *Inanspruchnahme* des objektiven Geistes der empirischen Kirche durch den Heiligen Geist: Der objektive Geist ist "Gegenstand des Wirkens des heiligen Geistes und Mittel desselben" (SC 147). Dieser bedient sich der durch den objektiven Geist auskristallisierten geschichtlich-sozialen Formen. Faßt man diese Auffassung hinsichtlich des methodischen Verfahrens der Verknüpfung von Theologie und Soziologie ins Auge, so kann man sagen, daß die soziologische Außenperspektive in den Horizont der theologischen Binnenperspektive eingerückt wird. Binnentheologische Betrachtungsweise und soziologische Außenperspektive bleiben nicht unverbunden nebeneinander stehen (stehen also nicht im Verhältnis einer bloß additiven Ergänzung zueinander), sondern die soziologische Betrachtungsweise wird in den ausgearbeiteten theologischen Bezugsrahmen integriert. Dieses Verfahren ermöglicht nicht weniger als eine theologische (christologisch-pneumatologische) Deutung eines soziologischen Sachverhaltes.

Ist es zutreffend, daß Bonhoeffers Verknüpfung zwischen dem theologisch explizierbaren Verständnis der wirklichen Kirche und dem soziologischen Sachverhalt der geschichtlich-sozialen Gestalt der empirischen Kirche im *Modell der Integration* der soziologischen Betrachtungsweise in den theologischen Bezugsrahmen gedacht wird, so schließt sich daran die Frage an, ob und wie das Verhältnis von Theologie und Soziologie sub specie der Integration dieser im Horizont jener präzisiert werden kann. Konkreter gefragt: Wird der Zugewinn, den die Erweiterung der theologischen Fragestellung durch die Soziologie erfährt, nicht wieder verspielt, insofern das Integrationsmodell Bonhoeffers unweigerlich zur Folge hat, daß die soziologische Betrachtungsweise auf die theologische reduziert wird? Ist das Modell der Integration ein reduktionistisches Modell?

Mit Nachdruck wehrt sich Bonhoeffer wiederholt gegen eine Identifikation von Heiligem Geist und objektivem Geist[19]. Der objektive Geist ist nicht als solcher bereits Träger des Heiligen Geistes, sondern nur insoweit er vom Heiligen Geist in Anspruch genommen wird. Objektiver Geist ist nur insofern Träger der Wirksamkeit des Heiligen Geistes, als dieser jenen selbst trägt. (Vgl. SC 147) Unmißverständlich wird die Vorstellung ausgeschlossen, die empirische Kirche könne als eine reine Gestalt der in und durch Christus realisierten sanctorum communio aufgefaßt werden. Die gegenwärtig wirkliche Kirche ist unter den jeweiligen historischen Bedingungen, unter denen sie existiert, durch die *reale*, nicht aber durch die *reine* Aktualität der Kirche Jesu Christi gekennzeichnet. Es sind die innertheologisch verantworteten Unterscheidungen zwischen Heilsgeschichte und Geschichte, zwischen sanctorum communio und communio peccatorum sowie zwischen Verborgenheit und Sichtbarkeit der Kirche Jesu Christi, die eine Identifikation von empirischer Kirche und Kirche in der Kraft des Geistes ausschließen. Der Unterscheidung und Bezogenheit von empirischer Kirche und aktualisierter Kirche Jesu Christi wird in der Verhältnisbestimmung von theologischer und soziologischer Betrachtungsweise konsequent Rechnung getragen. Bonhoeffer verlangt vor allem, daß die Sünde in den Begriff des objektiven Geistes mit Notwendigkeit aufgenommen werden muß (vgl. SC 145). Allein von hier aus ist eine Identifikation von Heiligem Geist und objektivem Geist ausgeschlossen. Da die empirische Kirche ihr Gepräge aus den innergeschichtlichen Formations-

19 Vgl. SC 144, 144f, 145 und 147.

prozessen des objektiven Geistes erhält, bleibt sie, die empirische Kirche, a limine *gestaltungs- und wandlungsbedürftig*. Darum muß auf der einen Seite unmißverständlich festgehalten werden: "In dem jeweilig Gestalt gewordenen Objektiv-Geistigen der Kirchen der Vergangenheit beweist sich dessen Individualität, Zufälligkeit und Unvollkommenheit, die mit dem Christusgeist oder dem heiligen Geist nicht identifizierbar ist." (SC 145) Da aber andererseits durch alle Sündhaftigkeit und historische Zufälligkeit der empirischen Kirche hindurch der Heilige Geist wirkt, muß diese, die gegenwärtig wirkliche Kirche auch als *wandlungs- und gestaltungsfähig* angesehen werden (vgl. SC 146).

Wie bereits die aktualisierte Kirche Jesu Christi mit der empirischen Kirche nicht umstandslos identifiziert werden kann, so auch nicht die Wirksamkeit des Heiligen Geistes mit der des objektiven Geistes. An dieser Stelle zeigt sich der konstruktive Gehalt der binnentheologischen Strukturvorgaben. Die soziologische Perspektive wird so in den Horizont des theologischen Verständnisses der empirischen Gestalt der Kirche integriert, daß sie an die innertheologische Differenz (Unterscheidung und Bezogenheit) von Heilsgeschichte und Geschichte und sanctorum communio und communio peccatorum angeschlossen werden kann. Innerhalb des theologischen Bezugsrahmens dienen die soziologischen Einsichten der Explikation der Struktur der empirischen Kirche unter dem Leitgesichtspunkt der Differenz von menschlicher Religionsgemeinschaft und eschatologischer Glaubensgemeinschaft (vgl. SC 141).

Der konstruktive Sinn dieses Verfahren kann im Blick auf zwei Gesichtspunkte hervorgehoben werden. (1) Aspekt der *Bezogenheit*: Der soziologisch beschreibbare Sachverhalt der empirischen Kirche wird in einen Bereich gerückt, in dem er der theologischen Deutung zugänglich wird (der objektive Geist als Werkzeug und Mittel des Heiligen Geistes). Zum anderen verhindern die innertheologischen Differenzierungen eine Identifikation von soziologischer und theologischer Betrachtungsweise. Daraus resultiert (2) der Aspekt der *Unterscheidung*: Sub specie der Bestimmung der Kirche als eschatologischer Glaubensgemeinschaft (in der Kraft des Heiligen Geistes) dient die soziologische Perspektive der Beschreibung der empirischen Kirche als einer Formation religiöser Vergesellschaftung (in der geschichtlich-sozialen Wirksamkeit des objektiven Geistes).

4. Die Kirche als selbständiger soziologischer Typus

Das Kapitel "Die empirische Gestalt der Kirche" in "Sanctorum Communio" zielt darauf ab, der Kirche als einer originären soziologischen Gestalt einen unverückbaren Platz in der Typologie sozialer Gemeinschaften zu sichern. Diese programmatische Absicht soll dabei mit Hilfe der soziologischen Einsichten eingelöst werden, die Bonhoeffer im protologischen Vorbau seiner Dissertation vorstellig macht. Innerhalb eines Abschnittes über "Das soziologische Problem" handelt er über die Typologie der sozialen Gemeinschaft, wie sie sich von der Soziologie her entwickeln läßt[20]. Um Bonhoeffers Konzeption und die darin eingearbeiteten Theorieelemente zu verstehen, muß man sich die Definition der Soziologie ins Gedächtnis rufen, die Bonhoeffers gesamte Argumentation trägt. Bonhoeffer schlägt zunächst eine Schneise in die Vielfalt soziologischer Ansätze seiner Zeit, indem er unter Soziologie nicht eine historische, sondern eine systematische Wissenschaft versteht. Systematische Wissenschaft ist die Soziologie insofern, als sie nicht die historisch-genetischen Entstehungsgesetze zu erklären sucht, sondern die Strukturgesetze empirischer Sozialformen unabhängig von ihrer Verankerung im geschichtlichen Kontext aufzufinden unternimmt. Zur systematischen Wissenschaft wird die Soziologie durch die phänomenologische Methode, die "in den empirischen Akten die soziologisch-konstitutiven Wesensakte zu erfassen" (SC 16) sucht. "Soziologie ist die Wissenschaft von den Strukturen der empirischen Gemeinschaften. Also nicht die Entstehungsgesetze der empirischen Vergesellschaftungen sind ihr eigentlicher Gegenstand, sondern die diese jeweils konstituierenden Strukturgesetze." (Ebd.)

4.1. Soziale Gemeinschaft als Willensgemeinschaft

Während die Sozialphilosophie nach den Ursprüngen der Sozialität in der menschlichen Geistigkeit fragt, "die vor allem Wissen und Wollen zur empirischen Gemeinschaft liegen" (ebd.), arbeitet die Soziologie die Strukturgesetze empirischer Vergesellschaftung auf der kategorialen Basis einer voluntaristischen Anthropologie heraus. "Gemeinschaft ist Willensgemeinschaft, aufgebaut auf der Geschiedenheit und Verschiedenheit der Personen, konstituiert durch viceverse Willensakte, ihre Einheit im Gewollten findend und zu ihren Lebensgesetzen den inneren Widerstreit der

20 Vgl. SC 51-68, näherhin 55-61.

Einzelwillen zählend." (SC 55) Mit dieser Bestimmung fällt bereits eine erste Entscheidung über die Typen sozialer Vergesellschaftung. Da die Gemeinschaft durch die Reziprozität der Willensakte charakterisiert ist, kann sie vom soziologischen Begriff der Masse bzw. des Publikums abgegrenzt werden, da für diese die bloße Parallelität der Willensrichtung prägend ist (vgl. SC 53). Die Viceversität der Willen grenzt die Gemeinschaft ferner von jeglichen Einheitsvorstellungen ab, in denen die Verschmelzung der Einzelwillen postuliert wird. In ihrem reziproken Bezug werden die an der Sozialform der Gemeinschaft beteiligten Personen nicht von einer höheren Einheit absorbiert, sondern bleiben in ihrer Einzelindividualität erhalten. Individualität und Sozialität stehen in der Gemeinschaft in einem gleichursprünglichen Verhältnis.

Im Anschluß an die Entfaltung der soziologischen Fragestellung auf der Grundlage der voluntaristischen Anthropologie, die die Gemeinschaft als Willensgemeinschaft verstehen lehrt, schließt Bonhoeffer eine Reihe von weiteren Differenzierungsschritten an, die auf eine Theorie der Typologie empirischer Sozialgebilde abzielen. Da Bonhoeffers Verständnis der Kirche als eines eigenständigen soziologischen Typus nicht ohne die von ihm konzipierte Typologie sozialer Gemeinschaften zu verstehen ist, soll diese im folgenden Abschnitt erläutert werden.

4.2. Soziologische Typologie sozialer Gebilde

4.2.1. Gemeinschaft und Gesellschaft Bonhoeffers Rezeption von Ferdinand Tönnies

Soziale Gemeinschaften lassen sich hinsichtlich ihrer spezifischen Gestalt unterscheiden, wenn man zunächst nach der Richtungsbestimmtheit der in der Gemeinschaft aufeinander bezogenen Einzelwillen fragt (vgl. SC 55). Nach der Richtungsbestimmtheit der Willen zu fragen, heißt die Relation von Zweck und Mittel zu bestimmen, die für die Orientierung der Einzelwillen maßgeblich ist. Dabei können zunächst zwei soziale Gebilde unterschieden werden, je nachdem, ob das Miteinander der Willen *Selbstzweck* oder *Mittel zum Zweck* ist. "Es kann das Miteinander als Selbstzweck gewollt sein (unter dieses ordnet sich dann auch das Füreinanderwollen ein), und es kann das Miteinander letztlich als Mittel zum Zweck gewollt sein." (SC 56) Wo das Miteinander der Willen Mittel zum Zweck ist, ist die entsprechende soziale Formation durch eine Zweckmittelrationalität geprägt – wo das Miteinander der Willen selbstzwecklichen Charakter besitzt, erhält die soziale Gemeinschaft ihr spezifisches Gepräge durch den, wie Bonhoeffer sagt, "'Sinnwillen'" (SC 56). Während also in dem einen Fall die Struktur einer Sozialform durch die Mittel zur Erreichung eines Zwecks bestimmt ist, ist in dem anderen Fall die Sozialform als solche bereits Zweck in sich selbst. Differenziert werden Sozialformen im Blick auf einen externen Zweck oder auf einen internen Zweck, der in der Sinnhaftigkeit der sozialen Gemeinschaft als solcher besteht. Mit dieser Unterscheidung hat Bonhoeffer den Boden der von Ferdinand Tönnies eingeführten Unterscheidung zwischen *Gemeinschaft und Gesellschaft* betreten.

"Gemeinschaft und Gesellschaft" von Ferdinand Tönnies erschien bereits im Jahre 1887[21]. Es erfuhr jedoch erst seit der 2. Aufl.1912 im Zusammenhang jugendbewegter Opposition gegen die wilhelminische Gesellschaft über Philosophie und Gesellschaft hinaus weite Verbreitung. Die noch junge Wissenschaft der Soziologie durfte nach dem Bedauern von Tönnies noch nicht einmal an einem "Nebentisch der Philosophie" Platz nehmen, so daß "ihr der Zutritt zu deren Gastmählern geflissentlich verwehrt" wurde[22]. Tönnies, der wie Simmel als Wegbereiter der formalen Soziologie gelten kann, unternimmt mit seiner Untersuchung "Gemeinschaft und Gesellschaft" den Versuch, die Soziologie fest im Haus der Wissenschaften zu verankern.

In der Vorrede zur ersten Auflage seines Werkes bekennt Tönnies, daß die leitende Vorstellung seiner Betrachtung die Auffassung sei, daß die Konstitution der vorangegangenen wie der existierenden Kultur kommunistischer Natur wäre, der gemäß es keinen Individualismus in Geschichte und Kultur gäbe, der seinen Wurzelboden nicht in sozialen Gemeinschaften hätte[23]. Bei der Betrachtung des Soziallebens müsse man ferner von der bloß historischen Erklärung, die begrifflos und damit keine philosophische Erklärung wäre, den Blick auf die die Kultur konstituierenden strukturellen Faktoren lenken[24]. Hierbei fällt dem Hobbesforscher Tönnies auf, daß der auf dem freien und bewußten Willen beruhende Kontrakt als beglaubigter Ausdruck aller rationalen Rechts- und Sozialverhältnisse für die Erklärung sozialer Formationen nicht hinreichend ist, sondern daß es vorvertragliche Konstitutionsmomente gibt, die der näheren Betrachtung unterzogen werden müssen. Der Staat, der auf dem Vertrag der Individuen

---

21 Die folgenden Nachweise beziehen sich auf: FERDINAND TÖNNIES, Gemeinschaft und Gesellschaft. Grundbegriffe der reinen Soziologie, Darmstadt 1979 [Neudruck der 8. Aufl. von 1935].

22 TÖNNIES, Gemeinschaft und Gesellschaft, Vorrede zur zweiten Auflage, XXV.

23 Vgl. aaO. XXIII.

24 Vgl. aaO. XXXI.

ruht, konstituiert sich in anderer Weise als die Familie, die zwar auch auf dem bejahenden Willen der sie bildenden Glieder fußt, aber eben in charakteristischer Weise sich vom Staat unterscheidet. Ausgehend von dieser Beobachtung stößt Tönnies auf die zwei Typen sozialer Verhältnisse: das Theorem von Gemeinschaft und Gesellschaft[25].

Gemeinschaft wird konstituiert durch eine spezifische Beziehung der Willen aufeinander, die Tönnies den *Wesenswillen* nennt. Der Wesenswille "ist das psychologische Äquivalent des menschliches Leibes, oder das Prinzip der Einheit des Lebens, sofern dieses unter derjenigen Form der Wirklichkeit gedacht wird, welcher das Denken selbst angehört"[26]. Demgemäß geht die Theorie der Gemeinschaft von der Einheit der Willen aus: "Die Theorie der Gemeinschaft geht solchen Bestimmungen gemäß von der vollkommenen Einheit menschlicher Willen als einem ursprünglichen oder natürlichen Zustande aus, welcher trotz der empirischen Trennung und durch dieselbe hindurch, sich erhalte, je nach der notwendigen und gegebenen Beschaffenheit der Verhältnisse zwischen verschieden bedingten Individuen mannigfach gestaltet."[27] Die Theorie der *Gesellschaft* wird in charakteristischer Weise von der Gemeinschaft abgegrenzt. Gesellschaft wird konstituiert durch den *Kürwillen*. Dieser "ist ein Gebilde des Denkens selbst, welchem daher nur in Beziehung auf seinen Urheber – das Subjekt des Denkens – eigentliche Wirklichkeit zukommt"[28]. Unter Gesellschaft wird folglich ein Gebilde verstanden, in welchem die Menschen nicht wie in der Gemeinschaft wesentlich miteinander verbunden vorgestellt werden können, sondern voneinander getrennt. Im Gegensatz zur Gemeinschaft ist "hier jeder für sich allein, und im Zustande der Spannung gegen alle übrigen. Die Gebiete ihrer Tätigkeit und ihrer Macht sind in aller Schärfe gegeneinander abgegrenzt, so daß jeder dem anderen Berührungen und Eintritt verwehrt, als welche gleich Feindseligkeiten geachtet werden"[29]. Während die Gesellschaft als eine vollkommen ideelle oder mechanische Bildung aufgefaßt werden muß, ist die Gemeinschaft für Tönnies Ausdruck des organischen Lebens.[30]

Bonhoeffer lehnt sich in "Sanctorum Communio" nahezu vollständig an die Unterscheidung von Tönnies an. Dem Typus der Gemeinschaft entspricht dabei die Kategorie des *Sinngefüges*, in dem das Miteiander der

---

25 Vgl. aaO. XXXIII.
26 AaO. 73.
27 AaO. 7.
28 AaO. 73.
29 AaO. 34.
30 Vgl. aaO. 3.

Willen als Selbstzweck gewollt ist (vgl. SC 56). Dem Typus der Gesellschaft entspricht das *Zweckgefüge*, in dem das Miteinander der Willen als Mittel zum Zweck fungiert (vgl. ebd.). Die Gesellschaft gilt Bonhoeffer folglich als "System der Mittel" (SC 59): "Alles intim Persönliche ist hier ausgeschlossen. Völlige geistige Isolierung verbindet sich mit der Kommunikation der zwecksetzenden Willen im System der Mittel. Jeder macht sich für die Gesellschaft nur in eigenstem Interesse verantwortlich. Gesellschaft ist prinzipiell traditionslos. Die geistige Grundhaltung ist ausgedrückt in gegenseitiger innerer Gleichgültigkeit, strengster Vorsicht voreinander, daher Zurückhaltung und persönliche Sicherheit des Auftretens zugleich, schließlich, soweit zweckmäßig, konventionelle Liebenswürdigkeit." (SC 58f) Diese Sätze Bonhoeffer könnten direkt dem Werk von Tönnies' entnommen sein, so eng ist die Abhängigkeit Bonhoeffers von Tönnies typologischer Unterscheidung von Gemeinschaft und Gesellschaft.

Der Versuch, den Gehalt der Begriffe Gemeinschaft und Gesellschaft bei Tönnies präzise zu bestimmen, stößt auf nicht geringe Schwierigkeiten. Es ist vor allem die unklare Stellung der soziologischen Typen zueinander, die in der Rezeptionsgeschichte des Töniesschen Werkes ein Motiv für die Ideologisierung seines Begriffspaares bilden[31]. In "Gemeinschaft und Gesellschaft" begegnet eine Reihe von sich widersprechenden Auffassungen über das Verhältnis der beiden Sozialgestalten. Einerseits will Tönnies seine Kategorien strikt wertfrei verstanden wissen[32]. Im Sinne der von ihm konzipierten reinen Soziologie und in Abgrenzung von der historischen Soziologie versteht er dabei die Begriffe Gemeinschaft und Gesellschaft phänomenologisch-strukturell als "Normaltypen"[33], in denen sich paradigmatisch zwei unterschiedliche Willensgestaltungen verkörpern. Andererseits begegnet bei Tönnies der evolutionslogische Gedanke der Genese der Gesellschaft aus der sozialen Formation der Gemeinschaft. Diese Entwicklung wird nun zum einen im Sinne einer Verfallstheorie kulturpessimistisch bewertet[34]. Zum anderen heftet sich an

31 Vgl. hierzu auch HERMANN RINGELING, Art.Gemeinschaft, in: TRE 12 (1984) 346-355; RENÉ KÖNIG, Zur Soziologie der zwanziger Jahre, in: Die Zeit ohne Eigenschaften, hrsg. v. Leonard Reinisch, Stuttgart 1961, 82-118; KURT SONTHEIMER, Antidemokratisches Denken in der Weimarer Republik (1962), München 1983, insb. 315-317.

32 Vgl. TÖNNIES, Gemeinschaft und Gesellschaft, XXf.

33 AaO. XLIV.

34 Vgl. die Ausführungen von Tönnies über das Absterben der gemeinschaftlichen Lebensformen, aaO. 211ff. In diesem Zusammenhang heißt es beispielsweise: "So ist

den diagnostizierten Zersetzungsprozeß der modernen Kultur ein verhaltener Optimismus hinsichtlich der Entstehung neuer Gemeinschaften. Es ist der Typus der "Genossenschaft", von dessen Genese aus dem Verfall der modernen Kultur sich Tönnies die Versöhnung von Gemeinschaft und Gesellschaft erhofft[35]. All diese Äußerungen stehen im Widerspruch zu dem Gedanken, daß jeder Kulturzustand eine Mischung beider Formen des sozialen Lebens kennt, derzufolge Gemeinschaft wie Gesellschaft gleichzeitig vorhandene Elemente einer Gesamtkultur darstellen. Es sind aber gerade die philosophischen Voraussetzungen von Tönnies, die der Kategorie der Gemeinschaft die systematische Priorität vor der der Gesellschaft sichern und die angedeutete dichotomisch-verfallstheoretische Verhältnisbestimmung nach sich ziehen. Die philosophische Basis des soziologischen Theorems von Tönnies besteht in einer pychologisch-voluntaristisch gefaßten Ontologie, in der der Begriff der Gemeinschaft die Versöhntheit des Seins mit sich selbst repräsentiert[36]. Dieses philosophische Konzept läßt sich schon daran ablesen, daß die ontologischen Grundmerkmale des sozialen Daseins für Tönnies in Akten des willentlichen Bejahens bestehen, durch die die Sozialform der Gemeinschaft konstituiert wird[37]. Der Begriff der Gesellschaft fungiert dabei als ein Gegenbild, das allein vor dem Hintergrund seines Gegensatzes bestimmt werden kann und demzufolge alle negativen Merkmale im Gegenüber zur Gemeinschaft aufweist. Auch wenn die kulturkritischen Strömungen nach dem 1.Weltkrieg, die Tönnies als Kronzeugen ihrer Gesellschaftskritik

---

die Großstadt und gesellschaftliche Zustand überhaupt das Verderben und der Tod des Volkes ..." (aaO. 215) Und: "Der Staat, als die Vernunft der Gesellschaft, müßte sich entschließen, die Gesellschaft zu vernichten, oder doch umgestaltend zu erneuern. Das Gelingen solcher Versuche ist außerordentlich unwahrscheinlich." (AaO. 214) Gemeinschaft und Gesellschaft können auch "zwei Zeitalter" (aaO. 215) genannt werden, die sich in der Kulturentwicklung gegenüberstehen. Die kulturpessimistische Sicht von Tönnies tritt in anderen Veröffentlichungen noch deutlicher hervor (Nachweise vor allem in dem Aufsatz von RENÉ KÖNIG, siehe unten Anm 36).

35 Vgl. Gemeinschaft und Gesellschaft, aaO. 174.

36 Dies hat vor allem RENÉ KÖNIG in seiner Analyse von "Gemeinschaft und Gesellschaft" herausgearbeitet, auf die hier verwiesen sei. Vgl. DERS., Die Begriffe Gemeinschaft und Gesellschaft bei Ferdinand Tönnies, in: KZS 7 (1955), 348-420.

37 Es sei an dieser Stelle darauf hingewiesen, daß Max Weber in der Kritik dieser Auffassung von Tönnies den für seine Soziologie zentralen Begriff der Herrschaft entwickelt hat. Vgl. MAX WEBER, Über einige Kategorien der verstehenden Soziologie (1913), in: ders., Gesammelte Aufsätze zur Wissenschaftslehre (Zweite durchgesehene und ergänzte Aufl., besorgt von Johannes Winckelmann) Tübingen 1951, 427-474.

aufrufen, "Gemeinschaft und Gesellschaft" vielfach gar nicht zur Kenntnis genommen haben, so läßt eine Analyse von Tönnies soziologischem Hauptwerk doch das Urteil als berechtigt erscheinen, daß der kulturkritische Gebrauch des Begriffs der Gesellschaft und der gegenideologisch verwendete Begriff der Gemeinschaft bei Tönnies selbst systematisch vorbereitet sind[38].

Mit der Rezeption von "Gemeinschaft und Gesellschaft" ist eine Reihe von weitreichenden Implikationen für das Kirchenverständnis Bonhoeffers verbunden. Bonhoeffer hebt zunächst den idealtypischen Charakter des Tönniesschen Theorems hervor. Die reinen Typen von Gemeinschaft und Gesellschaft wird es in konkreter Gestalt nicht geben. "Es gibt keine Gemeinschaft ohne gesellschaftliche, erst recht aber keine Gesellschaft ohne gemeinschaftliche Willensverknüpfung ..." (SC 59) Auch vermeidet Bonhoeffer die Identifikation der Gemeinschaft mit organisch gewachsenen und die der Gesellschaft mit hergestellten Sozialverbänden (vgl. SC 57). Diese Lesart der Tönniesschen Unterscheidung vermag sich aber nicht über Tönnies hinwegzuheben, weil sie an der dialektischen Beziehung von Gemeinschaft und Gesellschaft nicht strikt festhält. Bonhoeffer stimmt mit Tönnies darin überein, daß die Gemeinschaft die wesentliche Sozialform ist, auf der alle anderen sozialen Gebilde aufruhen. Es gibt gerade darum keine Gesellschaft ohne gemeinschaftliche Verknüpfung der Willen, "weil Gesellschaft durch Gemeinschaft wesengemäß fundiert ist" (SC 59).

Bevor ich mich den Konsequenzen zuwende, die die Aufnahme der Typologie von Gemeinschaft und Gesellschaft für das Verständnis der empirischen Kirche bei Bonhoeffer nach sich zieht, sollen noch zwei weitere Differenzierungsschritte referiert werden, durch die die Typologie sozialer Gemeinschaften in "Sanctorum Communio" entfaltet wird. Bonhoeffer hatte zunächst die Grundformen Gemeinschaft und Gesellschaft unterscheiden können, indem er nach der Teleologie der Verknüpfung der Willen gefragt hatte. Die durch diese Frage erschlossenen Grundtypen des Zweckgefüges (Gesellschaft) und des Singefüges (Gemeinschaft) können weiter präzisiert werden, wenn man das *Dichteverhältnis* der Verknüpfung in den Blick nimmt. Insofern die Willen im Zweckgefüge auf den außerhalb der Sozialform liegenden Zweck ausgerichtet sind, beruht die

38 HANS-ULRICH WEHLER weist darauf hin, daß die überwiegende Mehrzahl der sozialwissenschaftlichen Denker des ausgehenden 19.Jahrhunderts Theorien favorisieren, die von dichotomischen Begriffspaaren geprägt sind, in denen die soziale Entwicklung in der Polarität von Tradition und Moderne wahrgenommen wird. Vgl. DERS., Modernisierungstheorie und Geschichte, Göttingen 1975, 14f.

Verbundenheit der Willen auf Konvention und Distanz. Gemeinschaftliche Verbundenheit ist hingegen durch Nähe geprägt, weil hier die Gemeinschaft als solche den Zweck bildet, der nicht ohne inneres Interesse am anderen zu verwirklichen ist. Innere Verbundenheit (*Konkordia*) steht dem äußeren Zusammenschluß (*Kontrakt*) entgegen; Gesellschaft wird durch Vertrag konstituiert, Gemeinschaft hingegen durch inneren Konsens, der wie bei Tönnies durch Akte des Bejahens zustande kommt (vgl. SC 56). An diese Unterscheidung schließen sich weitere Bestimmungen an. Im Blick auf die Handlungstypen läßt sich das *zweckrationale Handeln*, das der Gesellschaft zugeordnet wird, von dem *selbstzwecklich-darstellenden Handeln* der Gemeinschaft unterscheiden. Entsprechend muß gelten: "Was in der Gesellschaft Zweckmittel ..., ist in der Gemeinschaft Symbol, entsprechend der Verschiedenheit des Zweck- oder Zielhandelns bei der ersteren, des Selbstdarstellungshandelns bei der letzteren." (SC 63f) Schließlich tragen Gemeinschaft und Gesellschaft verschiedene Zeitintentionen in sich. Da die Gesellschaft durch ein Handeln charakterisiert ist, daß sich auf einen externen Zweck richtet, bleibt sie innergeschichtlich *zeitbegrenzt* (vgl. SC 64). Das Selbstdarstellungshandeln der Gemeinschaft hingegen ist *grenzzeitlich* bestimmt. Da Gemeinschaften sich nicht in innergeschichtlich verfolgten Zwecken erschöpfen, sind sie nicht durch die Zeit begrenzt, sondern begrenzen selbst die Zeit. Die letzte Bestimmung wird allerdings nur verständlich, wenn man die schöpfungstheologischen Argumente beachtet, die hier unvermittelt in die soziologisch gehaltenen Ausführungen einschießen. Gemeinschaften sind gerade deswegen nicht durch die Zeit begrenzt, weil sie von Gott "gegeben" sind (SC 64). Die Aussage vom göttlichen Stiftungscharakter der gemeinschaftlichen Sozialgebilde steht im Widerspruch zu dem von Bonhoeffer aufgestellten Verbot, zwischen gewachsenen und gemachten Sozialverbänden zu unterscheiden, denn nun wird unversehens zwischen gottgegebenen und konstruierten Sozialgebilden unterschieden. Bonhoeffer steigert diesen Gedanken theologisch bis hin zu dem Postulat einer gottgestifteten Schöpfungsordnung: "Hier liegt die 'Heiligkeit' menschlichen Gemeinschaftslebens begründet, mag man an die physischen Gemeinschaften des Blutes und Geschlechts, an die geschichtlichen wie das Volk, an die Schicksalsgemeinschaften wie Ehe und Freundschaft denken, und in dieser Heiligkeit ist die grundsätzliche Unauflöslichkeit aller dieser Lebensgefüge offenbar." (SC 64)[39]

39 Der Abschnitt SC 64f, in dem Bonhoeffer diese Überlegungen vorträgt, fehlt in dem 1927 an der Berliner Fakultät eingereichten maschinenschriftlichen Exemplar und ist erst in der 1928 in Barcelona erfolgten Überarbeitung für den Druck eingefügt

Fragt man nicht nach dem Dichteverhältnis, sondern nach dem *Stärkeverhältnis* der miteinander verknüpften Willen, so können wiederum zwei weitere soziologische Typen ausgemacht werden: der *Gewaltverband* und der *Herrschaftsverband.* "Wird im ersteren der beherrschte Wille rein mechanisch von dem gewalttätigen in Bewegung gesetzt, so wird im zweiten das Verständnis für den Sinn des Befohlenen bei dem Gehorchenden vorausgesetzt." (SC 59) Im Zusammenhang dieser Argumentation wird der Sozialverband der "Genossenschaft" aus der soziologischen Typologie ausgeschlossen. Bonhoeffer sieht es als erwiesen an, daß die Voraussetzung jeder auf konsensueller Koordination der Willen gegründeten Gemeinschaft, wie sie die Kategorie der Genossenschaft auszeichnet, durch ein Verhältnis zu einem "absoluten Herrschaftswillen" (SC 60) fundiert sei. Der Genossenschaftsbegriff beruhe auf rechtlicher Gleichheit der Glieder, die aber soziologisch gesehen durch die Idee der Gleichheit vor dem Gesetz konstituiert sei. Dieses Gesetz muß aber wiederum aufgefaßt werden als die Instanz eines absoluten Herrschaftswillens. Die Voraussetzung symmetrischer Relationen in einem Sozialgebilde beruht für Bonhoeffer auf einer unaufhebbaren Asymmetrie. Aus diesem Grund bildet der Typ der Genossenschaft einen Unterfall eines Herrschaftsverbandes.

Mit den letzten Überlegungen ist die Typologie sozialer Gebilde abgeschlossen. Es ist nun möglich, danach zu fragen, wie Bonhoeffer die empirische Gestalt der Kirche in diese Typologie einzeichnet. Bevor dies geschieht, sollen die grundlegenden Dichotomien, die mit der Unterscheidung von Gemeinschaft und Gesellschaft verbunden sind, in einem skizzenhaften Überblick dargestellt werden.

	Gemeinschaft	*Gesellschaft*
Konstitution	Konsens	Kontrakt
Sozialstruktur	sinnhaft	zweckhaft
Kommunikation	personal	unpersönlich
	inneres Interesse	äußerliche Konvention
	Nähe	Distanz
Rationalität	selbstzwecklich	zweckmittelhaft
Handlung	Darstellung	Herstellung
	Symbol	Zweckmittel

worden! (Vgl. SC 64, textkritische Anmerkung des Herausgebers 118) – Zu den schöpfungstheologischen Einschüssen vgl. überdies SC 54f.

4.3. Die Kirche als soziologischer Typus

Bonhoeffers dogmatische Untersuchung zur Soziologie der Kirche mündet in einen Abschnitt, in dem die Kirche in die soziologische Typologie eingeordnet wird (vgl. SC 173-188). Dabei wird gezeigt, daß der Begriff der Kirche sich nicht umstandslos in die Typologie sozialer Gebilde einzeichnen läßt, sondern eine selbständige und höchst originäre Struktur besitzt. Der Aufweis dieser Struktur mündet in das Fazit: "Kirche ist Gemeinschaftsgestalt sui generis, Geistgemeinschaft, Liebesgemeinschaft. In ihr sind die soziologischen Grundtypen Gesellschaft, Gemeinschaft und Herrschaftsverband zusammengezogen und überwunden." (SC 185)

Ich möchte im folgenden erläutern, auf welchem Weg Bonhoeffer diese Bestimmung erreicht. Dabei soll die Frage nicht übersehen werden, in welcher Weise die Verknüpfung der theologischen Binnenperspektive mit der soziologischen Außenperspektive vollzogen wird. Von der Beantwortung dieses Problems hängt die weitere Frage ab, ob und inwiefern Bonhoeffer sein anspruchsvolles Theoriekonzept der Vermittlung von theologischer und soziologischer Betrachtungsweise hat einlösen können. Mit Hilfe dieser Fragestellungen kann schließlich der Boden betreten werden, auf dem die Erörterung darüber sinnvoll wird, inwieweit aus Bonhoeffers Konzeption für das Projekt einer Theorie der Kirche gelernt werden kann, und wo die Grenzen dieser Konzeption liegen.

Bonhoeffer beantwortet das Problem des soziologischen Strukturtyps der Kirche, indem er jeden soziologischen Typus, über den er im Abschnitt über das soziologische Problem gehandelt hat[40], vor dem Hintergrund der Frage durchprüft, inwieweit die vorgestellten Typen dem Begriff der Kirche zu entsprechen vermögen. In einem ersten Schritt wird die soziologische Kategorie der *Gesellschaft* in Erwägung gezogen. Diese läßt sich im Blick auf die Kirche wiederum in die zwei Typen des Vereins und der Anstalt zerlegen.

Der Begriff des *Vereins* erweist sich aus folgenden Gründen als unzulänglich[41]: (1) Ein Verein wird gebildet durch den freien und bewußten Zusammentritt der Mitglieder. Unter dem Gesichtspunkt der bewußten Entscheidung zur Mitgliedschaft in einem Verein muß die Kindertaufpraxis der Kirche als sinnwidrig erscheinen. (2) Der Verein ist geschlossen und kennt den Ausschluß von Mitgliedern. Der Kirche hingegen ist ein Verfügungsrecht über ihre Glieder fremd. Exkommunikation gibt es ledig-

---

40 Vgl. SC 51-68; siehe die Ausführungen oben Punkt 4.2.

41 Vgl. hierzu SC 174f.

lich nach Maßgabe des iudicium caritatis (vgl. SC 178, insb. Anm 130). (3) Gemäß der Unterscheidung zwischen konventionell-zweckrationalem Handeln (Gesellschaft) und sinnerfüllt-symbolischem Handeln (Gemeinschaft) wird der Verein, der einen Unterfall des Gesellschaftstypus darstellt, der Kirche gegenübergestellt, die alle Merkmale des Gemeinschaftstypus aufweist. (4) Schließlich macht Bonhoeffer ein theologisches Argument gegen die Vereinstheorie geltend, das sich auf die Kirche unter dem Gesichtspunkt ihrer Konstitution in dem in Christus offenbaren Willen Gottes bezieht. Im Blick auf die Frage nach der Wahrheit der Kirche als Kirche Jesu Christi muß die soziologische Betrachtung kapitulieren. "Ein Blick auf die christliche Anschauung von Sünde, Gnade, Christus, heiligem Geist, Kirche erweist die völlige Unzulänglichkeit des Vereinsbegriffs in seiner Anwendung auf den Kirchenbegriff". (SC 175)

Gerade das letzte Argument, welches Bonhoeffer gegen die Vereinstheorie anführt, scheint für den Begriff der *Anstalt* zu sprechen, da dieser das Institut der Gnadengabe als konstitutiv für den soziologischen Typus der Kirche ansieht. Explizit greift Bonhoeffer an dieser Stelle auf die Definition der Anstalt von Max Weber und Ernst Troeltsch[42] zurück. Die Kennzeichen der Anstalt bestehen nach Weber in einem von der "Welt" ausgesonderten Berufspriesterstand, einem universalistischen, die besonderen Sozialbeziehungen übergreifendem Herrschaftsanspruch, der Rationalisierung von Dogma und Kultus, einem umfassendes System der ethisch-religiösen Reglementierung des Lebens, einer anstaltsartigen Organisationsform, die ein genuin ausgebildetes Kirchenrecht erforderlich macht und schließlich der Loslösung des Charismas von der Person und seiner Verknüpfung mit der Anstaltsinstitutionalität[43]. Bonhoeffer sieht sehr deutlich, daß gerade der letzte Punkt – die Loslösung des Charismas von der Person und seine Bindung an das Amt – für Weber das entscheidende Charakteristikum der Kirche als Anstalt ist. An dieser Stelle setzt auch die Kritik von Bonhoeffer ein: "Der kritische Punkt der Theorie wird erst dort getroffen, wo man nach der die Anstalt begründenden Autorität fragt." (SC 176)

Webers Idealtypus der Anstalt läßt sich zwar am Phänomen des Katholizismus soziologisch plausibilisieren, im Blick auf das protestantische Kirchenverständnis erscheint er jedoch als unzureichend (vgl. SC 176f).

---

42 Vgl. ERNST TROELTSCH, Die Soziallehren der christlichen Kirchen und Gruppen (Gesammelte Schriften I), Aalen 1981 [2.Neudruck der Ausgabe Tübingen 1922], 362ff.

43 Vgl. MAX WEBER, Wirtschaft und Gesellschaft. Grundriß der verstehenden Soziologie, 5.rev. Aufl. Tübingen 1976, 692ff.

Wie schon beim Vereinsbegriff macht Bonhoeffer kein soziologisches, sondern ein theologisches Argument gegen die Anstaltstheorie Webers geltend. Zwar hat der Anstaltsbegriff gegenüber der Kategorie des Vereins den Vorzug, daß Mitgliedschaft nicht als Resultat individueller Entscheidung aufgefaßt werden muß. Der entscheidende Nachteil des Anstaltsbegriffes liegt aber darin, daß das Amt, das die Heilsgüter der Kirche verwaltet, der Gemeinde autoritativ übergeordnet wird. Da die Kirche nach Bonhoeffer durch Gottes freie Selbstvergegenwärtigung in seinem vom Heiligen Geist getriebenen Wort konstituiert wird, kann eine Sonderstellung des Amtes und des Amtsträgers über der Gemeinde nicht postuliert werden. Sie würde der Lehre vom Priestertum aller Gläubigen widersprechen[44]. "Die evangelische 'Anstalt' ist nicht von Gott über die Gemeinde gestiftet, sondern ist Tat der Gemeinde selbst, weil auch das Amt der Gemeinde gehört und nur im Zusammenhang mit dieser gedacht werden darf. Damit fällt aber der eigentliche soziologische Sinn des Anstaltsbegriffs dahin, insofern es keine Anstalt ohne Gemeinde gibt wie im Katholizismus, und insofern als die Gaben, die in der Kirche versprochen werden, solche sind, die Gott einer Gemeinschaft von Personen, seiner Gemeinde, gab, indem er dieser das Wort der Verkündigung anvertraute, durch das er sie auch erhält." (SC 177) Beurteilt man den Begriff der Anstalt aus dieser Perspektive, scheint der Vereinsbegriff der soziologischen Kategorie der Anstalt grundsätzlich überlegen, da in ihm die Kirche als eine Gemeinschaft von Personen gedacht wird.

Obgleich sowohl der Vereins- als auch der Anstaltsbegriff Elemente des soziologischen Typus der Kirche aufweisen, wird doch an Bonhoeffers Einwänden deutlich, daß der soziologische Typus der Kirche mit keinem der bisher dargestellten Modelle zusammenfällt. Der von Bonhoeffer anvisierte Typus dürfte vielmehr genau zwischen Verein und Anstalt zu verorten sein. Bedenkt man die von Bonhoeffer angeführten theologischen Argumente, die zum einen auf die Konstitution der Gemeinde durch das Wort und zum anderen auf den sozial-kommunikativen Charakter der Gemeinschaft von Personen abheben, der eine Überordnung des Amtes über die Gemeinde nicht erlaubt, so kann man vielleicht am ehesten von einem Typus sprechen, der durch *charismatische* (durch das Wort konstituierte) *Vergemeinschaftung* geprägt ist. Einer solcher Typus beginnt sich jedenfalls in der Kritik von Verein- und Anstaltsbegriff abzuzeichnen.

Der Erfassung des soziologischen Typus der Kirche kommt Bonhoeffer einen erheblichen Schritt näher, indem er sie, die Kirche, unter den

44 Vgl. hierzu auch die Ausführungen über die soziologische Bedeutung des Amtes SC 159-162.

kategorialen Bestimmungen der Gemeinschaft betrachtet. Die Unzulänglichkeit des Anstaltsbegriffs besteht im wesentlichen darin, daß die Kirche nicht durch ein Institut gekennzeichnet ist, sondern als eine Gemeinschaft von Personen aufgefaßt werden muß (vgl. SC 176). "Nur von der Gemeinde als Persongemeinschaft aus sind die evangelisch-kirchlichen Formen von Taufe, Konfirmation, Austritt, Versammlung und die rechtlichen Regelungen (Steuerverfahren) zu verstehen."(SC 177) Für den Begriff der Gemeinschaft ist der freie Akt ihrer Bejahung wesentlich: "Alle echte Gemeinschaft als Willensgemeinschaft setzt den freien Akt der Bejahung der Gemeinschaft voraus ..." (SC 178) Der Begriff der Kirche vermag dem insofern zu entsprechen, als unter dem Akt der freien Bejahung die Bekenntnisvollzüge der Gemeinde verstanden werden können, die in Taufe, Konfirmation und Abendmahl zur Darstellung gelangen. Die Kindertaufe muß aus diesem Verständnis nicht herausfallen, da Bonhoeffer Kinder, bis sie über einen selbständigen Willen verfügen, als "ein Stück des Willens ihrer Eltern" (SC 58) ansieht. Da die Bedingung der Aufnahme in die kirchliche Gemeinschaft einzig und allein in dem bejahenden Akt des Bekenntnisses liegt, verfügt die Kirche im Unterschied zum Verein auch über kein Kriterium, mit dem ein Ausschluß aus der Gemeinschaft zu rechtfertigen wäre. Schließlich stehen die rechtlichen Formen, in denen sich die Gemeinde organisiert, nicht im Dienst eines ihr äußerlichen Zweckes, sondern dienen allein der Ermöglichung und Erhaltung der Gemeinde selbst. Die rechtlichen Regelungen der Kirche sind mithin gemeinschaftlich zu deuten.

Während die bisher genannten Urteile Bonhoeffers die Kirche von Seiten ihrer empirisch-geschichtlichen Darstellung in den Blick nehmen, wird der Gang der Erörterung – wie auch schon bei Darlegung der Unzulänglichkeit der Vereins- und Anstaltstheorie – mit einem theologischen Argument abgeschlossen, das die Kirche von Seiten ihres Konstitutionsaspektes thematisiert. Die Einzigartigkeit des soziologischen Typus der Kirche wird nach Bonhoeffer nämlich erst dort offenkundig, "wo wir sie als die geistgegründete und –gewirkte Gemeinschaft und Gemeinde Gottes erfassen, als welche sie ist 'Christus als Gemeinde existierend', die Gegenwart Christi. Vereinstheorie wie Anstaltsbegriff scheitern an dem evangelischen Verständnis von Geist und Gemeinde, jene, indem sie das Problem der Realität des Geistes gar nicht in Betracht zieht, dieser, indem er Geist und Gemeinde aus ihrem wesenhaften Zusammenhange reißt ..." (SC 179f)

Mit dem zuletzt angesprochenen Argument, das gegen die Vereins- wie die Anstaltstheorie ins Spiel gebracht wird, ist die Stelle erreicht, an der sich auf dem Weg der Bestimmung des soziologischen Typus der Kirche ein mehr oder weniger explizit vollzogener *Wechsel der Beurteilungskriterien* beobachten läßt. Bonhoeffer gesteht selbst ein, daß sich die Kirche soziologisch mit guten Gründen der Kategorie der Gemeinschaft zurechnen läßt, eine Lösung, die "soziologisch korrekter ist als jede andere" (SC 183). Gleichwohl begegnügt er sich nicht mit diesem Ergebnis. Der Grund hierfür ist unschwer auszumachen. Aus soziologischer Perspektive betrachtet, weist die Kirche keine Struktur auf, die sie von anderen Gemeinschaften in grundsätzlichem Sinne unterschiedet. Sie ist ein Spezialfall der Kategorie der Gemeinschaft, anzusprechen eben lediglich als religiöse Gemeinschaft. Dieses Resultat erscheint Bonhoeffer als unzulänglich, da nicht von religiöser Gemeinschaft gehandelt werden soll, sondern von der empirischen Kirche als der gegenwärtigen sanctorum communio (vgl. SC 180). Die empirische Kirche als Darstellungsraum und –gestalt der Kirche Jesu Christi läßt sich aber nicht in soziologischer, sondern nur in theologischer Perspektive als eine solche aussagen. Folglich muß Bonhoeffer auf den Begründungszusammenhang zu sprechen kommen, in dem sich die empirische Kirche als gegenwärtig wirkliche sanctorum communio begreifen läßt. Dieser Begründungszusammenhang, an den die soziologische Außenperspektive nicht heranreicht, besteht in der Aktualisierung der Kirche durch den Heiligen Geist. Nach Bonhoeffer genügt es nicht, die Kirche als Gemeinschaft zu deuten; "sie ist zwar Gemeinschaft, aber konkret bestimmt als Geistgemeinschaft" (SC 180). Dabei wird der Leser nicht über die methodische Konsequenz im Unklaren gelassen, die aus diesem Perspektivenwechsel resultiert: "Damit nun erfährt die ganze soziologische Konstruktion ihre *Korrektur* und Begrenzung durch die Besinnung auf den theologischen Charakter des Kirchenbegriffs." (SC 180, Hervorhebung JvS)

Die pneumatologische Akzentuierung des Gemeinschaftsbegriffes, die sich aus der theologischen Betrachtungsweise ergibt, modifiziert die Struktur der Grundbeziehungen der Gemeinschaft. Das geistbegründete Erschließungsgeschehen der sanctorum communio am Ort der empirischen Kirche verweist auf den transzendenten Grund der Gemeinschaft. Hier greift die von Bonhoeffer bereitgestellte Kategorie des Herrschaftsverbandes. Die sanctorum communio als gegenwärtig wirkliche Kirche besitzt ihren Grund in ihrem Verhältnis zu dem ihr vorgegebenen, unverfügbaren Gegenüber; das Konstitutionsmoment dieses Gefüges muß in der Herrschaft Gottes ausgemacht werden. Demgemäß läßt sich die Kirche in der Kategorie des *Herrschaftsverbandes* begreifen (vgl. SC 181). Der mißverständliche Begriff der Herrschaft Gottes wird von Bonhoeffer näherbestimmt als Selbsthingabe Gottes in seinem Sohn. Gott begründet Gemeinschaft nicht dadurch, daß er die Willen der Menschen gewaltsam unterwirft, sondern sich in seiner Selbsthingabe in Christus zum Mittel seines eigenen Zwecks setzt. "Der seinen Willen durchsetzen wollende Gott gibt sich selbst in die Herzen der Menschen und schafft Gemeinschaft, d.h.er setzt sich selbst zum Mittel seines Zweckes." (SC 181)

Dieser Akt der Selbsthingabe ist nichts anderes als ein Ausdruck der Liebe Gottes. Demgemäß muß festgehalten werden: Gottes Herrschaft besteht in der Liebe zu den Menschen, die er mit sich und untereinander in und durch Christus versöhnen will. Blickt man von hier aus auf die durch die Herrschaft Gottes begründete Kirche, so modifiziert sich sowohl die Kategorie der Gemeinschaft als auch die der Gesellschaft. Sofern die Gemeinde dem Willen Gottes zu entsprechen sucht, ist sie zweckgerichtet (gesellschaftlich). Da dieser Wille Gottes, dem die Gemeinde zu entsprechen sucht, auf sie selbst gerichtet ist, ist aber das zweckgerichtete Handeln der Gemeinde zugleich selbstzwecklich (gemeinschaftlich). Oder anders: Die Beziehung der Einzelpersonen ist zum einen auf den Zweck der Liebe Gottes hin organisiert; dieser Zweck wird zum anderen in der Beziehung als solcher verwirklicht, insofern die andere Person nicht als Mittel zum Zweck fungiert, sondern Zweck in sich selbst ist. Zweckgerichtetheit und Selbstzwecklichkeit fallen in der Praxis der Gemeinde zusammen. Für die soziologische Typologie bedeutet dies: Gemeinschaftliches und gesellschaftliches Handeln fallen in der Praxis der kirchlichen Gemeinschaft ineins. Der Grund hierfür liegt aber im Akt der "geistgewirkten Liebe, in dem die Geistgemeinschaft steht" (SC 181). "Es wäre also falsch, wollte man sagen, das spezifisch-soziologische Handeln der christlichen Kirche sei gemeinschaftlich im idealtypischen Sinne. Es steht über gemeinschaftlichem und gesellschaftlichem Handeln und verbindet beide. Dennoch handelt es sich wirklich um Gemeinschaft, eben um Geist- und Liebesgemeinschaft." (SC 182)

Die Kirche ist *Herrschaftsverband*, insofern sie durch die allen menschlichen Bemühungen zuvorkommende Herrschaft Gottes gestiftet wird. Diese Herrschaft Gottes wird von Bonhoeffer als Liebeshandeln Gottes verstanden, in dem die Liebe sowohl den Zweck als auch das Mittel seiner Herrschaft bildet. Die Kirche ist *Geistgemeinschaft*, insofern sie durch die Selbstvergegenwärtigung der in und durch Christus zum Ausdruck kommenden Liebe Gottes in seinem Geist aktualisiert wird. Als Geistgemeinschaft ist die Kirche schließlich *Liebesgemeinschaft*, insofern die Liebe in der Kraft des Heiligen Geistes zu ihrem Lebensprinzip wird. Die gottgegründete und geistgewirkte Kirche verkörpert in ihrem Handeln dabei nichts Geringeres als das Doppelgebot der Liebe. Wie sich die Liebe gegenüber der versöhnenden Liebe Gottes in Christus in der Liebe zum Nächsten als wirklich erweist, so wird umgekehrt in der Nächstenliebe

Gehorsam gegenüber Gott, eben die Liebe Gottes geübt (vgl. SC 181). Damit ist das Ziel der Ausführungen Bonhoeffers erreicht. Der originäre soziologische Typus der Kirche ist dadurch gekennzeichnet, daß in ihm die "soziologischen Grundtypen Gesellschaft, Gemeinschaft und Herrschaftsverband zusammengezogen und überwunden" (SC 185) sind. Als Herrschaftsverband, Geist- und Liebesgemeinschaft weist sie, die Kirche, eine soziologische Struktur sui generis auf.

5. Kritische Würdigung

So eindrucksvoll das Ergebnis anmutet, mit dem Bonhoeffer sein anspruchsvolles Programm einer dogmatischen Untersuchung zur Soziologie der Kirche abschließt, so problematisch ist es auch. Rückfragen provoziert vor allem die systematische Grundoperation, mit der Bonhoeffer die Verknüpfung der soziologischen mit der theologischen Betrachtungsweise vollzieht: Die soziologischen Unterscheidungen werden in den theologischen Bezugsrahmen so integriert, daß sie nicht mehr dem Verständnis der empirischen Kirche als eines Werks von Menschen dienen. Vielmehr werden die soziologische Katgeorien zur Interpretation der gegenwärtig wirklichen Kirche von Seiten ihres theologisch erhobenen Begründungsaspektes herangezogen.

(1) In "Sanctorum Communio" soll zwar einer Arbeitsteilung der Disziplinen nicht zugestimmt werden, in der der Theologie die Aufgabe zufallen würde, den Begriff der Kirche hinsichtlich seiner Konstitution zu entfalten, während die Soziologie dafür reserviert bliebe, das Verständnis der Kirche im Blick auf ihre geschichtlich-empirische Darstellung zu erläutern. Bonhoeffer vermag diese Arbeitsteilung aber nur so zu vermeiden, daß er die soziologische Betrachtungsweise mit theologischen Argumenten nivelliert. Aus der Einarbeitung der soziologischen Unterscheidungen in die Theologie resultiert einzig und allein die explikative Verlängerung und Verstärkung des theo-logischen Konstitutionsgeschehens der gegenwärtig wirklichen Kirche. Im Zuge dieses Verfahrens werden die soziologischen Kategorien der innertheologischen Betrachtungsweise in einer Weise unterworfen, in der sie ihren eigenständigen Status einbüßen. Die Soziologie wird zu einer der Dogmatik untergeordneten Hilfsdisziplin. Zugespitzt formuliert, ergibt sich aus der von Bonhoeffer vollzogenen Verknüpfung der theologischen Binnenperspektive mit der soziologischen Außenperspektive ein paradoxes Ergebnis: *Die dogmatische Untersuchung zur Soziologie der Kirche endet in der theologischen Aufhebung der Soziologie.*

(2) Blickt man von hier aus noch einmal zurück auf die Argumentationsstruktur, die das Kapitel über die empirische Gestalt der Kirche prägt, so läßt sich ein bemerkenswerter Widerspruch entdecken. In dem Abschnitt, in dem Bonhoeffer über die empirische Gestalt der Kirche handelt, wird ausdrücklich gefordert, daß sich die mit Hilfe der Theorie des objektiven Geistes entwickelte soziologische Betrachtungsweise an den innertheologischen Differenzreihen orientieren soll. In diesem Zusammenhang wird wiederholt betont, daß die sanctorum communio als eschatologische Glaubensgemeinschaft mit der empirisch-geschichtlichen Gestalt der Kirche nicht identifiziert werden darf[45]. Bezogen auf die Leitdifferenz Kirche in der Kraft des Geistes/empirische Kirche kann die soziologische Betrachtungsweise folglich nur an den *zweiten Aspekt* anschließen. Zwar gilt dann immer noch, daß die soziologische Perspektive in die innertheologische Betrachtung der Unterscheidung und Bezogenheit von geistgewirkter sanctorum communio und empirischer Kirche eingeholt wird. Insofern sie aber an den zweiten Aspekt jener Leitdifferenz angeschlossen wird, bleibt die Eigenständigkeit der soziologischen Betrachtungsweise theologisch respektiert und erweist sich gerade so als konstruktive Erweiterung der theologischen Reflexion.

Der Widerspruch ist nun darin zu erblicken, daß Bonhoeffer sich in dem Abschnitt über die empirische Kirche als eigenständigen soziologischen Typus nicht an seine eigene methodische Vorgabe hält. Hier wird die Soziologie an den *ersten Aspekt* jener Leitdifferenz angeschlossen: an den Aspekt der Konstitution der Kirche als opus dei im Vergegenwärtigungsgeschehen des Heiligen Geistes. Damit wird aber die Eigenständigkeit der soziologischen Perspektive nicht mehr gewahrt; die komplexe Betrachtung auf die Wirklichkeit der empirischen Kirche in theologischer und soziologischer Sicht wird zugunsten der Theologie einseitig aufgelöst. Als Indiz dieser Verfahrenweise kann Bonhoeffers Redeweise von einer "christlichen Soziologie" gelten, die ihm an drei Stellen seiner Arbeit unterläuft[46].

---

45 Um diese Identifikation zu verhindern, fordert Bonhoeffer beispielsweise, daß die Sünde in den Begriff des objektives Geistes notwendig mitaufgenommen werden muß (vgl. SC 145); siehe auch oben 1.1.

46 Vgl. SC 18 und in den für den Druck überarbeiteten Passagen SC 200 und 215. Bezeichnend ist eine Formulierung aus der ursprünglichen Fassung des Vorwortes zu SC: "Als das Grundproblem kann also auch bezeichnet werden das Problem einer spezifisch christlichen Sozialphilosophie und Soziologie. Nicht allgemeine Religionssoziologie, nicht genetisch-soziologische Fragen sollen erörtert werden, sondern eine aus den christlichen dogmatischen Grundbegriffen wesensgemäß entspringende *innerchristliche Sozialphilosophie und Soziologie* soll als sich im Begriff der Kirche vollendend, aufgezeigt werden." (SC 200, Hervorhebung JvS)

Sie signalisiert den theologischen Reduktionismus, dem Bonhoeffer wider bessere Einsicht verfällt.

(3) Der theoretische Engpaß, in den Bonhoeffers Argumentation hineinführt, zeigt sich allein daran, daß Bonhoeffer keinen konstruktiven Kontakt zu den soziologischen Einsichten Max Webers gewinnt. Diese zeigen die Kirche in einem tendenziellen Dilemma, in dem die Prozesse der Versachlichung und der Veralltäglichung den Kirchentyp, der Bonhoeffer vor Augen zu stehen scheint – den der charismatischen Vergemeinschaftung – institutionell verfestigen und zur hierokratischen Anstalt verselbständigen[47]. Bonhoeffer hätte von Weber lernen können, daß die Gestalt der empirischen Kirche unweigerlich durch den Prozeß der Institutionalisierung zweckrationalen Handelns gekennzeichnet ist, sobald sie, die Kirche, zu einer dauerhaft geschichtlichen Institution avanciert. Diesem von Weber eindrucksvoll aufgezeigten strukturellen Konflikt kann man nicht durch eine Vorgehensweise entgehen, die die soziologischen Erkenntnisse über die Mechanismen und Strukturen sozialer Vergesellschaftung ganz in die theologische Explikation des Konstitutionsgeschehen der Kirche einzeichnet. Dies genau unternimmt Bonhoeffer aber in dem Bemühen, die Kirche als selbständigen soziologischen Typus auszuzeichnen. Dabei wird die gleichwohl geäußerte Einsicht aufgegeben, die die Auflösung der Differenz von eschatologischer Glaubensgemeinschaft und empirischer Kirche erst im Horizont der Eschatologie für möglich hält (vgl. SC 144). Hielte Bonhoeffer diese Differenz im Horizont der Geschichte aus theologischen Gründen offen – auf diese Auffassung läuft seine Argumentation zunächst hinaus –, so wäre er meines Erachtens auch in der Lage, die empirische Kirche mit Hilfe Max Webers im unumgänglichen *Konflikt* zwischen charismatischer Vergemeinschaftung und zweckrationaler Institutionalisierung zu thematisieren[48].

(4) Ein letzter Aspekt soll im vorliegenden Zusammenhang Erwähnung finden. Die Unterscheidung von Gemeinschaft und Gesellschaft, die Bonhoeffer vermittels seiner Tönnies-Rezeption aufgreift, läuft vor allem durch die starke Kontrastierung und Abgrenzung der Typen voneinander auf eine *dichotomische* Konzeption hinaus, die verhindert, ein und dassel-

47 Die bisher instruktivste Rekonstruktion dieses Aspektes der Religions- und Herrschaftssoziologie Max Webers bietet: WOLFGANG SCHLUCHTER, Ursprünge des Rationalismus der Weltbeherrschung: Das antike Christentum, in: DERS., Religion und Lebensführung Bd.2. Studien zu Max Webers Religions- und Herrschaftssoziologie, Frankfurt 1988, 197-260.

48 Zu diesem über Bonhoeffer hinausweisenden Aspekt siehe unten Teil E.

be soziale Phänomen – in diesem Fall die empirische Kirche – unter beiden Gesichtspunkten, sowohl unter dem Aspekt der gemeinschaftlichen als auch unter dem Aspekt der gesellschaftlichen Integrationsmechanismen und –strukturen, zu analysieren. Weil Bonhoeffer einzig den Aspekt der Gemeinschaft für die soziologische Betrachtung der Kirche in Rechnung stellt, kommt es zu der Fiktion einer von zweckrationaler Herrschaft und Organisation freien Sphäre sozialer Kommunikation, die die Kirche kennzeichne[49]. Ein weiterer Einwand gesellt sich hinzu: Da die Verschränkung der soziologischen Struktur der Gemeinschaft mit der der Gesellschaft nur auf der Ebene der Explikation der theo-logischen Konstitution der Kirche geltend gemacht wird, gerät Bonhoeffer in dem Abschnitt über den soziologischen Typus der Kirche entgegen explizit aufgestellter Warntafeln in die Gefahr, den Aspekt der wahren Kirche zu separieren von den faktisch existierenden Strukturen der empirischen Kirche. Damit ist aber der doppelte Verweisungszusammenhang preisgegeben, durch den die durch den Heiligen Geist aktualisierte Kirche als die gegenwärtig wirkliche Kirche im Zusammenspiel von theologischer und soziologischer Betrachtungsweise ausgewiesen und erschlossen werden sollte (vgl. SC 140).

49 HANS FREYER geht in seiner "Theorie der objektiven Geistes" immerhin von der Auffassung aus, daß die durch das Objektivationsgeschehen des Geistes auskristallisierten Sozialformen auch *Organisationen* umfassen (vgl. Theorie des objektiven Geistes, 65).

E Fazit und Ausblick

Auch wenn in meinen Augen das Urteil einseitig überzeichnet ist, daß zum deutschen Protestantismus die "Kirche ohne Gemeinschaft" gehört[1], so ist mit diesem Votum doch ein virulentes Schlüsselproblem heutiger Ekklesiologie markiert. Die unerledigte Grundfrage protestantischer Ekklesiologie besteht darin, wie der Gesichtspunkt der Kirche als *communio* in reformatorischer Verantwortung ausgearbeitet werden kann. Im Blick auf eine gegenwärtig zu verantwortende "Theorie der Kirche" stellt die Rückbesinnung auf "Sanctorum Communio" meines Erachtens einen besonders wichtigen Schritt dar, besteht doch Bonhoeffers systematische Konzeption genau darin, dem Protestantismus zu dem Begriff der Kirche als sanctorum communio zu verhelfen, der in den Anfängen reformatorischer Ekklesiologie liegen geblieben war. Dieses von der Reformation überkommene Problem hat sich in der Neuzeit insofern verschärft, als die Ekklesiologie kategorisch dazu verurteilt scheint, sich auf die im Zuge der gesellschaftlichen Modernisierung freigesetzte Individualität des religiösen Subjektes zu beschränken – eine Beschränkung, die in der volkskirchlichen Institutionalisierung der Kirche ihre Entsprechung erfährt[2].

Das damit aufgeworfene ekklesiologische Problem besteht genau darin, daß zwischen den beiden einander bedingenden Gesichtspunkten der religiösen Individualität einerseits und der Kirche als Institution in ihrer vorfindlichen volkskirchlichen Gestalt andererseits das Verständnis der Kirche als Gemeinschaft herausfällt. Angesichts dieser Problemlage erscheint der Rekurs auf "Sanctorum Communio" nicht nur deshalb als geboten, weil die von Bonhoeffer entwickelte Konzeption durchgängig gegen eine individualistische Verengung des Kirchenbegriffs opponiert, sondern weil diese drei Theorieelemente miteinander zu vermitteln sucht: eine Theorie der Person (Aspekt der Individualität), eine Theorie der

1 So Jürgen Moltmann, Theologie heute, in: Stichworte zur "Geistigen Situation der Zeit" Bd.2, hrsg. v. Jürgen Habermas, Frankfurt 1979, (754-780) 765f.

2 So die Argumentationsfigur der Kirchentheorie von Trutz Rendtorff. Vgl. Ders., Theologische Probleme der Volkskirche, in: Volkskirche – Kirche der Zukunft? Hrsg. v. Wenzel Lohff und Lutz Mohaupt, Hamburg 1977, 104-131; Ders., Religion "nach" der Aufklärung. Argumente für eine Neubestimmung des Religionsbegriffs, in: Religion als Problem der Aufklärung, hrsg. v. Trutz Rendtorff, Göttingen 1980, 185-201; Ders., Volkskirche in Deutschland, in: Nordische und deutsche Kirchen im 20.Jahrhundert, hrsg. v. Carsten Nicolaisen, Göttingen 1982, 290-317.

Intersubjektivität (Aspekt der Sozialität) und eine Theorie der Institution (Aspekt der Institutionalität). Neben der für die Ekklesiologie von "Sanctorum Communio" zentralen These von der Gleichursprünglichkeit von Individualität und Sozialität verdient der von Bonhoeffer unternommene und in seiner Durchführung keineswegs unproblematische Versuch Aufmerksamkeit, Sozialphilosophie und Soziologie vorzugsweise für das theologische Verständnis der empirischen Gestalt der Kirche fruchtbar zu machen. Ich gehe davon aus, daß eine "Theorie der Kirche" erst in dem Maße an Gewicht gewinnt, in dem sie nicht hinter die von Bonhoeffer vorgetragene, einigermaßen anspruchsvolle Aufgabenstellung der Vermittlung dieser drei Problemkomplexe zurückfällt.

Die Aufgabenstellung und Zielsetzung der vorliegenden Arbeit konzentrierte sich in erster Linie auf Rekonstruktion, Interpretation und Kritik von Bonhoeffers früher Arbeit zum Kirchenverständnis. Neben dem Versuch, das theologische Anliegen Bonhoeffers in "Sanctorum Communio" argumentativ zu rekonstruieren und damit seines bisweilen thetischen Charakters zu entkleiden, habe ich in einem weiteren Schritt Beiträge zu einer Theoriegeschichte in systematischer Absicht zu formulieren gesucht. In diesen Beiträgen ging es darum, Bonhoeffers Kirchenverständnis im Spannungsfeld der liberalen Theologie Albrecht Ritschls und der Lutherinterpretation Karl Holls, der Ekklesiologie Luthers sowie der frühen Theologie Karl Barths zu diskutieren. In den systematisch angelegten Vergleichsperspektiven sollte der konstruktive Charakter von Bonhoeffers Kirchenverständnis hervortreten.

In den folgenden Überlegungen möchte ich in einem ersten Abschnitt die systematischen Grundentscheidungen Bonhoeffers in "Sanctorum Communio" unter Berücksichtigung der in Teil C der vorliegenden Untersuchung entwickelten Vergleichsperspektiven zusammenfassen (1.). In einem zweiten Teil soll ein Blick auf die gegenwärtig diskutierten Problemstellungen der Ekklesiologie geworfen werden. Dabei soll der Versuch unternommen werden, den Beitrag von Bonhoeffers Kirchenverständnis vor dem Hintergrund der aktuellen Problemlage zu bestimmen (2.).

1. Systematische Grundentscheidungen in "Sanctorum Communio"

(1) Im Zentrum der von Bonhoeffer entfalteten ekklesiologischen Konzeption steht die Lehre von der *Stellvertretung Christi*. Diese wird von Bonhoeffer so gefaßt, daß Christus von vornherein auf das in seiner Sozialität versehrte Gattungssubjekt Menschheit bezogen werden kann. Auf der Basis einer sozialen Interpretation der paulinischen Adam-Christus-Typologie (Röm 5) wird Christus als Stellvertreter der zu versöhnenden Menschheit verstanden. In und durch Christi stellvertretendes Handeln werden die Grundbeziehungen sozialen Seins wie die Gemeinschaft des Menschen mit Gott restituiert. Dabei wird in unmißverständlicher Weise die *Exklusivität* der Stellvertretung Christi hervorgehoben. Die Überwindung der Trennung von Gott und Mensch sowie die Wiederherstellung des Sozialgefüges zwischen den Menschen liegen nicht im Wirkungsradius menschlicher Möglichkeiten, sondern sind einzig und allein Gottes Werk der Offenbarung seiner Liebe in Christus. Im *extra nos* der Stellvertretung Christi gründet seine Bedeutung *pro nobis.*

Auf der Grundlage dieser Auffassung wird nun eine weitreichende systematische Entscheidung in "Sanctorum Communio" gefällt, insofern die exklusive Fassung der Stellvertretungschristologie ein inklusives Verständnis nicht aus-, sondern einschließt. Die Auffassung von der Exklusivität der Stellvertretung Christi extra nos pro nobis kommt erst dort zum Ziel, wo sie als eine solche verstanden wird, die die *Inklusivität* des stellvertretenden Handelns Christi notwendig in sich birgt. Dabei ist festzuhalten, daß der inklusive Sinn des Stellvertretungshandelns Christi im Unterschied zu der Konzeption Albrecht Ritschls unumkehrbar in der Exklusivität Christi extra nos begründet liegt (vgl. oben C 1.). Um den Sachverhalt dieses unumkehrbaren Begründungsgefälles nicht Mißverständnissen auszusetzen, fasse ich den inklusiven Gehalt der Stellvertretungschristologie nicht in der Formel "Christus in nobis", sondern gebe ihn in der Wendung "*nos in Christo*" wieder. Damit soll zum Ausdruck gebracht werden, daß nach Bonhoeffers Verständnis Gott seine versöhnende Liebe in und durch Christi stellvertretendes Handelns nicht in uns verwandelt – die Auffassung die in der Lutherinterpretation Karl Holls vorherrscht (vgl. oben C 2.) –, sondern uns in seine versöhnende Liebe in Christus, die sich in der Stellvertretung Christi manifestiert.

Die nicht in der Reichweite menschlicher Eigenaktivität liegende Konstitution der Sozialität im stellvertretenden Tun Christi ist bei Bonhoeffer zur schlechthinnigen Grundbestimmung von Sozialität überhaupt erhoben. Der externe Begründungszusammenhang stellt gleichzeitig den Ermöglichungsgrund des sozialen Handelns der Gemeinde dar, insofern die Konstitution der Gemeinde auf die Partizipation dieser an der Stellvertretung Christi zielt. Hierin besteht der inklusive Sinn der Stellvertretung Christi. Nur wo der in der Stellvertretung Christi beschlossene Grund und Vollzug von Sozialität in der Bestimmung extra nos pro nobis et nos in Christo ausgelegt wird, ist der kategoriale Gehalt der von Bonhoeffer in "Sanctorum Communio" entwickelten "Theologie der Sozialität" hinreichend bestimmt.

Bonhoeffer erläutert das Verhältnis von Exklusivität und Inklusivität der Stellvertretung Christi im Rekurs auf zwei neutestamentliche Gedankenreihen: Hinsichtlich ihres *Konstitutionsverhältnisses* ist die Kirche in exklusivem Sinne begründet und bestimmt von Christus als ihrem Haupt (Kol 1,18/Eph 4,15f); hinsichtlich ihres inklusiven *Partizipationsverhältnisses* wird die Kirche als Leib Christi vorgestellt (Röm 12,4ff/1.Kor 12,2ff). Der christologischen Begründung der Ekklesiologie im stellvertretenden Handeln Christi zufolge ist die Kirche keine selbstkonstituierte Assoziaton von Individuen, sondern ein Sozialkörper, dessen Struktur durch eine *doppelte Relationalität* gekennzeichnet ist: Sie, die Kirche, ist Gemeinde Jesu Christi in der stellvertretenden Beziehung der Glieder der Gemeinde untereinander. Zum einen ist sie in der und durch die Stellvertretung Christi begründet, zum anderen ist die ihr eigene Gestalt kraft der Stellvertretung Christi bestimmt durch den sozialen Vorgang der Stellvertretung, in dem, gemäß dem stellvertretenden Tun Jesu Christi, die Rücksichtnahme auf und Fürsorge für die notleidenden Glieder am Leib Christi zum Kriterium ihres sozialen Handelns werden. Der theologische Begriff der Kirche erreicht in "Sanctorum Communio" im Verständnis der Kirche als Liebesgemeinschaft, die durch das Prinzip der stellvertretenden Liebe, der stellvertretenden Fürbitte und der stellvertretenden Schuldübernahme und Sündenvergebung der Glieder der sanctorum communio gekennzeichnet ist, die Fassung, in der der inklusive Gehalt der Stellvertretung Christi vollauf zum Tragen kommt.

(2) Neben der Fundierung des Kirchenbegriffes auf der Grundlage der von Bonhoeffer entwickelten Stellvertretungschristologie kommt der Unterscheidung von christologischer *Realisierung* und pneumatologischer *Aktualisierung* der Kirche in "Sanctorum Communio" besonderes Gewicht zu. Die Aktualisierung der sanctorum communio durch den Heiligen Geist gehört der Sache nach in die Entfaltung des Konstitutionsgrundes der Kirche hinein. Demzufolge muß die Kirche unter den besonderen Bedingungen einer geschichtlichen Gegenwart als eschatologische Glaubensgemeinschaft der Selbstvergegenwärtigung des in Jesus Christus offenbar gewordenen Gottes in seinem Geist verstanden werden. Insofern

kann gesagt werden: Die sanctorum communio ist durch das bestimmende Wirken Gottes im stellvertretenden Handeln Christi begründet und bringt sich kraft der Vergegenwärtigung Christi im Heiligen Geist in Wort und Sakrament in der empirisch-geschichtlichen Gestalt der Kirche unter den Menschen zur Darstellung.

Betrachtet man aus dieser Perspektive die Gestaltungsvollzüge kirchlichen Handelns, so verdient zunächst der zugleich entlastende wie kritische Sinn der Unterscheidung von Realisierung und Aktualisierung der sanctorum communio festgehalten zu werden. Da in dem Aktualisierungsgeschehen der Kirche durch den Heiligen Geist nichts anderes vergegenwärtigt wird als die in Christus schon wirkliche Kirche, kann die Verwirklichung der Kirche durch keinerlei menschliche Aktivität eingeholt, geschweige denn vervollständigt werden. Insofern hat die von Bonhoeffer eingeführte Unterscheidung von Realisierung und Aktualisierung der Kirche einen *entlastenden* Sinn: Die Verwirklichung der Kirche ist der ethischen Anstrengung des Menschen entnommen. Die in Christus definitiv und in suffizienter Weise etablierte Wiederherstellung des Beziehungsgefüges zwischen Gott und Mensch ist, wie Bonhoeffer mehrfach betont, kein Ideal, für das der Mensch als konstitutiver Faktor in Anspruch genommen werden müßte. Dem gemäß wird das teleologische Moment im Begriff der Kirche suspendiert, da die Konstitution der unverkürzten Identität der Kirche Jesu Christi sich nicht der Tätigkeit moralischer Subjekte verdankt, kraft deren die Kirche zu einem durch die alleinige Eigenaktivität von Menschen zu verwirklichendem Zweck erhoben werden könnte.

So sehr der entlastende Sinn der Unterscheidung von Realisierung und Aktualisierung der Kirche dem Tun des Menschen die Bürde abnimmt, die Kirche allererst herstellen zu wollen, so wenig liefert Bonhoeffer die jeweilige geschichtliche Gestalt der aktualisierten Kirche der Beliebigkeit aus. Vielmehr hat die Bestimmung der Aktualisierung der Kirche in ihrer unlöslichen Bezogenheit auf ihre Realität in Christus eine zugleich *kritische* Funktion: Insofern nämlich der aktualisierten Kirche ihre Realisierung immer schon voraus liegt, bleibt Christus kritische Norm und unverrückbarer Maßstab der geschichtlichen Darstellung der sanctorum communio im Vergegenwärtigungsgeschehen des Heiligen Geistes.

(3) Gottes Wirken will sich nach Bonhoeffer nicht ohne menschliches Wirken unter die Menschen bringen. Die Handlungsvollzüge der Kirche lassen sich jedoch erst dann verstehen, wenn diese von dem sie begründenden und wahrmachenden Konstitutionszusammenhang (in Unterscheidung und Bezogenheit von christologischer Realisierung und pneumatologischer Aktualisierung) interpretiert werden. Im Blick auf die christologisch zentrierte Wirkweise des Heiligen Geistes werden dabei

drei verschiedene Dimensionen unterschieden: Geistvielheit, Geistgemeinschaft und Geisteinheit. Im Blick auf die personale Individualität des einzelnen Gläubigen erscheint die Kirche als eine *Vielheit* von Einzelnen in der Bestimmung als in und durch Christi stellvertretendes Handeln gerechtfertigter Subjekte. Unter der Perspektive des in Christus restituierten Relationsgefüges zwischen Gott und Mensch sowie der Menschen untereinander muß von der Kirche als einer *Gemeinschaft* geredet werden, deren Glieder aus und in der Liebe Gottes kommunikativ aufeinander ausgerichtet werden. Einzelheit und communio, Individualität und Intersubjektivität sind wiederum in der Realität des Versöhnungsgeschehens Christi fundiert. Insofern spricht Bonhoeffer von einer dritten Dimension des Aktualisierungsgeschehens der Kirche, nämlich der *Einheit* der Gemeinde in ihrem vorgängigen Konstitutionsgrund Christus: als Gemeinde existierend.

Mit der triadischen Struktur, mit der das Aktualisierungsgeschehen der Kirche entfaltet wird, sucht Bonhoeffer denjenigen Bestimmungen gerecht zu werden, die ihm für einen hinreichenden Begriff der Kirche als unverzichtbar erscheinen. Freilich dürfen die drei Dimensionen der Vergegenwärtigung der Kirche nicht als eine Abfolge interpretiert werden, durch die ein jeweils höherstufiger Begriff der Kirche erreicht werden würde. Vielmehr handelt es sich um drei voneinander unterschiedene, in einem gleichursprünglichen Verhältnis zueinander stehende Aspekte eines einzigen Geschehens. Wird dieses Verhältnis wechselseitiger Bezogenheit aller drei Elemente aufgelöst, so wird auch der Kirchenbegriff unzulässig verkürzt. Weder bietet die egoitätslogische Auffassung des gerechtfertigten Subjektes die alleinige Basis des Kirchenverständnisses noch ein dagegen auszuspielender Begriff der Gemeinschaft, der die Individualität der Einzelnen absorbiert. Und auch das Verständnis der Kirche, das diese sowohl der Einzelperson als auch der Persongemeinschaft abstrakt – als Heilsanstalt – gegenüberstellt, verfehlt nach Bonhoeffer den evangelischen Begriff der Kirche.

Um die wechselseitige Bezogenheit aller drei Dimensionen des Aktualisierungsgeschehens der Kirche deutlich zu machen, übersetze ich die Unterscheidung von "Geistvielheit, Geistgemeinschaft und Geisteinheit" in die Strukturformel, die Kirche werde von Bonhoeffer verstanden als *Einheit kommunikativ strukturierter Vielheit.* Die Individualität der Einzelpersonen (Vielheit) steht dabei in einem gleichursprünglichen Verhältnis zur Intersubjektivität der Personengemeinschaft (kommunikativ strukturierte Vielheit – die sanctorum communio als Liebesgemeinschaft). Beide wiederum sind gestiftet durch das Versöhnungsgeschehen in Christus, in dem sowohl Individualität also auch Intersubjektivität ihre Einheit erfahren, ohne daß Einzelperson und Persongemeinschaft damit überhöht oder gar aufgelöst wären (Einheit kommunikativ strukturierter Vielheit). Mit dieser auf christologischer Grundlage erfolgenden triadischen Rekonstruktion des Aktualisierungsgeschehen des Heiligen Geistes entfaltet Bonhoeffer den Begriff der sanctorum communio in einer Struktur, die es nicht erlaubt, die Kirche auf den Ort individueller Heilsvergewisserung einerseits und auf ihre institutionell-organisatorische Gestalt andererseits zu verkürzen. Es ist der Nachweis der *Gleichursprünglichkeit von Individualität und Sozialität*, den Bonhoeffer in der pneumatologischen Entfaltung des Kirchenbegriffes mit Nachdruck ausarbeitet, der den für das Kirchenverständnis primären Aspekt der communio zwischen den Polen von Individualität und Institution eindrücklich zur Geltung bringt. Zugespitzt formuliert: Kirche ist ihrem theologischen Verständnis nach nicht "Kirche ohne Gemeinde"[3], sondern Gemeinde – ein christologisch zentriertes, soziales System der Interaktion von Individualität und Sozialität[4] – sui generis.

Der Glaube erscheint im Kontext des Leibes Christi als nichts anderes als ein auf Kommunikation an- und hingewiesener Glaube. Auf die Praxis der Sozialität ist der Glaube durch Christus *hingewiesen*, dessen Bedeutung in der Lehre von der Stellvertretung Christi zusammengefaßt wird. Der exklusiv in Christus gefaßte Konstitutionsgrund der Kirche inkludiert das stellvertretende Leben derjenigen mit- und füreinander, die kraft des Heiligen Geistes an Christus partizipieren. Damit unterstellt Bonhoeffer jede Gottesbeziehung der Kritik, die sich über das indivdiuelle Privatverhältnis zu Gott nicht auch auf das Miteinander der Glaubenden erstreckt. *Angewiesen* ist der Glaubende auf die Kommunikation im Leib Christi, weil er ohne die in Christus begründete wechselseitige Zuwendung der Glaubenden in der Selbstbezüglichkeit steckenbliebe und damit den Relationsverlust prolongierte, der für das Leben unter der Vorherr-

---

3 Vgl. oben Anm. 1.

4 Den Begriff der Gemeinde als sozialen "Interaktionssystems" entlehne ich, ohne allerdings dessen Bestimungen zu übernehmen, NIKLAS LUHMANN, Soziologische Aufklärung Bd. 2. Aufsätze zur Theorie der Gesellschaft, Opladen 1975, 10. Vgl. auch DERS., Funktion der Religion, Frankfurt 1977, 288. Luhmann geht allerdings davon aus, daß das Interaktionssystem Gemeinde, das er durch "geistliche Kommunikation" geprägt sieht, zunehmend durch das Organisationssystem Kirche verdrängt wird (vgl. DERS., Funktion der Religion, aaO. 288). Zu dieser Diagnose vgl. MICHAEL WELKER, Die neue "Aufhebung der Religion" in Luhmanns Systemtheorie, in: DERS.(Hg.), Theologie und funktionale Systemtheorie. Luhmanns Religionssoziologie in theologischer Diskussion, Frankfurt 1985, (93-119) 109f.

schaft der Sünde kennzeichnend ist. Die durch Christus eröffnete Wirklichkeit seines Leibes gewährt sowohl die wechselseitige Sorge um den Nächsten als auch den Lastenausgleich der Glieder des Leibes Christi untereinander.

Anders als Karl Barth im "Römerbrief" vermag Bonhoeffer die im Horizont der versöhnenden Liebe Gottes in Christus zu machende Erfahrung gelingender Kommunikation in das theologische Blickfeld zu rükken. Die Entgegensetzung von menschlicher und göttlicher Liebe, die zunächst an Barths diastatische Bestimmung des Verhältnisses zwischen Gott und Mensch erinnert, hat bei Bonhoeffer den Sinn, den Grund der Liebe in Christus aufzuweisen, die kraft des Heiligen Geistes im Glauben zugeeignet wird. Da nur die "durch den Glauben tätige Liebe"(SC 135) christliche Gemeinschaft bildet, kann der Glaube nicht bei sich selbst verharren, ohne sich zu dementieren. Die Liebe steckt den Horizont ab, in dem sich die Glieder der Gemeinde bewegen. Es ist die Liebe, die die gegenwärtig wirkliche Kirche zum *gestaltungsfähigen* Raum der Liebe Christi macht; sie ist es, die im stellvertretenden Mit-und Füreinander der Glieder der sanctorum communio zur Darstellung gelangt.

Die in und durch Christus gewährte Liebe leitet kraft des Heiligen Geistes den Perspektivenwechsel ein, durch den der Glaubende den Anderen nicht mehr als Grenze seiner selbst, als an ihn herantretenden Anspruch und als Forderung sieht. Während sich nach Bonhoeffer im Anderen als Grenze und Anspruch des Ich die Erfahrung des Gesetzes ausspricht, wird das Evangelium lebendig in der Aufhebung der gegeneinander abgegrenzten Existenzweise der Einzelnen. Diese Aufhebung gründet wiederum darin, daß Christus sich dem Glaubenden als *Gabe* (sacramentum) schenkt. In und durch Christi stellvertretendes Tun wird der Übergang der auf sich selbst eingegrenzten Weise des Lebens zu der Gemeinschaft der Liebe ins Werk gesetzt. Christus ist dabei weder Forderung noch Anspruch, sondern Offenbarung der Liebe Gottes extra nos pro nobis, in die wir kraft des Heiligen Geistes hineingezogen werden (nos in Christo). Die Auffassung von der Existenzweise "nos in Christo" bringt unmißverständlich zur Geltung, daß die Gemeinde nichts tragen könnte, wenn sie selbst nicht von der Liebe Christi getragen wäre (vgl. SC 120). Die in und durch Christus begründete Lösung aus der Ich-Gebundenheit der monologischen Existenz führt in die Freiheit des stellvertretenden Mit- und Füreinander hinein. Die so geübte Liebe ist ihres Anspruchscharakters entkleidet und insofern lebendig in der Anspruchslosigkeit; sie intendiert nicht Gegenliebe und eröffnet doch gerade so deren Möglichkeit.

Hier, wo Bonhoeffer das Geschehen der in Christus gründenden Liebe in seiner ekklesiologischen Bedeutung entfaltet, wirkt sich seine Lektüre

Luthers am nachhaltigsten aus (vgl. oben C 3.). Mit Luther versteht Bonhoeffer den Anderen im Zusammenhang des Leibes Christi als denjenigen, durch, an und mit dem sich mein eigenes Sein allererst verwirklicht. Im kommunikativen Gefüge der sanctorum communio ist das Sein der Person ein Sein in und aus der Beziehung mit Anderen. Selbstsein (Individualität) und In-Beziehung-Sein (Sozialität) setzen sich wechselseitig voraus. Freilich rechnet Bonhoeffer damit, daß die Erfahrung des defizienten Modus des Personseins, des monologischen Selbstseins, noch nicht dauerhaft überwunden ist. Die Gemeinschaft der Heiligen ist immer auch und immer noch Gemeinschaft der Sünder und bedarf infolgedessen immer wieder neu der Vergegenwärtigung der *Gabe* Gottes in seinem Geist.

Das theologische Schwergewicht in “Sanctorum Communio” liegt – wie sich unschwer erkennen läßt – auf dem Verständnis der *Kirche als Gemeinde*. Gemeinde kann mit Bonhoeffer als christologisch fundiertes und pneumatologisch aktualisiertes Interaktionssystem verstanden werden, das durch das stellvertretendes Mit- und Füreinander der Glieder der Gemeinde kommunikativ strukturiert ist. Kennzeichen der um das Wort Christi versammelten und durch dieses gestifteten sanctorum communio ist ihre Existenzweise in der welchselseitigen Liebe der Glieder der Gemeinde untereinander. So gesehen, nimmt die Ekklesiologie von “Sanctorum Communio” den theologischen Gehalt des Dritten Artikels der “Barmer Theologischen Erklärung” vorweg.

(4) So sehr die Gestaltlehre des Sozialgebildes der Kirche dem theologischen Verständnis der Gemeinschaftsgestalt der Kirche Rechnung trägt, so wenig vermag Bonhoeffer allerdings der empirisch-institutionellen Dimension von Kirche gerecht zu werden. Ich habe zu zeigen versucht, daß die Gründe dieses Defizits vor allem in der Art und Weise zu suchen sind, in der Bonhoeffer die Einsichten der Sozialphilosophie und Soziologie in sein theologisches Konzept einarbeitet. Die soziologische Betrachtungsweise wird so in das innertheologisch erarbeitete Verständnis der sanctorum communio integriert, daß sie einzig und allein der Explikation des Konstitutionsaspektes des Kirche dient. Sie wird an den Aspekt der theologischen Begründung der Kirche angeschlossen (die sanctorum communio als Werk Gottes in der Selbstvergegenwärtigung in seinem Geist – die geglaubte Kirche), nicht aber an den Aspekt der Kirche als eines geschichtlichen Werks von Menschen (die sanctorum communio als opus hominum – die erfahrene Kirche). So löst “Sanctorum Communio” den Zugewinn für das Verständnis der institutionell verfaßten Kirche nicht ein, den die Integration von Sozialphilosophie und Soziologie in den Fragehorizont der Ekklesiologie versprach. Zugespitzt formuliert: Bonhoeffer

versteht die Kirche zwar als Gemeinde, nicht aber auch die *Gemeinde als Kirche*[5].

Die Gemeinde als Kirche zu begreifen, hieße, die institutionell-organisatorische, zweckrational-pragmatische Dimension von Kirche nicht abzublenden, sondern sie dem theologischen Verständnis zu öffnen. Dabei läßt sich von Bonhoeffer noch durchaus lernen, daß die institutionell-organisatorische Gestalt der Kirche beileibe kein theologisches Skandalon darstellt, sondern als notwendiges und damit eben auch gestaltungsbedürftiges und -fähiges Element der geschichtlich-empirischen Darstellung von Kirche zu verstehen ist[6]. Freilich sieht Bonhoeffer die Kirche vorrangig unter der Perspektive der *charismatischen Vergemeinschaftung*, nicht aber auch – wie er von Max Weber hätte lernen können – unter der ihrer *institutionellen Verstetigung*. Damit versperrt er sich den Zugang zum Verständnis der Wirklichkeit der Kirche als einer zweckrational organisierten Institution, wie sie Max Weber in seiner "Herrschaftssoziologie" beschrieben hat. Die Aspekte zweckrationaler Organisation in der Kirche verbleiben in "Sanctorum Communio" weitgehend im Hintergrund[7].

2. Gegenwärtige Problemstellungen

Bonhoeffers Theorieprogramm wäre in meinen Augen erst dann überzeugend eingelöst, wenn es über Bonhoeffer hinaus gelänge, die beiden Dimensionen der Kirche als sozialen Interaktionssystems und der Kirche als Organisation kritisch miteinander zu vermitteln. Die Kirche wäre dabei gleichermaßen als Gemeinde wie die Gemeinde als Kirche zu begreifen. Wie ein Blick auf die zeitgenössischen Überlegungen zur Ekklesiologie zeigt, dürfte es sich dabei um eines der zentralen Schlüsselprobleme einer

---

5 Die in konzeptueller Absicht aufgestellte Formulierung, Kirche als Gemeinde und Gemeinde als Kirche zu begreifen, verdanke ich einem Bericht über den Arbeitsbereich Kirche bei der FEST von JOHANNES SCHWERDTFEGER, Soziologische Aspekte einer "Theorie der Kirche". Ein Zwischenbericht, in: FEST. Jahresbericht 1987, Heidelberg 1988, (45-53) 52.

6 Vgl. oben Teil D 1.-3., insbesondere 1.2. "Zum Verhältnis von Volkskirche und Freiwilligkeitskirche".

7 Vgl. hierzu WOLFGANG HUBER, Wahrheit und Existenzform. Anregungen zu einer Theorie der Kirche bei Dietrich Bonhoeffers, in: DERS., Folgen christlicher Freiheit. Ethik und Theorie der Kirche im Horizont der Barmer Theologischen Erklärung (Neukirchener Beiträge zur Systematischen Theologie 4), Neukirchen-Vluyn 1983, (169-204) 176.

gegenwärtig zu entfaltenden "Theorie der Kirche" handeln. Wer an die ursprüngliche systematische Intention Bonhoeffers noch einmal anzuknüpfen versucht, ist meines Erachtens vorrangig mit der Aufgabe konfrontiert, unter Zuhilfenahme sozialwissenschaftlicher Einsichten einen theologischen Zugang zu der institutionell-organisatorischen Dimension von Kirche freizulegen, ohne Bonhoeffers Überlegungen zu dem in der sanctorum communio gleichursprünglich fundierten Verhältnis von Individualität und Sozialität preiszugeben.

(1) Gerade diejenigen ekklesiologischen Ansätze, die die Kirche im wesentlichen als Gemeinde in ihrer kommunikativ-geschwisterschaftlichen Sozialgestalt begreifen, weisen eine eigentümliche Ambivalenz in der Beurteilung der Frage der Kirchenorganisation auf. Einerseits wird festgestellt, daß die institutionell-organisatorische Verkörperung der Kirche im Widerspruch zu der kommunitären Sozialgestalt der Kirche steht, wie sie im Neuen Testament begegnet[8]. Gruppenkirche oder charismatische Gemeinde stehen gegen Kirchenorganisation[9], wobei unter dieser die Gestalt der Volkskirche verstanden wird. Andererseits wird an der Rahmenfunktion der Kirchenorganisation festgehalten. Ihre Bedeutung liegt neben der Sicherung der Überlieferungskontinuität des Evangeliums vor allem in der Ermöglichung des institutionellen Rahmens, innerhalb dessen sich die sozietär-charismatische Gestalt der Gemeinde entfalten kann[10]. Zusammenfassend läßt sich feststellen, daß – aller kritischen Beurteilung der Volkskirche zum Trotz – dieses ekklesiologische Konzept wider Willen das Dilemma der strukturellen Diskrepanz von Kirche als Gemeinde und Kirche als Organisation fortsetzt. Man hat dieses Kirchenverständnis als eine Variante des *Komplementaritätsmodells* charakterisiert, wie es vor allem in der Theologie des deutschen Luthertums begegnet[11]. Der Begriff

---

8 So beispielsweise HELMUT GOLLWITZER: "Eine Staats- oder Volkskirche, die durch Tradition und Kindertaufe große Teile einer Bevölkerung von Geburt an umfaßt, kann nicht Kirche im Sinne des Neuen Testaments sein."(Was ist Kirche? in: DERS., Vortrupp des Lebens, München 1975, (111-120) 114).

9 So auch JÜRGEN MOLTMANN: "Um die Offenheit des Evangeliums und der Liebe zu praktizieren, braucht es nicht das Institut der allgemeinen Volkskirche. Deren unqualifizierte Offenheit für jedermann hat nur entfernt etwas mit der qualifizierten Offenheit Christi und des Reiches Gottes zu tun." (Kirche in der Kraft des Geistes. Ein Beitrag zur messianischen Ekklesiologie, München 1975, 360f, vgl. insbesondere 352-262).

10 Vgl. GOLLWITZER, Was ist Kirche?, aaO. 118.

11 So das Urteil von RUDOLF WETH, Theologische Ekklesiologie nach 1945 im kritischen Horizont des "Barmer Bekenntnisses"(Barmen III), in: Kirche als "Gemeinde von Brüdern"(Barmen III) Bd.1, hrsg. v. Alfred Burgsmüller, Gütersloh 1980,

der Komplementarität meint jenes ergänzende Nebeneinander von charismatisch-sozialstrukturierter Gemeinde einerseits und institutionell-organisatorischer Kirche andererseits[12]. Wenn auch in den ekklesiologischen Konzepten, die den sozietären Charakter der Gemeindegestalt in der Vordergrund stellen, die innerlich-individualistische Verengung des Kirchenbegriffs überwunden wird, so bleibt doch das unerledigte Problem zurück, ob und inwiefern sich die Kirche als Gemeinde mit der Kirche als Organisation kritisch vermitteln läßt. Die komplementäre Zuordnung beider Dimensionen erscheint schon allein deswegen als unbefriedigend, weil sie in mißverständlicher Weise suggeriert, daß die sozial-kommunikative Struktur der Gemeinde keiner institutionellen Regeln und Organisationsformen bedarf.

Auch die ekklesiologischen Zielsetzungen, die sich um eine "*Theorie des Gemeindeaufbaus*" in der Volkskirche bemühen – Konzepte, die vor allem die Diskussionlage der achtziger Jahre bestimmen –, geben keinen Ausweg aus dem geschilderten Dilemma an. Meiner Einschätzung nach folgen sie mehr oder weniger stark der Tendenz zur Dichotomisierung von gemeindlicher Interaktion und organisatorischer Institutionalisierung von Kirche. Die Bemühungen, das Handeln der Gemeinde unter das Vorzeichen der Vertrauensbildung zu rücken[13], belegen dies ebenso wie die Versuche, den Gemeindeaufbau im "Kraftfeld der Liebe" zu denken[14].

Die problemoriertierte Skizze, die eine intensive Auseinandersetzung mit den angesprochenen Konzepten nicht ersetzen kann noch will, gibt einen Hinweis darauf, daß nach Modellen und entsprechenden Theorie-

---

(170-222) 215, zum Komplementaritätsmodell lutherischer Prägung vgl. insbesondere 193-201.

12 Auf der Ebene des Komplementaritätsmodells liegt das von der VELKD propagierte Konzept der "missionarischen Doppelstrategie", vgl. VELKD (Hg.), Zur Entwicklung von Kirchenmitgliedschaft – Aspekte einer missionarischen Doppelstrategie, Texte aus der VELKD Nr.21, 1983. Freilich wird hier aus der Perspektive der "Institution" geurteilt. Der Aspekt der "communio" bleibt unterbestimmt.

13 Vgl. RAINER STRUNK, Vertrauen. Grundzüge einer Theologie des Gemeindeaufbaus, Stuttgart 1985.

14 Vgl. CHRISTIAN MÖLLER, Lehre vom Gemeindeaufbau Bd.1: Konzepte, Programme, Wege, Göttingen 1987, 249-263. Zur Theorie des Gemeindeaufbaus vgl. die in der angegebenen Veröffentlichung von Möller dargestellten Programme; vgl. weiterhin: *Diskussion zur "Theologie des Gemeindeaufbaus"*, hrsg. v. Rudolf Weth, Neukirchen-Vlyun 1986, darin insbesondere den zusammenfassenden Beitrag von RUDOLF WETH, Die Zukunft der Volkskirche und die Kirche der Zukunft, aaO. 134-159; THEODOR STROHM, Lernende Kirche – Zwischenbilanz der Debatte um den Gemeindeaufbau, in: Theologia Practica 23(1988), 59-71.

angeboten erst noch gesucht werden muß, die eine kritische Vermittlung der charismatisch-sozietären Gestalt von Gemeinde und der organisatorisch-institutionellen Verstetigung von Kirche zu begreifen erlauben. Komplementaritätsmodelle stehen zumindest in der Gefahr, die strukturelle Diskrepanz zwischen beiden Dimensionen von Kirche zu befestigen. Eine Möglichkeit, die es erlaubt, mit der Differenz von Gemeinde als Interaktionssystem und Kirche als Organisation konstruktiv umzugehen, bestünde in meinen Augen dann, wenn das weithin unerledigte Problem im Rahmen eines *konflikttheoretisch* ausgelegten Modells rekonstruiert würde.

(2) Mit den bisher vorgetragenen Erwägungen ist der Punkt erreicht, an dem ein Blick auf diejenigen ekklesiologischen Bemühungen geworfen werden kann, die mit Hilfe soziologischer Einsichten zu einem konstruktiven Verständnis der institutionellen Dimension der Kirche gelangen möchten. Dem problemorientierten Aufriß meiner Überlegungen zufolge beschränke ich mich auf eine Skizzierung der Entwürfe von Wolf-Dieter Marsch und Wolfgang Huber.[15]

"Institution im Übergang"[16]: Dieser von Wolf-Dieter Marsch gewählte Titel will nicht nur eine historische Beschreibung der Übergangssituation sein, in der sich die Kirche im 20.Jahrhundert befindet, sondern darüber hinaus das systematische Konzept signalisieren, mit dem Marsch der Kirche als gesellschaftlich-religiöser Institution gerecht zu werden hofft. Als "Institution im Übergang" steht die Kirche zwischen Tradition und Reform. Dieses Verhältnis weist zurück auf die zwei Seiten der einen Kirche Jesu Christi: die historisch-soziologisch verifizierbare Gestalt der Kirche (Kirche als geschichtlich etablierte religiös-kulturelle Institution) zum einen und der – wie Marsch formuliert – transzendentale Charakter der Kirche (Kirche als geistliches Ereignis) zum anderen[17]. Institutionen

15 Mir ist deutlich, daß eine annähernd vollständige Darstellung die Konzepte der katholischen Ekklesiologie miteinbeziehen müßte, die sich verstärkt dem Thema der Institution zugewandt haben. Vgl. GOTTHOLD HASENHÜTTL, Herrschaftsfreie Kirche. Sozio-Theologische Grundlegung, Düsseldorf 1974; LEO DULLAART, Kirche und Ekklesiologie. Die Institutionenlehre Arnold Gehlens als Frage an den Kirchenbegriff in der gegenwärtigen systematischen Theologie, München/Mainz, 1975; FERDINAND KLOSTERMANN, Kirche – Ereignis und Institution. Überlegungen zur Herrschafts- und Institutionenproblematik der Kirche, Freiburg 1976; MEDARD KEHL, Kirche als Institution. Begründung des institutionellen Charakters der Kirche in der neueren deutschsprachigen katholischen Theologie, Frankfurt 1976.

16 WOLF-DIETER MARSCH, Institution im Übergang. Evangelische Kirche zwischen Tradition und Reform, Göttingen 1970.

17 Vgl. hierzu die Kapitel "Die Kirche als gesellschaftlich-religiöse Institution" und

oder, wie man mit Marsch besser sagen müßte, institutionell gebundene Daseinsvollzüge unterliegen der Dialektik christlicher Existenz. Unter Rückgriff auf Arnold Gehlens Institutionentheorie wird zum einen der entlastende Sinn von Institutionen hervorgehoben. Insofern die Institutionen unter diesem Gesichtspunkt die Bedingung der Möglichkeit von Entfaltung von Freiheit darstellen, muß es der Theologie darum gehen, die Strukturen und Spielräume humaner Freiheitsentfaltung in Institutionen aufzudecken und zu würdigen. Institutionen unter dem Blickwinkel der Dialektik christlicher Existenz zu thematisieren, heißt aber andererseits, nicht die Augen davor zu verschließen, daß Institutionen eine stagnative, freiheitshindernde oder gar destruktive Funktion innewohnen kann. Theologisch gesprochen: Als Teil der alten Welt und der unerlösten Menschheit sind Institutionen auch Sozialgestalten der Sünde[18].

Im Schlußteil seiner Studie gibt Marsch zu erkennen, wie die beiden Aspekte von Transzendentalität und institutioneller Empirie der Kirche aufeinander bezogen werden können. Zum einen begegnet dort ein Plädoyer für "technokratische" Anpassungen der Kirche an die Funktionserfordernisse einer differenzierten Gesellschaft[19]. Diese Anpassungen seien aber nur dann "sinnvoll, wenn sie dazu dienen, durch die Kirche in unserer Gesellschaft Freiräume einer 'symbolisch vermittelten Interaktion' zu schaffen und zu erhalten"[20]. Die Kirche bewährt sich als religiös-gesellschaftliche Institution dann, wenn sie den freiheitsermöglichenden, kritisch-utopischen Horizont der Reich-Gottes-Erwartung Jesu offenhält. Dies kann sie aber nur, wenn es ihr "gelingt, ihre organisatorische Struktur zu entzaubern, demokratisch aufzulockern und im Sinne einer 'Institution des pluralen Angebots' zu ändern"[21]. Ich halte das Urteil für unberechtigt, daß die Überlegungen von Marsch letzten Endes auf jene Dualität herauslaufen, die das Ereignis der geglaubten Kirche von dem Darstellungs- und Bewährungsfeld der gesellschaftlichen Wirklichkeit der empirischen Kirche separiert[22]. Dieses Urteil läuft der ausdrücklichen Intention und den

---

"Die Wahrheit der Kirche Jesu Christi" (MARSCH, Institution im Übergang, aaO. 112-174 und 175-210).

18 Vgl. vor allem MARSCH, Institution im Übergang, 171. Darüberhinaus DERS., Das Institutionen-Gespräch in der evangelischen Kirche. Rückblickender Bericht über die Entwicklung eines interdisziplinären Problems, in: Zur Theorie der Institution, hrsg. v. Helmut Schelksy, Düsseldorf 1970, 127-139.

19 Vgl. MARSCH, Institution im Übergang, 260-264.

20 AaO. 265.

21 AaO. 288.

22 So ULRICH KÜHN, Kirche (Handbuch systematischer Theologie 10), Gütersloh 1980, 169.

kirchenreformorientierten Vorschlägen von Marsch zuwider. Gleichwohl stellt sich im Anschluß an Marsch die Frage, wie der *Kompromißcharakter* der empirischen Kirche zwischen Ereignis und Institution näherhin bestimmt und qualifiziert werden kann[23]. Will man diese Frage voranbringen, ist man wiederum genötigt, eine "Theorie der Kirche" um konflikttheoretische Überlegungen zu erweitern, die es erlauben, die Differenz (Unterscheidung und Bezogenheit) von geglaubter und erfahrener Kirche in konstruktiver Absicht auszulegen. Vorschläge hierzu hat Wolfgang Huber in verschiedenen Beiträgen zur Ekklesiologie unterbreitet.

Einer der theologischen Schwerpunkte in den Beiträgen von Wolfgang Huber zur Theorie der Kirche liegt im Problem der institutionellen Wirklichkeit der Kirche. Der originäre Beitrag, der hier für eine Theorie der Kirche beigesteuert wird, besteht darin, daß die Spannung zwischen geglaubter und erfahrener Kirche – eine Formulierung, die Huber im Anschluß an Jürgen Moltmann wählt[24] – bereits im Ansatz als Konflikt verstanden wird: "Die Kirche ist ein institutionalisierter Konflikt."[25]

Huber gelangt zu dieser Aufassung auf dem Wege der systematischen Zusammenschau unterschiedlicher Perspektiven auf die eine Wirklichkeit der Kirche Jesu Christi: (a) In einem ersten Schritt wird der theologische Gehalt der Rede von der Kirche als Institution geklärt. Im Zuge dieses Schrittes wird im Anschluß an Ernst Wolf und Hans Dombois zum einen der göttliche Stiftungscharakter der Kirche hervorgehoben, der nach der freien und gestaltenden Annahme ihrer Glieder am Maßstab ihrer in Christus gründenden Wirklichkeit verlangt. Zum anderen werden im Rekurs auf die Confessio Augustana die nach göttlichem Recht eingesetzten Institutionen der Evangeliumsverkündigung und der Darreichung der Sakramente von den "traditiones humanae" oder auch "constitutiones" unterschieden, die sich auf die menschliche Annahme und Gestaltung der von Gott gestifteten institutiones beziehen und an denen sich nach Huber zeigen muß, ob sie von der göttlichen Stiftung der Kirche Zeugnis abzulegen vermögen. Bettet man diese Überlegungen in den Zusammenhang der Theologie Luthers ein, so zeigt sich, daß die historische Wandelbarkeit des

---

23 Marsch spricht davon, daß die Kirche in ihrer jeweiligen geschichtlichen Ausprägung stets das Ergebnis eines Kompromisses zwischen der universalen Reich-Gottes-Hoffnung und der Anpassung an die sozio-kulturellen Bedürfnisse ihres gesellschaftlichen Kontextes gewesen ist (WOLF-DIETER MARSCH, Plädoyers in Sachen Religion, Gütersloh 1972, 224).

24 Vgl. JÜRGEN MOLTMANN, Kirche in der Kraft des Geistes. Ein Beitrag zur messianischen Ekklesiologie, München 1975, 34-43.

25 WOLFGANG HUBER, Die wirkliche Kirche, in: DERS., Folgen christlicher Freiheit, aaO. (159-168) 158. Vgl. zum Folgenden aaO. 151-158.

kirchlichen Amtes der Evangeliumsverkündigung und Sakramentsverwaltung als notwendiger Ausdruck der Annahme der Stiftung Gottes aufgefaßt werden muß. In Abgrenzung von Trutz Rendtorff betont Huber dabei den verbindlichen Zeugnischarakter der menschlich-geschichtlichen Annahme und Gestaltung der kirchlich-institutionellen Ordnung. (b) In einem zweiten Schritt wird das theologisch bestimmte Verständnis der Kirche als Institution um die soziologische Theorie der Institutionalsierung erweitert. Sie wird an den Aspekt der menschlich-geschichtlichen Annahme und Gestaltung der Institution Kirche angeschlossen. Unter Institutionalisierung versteht Huber – knapp skizziert – den Prozeß der institutionellen Versachlichung und Verfestigung sozialer Formationen, durch die diese über personale Bezüge hinaus geschichtliche Dauerhaftigkeit gewinnen. (c) In einem dritten Schritt werden schließlich die theologische (Kirche als Institution in der strukturellen Bezogenheit von göttlicher Stiftung und menschlicher Annahme) und die soziologische Perspektive (Kirche im Prozeß der Institutionalisierung) zusammengeführt. Sie zeigen die Kirche in einem strukturell angelegten Dilemma. So unausweichlich die Institutionalisierung der Kirche in historisch-soziologischer Perspektive ist, so unausweichlich ist aufgrund dieser Institutionalisierung auch der Widerspruch zu ihrer göttlichen Stiftung und der antwortenden Entsprechung von Seiten des Menschen. Dieses Dilemma läßt sich nicht schon dadurch auflösen, daß eine Gestalt von Kirche für allein legitim erklärt wird. In der von mir vorgeschlagenen Terminologie gesprochen: Auch die Gemeinde als soziales Interaktionssystem ist dem institutionellen Dilemma der Kirche nicht enthoben. Die von Huber herausgearbeitete strukturelle Diskrepanz, die die Kirche als Institution kennzeichnet, muß aber auch nicht einfach hingenommen werden. Huber drängt aus diesem Grund auf den konstruktiven Austrag des institutionellen Widerspruchs, d.h. auf die Institutionalisierung des Konfliktes, in dem die Kirche steht. Jede Form von Institutionalisierung muß daher von einer Selbstkritik begleitet sein, die auf die beständige Transformation der Institutionalität der Kirche hinarbeitet.

Mit dem Kirchenverständnis, das die Differenz von Konstitutionsgrund und menschlich-geschichtlicher Darstellung der einen Kirche Jesu Christi (in Hubers Terminologie gesprochen: von Stiftung und Annahme, Grund und Auftrag, Botschaft und Ordnung) als institutionalisiertes Konfliktgeschehen auslegt, ist der theoretische Boden betreten, auf dem nach den unterschiedlichen und den gebotenen Weisen des Konfliktaustrags in der Kirche gefragt werden müßte. Nimmt man die oben erörterten Überlegungen auf, bezöge sich diese Frage sowohl auf die jeweiligen Sozialgestalten der Kirche, also gleichermaßen auf die Gemeinde als Interaktionssystem als auch auf die Kirche als Organisation wie schließlich auf das Verhältnis beider zueinander. Diese Aufgabenstellung scheint insofern als besonders vordringlich, als ich davon ausgehe, daß ein zureichender Begriff der Kirche nur dann formuliert werden kann, wenn die Kirche als Gemeinde und gleichermaßen die Gemeinde als Kirche begriffen wird. Um der Einlösung dieser Aufgabenstellung willen bedürfte eine solchermaßen konzipierte Theorie der Kirche der verstärkten Einbeziehung sozialphilosophischer und soziologischer Entwürfe, die das, was Huber den "institutionalisierten Konflikt" nennt, näherhin auszulegen und zu präzisieren helfen.

Die Skizze über gegenwärtige Problemstellungen der Ekklesiologie kann nicht abgeschlossen werden, ohne auf eine gewichtige Verschiebung einzugehen, die zur Zeit in der theologischen Diskussionslage in Blick auf die Ekklesiologie mit Anstrengung vorangetrieben wird.

(3) Die Grundüberzeugungen, die sich in dem Kirchenverständnis Dietrich Bonhoeffers aussprechen, waren nie unstrittig. Freilich hat sich die ekklesiologische Diskussion nicht so sehr an Bonhoeffer selbst, sondern vorrangig an dem dritten Artikel der "Barmer Theologischen Erklärung" entzündet. In den Kontroversen um Barmen III ging es in erster Linie um das Verhältnis zu einem Kirchenbegriff lutherischer Provenienz[26]. Selbst die ekklesiologische Diskussion in den siebziger Jahren, die sich einerseits in der VELKD-Studie "Volkskirche-Kirche der Zukunft?" und andererseits in den Überlegungen der EKU zur Aktualität der 3. Barmer These programmatisch niederschlägt, kann noch vor diesem kontroverstheologischen Hintergrund gelesen werden[27].

Gleichwohl deutet sich in den angesprochenen Studien bereits eine veränderte Diskussionslage an, die durch die Frage bestimmt ist, ob eine Ekklesiologie, die auf dem unumkehrbaren Gefälle zwischen Grund und Auftrag sowie dem unlöslichen Zusammenhang zwischen Botschaft und Ordnung der Kirche beharrt, überhaupt noch in der Lage ist, der soziokulturellen Situation von Christentum und Kirche gerecht zu werden. Dieser Vorbehalt betrifft auch das Kirchenverständnis Dietrich Bonhoeffers. Es mehren sich die Stimmen, die die *Vorordnung* einer inhaltlich-

---

26 Vgl. unter den neueren Veröffentlichungen beispielsweise: *Die lutherischen Kirchen und die Bekenntnissynode von Barmen*, hrsg. v. Wolf-Dieter Hauschild, Georg Kretschmar, Carsten Nicolaisen, Göttingen 1984; *Barmen und das Luthertum*, hrsg. v. Reinhold Rittner, Hannover 1984.

27 Vgl. *Volkskirche – Kirche der Zukunft ?*, hrsg. v. Wenzel Lohff u.Lutz Mohaupt, Hamburg 1977; *Kirche als "Gemeinde von Brüdern" (Barmen III)* Bd.1, hrsg. v. Alfred Burgsmüller, Gütersloh 1980.

theologisch bestimmten Ekklesiologie vor die vielgestaltige Realität der christlichen Religion im Spannungsfeld von Kirche, Individuum und Gesellschaft generell in Frage stellen. Konstatiert wird ein *dogmatisch bedingter Wirklichkeitsverlust* der Ekklesiologie, die mit der Pluralisierung der Religion im Prozeß funktionaler Ausdifferenzierung moderner Gesellschaften keinen Kontakt mehr bekommt. Die Programmatik, die sich in dieser Kritik anmeldet, wird daran deutlich, daß mehr oder weniger explizit ein Epochenumbruch in der Theologie ausgerufen wird: Die Lehre von der Kirche müsse sich von den Normbegriffen einer dogmatischen Ekklesiologie befreien und sich demgegenüber empirisch orientieren[28].

Schon die Behauptung einer epochalen Zäsur weist darauf hin, daß die Kontroverslage um das Kirchenverständnis im Horizont von Barmen und Bonhoeffer, die lange im Zeichen der Auseinandersetzung mit der lutherischen Theologie gestanden hat[29], im Moment abgelöst wird durch eine Neuauflage bzw. eine Reformulierung *liberaler* Theologie, die mit dem Anspruch auftritt, als einzige Formation theologischer Reflexion gegenüber der Herausforderung der Moderne dialogfähig zu sein. Da die Unterstellung vom grundsätzlichen Defizit derjenigen Position, die sich der empirischen Realität der Kirche mit einer dogmatisch bestimmten Ekklesiologie annimmt, freilich mehr als nur von strategischer bzw. theologiepolitischer Bedeutung ist, verlangt sie erhebliche Aufmerksamkeit.

Der ekklesiologische Wirklichkeitsverlust der mit dogmatischer Bestimmtheit auftretenden Ekklesiologien wird vor allem gegenüber der faktischen Pluralität unterschiedlicher Verbundenheitsprofile, einem breiten Spektrum von Glaubensüberzeugungen und Frömmigkeitsstilen eingeklagt, die in der Kirche begegnen. Befürchtet wird eine dogmatisch bedingte Uniformierungstendenz, unterstellt werden antiquierte ekklesio-

---

28 Diese Sichtweise setzt sich mit unterschiedlichen Akzenten vor allem in der Praktischen Theologie durch. Vgl. beispielsweise so unterschiedliche Entwürfe wie DIETRICH RÖSSLER, Grundriß der Praktischen Theologie, Berlin, New York 1986, insb. 41-61 und GERT OTTO, Grundlegung der Praktischen Theologie Bd.1, München 1986, insb. 60-74; ferner: VOLKER DREHSEN, Neuzeitliche Konstitutionsbedingungen der Praktischen Theologie. Aspekte der theologischen Wende zur soziokulturellen Lebenswelt christlicher Religion, Gütersloh 1988; WILHELM GRÄB, Dogmatik als Stück der Praktischen Theologie, in: ZThK 85(1988), 474-492. Vgl. schließlich in programmatischer Absicht: FRIEDRICH WILHELM GRAF, Faszination der geschlossenen Kirche, in: LM 27(1988), 57-61; DERS., Innerlichkeit und Institution. Ist eine empirische Ekklesiologie möglich? in: PTh 77 (1988), 382-393.

29 In dieser Kontroverslage bewegen sich auch noch weitgehend, wenn auch nicht durchgängig, die Überlegungen von WOLFGANG HUBER zur Aktualität der Barmer Theologischen Erklärung, vgl. DERS., Folgen christlicher Freiheit.

logische Einheitswünsche, deren Realisierung die pluralen Perspektiven gelebter Religion unter sich begraben. *Pluralität* ist das Paradigma, in dessen kategorialem Rahmen die Wirklichkeit der Kirche theologisch interpretiert werden soll. "Der moderne Pluralismus hat eine eigene theologische Qualität."[30]

Angesichts dieser Kritik wäre zu fragen, ob eine Lehre von der Kirche, die in der Perspektive des Bonhoefferschen Kirchenverständnisses entworfen wird, in jedem Fall den unterstellten dogmatisch-normativen Überdruck erzeugt, der zwangsläufig zu einer Verengung der Wahrnehmung von empirischer Kirche führen müsse. Auffällig ist jedenfalls die Sprachregelung, die den derzeitigen Stand der Auseinandersetzung prägt und mit der die theologischen Fronten gebildet werden. Ekklesiologie "von oben" steht gegen Theologie "von unten", "deduktive" Verfahrensweisen gegen "induktive", Dogmatik gegen Empirie, Offenbarung gegen Erfahrung. Ich halte diese stilisierten Schemata für wenig hilfreich, um der systematischen Fragen und Probleme ansichtig zu werden, die sich in den unterschiedlichen Konzepten der Ekklesiologie stellen. Zum einen kann nicht als bereits erwiesen angesehen werden, daß eine Ekklesiologie, die die Frage nach dem theologisch zu bestimmenden Begründungszusammenhang von Kirche der Frage nach der empirischen Wirklichkeit der Kirche logisch vorordnet, diese auch dogmatisch normiert. Zum anderen erwekken Forderungen nach der Wirklichkeitsadäquanz der Ekklesiologie durch Ernstnehmen der Empirie, der Erfahrung, induktive Verfahrensweisen oder was der Vorschläge mehr sind, leicht den Anschein von Eindeutigkeit. Weder ist zunächst klar, wie denn nun "Wirklichkeit" kategorial gedacht werden soll, noch ist von vornherein deutlich, welche Theorien für das Verständnis von Wirklichkeit kandidieren können und sollen. Jedenfalls ist die Frage nach der dogmatischen Selbstverständigung über die Entschlüsselung der Wirklichkeit der empirischen Kirche durch die Forderung nach einer "empirischen Ekklesiologie" in keiner Weise schon als erledigt zu betrachten.

Zwei Fragestellungen möchte ich aus der angedeuteten Diskussion herausgreifen, um sie an Bonhoeffers Kirchenverständnis in "Sanctorum Communio" zu überprüfen. Zum einen handelt es sich um das Problem, ob Bonhoeffers Kirchenverständnis dem skizzierten Modell des dogmatistischen Deduktionismus zuzurechnen ist, das eine erfahrungsoffene Zuwendung zur empirischen Realität der Kirche durch die Vorordnung dogmatischer Verständigung über den Begriff der Kirche verhindert oder

---

30 FRIEDRICH WILHELM GRAF, Vom Munus Propheticum Christi zum prophetischen Wächteramt der Kirche? in: ZEE 32(1988), (88-106) 99.

einengt (a). Zum zweiten muß darüber gehandelt werden, ob und inwiefern Bonhoeffers Begriff der Kirche eine Auseinandersetzung mit dem Problem der faktisch existierenden Pluralität von Frömmigkeitsstilen und Glaubensüberzeugungen ermöglicht oder verhindert (b).

(a) Bonhoeffer sieht die eine Wirklichkeit der Kirche Jesu Christi in einem doppelten Verweisungszusammenhang. In der vorliegenden Untersuchung habe ich den Versuch unternommen, das methodische Verfahren Bonhoeffers in "Sanctorum Communio" als Differenz (Unterscheidung und Bezogenheit) von Begründungs- bzw. Konstitutionszusammenhang und Darstellungs- bzw.Gestaltungszusammenhang der einen Kirche Jesu Christi zu begreifen. Von Seiten ihres *Konstitutionszusammenhangs* muß die Kirche dabei als eschatologische Glaubensgemeinschaft verstanden werden, die in der sich in Wort und Sakrament immer wieder neu ereignenden Selbstvergegenwärtigung der in Christus offenbar gewordenen Liebe Gottes in seinem Geist begründet ist. Von Seiten ihres geschichtlichen *Darstellungszusammenhangs* muß die Kirche als ein spezifisches Werk von Menschen verstanden werden.

Konstitutions- und Darstellungsaspekt werden von Bonhoeffer nicht im Verhältnis zusammenhangloser Verschiedenheit gedacht. Vielmehr ist das Verhältnis von Konstitution und gestaltender Darstellung zum einen durch eine fundamentale *Einseitigkeit* geprägt, insofern die geschichtliche Darstellung der Kirche durch menschliche Gestaltung von dem diese allererst ermöglichenden und wahrmachenden Konstitutionsgrund aus begriffen werden muß. Insofern wird der Begründungsaspekt der Kirche in "Sanctorum Communio" dem Darstellungsaspekt logisch vorgeordnet. Genau hierin besteht die von Bonhoeffer wiederholt hervorgehobene methodische Leitlinie, ein Verständnis der einen Wirklichkeit der Kirche Jesu Christi erschließe sich nur "von oben nach unten". In dieser Formulierung kommt die logische Vorordnung des Begründungsaspektes vor den Darstellungsaspekt zum Ausdruck. Auf der Grundlage dieser Vorordnung wird zum anderen die *Gegenseitigkeit* von Konstitution und Darstellung gedacht, insofern die in und durch das stellvertretende Handeln Christi begründete communio in den durch diese Begründung ermöglichten und bestimmten Handlungs- und Gestaltungsvollzügen der Glieder der communio als stellvertretendes Mit- und Füreinander zur Darstellung gelangen will.

Bei Bonhoeffer wird die Konstitution der Gemeinde und die dadurch bestimmte Ermöglichung ihrer Praxis in der Versöhnung Gottes durch das stellvertretende Handeln Jesu Christi ausgesagt. Gleichwohl wird durch die Vorordnung des Begründungs- vor den Darstellungsaspekt die geschichtliche Wirklichkeit der Kirche Jesu Christi nicht normativ-dogmatisch eingeengt. Vielmehr wird dogmatische Ekklesiologie von hier aus überhaupt erst *empiriefähig*, insofern die geschichtliche Wirklichkeit der Kirche unter dieser Perspektive als der gestaltungsbedürftige und nach Maßgabe ihres Konstitutionsgrundes gestaltungsfähige Darstellungsraum der Wahrheit Jesu Christi in den Blick kommt. Nicht geht es also um dogmatisch-nomothetische Deduktion der Wirklichkeit oder um eine wirklichkeitsverengende, doktrinäre Prämissentheologie[31], sondern um die Erschließung der Perspektive, unter der die empirische Wirklichkeit der Kirche als eine zur Gestaltung aufgegebene Wirklichkeit verstanden werden kann. Eine solchermaßen verfahrende Ekklesiologie ist sowohl *erfahrungsoffen* als auch *erfahrungsorientierend*, auch und gerade für die vielgestaltige Präsenz christlicher Religion im Lebenszusammenhang komplex ausdifferenzierter Gesellschaften.

(b) Mit der letzten Überlegung ist bereits angedeutet, daß es sich bei Bonhoeffers Kirchenverständnis in "Sanctorum Communio" keineswegs um eine doktrinäre ekklesiologische Einheitsphanatasie oder um ein "potentiell totalitäres Sozialkonzept"[32] handelt. Der doppelte Verweisungszusammenhang, in dem Bonhoeffer den Begriff der Kirche entfaltet, läßt eine umstandslose Identifikation zwischen empirischer Kirche und der sanctorum communio als eschatologischer Glaubensgemeinschaft nicht zu. Unter den besonderen Bedingungen der jeweiligen geschichtlichen Wirklichkeit, unter denen die sanctorum communio zur Darstellung gelangt, bleibt sie nach Bonhoeffer ein grundsätzlich zweideutiges Faktum. Man muß nur das Kapitel über die empirische Gestalt der Kirche in "Sanctorum Communio" lesen (SC 140ff), um ohne große Interpretationsanstrengung gewahr zu werden, daß Bonhoeffer allen Homogenitätsträumen einer perfektionistischen Gemeinschaftskirche eine unmißverständliche Absage erteilt.

Der Grund dieser Sichtweise ist nicht allein ein empirischer, sondern ein strikt theologischer: Heilsgeschichte wird nicht mit Geschichte, empirische Kirche nicht mit der in und durch Christi stellvertretendes Handeln begründeten sanctorum communio gleichgesetzt. In der einen Kirche Jesu Christi sind communio peccatorum und communio sanctorum immer ineinander verschränkt, wobei die Aufhebung dieser Differenz nicht geschichtlich, sondern eschatologisch zu denken ist. Unter den Bedingungen

---

31 Ich greife an dieser Stelle auf die begriffsstrategisch stilisierte Wortwahl von WILHELM GRÄB zurück, mit Hilfe deren er sein eigenes Programm profiliert. Vgl. DERS., Dogmatik als Stück der Praktischen Theologie, aaO. 474-492.

32 FRIEDRICH WILHELM GRAF, Innerlichkeit und Institution, aaO. 391.

geschichtlicher Existenz zielt die theologisch bestimmte Differenz nicht auf Suspension, sondern auf Austrag. Auch wenn Bonhoeffer die Einsichten der Sozialphilosophie und Soziologie zur Präzisierung dieses Differenzgeschehens nicht fruchtbar machen kann, so ist doch meines Erachtens das Kirchenverständnis von "Sanctorum Communio" im Ansatz – und zwar aus theologischen Gründen – konflikttheoretisch angelegt.

Nach Bonhoeffer wird dogmatische Ekklesiologie nicht allein in dem Maße empiriefähig, in dem sie dem "prinzipiellen Eigenrecht des Individuums Geltung zu verschaffen vermag"[33]. Vielmehr geht er davon aus, daß eine solche Fixierung des Versöhnungsgeschehens in Christus auf den Ort des Individuums keine tragfähige Basis für eine Ekklesiologie bilden kann. Es macht die Stärke der Bonhoefferschen Argumentation aus, daß sich diese Überzeugung wiederum strikt theologischen Einsichten verdankt – Einsichten, die zuvorderst der Theologie Luthers verpflichtet sind. Und zwar begreift Bonhoeffer mit Luther das Versöhnungsgeschen in Christus als einen Prozeß, der *uno actu individuiert und sozialisiert*. Die im Stellvertretungshandeln Christi begründete Gleichursprünglichkeit von Individualität und Sozialität fordert notwendig, daß Kirche nur dann hinreichend gefaßt ist, wenn sie als communio – als stellvertretendes Mit- und Füreinander der Gläubigen – begriffen wird.

Will man den systematischen Impuls Bonhoeffers in der Gegenwart aufnehmen, können Individualität und Sozialität gerade nicht gegeneinander ausgespielt werden[34]. Vielmehr wird man darauf bedacht sein müssen zu fragen, wie unter den Bedingungen moderner Pluralität Individualität und Sozialität in Gestalt der Kirche übereinzukommen vermögen. Entschlägt man sich auf diesem Wege der Alternative zwischen dem Eigenrecht des Individuums und der Sozialgestalt der Kirche, so wird man gleichzeitig an der unkritischen Entsprechung von religiöser Individualität und volkskirchlicher Institution nicht festhalten können, die jene Alterna-

---

33 AaO. 393.

34 Dieses Argumentationsmuster beherrscht durchgängig die EKD-Studie "Christsein gestalten". Vgl. *Christsein gestalten.* Eine Studie zum Weg der Kirche, hrsg. v. Kirchenamt im Auftrag des Rates der Evangelischen Kirche in Deutschland, Gütersloh 1986. Die Kritik an dieser Argumentationsfigur habe ich an anderer Stelle ausführlich zu begründen versucht, vgl. JOACHIM VON SOOSTEN, Zukunft der Volkskirche – Überlegungen zum Weg der Kirche im Anschluß an die EKD-Studie "Christsein gestalten", in: Die Krise der Volkskirche und die Krise des Sozialstaates – Herausforderungen einer missionarischen Gemeinde, hrsg. v. Seminar für Kirchlichen Dienst in der Industriegesellschaft Gossner-Mission Mainz (Werkstattbericht Nr.7), Mainz 1988, 1-15.

tive zwangsläufig nach sich zieht[35]. Bonhoeffers Kirchenverständnis in "Sanctorum Communio" zielt aus theologischen Überlegungen, die den Impuls reformatorischer Theologie aufnehmen, auf ein Konzept, in dem Individualität, Sozialität und Institutionalität kritisch miteinander vermittelt gedacht werden sollen. Weder geht es dabei um eine Usurpation der Individualität durch eine tendenziell totalitäre Theorie der Gemeinschaft, noch um eine Entlastung des institutionellen Aspektes von Kirche von der Frage nach ihrer unter dem Vorzeichen der durch Christus entbundenen Freiheit erfolgenden Gestaltung.

Es ist der These zuzustimmen, daß dogmatische Ekklesiologie so konzipiert sein sollte, daß sie dem kirchlichen und religiösen Pluralismus *erfahrungsoffen* begegnen kann. Diese Offenheit fordert gleichwohl nicht notwendig jene "dogmatische Unbestimmtheit", die alle theologischen Überlegungen über die Sozialgestalt der Kirche suspendiert[36], welche aus dem in dem Versöhnungsgeschehen des Stellvertretungshandelns Christi gleichursprünglich gesetzten Verhältnis von Individualität und Sozialität resultiert. Dogmatische Unbestimmtheit zöge in meinen Augen allzu leicht den Verlust der *erfahrungsorientierenden* Funktion ekklesiologischer Selbstverständigung nach sich, durch den Bonhoeffers Kirchenverständnis gerade nicht geprägt ist und der einer letztlich indifferenten Vielheit vorgegebener Religiosität und Kirchlichkeit beharrlich entgegenwirkt. Im Anschluß an den von Bonhoeffer ins Auge gefaßten Begriff der Kirche ginge es meines Erachtens präzis um *Pluralität als befreite Vielheit*, nicht aber um Pluralität als Indifferenz[37].

---

35 Fixierung der Rechtfertigungslehre auf den Ort des Individuums (individuelle Freiheit als Thema reformatorischer Rechtfertigungslehre und Ekklesiologie) und Lob der volkskirchlichen Institution (Volkskirche als "Institution der Freiheit") treten vor allem in der Kirchentheorie TRUTZ RENDTORFFS und FRIEDRICH WILHELM GRAFS in ein Verhältnis affirmativer Entsprechung. Insofern das Problem der Verbindlichkeit und Glaubwürdigkeit des Zeugnisses der Kirche im Blick auf ihre Sozialgestalt generell dem Verdacht einer neuen Form von freiheitseinschränkender Werkgerechtigkeit ausgesetzt wird, löst der Begriff der Volkskirche bei Rendtorff und Graf die aus der Freiheit des Glaubens resultierende Frage nach den qualitativen Lebenskonturen der sozietär-kommunikativen Existenz der Gemeinde auf. Zur Kritik an Rendtorff vgl. WOLFGANG HUBER, Die wirkliche Kirche, in: DERS., Folgen christlicher Freiheit, 154; ULRICH KÜHN, Kirche, 170f; PETER STEINACKER, Kirchenbegriff und kirchliche Wirklichkeit, in: Charisma und Institution, hrsg. v. Trutz Rendtorff, Gütersloh 1985, (430-437) 434f.

36 So GRAF, Innerlichkeit und Institution, 393.

37 Weder Rendtorff noch Graf haben bisher ihren Pluralismusbegriff – in theologischer und in gesellschaftstheoretischer Hinsicht – präzisiert. Zur älteren politikwissenschaftlichen Diskussion vgl. *Pluralismus*. Grundlegung und Diskussion, hrsg. v.

Freilich gibt sich Bonhoeffer nicht der Illusion hin, daß die sozietär-kommunitäre Gestalt der Kirche *perfekt* verwirklicht werden könnte. Unter empirischen Bedingungen gelangt sie allenfalls gebrochen zur Darstellung. Wenn die Vermutung richtig ist, daß das Kirchenverständnis von "Sanctorum Communio" auf eine zu sich selbst befreite Pluralität, also auf einen Begriff von Kirche als Einheit kommunikativ strukturierter Vielheit zielt, wie ich zu zeigen versucht habe, dann wird die Bedeutung dieses Konzeptes nur dann umgesetzt werden können, wenn kirchliches Handeln so gestaltet ist, daß es sich einerseits einer erfahrungsoffenen, d.h.an die faktische Pluralität von religiösen und kirchlichen Einstellungen anknüpfenden Praxis nicht verweigert und andererseits zu einem produktiven, erfahrungsorientierenden Umgang mit dieser Pluralität anleitet. So gesehen, zielt dogmatische Ekklesiologie nicht auf klerikale Bevormundung oder Exkommunikation eingeschliffen-verfestigter oder lebendiger Erfahrung, sondern auf kommunikativen, und das heißt konfliktorientierten wie konfliktfähigen Austrag der Differenz von geglaubter und erfahrener Kirche. Dabei ginge es nicht um die Neutralisierung von Konflikten, sondern um die kommunikative Einlösung desjenigen Versprechens, das mit dem Versöhungsgeschehen des stellvertretenden Handelns Jesu Christi zur ureigensten Angelegenheit von Kirche geworden ist und zu dessen verbindlicher Darstellung und Gestaltung sie unwiderruflich aufgefordert ist, will sie die Wahrheit der Versöhnung Gottes mit den Menschen in Christus nicht verdunkeln, sondern in ihrem Zeugnis in der Wirklichkeit der Welt zum Leuchten bringen.

Heinrich Oberreuter, Opladen 1980, insb.den Beitrag von WINFRIED STEFFANI, Vom Pluralismus zum Neopluralismus, 37-108; ferner den Beitrag von CLAUS OFFE, Politische Herrschaft und Klassenstrukturen. Zur Analyse spätkapitalistischer Gesellschaftssysteme, in: Politikwissenschaft. Eine Einführung in ihre Probleme, hrsg. v. Gisela Kress u. Dieter Senghaas, Frankfurt 1969, 155-189. Über den Pluralismusbegriff im Umkreis der Diskussion um die "Postmoderne" vgl. zusammenfassend WOLFGANG WELSCH, Unsere postmoderne Moderne, 2. Aufl.Weinheim 1988.

Literaturverzeichnis

Vollständige bibliographische Angaben der zitierten Literatur finden sich in jedem Kapitel bei der jeweils ersten Zitation. Bei späterer Nennung, die nicht auf die erste Zitation folgt, wird ein Kurztitel angegeben, der über das Literaturverzeichnis erschlossen werden kann. Hervorhebungen in Zitaten werden in der Regel nicht wiedergegeben, Ausnahmen eigens vermerkt. Abkürzungen erfolgen nach: Theologische Realenzyklopädie, Abkürzungsverzeichnis. Zusammengestellt von Siegfried Schwertner, Berlin/New York 1976. Hinter den angeführten Titeln wird das Kürzel genannt, das bei Zitationen in Klammern im Text steht.

A Dietrich Bonhoeffer

Sanctorum Communio. Eine dogmatische Untersuchung zur Soziologie der Kirche (Dietrich Bonhoeffer Werke 1, hrsg. v. Joachim von Soosten), München 1986. (SC)

Jugend und Studium 1918-1927 (Dietrich Bonhoeffer Werke 9, hrsg. v. Hans Pfeifer), München 1987. (DBW 9)

Akt und Sein. Transzendentalphilosophie und Ontologie in der systematischen Theologie (Dietrich Bonhoeffer Werke 2, hrsg. v. Hans-Richard Reuter), München 1988.

Schöpfung und Fall. Theologische Auslegung von Genesis 1-3, München 1933.

Widerstand und Ergebung. Briefe und Aufzeichnungen aus der Haft, hrsg. v. Eberhard Bethge (Neuausgabe), München 1970.

Gesammelte Schriften II, hrsg. v. Eberhard Bethge, 2. Aufl. München 1965.

Nachlass Dietrich Bonhoeffer. Ein Verzeichnis. Archiv-Sammlung-Bibliothek. Erstellt von Dietrich Meyer in Zusammenarbeit mit Eberhard Bethge, München 1987.

B Andere Autoren

ALTHAUS, Paul, Zum Verständnis der Rechtfertigung (1930), in: DERS., Theologische Aufsätze II, Gütersloh 1935, 31-44.

Barmen und das Luthertum, hrsg. v. Reinhold Rittner, Hannover 1984.

BARTH, Karl, Der Römerbrief. Zweite, völlig veränderte Aufl. München 1922 (13. Abdruck der neuen Bearbeitung von 1922 Zürich 1984). (R)

–, Das Wort Gottes als Aufgabe der Theologie (1922), in: Anfänge der dialektischen Theologie Bd.1 (TB 17), hrsg. v. Jürgen Moltmann, München 1962, 197-218.

–, Not und Verheißung der christlichen Verkündigung, in: ZZ 1 (1923), 3-25.

–, Ansatz und Absicht in Luthers Abendmahlsverständnis, in: ZZ 1 (1923) Heft 4, 17-52.
–, Kirche und Theologie, in: ZZ 4 (1926), 18-40.
–, Die christliche Dogmatik im Entwurf. Erster Band 1927 (GA II, hrsg. v. Gerhard Sauter), Zürich 1982.
–, Die Kirchliche Dogmatik III/1, Zürich 1945.
–, Die protestantische Theologie im 19.Jahrhundert – Ihre Vorgeschichte und ihre Geschichte, Zollikon/Zürich 1947.
–, Die Kirchliche Dogmatik IV/2, Zürich 1955.
Karl Barth- Rudolf Bultmann. Briefwechsel 1922-1966 (GA V. Briefe Bd.1, hrsg. v. Bernd Jaspert), Zürich 1971.
Karl Barth – Eduard Thurneysen. Briefwechsel II 1921-1930 (GA V. Briefe Bd.4, hrsg. v. Eduard Thurneysen), Zürich 1974.
BAYER, Oswald, Promissio. Geschichte der reformatorischen Wende in Luthers Theologie (FKDG 27), Göttingen 1971.
–, Christus als Mitte. Bonhoeffers Ethik im Banne der Religionsphilosophie Hegels, in: BThZ 2 (1985), 259-276.
BÄUMLER, Christoph, Die Lehre von der Kirche in der Theologie Karl Barths (TEH 118), München 1964.
BEER, Theobald, Der fröhliche Wechsel und Streit. Grundzüge der Theologie Martin Luthers, 2. Aufl. Einsiedeln 1980.
Bekenntnisschriften der evangelisch-lutherischen Kirche, Die, 8. Aufl. Göttingen 1979.
BERGER, Peter L., Sociology and Ecclesiology, in: The Place of Bonhoeffer, ed.by Martin E.Marty, New York 1962, 53-80.
BETHGE, Eberhard, Dietrich Bonhoeffer. Theologe, Christ, Zeitgenosse (1967), 5. Aufl. München 1983.
BIZER, Ernst, Die Entdeckung des Sakraments durch Luther, in: EvTh 17 (1957), 64-90.
–, Fides ex auditu. Eine Untersuchung über die Entdeckung der Gerechtigkeit Gottes durch Martin Luther (1958), 3. Aufl. Neukirchen 1966.
BODENSTEIN, Walter, Die Theologie Karl Holls im Spiegel des antiken und reformatorischen Christentums (AKG 40), Berlin 1968.
Bonhoeffer und Luther. Zur Sozialgestalt des Luthertums in der Moderne, hrsg. v. Christian Gremmels (IBF 6), München 1983.
BORNKAMM, Heinrich, Christus und das 1.Gebot in der Anfechtung bei Luther. Zum Verständnis von Holls Lutherauffassung, in: ZSTh 5 (1927/28), 453-477.
Christsein gestalten. Eine Studie zum Weg der Kirche, hrsg. v. Kirchenamt im Auftrag des Rates der Evangelischen Kirche in Deutschland, Gütersloh 1986.
DALFERTH, Ingolf U., Theologischer Realismus und realistische Theologie bei Karl Barth, in: EvTh 46 (1986), 402-422.
DANTINE, Johannes, Die Kirche vor der Frage nach ihrer Wahrheit. Die reformatorische Lehre von den "notae ecclesiae" und der Versuch ihrer Entfaltung in der kirchlichen Situation der Gegenwart (Kirche und Konfession 22), Göttingen 1980.
DAY, Thomas I., Conviviality and Common Sense. The Meaning of Christian Community für Dietrich Bonhoeffer, Michigan/London 1975.
DIBELIUS, Otto, Das Jahrhundert der Kirche, Berlin 1927.

DREHSEN, Volker, Neuzeitliche Konstitutionsbedingungen der Praktischen Theologie. Aspekte der theologischen Wende zur soziokulturellen Lebenswelt christlicher Religion, Gütersloh 1988.

DULLART, Leo, Kirche und Ekklesiologie. Die Institutionenlehre Arnold Gehlens als Frage an den Kirchenbegriff in der gegenwärtigen systematischen Theologie, München/Mainz 1975.

Der Durchbruch der reformatorischen Erkenntnis bei Luther, hrsg. v. Bernhard Lohse (WdF 123), Darmstadt 1968.

Zur Entwicklung von Kirchenmitgliedschaft – Aspekte einer missionarischen Doppelstrategie, hrsg. v. der VELKD, Texte aus der VELKD Nr.21, 1983.

FAGERBERG, Holsten, Bekenntnis, Kirche und Amt in der deutschen konfessionellen Theologie des 19.Jahrhunderts, Uppsala 1952.

FEIL, Ernst, Die Theologie Dietrich Bonhoeffers. Hermeneutik, Christologie, Weltverständnis (GT.S 6), München,Mainz 1971.

–, Standpunkte der Bonhoeffer-Interpretation, Versuch einer kritischen Zusammenfassung, in: ThRv 64 (1968), 1-14.

FRANK, Manfred, Die Unhintergehbarkeit von Individualität, Frankfurt 1986.

FREYER, Hans, Theorie des objektiven Geistes. Eine Einleitung in die Kulturphilosophie, Darmstadt 1973 (Nachdruck der 3.unveränderten Aufl. Leipzig/Berlin 1934).

GEYER, Hans-Georg, Wahre Kirche ? Betrachtungen über die Möglichkeit der Wahrheit einer christlichen Kirche, in: Kirche als "Gemeinde von Brüdern" (Barmen III) Bd.1, hrsg. v. Alfred Burgsmüller, Gütersloh 1980, 223-248.

GOGARTEN, Friedrich, Theologie und Wissenschaft. Grundsätzliche Bemerkungen zu Karl Holls "Luther", in: ChW 38 (1924), 34-42, 71-80, 121f.

GOLLWITZER, Helmut, Was ist Kirche ? in: DERS., Vortrupp des Lebens, München 1975, 11-120.

GRÄB, Wilhelm, Dogmatik als Stück der Praktischen Theologie, in: ZThK 85 (1988), 474-492.

GRAEBKE, Friedrich, Die Konstruktion der Abendmahlslehre Luthers in ihrer Entwicklung dargestellt. Eine dogmengeschichtliche Studie, Leipzig 1908.

GRAF, Friedrich Wilhelm, Innerlichkeit und Institution. Ist eine empirische Ekklesiologie möglich?, in: PTh 77 (1988). 382-393.

–, Faszination der geschlossenen Kirche, in: LM 27 (1988), 57-61.

–, Vom Munus Propheticum Christi zum prophetischen Wächteramt der Kirche ? in: ZEE 32 (1988), 88-106.

GRANE, Leif, Die Confessio Augustana, 3. Aufl. Göttingen 1986.

GREEN, Clifford J., The Sociality of Christ and Humanity. Dietrich Bonhoeffer's Early Theology, 1927-1933, Missoula, Montana 1972.

GREMMELS, Christian/PFEIFER, Hans, Theologie und Biographie. Zum Beispiel Dietrich Bonhoeffer, München 1983.

HAKAMIES, Ahti, "Eigengesetzlichkeit" der natürlichen Ordnungen als Grundproblem der neueren Lutherdeutung. Studien zur Geschichte und Problematik der Zwei-Reiche Lehre Luthers (UKG 7), Witten 1971.

HASENHÜTTL, Gotthold, Herrschaftsfreie Kirche. Sozio-Theologische Grundlegung, Düsseldorf 1974.

HEGEL, Georg Friedrich Wilhelm, Werke (Theorie-Werkausgabe, hrsg. v. Eva Moldenhauer u.Karl Markus Michel) Frankfurt 1971ff.

HELD, Heinz Joachim, Schuldübernahme als Ausdruck der Christusnachfolge bei Martin Luther und Dietrich Bonhoeffer, in: Konsequenzen. Dietrich Bonhoeffers Kirchenverständnis heute, hrsg. v. Ernst Feil u. Ilse Tödt (IBF 3), München 1980, 140-168.

HERRMANN, Rudolf, Beobachtungen zu Luthers Rechtfertigungslehre (1929), in: Ders., Gesammelte Studien zur Theologie Luthers und der Reformation, Göttingen 1960, 77-89.

HILGENFELD, Hartmut, Mittelalterlich-traditionelle Elemente in Luthers Abendmahlsverständnis (SDGSTh 24), Zürich 1971.

HIRSCH, Emanuel, Geschichte der neuern evangelischen Theologie Bd.V, 3. Aufl. Gütersloh 1964.

HÖFLING, J.Wilhelm F., Die Grundsätze evangelisch-lutherischer Kirchenverfassung, 2. Aufl. Erlangen 1861.

HOFMEISTER, Heimo, Überlegungen zu Hegels Begriff der "Gemeinde", in: EvTh 41 (1981), 300-309.

HOLL, Karl, Gesammelte Aufsätze zur Kirchengeschichte I. Luther (1921), 3. Aufl. Tübingen 1923. (GA I)

–, Luthers Urteile über sich selbst (1903), GA I, 381-419.

–, Die Rechtfertigungslehre in Luthers Vorlesung über den Römerbrief mit besonderer Berücksichtigung auf die Frage nach der Heilsgewißheit (1910), GA I, 11-154.

–, Die Kulturbedeutung der Reformation (1911), GA I, 468-543.

–, Luther und das landesherrliche Kirchenregiment (1911), GA I, 326-389.

–, Die Entstehung von Luthers Kirchenbegriff (1915), GA I, 288-325.

–, Was verstand Luther unter Religion (1917), GA I, 1-110.

–, Der Neubau der Sittlichkeit (1919), GA I, 155-287.

–, Gesammelte Aufsätze zur Kirchengeschichte III. Der Westen, Tübingen 1928. (GA III)

–, Die Rechtfertigungslehre im Licht der Geschichte des Protestantismus (1906), GA III, 525-557.

–, Was hat die Rechtfertigungslehre dem modernen Menschen zu sagen (1907), GA III, 558-567.

–, Die Bedeutung der großen Kriege für das religiöse und kirchliche Leben innerhalb des deutschen Protestantismus (1917), GA III, 302-384.

–, Gogarten Lutherauffassung. Eine Erwiderung (1924), GA III, 244-253.

–, Kleine Schriften, hrsg. v. Robert Stupperich, Tübingen 1966.

–, Luther als Erneuerer des christlichen Gemeinschaftsgedankens (1917), in: DERS., Kleine Schriften, 62-66.

Briefe Karl Holls an Adolf Schlatter (1897-1925), hrsg. v. Robert Stupperich, in: ZThK 64(1967), 169-240.

HONECKER, Martin, Kirche als Gestalt und Ereignis. Die sichtbare Gestalt der Kirche als dogmatisches Problem (FGLP 25), München 1963.

–, Sozialethische Aspekte des Kirchenverständnisses, in: EvTh 30 (1970), 69-96.

HUBER, Ernst Rudolf/HUBER, Wolfgang, Staat und Kirche im 19. und 20. Jahrhundert. Dokumente zur Geschichte des deutschen Staatskirchenrechts Bd.IV (Staat und Kirche in der Zeit der Weimarer Republik), Berlin 1988.

HUBER, Wolfgang, Kirche und Öffentlichkeit (FBESG 28), Stuttgart 1973.

–, Kirche, Stuttgart/Berlin 1979.

–, Folgen christlicher Freiheit. Ethik und Theorie der Kirche im Horizont der Barmer Theologischen Erklärung (Neukirchener Beiträge zur Systematischen Theologie 4), Neukirchen-Vluyn 1983.

–, Freiheit und Institution. Sozialethik als Ethik kommunikativer Freiheit, in: Folgen christlicher Freiheit, 113-127.

–, Die wirkliche Kirche, in: Folgen christlicher Freiheit, 159-168.

–, Wahrheit und Existenzform. Anregungen zur einer Theorie der Kirche bei Dietrich Bonhoeffer, in: Folgen christlicher Freiheit, 169-204.

–, Auf dem Weg zu einer Kirche der offenen Grenzen, in: Taufe und Kirchenzugehörigkeit (FBESG 39), hrsg. v. Christine Lienemann, München 1983, 488-514.

HÜBNER, Eberhard, Theologie und Empirie der Kirche. Prolegomena zur Praktischen Theologie, Neukirchen-Vluyn 1985.

ISERLOH, Erwin, Sacramentum und Exemplum: Ein augustinisches Thema lutherischer Theologie, in: Reformata reformanda Bd.1 (Festgabe Hubert Jedin, hrsg. v. Erwin Iserloh u. Konrad Repgen), Münster 1965, 247-264.

IWAND, Hans Joachim, Zur Entstehung von Luthers Kirchenbegriff. Ein kritischer Beitrag zu dem gleichnamigen Aufsatz von Karl Holl, in: DERS., Nachgelassene Werke II, hrsg. v. Dieter Schellong u.Karl Gerhard Steck, München 1966, 198-239.

JÜNGEL, Eberhard, Quae supra nos, nihil ad nos. Eine Kurzformel der Lehre vom verborgenen Gott – im Anschluß an Luther interpretiert, in: DERS., Entsprechungen, München 1980, 202-251.

–, Gott als Geheimnis der Welt. Zur Begründung der Theologie des Gekreuzigten im Streit zwischen Theismus und Atheismus, 4. Aufl. Tübingen 1982.

–, Von der Dialektik zur Analogie. Die Schule Kierkegaards und der Einspruch Petersons, in: DERS., Barth-Studien (Ökumenische Theologie Bd.9), Zürich/Köln/Gütersloh 1982, 127-179.

JETTER, Werner, Die Taufe beim jungen Luther. Eine Untersuchung über das Werden der reformatorischen Sakraments- und Taufanschauung (BHTh 18), Tübingen 1954.

KALTENBORN, Carl-Jürgen, Adolf von Harnack als Lehrer Dietrich Bonhoeffers, Berlin 1973.

KANT, Imanuel, Werke in zehn Bänden (hrsg. v. Wilhelm Weischedel), Darmstadt 1960ff.

KEHL, Medard, Kirche als Institution. Begründung des institutionellen Charakters der Kirche in der neueren deutschsprachigen katholischen Theologie, Frankfurt 1976.

KIERKEGAARD, Sören, Der Liebe Tun Bd.1 (Gesammelte Werke 19. Abtl. , hrsg. v. Emanuel Hirsch u.Hayo Gerdes), Düsseldorf/Köln 1966.

Kirche als "Gemeinde von Brüdern" (Barmen III) Bd.1, hrsg. v. Alfred Burgsmüller, Gütersloh 1980.

KINDER, Ernst, Die Verborgenheit der Kirche nach Luther, in: Reformation. Schicksal und Auftrag (FS Joseph Lortz Bd.1, hrsg. v. Erwin Iserloh u.Petermanns), Baden-Baden 1958, 173-192.

KLOSTERMANN, Ferdinand, Kirche – Ereignis und Institution. Überlegungen zur Herrschafts- und Institutionenproblematik der Kirche, Freiburg 1976.

KOCH, Traugott, Das Problem des evangelischen Kirchenverständnisses nach dem Augsburger Bekenntnis, in: Das Augsburger Bekenntnis von 1530. Damals und

heute, hrsg. v. Bernhard Lohse u. Otto Hermann Pesch, Mainz 1980, 125-143.
KÖNIG, René, Die Begriffe Gemeinschaft und Gesellschaft bei Ferdinand Tönnies, in: KZS 7 (1955), 348-420.
–, Zur Soziologie der zwanziger Jahre, in: Die Zeit ohne Eigenschaften, hrsg. v. Leonard Reinisch, Stuttgart 1961, 82-118.
KORSCH, Dietrich, Zeit der Krise und Neubau der Sittlichkeit. Karl Holl als Antipode Ernst Troeltschs, in: Troeltsch-Studien Bd IV, Umstrittene Moderne, hrsg. v. Horst Renz u. Friedrich Wilhelm Graf, Gütersloh 1987, 211-229.
–, Postmoderne Theologie ? Ein aktueller Blick auf die kirchliche Dogmatik Karl Barths, in: Dialektische Theologie 4 (1988), 241-258.
KRAUSE, Gerhard, Art.Bonhoeffer, in: TRE 7 (1981), 55-66.
KRUMWIEDE, Hans-Walter, Dietrich Bonhoeffers Luther-Rezeption und seine Stellung zum Luthertum, in: Die lutherischen Kirchen und die Bekenntnissynode von Barmen, hrsg. v. Wolf-Dieter Hauschild, Georg Kretschmar, Carsten Nicolaisen, Göttingen 1984, 206-223.
KÜHN, Ulrich, Kirche (Handbuch Systematischer Theologie 10), Gütersloh 1980.
–, Sakramente (Handbuch Systematischer Theologie 11), Gütersloh 1985.
LANGE, Ernst, Kirche für andere. Dietrich Bonhoeffers Beitrag zur Frage einer verantwortbaren Gestalt der Kirche in der Gegenwart, in: DERS., Kirche für die Welt. Aufsätze zur Theorie kirchlichen Handelns, hrsg.u.eingeleitet v.Rüdiger Schloz, München/ Gelnhausen 1981, 19-62.
LIETZMANN, Hans, Gedächtnisrede auf Karl Holl (1926), in: Karl Holl, Gesammelte Aufsätze zur Kirchengeschichte III, Tübingen 1928, 568-577.
D. Martin Luthers Werke, Kritische Gesamtausgabe Bd.1ff, Weimar 1883ff. (WA)
MARTIN LUTHER, Studienausgabe Bd.1ff, hrsg. v. Hans-Ulrich Delius, Berlin 1979ff. (StA)
Die lutherischen Kirchen und die Bekenntnissynode von Barmen, hrsg. v. Wolf-Dieter Hauschild, Georg Kretschmar, Carsten Nicolaisen, Göttingen 1984.
MANN, Frido, Das Abendmahl beim jungen Luther (BÖT 5), München 1971.
MARSCH, Wolf-Dieter, Institution im Übergang. Evangelische Kirche zwischen Tradition und Reform, Göttingen 1970.
–, Das Institutionen-Gespräch in der evangelischen Kirche, in: Zur Theorie der Institution, hrsg. v. Helmut Schelsky, Düsseldorf 1970, 127-139.
–, Plädoyers in Sachen Religion, Gütersloh 1972.
MATTHES, Joachim, Die Emigration der Kirche aus der Gesellschaft, Hamburg 1964.
MAY, Gerhard, Art.Kirche III, in: TRE 18 (1989), 218-227.
MAYER, Rainer, Christuswirklichkeit. Grundlagen, Entwicklung und Konsequenzen der Theologie Dietrich Bonhoeffers, Stuttgart 1969.
MEIER, Kurt, Volkskirche 1918-1945. Ekklesiologie und Zeitgeschichte (TEH 213), München 1982.
MÖLLER, Christian, Lehre vom Gemeindeaufbau Bd.1: Konzepte, Programme, Wege, Göttingen 1987.
MOLTMANN, Jürgen, Herrschaft Christi und soziale Wirklichkeit nach Dietrich Bonhoeffer (TEH 71), München 1959.
–, Kirche in der Kraft des Geistes. Ein Beitrag zur messianischen Ekklesiologie, München 1975.

–, Theologie heute, in: Stichworte zur "Geistigen Situation der Zeit" Bd.2, hrsg. v. Jürgen Habermas, Frankfurt 1979, 754-780.

MÜHLEN, Karl-Heinz zur, Nos Extra Nos. Luthers Theologie zwischen Mystik und Scholastik (BHTh 46), Tübingen 1972.

–, Reformatorische Vernunftkritik und neuzeitliches Denken. Dargestellt am Werk M.Luthers und F.Gogartens (BHTh 59), Tübingen 1980.

MÜLLER, Hanfried, Von der Kirche zur Welt. Ein Beitrag zu der Beziehung des Wortes Gottes auf die societas in Dietrich Bonhoeffers theologischer Entwicklung, Hamburg 1961.

NEUHAUS, Dietrich, Ist prophetische Kritik institutionalisierbar ?, Beobachtungen zur Entwicklung der Figur der Kritik in der Theologie Karl Barths, in: "Wenn nicht jetzt, wann dann ? (FS Hans Joachim Kraus, hrsg. v. Hans-Georg Geyer u.a.), Neukirchen-Vluyn 1983, 305-317.

OBERMAN, Heiko Augustinus, "Iustitia Christi" und "Iustitia Dei". Luther und die scholastischen Lehren von der Rechtfertigung, in: Der Durchbruch der reformatorischen Erkenntnis bei Luther, hrsg. v. Bernhard Lohse (WdF 123), Darmstadt 1968, 413-444.

–, Contra vanam curiositatem. Ein Kapitel der Theologie zwischen Seelenwinkel und Weltall (ThSt 113), Zürich 1974.

OFFE, Claus, Politische Herrschaft und Klassenstrukturen. Zur Analyse spätkapitalistischer Gesellschaftssysteme, in: Politikwissenschaft. Eine Einführung in ihre Probleme, hrsg. v. Gisela Kress u. Dieter Senghaas, Frankfurt 1969, 155-189.

OTTO, Gert, Grundlegung der Praktischen Theologie Bd.1, München 1986.

PANNENBERG, Wolfhart, Wissenschaftstheorie und Theologie, Frankfurt 1987.

PESCH, Otto Hermann, Zur Frage nach Luthers reformatorischer Wende, in: Der Durchbruch der reformatorischen Erkenntnis bei Luther, hrsg. v. Bernhard Lohse (WdF 123), Darmstadt 1968, 445-505.

PETERS, Albrecht, Realpräsenz. Luthers Zeugnis von Christi Gegenwart im Abendmahl, Berlin 1960.

–, Sakrament und Ethos nach Luther, in: LuJ 36 (1969), 41-79.

–, Gegenwart Gottes – Wort Gottes, in: Zur Auferbauung des Leibes Christi (FS Peter Brunner, hrsg. v. Albrecht Peters u.Edmund Schlink), Kassel 1965, 201-222.

PETERS, Tiemo Rainer, Die Präsenz des Politischen in der Theologie Dietrich Bonhoeffers. Eine historische Untersuchung in systematischer Absicht (GT.S 18), München, Mainz 1976.

PETERSON, Erik, Was ist Theologie ? Bonn 1925 (Nachdruck in: Theologie als Wissenschaft, hrsg. v. Gerhard Sauter, München 1971, 132-151).

PFEIFER, Hans, Das Kirchenverständnis Dietrich Bonhoeffers. Ein Beitrag zur theologischen Prinzipienlehre, Diss. Heidelberg 1963.

PLATHOW, Michael, Schuldübertragung und Schuldübernahme. Stellvertretung als dogmatisch-ethische Theorie, in: ZKTh 104 (1982), 411-422.

Pluralismus. Grundlegung und Diskussion, hrsg. v. Heinrich Oberreuter, Opladen 1980.

PRENTER, Regin, Jesus Christus als Gemeinde existierend. Ein Beitrag zum Verständnis Dietrich Bonhoeffers, in: LM 4 (1956), 262-267.

–, Bonhoeffer und der junge Luther, in: Mündige Welt IV, München 1963, 33-51.
RAU, Gerhard, Volkskirche heute – im Spiegel ihrer theologischen Problematisierung, in: VF 32 (2/1987), 2-31.
RENDTORFF, Trutz, Kirche und Theologie. Die systematische Funktion des Kirchenbegriffs in der neueren Theologie, Gütersloh 1966.
–, Radikale Autonomie Gottes – Zum Verständnis der Theologie Karl Barths und ihrer Folgen, in: DERS., Theorie des Christentums – Historisch-systematische Studien zu seiner neuzeitlichen Verfassung, Gütersloh 1972, 161-181.
–, Theologische Probleme der Volkskirche, in: Volkskirche – Kirche der Zukunft ? Hrsg. v. Wenzel Lohff u.Lutz Mohaupt, Hamburg 1977, 104-131.
–, Religion "nach" der Aufklärung. Argumente für eine Neubestimmung des Religionsbegriffs, in: Religion als Problem der Aufklärung, hrsg. v. Trutz Rendtorff, Göttingen 1980, 185-201.
–, Volkskirche in Deutschland, in: Nordische und deutsche Kirchen im 20.Jahrhundert, hrsg. v. Carsten Nicolaisen, Göttingen 1982, 290-317.
REUTER, Hermann, Augustinische Studien, 2. Aufl. Gotha 1889.
RICHMOND, James, Albrecht Ritschl. Eine Neubewertung (GTA 22), Göttingen 1978.
RINGELING, Hermann, Art.Gemeinschaft, in: TRE 12 (1984), 346-355.
RITSCHL, Albrecht, Die christliche Lehre von der Rechtfertigung und Versöhnung (Bd.I, 3. Aufl. Bonn 1889; Bd.II, 3. Aufl. Bonn 1889; III, 3. Aufl. Bonn 1888). (RV)
–, Unterricht in der christlichen Religion (Nachdruck der 1. Aufl. von 1875, hrsg. v. Gerhard Rubach), Gütersloh 1975.
–, Geschichtliche Studien zur christlichen Lehre von Gott II, in: Jahrbücher für deutsche Theologie 13 (1868), 67-133.
–, Die christliche Vollkommenheit, Göttingen 1874.
–, Theologie und Metaphysik, 2. Aufl. Bonn 1887.
–, Fides implicita. Eine Untersuchung über Köhlerglauben, Wissen und Glauben, Glauben und Kirche, Bonn 1890.
–, Gesammelte Aufsätze I, hrsg. v. Otto Ritschl, Freiburg/Leipzig 1893.
–, Die Entstehung der lutherischen Kirche (1876), in: GA I, 170-217.
–, Über die Begriffe: sichtbare und unsichtbare Kirche, in: GA I, 68-99.
–, Die Begründung der Kirchenrechts im evangelischen Begriff von der Kirche, in: GA I, 100-146,
Albrecht Ritschls Leben. Dargestellt von Otto Ritschl 2 Bde, Freiburg 1896ff.
RÖSSLER, Dietrich, Grundriß der Praktischen Theologie, Berlin/New York 1986.
RUSCHKE, Werner M., Entstehung und Ausführung der Diastasentheologie in Karl Barths zweitem "Römerbrief" (Neukirchener Beiträge zur Systematischen Theologie 5), Neukirchen-Vluyn 1987.
SCHÄFER, Rolf, Ritschl. Grundlinien eines fast verschollenen dogmatischen Systems (BHTh 41), Tübingen 1968.
SCHEELE, Paul-Werner, "Eyn volk der gnaden". Ekklesiologische Implikationen der sakramentsbezogenen Sermone Martin Luthers aus dem Jahr 1519, in: Ökumenische Erschließung Martin Luthers, hrsg. v.Peter Manns und Hans Meyer, Paderborn 1983, 154-168.
SCHELLONG, Dieter, Barth lesen, in: Einwürfe 3, München 1986, 5-92.

SCHLEIERMACHER, Friedrich, Der christliche Glaube (Auf Grund der zweiten Auflage neu hrsg. v. Martin Redeker), Berlin 1970.

–, Kurze Darstellung des theologischen Studiums (1811, 2. Aufl. 1830), hrsg. v. Heinrich Scholz, 4. Aufl. Darmstadt 1961.

SCHLUCHTER, Wolfgang, Religion und Lebensführung 2 Bde., Frankfurt 1988.

SCHNÄDELBACH, Herbert, Philosophie in Deutschland 1831-1933, Frankfurt 1983.

SCHNEEMELCHER, Wilhelm, Conf. Aug.VII im Luthertum des 19.Jahrhunderts, in: EvTh 9 (1949/50), 308-333.

SCHOLDER, Klaus, Die Bedeutung des Barmer Bekenntnisses für die Evangelische Theologie und Kirche, in: EvTh 27 (1967), 435-461.

–, Die Kirchen und das Dritte Reich Bd.1, Vorgeschichte und Zeit der Illusionen 1918-1934, Frankfurt/ Berlin/ Wien 1977.

SCHWARZ, Joachim, Christologie als Modell der Gesellschaft. Eine Untersuchung zu den ersten Schriften Dietrich Bonhoeffers, Diss.Wien 1968.

SCHWERDTFEGER, Johannes, Soziologische Aspekte einer "Theorie der Kirche". Ein Zwischenbericht, in: FEST. Jahresbericht 1987, Heidelberg 1988, 45-53.

SEEBERG, Reinhold, Christliche Dogmatik, 2 Bde., Erlangen/Leipzig 1924/25.

SONTHEIMER, Kurt, Antidemokratisches Denken in der Weimarer Republik (1962), München 1983.

SOOSTEN, Joachim von, Zukunft der Volkskirche – Überlegungen zum Weg der Kirche im Anschluß an die EKD-Studie "Christsein gestalten", in: Die Krise der Volkskirche und die Krise des Sozialstaates – Herausforderungen einer missionarischen Gemeinde, hrsg. v. Seminar für Kirchlichen Dienst in der Industriegesellschaft Gossner-Mission Mainz (Werkstattbericht Nr.7), Mainz 1988, 1-15.

STAATS, Reinhard, Adolf von Harnack im Leben Dietrich Bonhoeffers, in: ThZ 37 (1981), 94-122.

–, Das patristische Erbe in der Theologie Dietrich Bonhoeffers, in: BThZ 5 (1988), 178-201.

STAHL, Friedrich Julius, Die lutherische Kirche und die Union. Eine wissenschaftliche Erörterung der Zeitfrage, Berlin 1859.

–, Kirchenverfassung nach Lehre und Recht der Protestanten, 2. Aufl. Erlangen 1862.

STEINACKER, Peter, Kirchenbegriff und kirchliche Wirklichkeit, in: Charisma und Institution, hrsg. v. Trutz Rendtorff, Gütersloh 1985, 430-437.

–, Karl Barths "Römerbrief". Ein expressionistischer Schrei ?, in: Anstöße 34 (1987), 12-22.

STEFFANI, Winfried, Vom Pluralismus zum Neopluralismus, in: Pluralismus. Grundlegung und Diskussion, hrsg. v. Heinrich Oberreuter, Opladen 1980, 37-108.

STOCK, Ursula, Die Bedeutung der Sakramente in Luthers Sermonen von 1519 (SHCT 28), Leiden 1982.

STROHM, Theodor, Lernende Kirche – Zwischenbilanz der Debatte um den Gemeindeaufbau, in: ThPr 23 (1988), 59-71.

STRUNK, Rainer, Politische Ekklesiologie im Zeitalter der Revolution (GS.T 5), München/Mainz 1971.

–, Vertrauen. Grundzüge einer Theologie des Gemeindeaufbaus, Stuttgart 1985.
TARVAINEN, Olavi, Der Gedanke der conformitas Christi in Luthers Theologie, in: ZSTh 22 (1953), 26-43.
THEIßEN, Gerd, Studien zur Soziologie des Urchristentums, 2. Aufl. Tübingen 1983.
THEUNISSEN, Michael, Der Begriff Ernst bei Sören Kierkegaard, 3. Aufl. Freiburg/ München 1982.
THIEME, Karl, Zu den neuesten Problemen der lutherischen Rechtfertigungslehre, in: ZThK 6 (1926), 357-381.
TIMM, Hermann, Theorie und Praxis in der Theologie Albrecht Ritschls und Wilhlem Herrmanns, Ein Beitrag zur Entwicklungsgeschichte des Kulturprotestantismus, Gütersloh 1967.
TÖNNIES, Ferdinand, Gemeinschaft und Gesellschaft. Grundbegriffe der reinen Soziologie, Darmstadt 1979 (Neudruck der 8. Aufl. von 1935).
TROELTSCH, Ernst, Die Bedeutung des Protestantismus für die Entstehung der modernen Welt, 2. Aufl. München/Berlin 1911.
–, Die Soziallehren der christlichen Kirchen und Gruppen (Gesammelte Schriften I), Neudruck der Ausgabe 1922 Aalen 1965.
–, Luther, der Protestantismus und die moderne Welt, in: Gesammelte Schriften IV, hrsg. v. Hans Baron, 2.Neudruck der Ausgabe 1925 Aalen 1981, 202-254.
VATJA, Vilmos, Die Kirche als geistlich-sakramentale communio mit Christus und seinen Heiligen bei Luther, in: LuJ 51 (1984), 10-62.
Volkskirche – Kirche der Zukunft ? Hrsg. v. Wenzel Lohff u.Lutz Mohaupt, Hamburg 1977.
WALLMANN, Johannes, Karl Holl und seine Schule, in: ThK 75 (1978), 1-33.
WALTHER, Christian, Typen des Reich-Gottes-Verständnisses. Studien zur Eschatologie und Ethik im 19.Jahrhundert (FGLP 20), München 1961.
WALTHER, Wilhelm, Neue Konstruktionen zu Luthers Rechtfertigungslehre, in: NKZ 34 (1923), 50-64.
WEBER, Max, Wirtschaft und Gesellschaft. Grundriß der verstehenden Soziologie, 5.rev. Aufl. Tübingen 1976.
–, Über einige Kategorien der verstehenden Soziologie (1913), in: Gesammelte Aufsätze zur Wissenschaftslehre (2.durchgesehene u.ergänzte Aufl. , hrsg. v. Johannes Winckelmann), Tübingen 1951, 427-474.
WEHLER, Hans-Ulrich, Modernisierungstheorie und Geschichte, Göttingen 1975.
WENDEBOURG, Ernst-Wilhelm, Die Christusgemeinde und ihr Herr. Eine kritische Studie zur Ekklesiologie Karl Barths (AGTL 17), Berlin/Hamburg 1967.
WELKER, Michael, F.D.E.Schleiermacher, Universalisierung von Humanität, in: Grundprobleme der großen Philosophen. Philosophie der Neuzeit II, hrsg. v. Josef Speck, Göttingen 1983, 9-45.
–, Die neue "Aufhebung der Religion" in Luhmanns Systemtheorie, in: DERS., Theologie und funktionale Systemtheorie. Luhmanns Religionssoziologie in theologischer Diskussion, Frankfurt 1985, 93-119.
WELSCH, Wolfgang, Unsere postmoderne Moderne, 2. Aufl. Weinheim 1988.
WENZ, Gunther, Neuzeitliches Christentum als Religion der Individualität ? Einige Bemerkungen zur Geschichte protestantischer Theologie im 19.Jahrhundert, in: Individualität (Poetik und Hermeneutik XIII), hrsg. v. Manfred Frank und Anselm Haverkamp, München 1988, 123-160.

WETH, Rudolf, Theologische Ekklesiologie nach 1945 im kritischen Horizont des "Barmer Bekenntnisses" (Barmen III), in: Kirche als "Gemeinde von Brüdern" (Barmen III) Bd.1, hrsg. v. Alfred Burgsmüller, Gütersloh 1980, 170-222.

–, Die Zukunft der Volkskirche und die Kirche der Zukunft, in: Diskussionen zur "Theologie des Gemeindeaufbaus", hrsg. v. Rudolf Weth, Neukirchen-Vluyn 1986, 134-159.

WEYER-MENKHOFF, Stephan, Aufklärung und Offenbarung. Zur Systematik der Theologie Albrecht Ritschls (GTA 37), Göttingen 1988.

WRZECIONKO, Paul, Die philosophischen Wurzeln der Theologie Albrecht Ritschls. Ein Beitrag zum Problem des Verhältnisses von Theologie und Philosophie im 19.Jahrhundert (TBT 9), Berlin 1964.

WOLF, Ernst, Luthers Erbe? (1946), in: DERS., Peregrinatio II. Studien zur reformatorischen Theologie, zum Kirchenrecht und zur Sozialethik, München 1965, 52-81.

–, Vom Problem des Gewissens in reformatorischer Sicht, in: DERS., Peregrinatio I. Studien zur reformatorischen Theologie und zum Kirchenproblem, 2. Aufl. München 1961, 81-112.

WOLFF, Otto, Die Haupttypen der neueren Lutherdeutung (TSSTh 7), Stuttgart 1938.